1941, im Atelier Picassos; von links nach rechts: Jacques Lacan, Cècile Eluard, Pierre Reverdy, Louise Leiris, Galas Tochter, Picasso, Valentine Hugo, Simone de Beauvoir. – Im Vordergrund: Sartre, Camus, Jean Aubier, Michel Leiris. (Photo: Brassaï)

Michel Leiris

Die Spielregel
Band 1

Streichungen

Aus dem Französischen
von Hans Therre

Mit einem Essay
von Maurice Blanchot

Matthes & Seitz Verlag
München

Die Fußnoten zum Text *Streichungen* sind Anmerkungen des Übersetzers. Blanchots Essay hat Thomas M. Scheerer aus dem Französischen übersetzt.

Mauerkircherstraße 10, 8000 München 80
Titel der Originalausgabe:
La Règle du Jeu, 1. *Biffures*
Editions Gallimard, Paris 1948
Maurice Blanchots Text ist
seinem Essayband *L'Amitié*,
Paris 1971 (Gallimard) entnommen.
Umschlag unter Verwendung einer Radierung
»Anubis« von Alberto Giacometti
für Michel Leiris, 1961
Gesamtherstellung:
May & Co., Darmstadt
Printed in Germany
ISBN 3-88221-336-1

für ZETTE

»... Reusement!«

Auf den unerbittlichen Boden des Zimmers (Salon? Eßzimmer? Mit einem angenagelten Teppich mit welkem Rankenmuster oder einem losen Teppich mit faden Ornamenten, in die ich Paläste, Landschaften und Erdteile zeichnete, ein wahres Kaleidoskop, womit ich als Kind spielte und zauberhafte Bauten schuf, ein Kanevas für Tausendundeine Nacht, die mir damals die Seiten keines Buches erschloß? Oder ein nackter Fußboden, gewachstes Holz mit dunkleren Lineamenten, sauber geschnitten von der strengen Schwärze der Rillen, aus denen ich zuweilen, um mich zu zerstreuen, Staubflocken stocherte, wenn ich unverhofft eine Nadel gefunden hatte, die den Händen der im Taglohn stehenden Schneiderin entfallen war?), auf den makellosen und unbeseelten Boden des Zimmers (samtweich oder holzig, im Sonntagsstaat oder kahl, den Ausflügen der Einbildung oder mechanischeren Spielen hold), im Salon oder Eßzimmer, Halbschatten oder Tageslicht (je nachdem ob es sich um jenen Teil des Hauses handelte, wo die Möbel gewöhnlich durch Überzüge und all die bescheidenen, meist versprengten Reichtümer durch die Sperre der Fensterläden vor der Sonne geschützt sind, oder nicht), in diesem kaum den Erwachsenen zugänglichen Gehege – und stille Grotte für die Schlafsucht des Klaviers – oder in jenem mehr gemeinsamen Raum, der den großen Ausziehtisch umgab, um den die ganze oder ein Teil der Familie sich zum Ritus der täglichen Mahlzeiten einfand, war der Soldat gefallen.

Ein Soldat. Aus Blei oder Papiermaché. Eine recht zart gegossene und kolorierte Statuette oder einer jener grobschlächtigen Kerle, blau, rot, weiß und schwarz bepinselt, und deren Fleisch erscheint, wenn sie zerbrechen, ein trüber und notleidender, weißlicher oder erdfarbener Stoff.

Ein neuer oder alter Soldat. Vorher mit seinen Kameraden – oder mit anderen Modellen, eine bunt zusammengewürfelte Armee! – auf einem relativ stabilen Tisch stationiert oder auf einem leichten Nippestisch, der vielleicht mit Chinoiserien oder Tierfiguren wie Störche mit langen Schnäbeln geschmückt war, falls es sich bei diesem Tischchen um eines der Bestandteile jener *tables gigognes* – Beistelltischchen – handelt, die (wie ihr Name verrät) nur mit Störchen – *cigognes* – dekoriert werden dürfen.

Wohl ein französischer Soldat. Und er war gefallen. Meinen ungeschickten Händen entglitten, die auf einem Block noch nicht einmal die allereinfachsten Striche ziehen konnten.

Wichtig war nicht, daß ein *Soldat,* ein Kriegsmann – und kein anderes Geschöpf – diesem Fall zum Opfer gefallen war. Ich glaube nicht, daß das Wort »Soldat« mir in jener Zeit viel sagte. Ich wußte ja kaum, daß man den französischen Soldaten an seiner roten Hose erkennt. Mag sein, daß ich bereits in der Rue d'Auteuil vor dem Schaufenster des Krämers Maudefroy beim Anblick einer Reklametafel ein ekstatisches Empfinden hatte, wo man – gespielt von aus Pappe geschnittenen Gliedermännchen – eine Refektoriums- oder Kantinenszene zum besten gab, deren Hauptdarsteller Männer waren, die in Latzhosen staken oder blaue Waffenröcke und rote Hosen trugen. Vielleicht hatte ich bereits meine Augen auf dieses burleske bewegte Bild mit schreienden Farben geheftet, als ich eines Tages die Rue d'Auteuil entlang zum Spaziergang im Bois de Boulogne mitgenommen wurde. Doch auf alle Fälle brachte ich »Soldaten« noch kein ausgesprochenes Interesse entgegen; mir lag überhaupt nichts daran, die verschiedenen Uniformtypen kennenzulernen, und an Soldaten besaß ich nur einen mageren Satz statt jener üppigen Sammlung, die mir später gehören sollte. Diese bestand vorwiegend aus Zinnsoldaten (nach und nach gekauft in ovalen Kisten aus dünnem Holz, die je nach Format 13, 19, 28 und 32 Sous kosteten), und ihr Glanzstück bildete eine Truppe mittelalterlicher Krieger – Ritter in teils vergoldeten, teils versilberten Rüstungen –, die sich in einem Turnier gegenüberstanden, Lanzen gerichtet und Reittiere im Galopp.

Wesentlich war nicht, daß ein Soldat gefallen war: ein Soldat, das brachte nichts Bestimmtes in mir zum Schwingen. Wesentlich war, daß etwas, das mir gehörte, gefallen und daß diese Sache, die mir gehörte, ein Spielzeug war; daß diese gefallene Sache ein Gegenstand war, der in den Bereich jener geschlossenen Welt der Spielzeuge gehörte – die man in Kisten sperrt, wenn man des Spielens überdrüssig ist –, jener faszinierenden und abgesonderten Welt, deren Bestandteile in Form und Farbe aus der realen Welt hervorstechen und zur gleichen Zeit das darstellen, was sie vielleicht an Schärfstem besitzt. Eine Nebenwelt, Zugabe zum Alltäglichen, wie Trinkbecher gravierte Initialen und Uhrenketten Anhänger als Zugaben haben; eine aufsehenerregende Welt, wie alles, was in der Natur als *chose d'apparat* zu glänzen weiß: Schmetterlinge, Mohnblumen im Kornfeld, Schneckenhäuser, Himmelssterne, bis hin zu den Moosen und Flechten, die auf Felsen und Baumstämmen wie hübsches Stickwerk wirken.

Eins meiner Spielzeuge – und nebensächlich welches: es genügte, daß es ein *Spielzeug* war –, eins meiner Spielzeuge war gefallen. In höchster Gefahr zu zerbrechen, denn der Fall war direkt, und die Höhe – vom Niveau des Fußbodens aus gesehen – eines Tischs, selbst eines einfachen Nippestischs, ist bei weitem nicht zu unterschätzen, wenn es um den Fall eines Spielzeugs geht.

Durch meine Ungeschicklichkeit – Auslöser des Falls – schwebte eins meiner Spielzeuge in Gefahr, zerbrochen zu werden. Eins meiner Spielzeuge, das heißt, eins der

Elemente der Welt, mit denen ich in jener Zeit aufs engste verbunden war.

Rasch bückte ich mich, hob den reglosen Soldaten auf, betastete und betrachtete ihn. Er war heil geblieben, und lebhaft war meine Freude. Und diese äußerte sich in dem Ausruf: »... *Reusement!*«

In diesem unzulänglich bestimmten Zimmer – Salon oder Eßzimmer, Prunk- oder Gemeinschaftsraum –, an diesem Ort, der damals einzig meinem Vergnügen diente, war jemand Älteres – Mutter, Schwester oder ältester Bruder – bei mir. Jemand, der sich auskannte, nicht so ein Grünschnabel wie ich, und der, da er meinen Ausruf gehört hatte, mir zu verstehen gab, daß es *heureusement* heißt und nicht, wie ich gesagt hatte: ». . . *Reusement!*«[1]

Die Bemerkung schnitt meine Freude abrupt ab, oder vielmehr – in einem Augenblick von Sprachlosigkeit –

1 Es scheint schier unmöglich, für diese sprachlichen Offenbarungen (die im Zusammenhang mit der Schlüsselsituation, die sie umgibt und hervorbringt, fast – wenn man will – mit dem psychoanalytischen Terminus einer »Urszene« bezeichnet werden könnten), die hier beginnen und wie ein roter Strang durch den gesamten Text laufen, deutsche Entsprechungen zu finden, die nicht gesucht oder albern wirken. Die vorliegende Übersetzung überläßt es daher an entscheidenden Stellen dem Französischen, den zerbrechlichen Körper solcher Wort-Offenbarungen zu skulpturieren, wobei die Übersetzung bemüht ist, im Umkreis eine semantische und sinnliche Dichte zu schaffen, die vielleicht imstande ist, Brillen oder Guckgläser, oder noch besser: »Hirnfeuerzeuge« anzubieten. Im Fall von ». . . reusement« und »heureusement« möchte ich an dieser Stelle den Versuch einer deutschen Fassung anbieten, die vielleicht zeigt, wie die Systematik, gar Axiomatik des Sozius in die scheinbar souveräne Geschlossenheit der kindlichen Welt einfällt, im spontanen Ausruf ». . . *Lück!*« die Lücke, den Mangel ausfindig macht, und die Verbesserung, die »Kastration« unter dem Zeichen einer Erweiterung, des *Glücks* erscheint. Darauf brachte mich ein eigenes Erlebnis, das für mich einen gewissen Offenbarungs-Wert hatte: während ich dieses Kapitel übersetzte, spazierte ich durch ein portugiesisches Dorf, grübelnd, wie wohl ». . . reusement« und »heureusement« zu übersetzen wären, als ich plötzlich an einer Haustür folgendes Namensschild, mit in Kupfer gehauenen Lettern, entdeckte: *G. Lück.*

ersetzte sie alsbald die Freude, die mein Denken zunächst vollständig erfüllt hatte, durch ein seltsames Gefühl, dessen Fremdheit ich selbst heute kaum durchdringen kann.

Man sagt nicht »... *reusement*«, sondern »*heureusement*«. Dieses Wort, von mir bisher ohne das leiseste Bewußtsein seiner wirklichen Bedeutung wie ein reiner Ausruf verwendet, verbindet sich mit »heureux« und fügt sich plötzlich kraft der Magie einer solchen Annäherung in eine ganze Sequenz präziser Bedeutungen. Dieses Wort, das ich bis dahin stets verstümmelt hatte, mit einem Schlag in seiner Unversehrtheit zu erfassen, wird zu einer Entdeckung und ist wie das brüske Zerreißen eines Schleiers oder das Zersplittern einer Wahrheit. Damit ist also diese vage Vokabel – die bisher völlig zu meiner Person gehörte und wie versiegelt blieb – durch einen Zufall in die Rolle eines Kettenglieds für einen ganzen semantischen Zyklus erhoben. Nicht länger ist sie mein Eigentum: sie nimmt teil an jener Wirklichkeit, welche die Sprache meiner Brüder, meiner Schwester und meiner Eltern ist. Etwas mir Angehörendes wird etwas Öffentliches und Geöffnetes. Und in einem einzigen Aufblitzen wurde diese Vokabel geteilt oder – wenn man so will – *sozialisiert*. Sie ist nicht länger mehr der konfuse Ausruf, der meinen Lippen entschlüpft – wie das Lachen oder der Schrei meinem innersten Wesen noch ganz nah –, sie ist jetzt unter abertausend anderen eines der grundlegenden Elemente der Sprache, jenes weiten Instruments der Mitteilung, und die zufällige Bemerkung eines älteren Kindes oder Erwachsenen anläßlich meines Ausrufs, der dem Fall des Soldaten auf den Boden des Eßzimmers oder den Teppich des Salons folgte, gewährte mir einen flüchtigen Einblick in das Leben außerhalb meiner selbst und voller Fremdheit.

Soeben fiel der Soldat aus Blei oder Papiermaché auf den Boden des Eßzimmers oder Salons. Ich rief: »... *Reusement!*« Man hat mich berichtigt. Und für einen

Augenblick bin ich mundtot, Beute einer Art Schwindel. Denn dieses verstümmelte Wort, das mir von sich gerade eine andere Wirklichkeit als jene, an die ich bisher geglaubt hatte, offenbarte, versetzte mich in einen Zustand, in dem ich – dank der Natur einer derartigen Verbiegung und Verschiebung, die sich somit meinem Geist aufdrängte – dunkel spürte, wie die gesprochene Sprache, spinnwebartiger Stoff meiner Beziehungen zu den anderen, mich übersteigt und von allen Seiten ihre mysteriösen Fühler vorschiebt.

Lieder

Wenn man sich noch nicht aufs Lesen versteht, wenn man noch keine mehr oder minder langen Wörterlisten systematisch gelernt hat, zum Beispiel in einem Kompendium nach Art des *Pautex*, der für die Schüler der ersten Klassen zugeschnitten ist und mit dessen Hilfe sie ihren Wortschatz erweitern und sich Lektion für Lektion neue Ausdrücke aneignen können (die hier nach dem Sinn und nicht wie bei den Lexika und Wörterbüchern in alphabetischer Reihenfolge gruppiert sind), wenn man noch nicht in das große Geheimnis des Lesens eingeweiht wurde oder es als Novize soeben erst ergründet, präsentieren sich die einzig und allein mit dem Gehör erfaßten Wörter in seltsamen Figuren, die kaum wiederzuerkennen sind, sobald man sie schwarz auf weiß geschrieben sieht. Welche oralen Monstren werden da geschmiedet! Welche abstrusen Schöpfungen besiedeln eine Zone, die später phantastisch erscheinen wird.

Wenn man sieht, wie schon die Umgangssprache auf Schritt und Tritt mit Fußangeln übersät ist (wie viele verbogene oder sinnentstellte Wörter und Wendungen werden so zu Sprungbrettern beunruhigender Bilder: des *weinenden Kuchens* oder der schwitzenden Kringel, denn dem Kind ist die reumütige Magdalena noch nicht bekannt, doch hat es gewiß schon die Redensart *pleurer comme une Madeleine*[2] gehört); wenn sich für den jungen Schriftunkundigen bereits das alltäglich gehörte, gewöhnliche Sprechen als mit Rätseln und Schwierigkeiten

2 »pleurer comme une Madeleine«: wie die heilige Magdalena weinen, d. h. heftig, hemmungslos weinen. Im Französischen auch Name eines Kuchens, den die Kinder verspeisen, noch bevor sie in biblischer Geschichte unterwiesen sind.

gespickt erweist, dann gilt dies um so mehr für die gesungene Sprache, wo Rhythmus, eigentümliche Verwirklichung der Wortverbindungen und Musik selbst auf vertrackte Weise die Karten mischen und aus dem so vorgebrachten Satz die dunkelste Sentenz machen, die je den Lippen eines Orakels entsprang!

»Dansons la capucine...«; hier, wo es nicht darum geht, wie eine Kapuzinernonne (noch weniger einen von den Kapuzinern aufgebrachten Tanz), sondern die Figur der Kapuzinerkresse zu tanzen, handelt es sich noch um einen recht harmlosen Fall: kein Monstrum kriecht hier aus, und im übrigen ist es ganz natürlich, daß eine Tanzrunde sich der Form einer Blume angleicht. Auch war meine Verwirrung nicht allzu groß, als ich beispielsweise hörte, wie eine alte Jungfer, die ich »Tante Adèle« anzureden hatte (später, vielleicht wegen ihrer erstaunlichen Korpulenz, rutschte mir ihr Vorname wie ein Reim immer mit »Zitadelle« zusammen), als ich hörte, wie diese alte Jungfer, die nicht einmal mit uns verwandt, sondern bloß die leibliche oder Adoptivtochter der Eigentümer eines Hauses war, das mein Vater und meine Mutter damals für den Sommer in Nemours mieteten, ihrem Papagei vorsang, der in einem Käfig steckte, dessen Rondell mich vielleicht auch auf das Bild einer Zitadelle gebracht hatte:

Quand je bois du vin clairet
Tout tourne, tout tourne,
Quand je bois du vin clairet
Tout tourne, tout tourne
Au cabaret.[3]

3 etwa: »Trinke ich den Wein clairet,
Dreht sich alles, dreht sich alles,
Trinke ich den Wein clairet
Dreht sich alles, dreht sich alles
Im Kabarett.«
»Vin clairet« ist ein leichter, heller Rotwein; einen Personennamen »Clairet« gibt es im Französischen nicht.

»Clairet« war für mich allein der Name des Papageis und kein Weinprädikat. Das dumme Federvieh sang wie ein Bauchredner – von dessen zahllosen Stimmen das Ohr eine immer unerträglich findet, denn man spürt, daß sie völlig gekünstelt ist (und selbst seine natürliche Stimme wirkt am Ende seltsam, klingt falsch im Kontrast zu den anderen) –, trudelte und schlackerte herum, mimte hinter seinen Metallstäben einen Betrunkenen, bis es mit seiner runzligen Klaue oder seinem krummen Schnabel (Bund von Fastnachtspappnase und künstlicher Stimme für irgendeinen finsteren Karneval) den Leckerbissen schnappte, der als Prämie für die stoßweise abgestotterte und ausposaunte Darbietung einiger Liedbrocken ausgesetzt war:

Quand je bois du vin, Clairet!
Tout tourne, tout tourne
Au cabaret!

Was hätte das »cabaret« – jenes Kabarett, wo wie im Kopf des Weintrinkers (der am Ende mit besagtem Clairet zusammenfiel) alles sich drehte – wohl sonst sein können als der Käfig, die runde Kate, wo der Papagei wie ein in besäuselndes Grün gehüllter Säufer umherschwankte? Und all diese Bilder rollten gleichzeitig in meinem eigenen Schädel: die turmrunde Tante Adèle, die ihrem Papagei im runden Käfig die Betrunkene vormachte und ihn nur dann »Jacquot« nannte, wenn sie ihn fragte, ob er gut gespeist habe, als wäre der Gebrauch dieses Namens für die übliche Frage nach dem Fraß reserviert gewesen, und als sollte der Vogel mit dem tückischen Schnabel und der ätzenden Farbe für alle anderen Belange, insbesondere den des Trinkens, nie anders als »Clairet« genannt werden.

Das Federvieh mit dem Geschlenker eines Trunkenbolds und aggressivem Gefieder (billardfarben wie der berühmte Anzug, den ein strenger Vater – nach jener Geschichte, die man mir später erzählte – für seinen Sohn hatte schneidern lassen und den dieser bis zum völligen Verschleiß tragen mußte, weil er die Unart hatte, in Cafés herumzulungern, wo er eines Tages beim Billardspiel tolpatschigerweise das Tuch aufschlitzte, und Wut des Wirts und Notwendigkeit, ihm den entstandenen Schaden zu ersetzen, die harte Entscheidung des Vaters veranlaßt hatten, der auf Moral wie Ökonomie gleichermaßen bedacht war), der Papagei mit dem affigen Namen – ganz die Art Fanfan la Tulipe, mit Großmaulschnauzer der Leibgardisten – hatte trotz seiner Ausgefallenheit überhaupt nichts in der Kategorie der Ungeheuer verloren, jener Wesen von zweifelhafter Gestalt und Herkunft, schroffe Hirngespinste, die geradewegs aus einem durch verknäulte Ideen erstarrten oder durch Nachtmahre vernebelten Himmel gefallen sind. Dieser kauzige Inselvogel fügte sich mit seinem knallgrünen Kostüm im ganzen eher natürlich in die häusliche Landschaft, an der er als Zubehör teilnahm, und fiel kaum aus dem Rahmen mit seiner Robe, die vielleicht weniger ins Auge stach als die hellen Gartenkleider, die die Leibesfülle der wabbligen, von mir »Tante Adèle« genannten Junggesellin umwaberten.

Schon der Onkel und die Tante dieser »Tante«, ein altes Gärtnerehepaar, das man »les Tréforts« nannte, boten mir einen Namen, über den ich zusammen mit meinen Brüdern nach Lust und Laune spekulieren konnte. Und auch über die Ortschaft, wo sie wohnten: *Chaintréauville,* das paßte zu Katze (chat), zu einer Katze, oder noch eher zu Katzenscharen, die eine ganze Stadt bevölkerten. Die »Très-forts« aus »Chats-tréauville«[4]. Doch mehr als dieses Wortgeklapper, das nach dem Rad des Oblatenhändlers oder dem Drehkreuz des Zoologischen Gartens klang, erschloß mir ein Lied, das mein zweitältester Bruder kannte, die Tür zu einer anderen Welt. Auch

4 etwa: »Die Super-starken aus Katzenseestadt«

sie eine Welt aus Wörtern, doch ohne Possen und Grimassen, bar jedes Kalauers, die ihre Gefühlsmacht unmittelbar aus dem Dunst der Wörter schöpfte, der sie als unentzifferbare Nebulosität geformt hatte.

Blaise qui partait
En guerre s'en allait,[5]

sang mein Bruder; aber nicht das war es, was ich hörte. Von den Lippen zu den Ohren verformte sich der zweite Vers und

Blaise qui partait
En berçant la laisse[6]

war das Rätsel, das ich zu lösen hatte. Und mein Ohr hatte das Bruchstück einer uralten Weise aus den *Dragonern von Villars* in ein Geheimnis verwandelt, das es aufzuklären galt.

Was konnte bloß diese *laisse* sein, die hier gewiegt werden sollte? Und wer war dieser Blaise, der die *laisse* wiegte, und dessen Name durch einfache Ablation des Anfangskonsonanten zusammen mit der Umwandlung eines stimmlosen in einen stimmhaften Spiranten das unbekannte Ding taufte, das er zu wiegen hatte, als hätte von diesem Namen zu jenem Objekt seit Urzeiten ein Band existiert und als wäre, worauf die Textur seines Vornamens selbst hinwies, es prädestinierte Aufgabe dieses Blaise gewesen, die *laisse* zu wiegen? Keine Spitzfindigkeit eines Verseschmieds oder Linguisten griff damals in meine konfuse Wahrnehmung vom Assonanz-

5 etwa: »Blaise, der zog davon,
In den Krieg zog er davon«

6 etwa: »Blaise, der zog davon
Indes die Leine er wiegte«
laisse ist die »Litze«, der »Riemen«, die »Hutschnur«, die »Hundeleine« oder auch das »Gängelband«.

verhältnis der beiden Wörter ein; am Anfang war das Geheimnis der *laisse,* und dieses Geheimnis erreichte den Namen Blaise über die Struktur des Satzes selbst (wo Blaise in der Position des Subjekts war) und auf noch dunklere, aber ebenso wirksame Weise über dieses Spiel von Assonanzen, das verhaltene Funkeln einer Gischt, unter der sich die Machenschaften einer unsichtbaren Macht verrieten.

Wenn ich die Ohren spitze – in dem Bestreben, das Echo, das mein Gehör oder meinen Geist damals erreichte, noch einmal aufzufangen oder nachzubilden, die mehr gemurmelte als gesprochene Botschaft, die, so glaubte ich später, gar einem der Münder des Wunderbaren entsprungen war –, höre ich das Wort »Blaise« tieftraurig und mit der Kreideblässe einer Felsküste widerhallen. An diesem Blaise, dessen Name sich aller Zweisilbigkeit zum Trotz unbegrenzt entwickelt, kann nur die monotone Geste des Wiegens haften bleiben. Er wiegt, wiegt unablässig, wie auch das Meer – laut Gemeinplatz – nicht davon abläßt, den Fuß der Felsküste zu wiegen. Er wiegt, wiegt unablässig, und die *laisse,* die er unablässig wiegt, ist vielleicht nichts anderes als das reine Objekt dieses Wiegens, oder die besondere Güte, die just dieses Wiegen von allen anderen Weisen des Wiegens unterscheidet. Man »wiegt die *laisse*« wie man »seinen Ärger runterschluckt«, wie man »Schwarzes zusammenbraut« oder »aus dem Häuschen gerät«: ein Bild, das nicht einmal mehr Abbild einer bestimmten Art zu wiegen ist; eine Wortfigur, auf die nicht die kleinste körperliche Aktion anspricht, nur der einzige Nebel eines weißlichen Zustands von Langeweile, farbloser noch als der gipsigste Fettkäse von Gervais. »Die *laisse* wiegen« im Trübsinn einer bretonischen Stube, wo in der Nähe der Kinderwiege und des klobigen, verstaubten Schrankbetts Brosamen altbackenen Brots im Verein mit Wollknäueln und Spinnradhanf dösen. »Die *laisse* wiegen«: einzige Geste, die der arme aufbrechende Blaise ausführen, einzige Geisteshaltung, der er sich befleißigen könnte und dessen Silhouette schon bald im Immergrau der Felsküste verblassen würde. Im einförmigen und laschen Klopfen seiner Füße, die nicht einmal klopfen, bloß murmeln, bricht er auf, im unförmigen Murmeln nimmermüder Lippen, die herunterleiern:

Blaise qui partait
En berçant la laisse,
Blaise qui partait...

Der Zauber, den die Lieder stets auf mich ausübten – aufgeklungen vom Grund der Lebensalter wie jene, die als Kind gehört zu haben ich mich entsinne, oder ganz frischgebackene und gerade wegen dieser Frische kraftvolle Lieder, aus denen alle von der Zeit angehäuften Schlacken verbannt sind –, entspringt vielleicht zum Teil solchen ungewollten Wortmaskeraden, bestimmt aber einem gewissen Spiel, das eng verwandt mit dem Kalauer ist. Ein Spiel, das zwischen den Tönen und dem Text entbrennt, diese sich in jenen einmischen und ihm bald angemessen scheinen – mit der wunderbaren Begabung, seinen Sinn zu schleifen –, bald ihrer eigenen Spur folgen und sich nur auf eine Fusion einlassen, um den Faden zu verwirren oder in unauflösbaren Rätseln Rhythmus, Klanggehalt, Wortbedeutung und Melodie miteinander zu verquicken. So findet zwischen eigentlich musikalischem Tonsatz und rein verbaler Satzmusik ein ständiger Austausch statt: Begegnungen, gefolgt von früher oder später fälligen Brüchen, zeitweilig parallele Promenaden oder abweichende Läufe, die jäh zusammenfließen; und im Text selbst nistet sich ein stichhaltiges Schnittwerk ein, das nur teilweise mit dem Sinn übereinstimmt und in die kristallinen Wortgruppen oder Wortparzellen, die an die Oberfläche dieses harmonischen Chaos treiben, mehr Saft spritzt, eine überraschende Kombination von Spiegeln, Linsen und Prismen, die das Licht auflösen, um es wieder von der negativen Spitze seiner schwärzesten Untiefen aufblitzen zu lassen. Das ist weit spannender als Geschicklichkeitsspiele mit Stöpseln und verwirrender als alle in den Hobbybüchern für Physik beschriebenen Experimente!

So wird der ohnehin schon aparte Orient der Wörter – in Perlen verwandelt, um Verse aus ihnen zu schmieden – noch um einen anderen Orient erweitert, der ihr Märchenpotential auf die Spitze treibt: wo der Musikstrom die Wörter einstippt, seine Wellen sie verstreuen, brechen und zuweilen den Perlmuttglobus einer Meduse aufschimmern lassen, oder umgekehrt Perlen und Wellen ihre disparaten Spanten in einer langen und schillernden Schleife vereinen. In Scherben zersplittert – die mit ihren glitzernden Rissen und bizarren Winkeln den Blick anziehen – oder einfach aufgelöst im Fluß einer Linie – die einen mitreißt, wenn man ihr Note für Note, Silbe für Silbe folgt –, erwerben die musikerfüllten Sätze einen ganz eigentümlichen Glanz, der sie von der Umgangssprache scheidet und mit dem Nimbus einer verzauberten Einsamkeit schmückt. Dieses Verfahren wirkt stärker als die üblichen typographischen Tricks, unbeschadet des Reizes, den Kursivschrift, Großbuchstaben, Fußnoten, mit Sternchen geschmückte Wörter, ja selbst weiße Stellen für Augen und Geist haben können, letzteres ein Mittel, das Dichter verwenden, um den Satz zu spalten, was auch den geschriebenen Wörtern die Möglichkeit gibt, als dichtere und aktivere, weil im Stadium der Geburt sich befindende chemische Körper aus der Unsichtbarkeit der Seite aufzutauchen.

Ferner der privilegierte Charakter, der in jenem frommen Apolog, den man mir während der Einkehr meiner Erstkommunion erzählte, gewissen Sprüchen eingeräumt wird: die glühendsten Gebete schreiben sich mit goldener Tinte ins Buch Gottes ein; andere, weniger glühende, schreiben sich nur mit silberner Tinte ein, und noch andere – bloße Lippenbekenntnisse – schreiben sich in gewöhnlicher Tinte oder überhaupt nicht ein. Weitreichender – und wie diese Gebete, wo es nicht auf die mehr oder minder hochgradige Inbrunst ankommt, sondern auf die unterschiedliche Tinte, Silber oder Gold, mit der die Eintragung erfolgt –, in einer umfassenderen Domäne, die selbst jene der Rede verdoppelt und sich fast über das ganze Universum erstreckt, befindet sich all das, was auf die eine oder andere Weise den Vorzug einer besonderen Bezeichnung hat, wo ein Eigenname erscheint, der wirklich zum *Namen* wird und eine Art Person erschafft, ein Wesen, mit eigenem Leben begabt und ausgestattet mit eigener Gestalt; also: die Phosphatine Falières, der Anis aus Flavigny, die Konfitüren aus Bar-le-Duc, der Zuckerlutscher aus Rouen und, neben anderen Medikamenten, der Sirup Manceau, die Pasten Ramy, der »Beruhigungsbalsam«, die *Ipekahuanha* (hier steht die Bezeichnung des Arzneibuchs für einen Personennamen), Wesen, die dank der Merkmale, die ihre Namen bildeten (Herkunftsbezeichnungen, Fachausdrücke oder auch nur Fabrikmarken), aus dem gleichsam ungeschiedenen Nebel der Dinge auftauchten, die in der Gesamtheit der Welt nicht das Glück hatten, sich durch eine *Kennmarke,* welche die Rolle eines Stigmas oder Siegels spielt, der Aufmerksamkeit unmittelbar zu empfehlen.

Diese Passage – die ich nur zu überfliegen brauche, um Fragwürdiges, allerwenigstens aber ziemliche Geschraubtheiten zu entdecken, auch faule Tricks, welche die Ungewißheiten des Denkens mit dem Rauschgold der Wörter maskieren sollen und die danach trachten, rein sprachliche Evidenz an die Stelle einleuchtender Bilder zu setzen – möchte ein Liedfragment vorstellen, das ich nur zögernd preisgebe, denn der Zauber, den mein Geist ihm verleiht, ist ein wenig zu partikulär und persönlich, um seinen einzigen Vers auf der Stelle und ohne eine jener Vorbereitungen auszuliefern, die versuchen, zwischen der intimen Empfindung des Autors und dem

Bewußtsein des Lesers eine Brücke zu spannen, oder vielmehr zwischen beiden das unentbehrliche Leitermilieu zu schaffen, wo mit einigen Aussichten auf Erfolg der Strom fließen und das Wellenband sich fortpflanzen kann, das diesem kleinen, scheinbar kalten und reglosen Kiesel entsprang, der allen verborgen in irgendeinem Schlupfwinkel im Kopf oder Herz des Autors ruht. Denn für den Schreibenden geht es allein darum: die von der Gegenwart oder Vergangenheit seines Lebens in der Tiefe des eigenen Kopfes oder Herzens deponierten Ablagerungen, die bislang nur für ihn von Wert, in den Kopf oder ins Herz der anderen zu transportieren; Kommunikation mit dem Ziel der Wertsteigerung; Zirkulation mit dem Ziel, die so in Umlauf gebrachte Sache mit etwas mehr Prestige aufgeladen zurückzuerhalten, wie jene Schilde der Indianer Nordwestamerikas, deren Wert um so größer wird, je öfter sie Gegenstand zeremonieller Tauschakte waren. Und selbst der gewöhnlichste Tauschakt kann sich nicht ohne ein Minimum an Zeremonie vollziehen. Darum auch diese Schriftparaden, Fußsignale, Prahlereien, diese Künsteleien, die beileibe nicht unnatürlicher sind als das Rad des Pfaus oder die unzählig verschiedenen Weisen der Courschneiderei.

Eine Erinnerung in meinem Kopf, in alle Richtungen erweitert durch affektive Verzweigungen, ist kein Fremdkörper, den es auszutilgen gilt. Wenn sie von außen kommt, wenn sie das Ergebnis eines absolut zufälligen Zusammentreffens von Umständen ist, ist sie keinen Deut weniger ein Bestandteil meiner selbst, ist sie meine Substanz geworden und kann auf die gleichen Rechte pochen wie die von außen bezogenen Lebensmittel, die mich erhalten. Mehr noch! In ihrer Eigenschaft als bleibendes Bild – umschriebenes und gebührend abgesetztes Bild – strebt sie nach einer Rollenverkehrung und sucht sich als Spiegelbild aufzuspielen, als verlöre ich ihr gegenüber alle wirkliche Festigkeit und vermöchte in ihr ausschließlich nur noch die solide – die einzig solide –

Sache zu sehen, welche ich anschaue und die mich widerspiegelt. Das Paradoxe dieser Art von Erinnerung: in ihr finde ich den reinsten Ausdruck meiner selbst in dem Maße, wie sie mich durch etwas insgeheim Fremdes beeindruckte...

»So bizarr wie befremdlich« – wie man zuweilen scherzhaft in meiner Familie sagte –, sehr fremd und sehr befremdlich benahm sich dieser Vers des Duos von *Manon,* als ich meine Schwester – bereits ein junges Mädchen mit langem Kleid – ihn singen hörte.

Adieu, notre petite table![7]

singt Manon und betont gewissenhaft das stumme *e,* das die beiden *t* trennt, die beiden letzten *t* der Dreierserie, die nur das torkelnde Echo des ersten zu sein scheinen, über das die Zunge gestolpert wäre. *Ti-Te-Ta.* Zwischen dem *i* von *ti* und dem *a* von *ta* ist das *e* von *te* keineswegs in Gefahr, eskamotiert zu werden und markant genug, um der Silbe *te* eine Art Festigkeit und Dichte zu verleihen, mit der Tendenz, sich in ein Ding zu verwandeln und, das Adjektiv »petit« im Stich lassend, sich mit dem Substantiv »table« zu verbünden, das einen soliden Körper bezeichnet, eine aus schwerem Holz gefertigte Masse, deren Anziehungskraft stärker ist als die des Adjektivs »petit«, das nicht einmal über den Schatten einer Wirklichkeit gebietet, den selbst der leiseste Windhauch noch aufbringt. Auf diese Weise verwandelte sich also unser Tisch (table) zu *tetable,* zu *totable,* wurde maskuliner Name, um weiß Gott welches wunderliche Instru-

7 etwa: »Ade, du unser kleiner Tisch!«
Es handelt sich hier um einen Vers aus Jules Massenets Welterfolg *Manon*, einer Oper nach dem berühmten melodramatischen Roman des Abbé Prévost, »Die Abenteuer des Chevalier Des Grieux und der Manon Lescaut«. In unserem Kontext geht es um die Abschiedsszene zwischen den beiden Liebenden: aus Verzweiflung darüber, daß Manon, allerdings aus Liebe zu ihm, die Maîtresse eines reichen Alten wurde, geht Des Grieux ins Kloster.

ment zu taufen: ein »étable« (Schweinestall), »retable« (Altarblatt), »totem« (Fetisch), »lavabo« (Waschtisch), wo »eau potable ou non potable« (trinkbares oder nichttrinkbares Wasser) fließt: alle Vokabeln, die mir im Moment einfallen, um etwas Unbestimmtes zu etikettieren, von dem ich bloß weiß, daß es ein Gegenstand war, etwas, das in einem Zimmer, wo Des Grieux und Manon sich Adieu sagten, ein Stück Raum besetzte, etwas, das ganz ein Tisch war und gleichzeitig ein bißchen mehr als ein Tisch, dem sich – wie eine Ausziehplatte – jene besondere Eigenschaft angliederte, die ihn völlig umgestaltete, und die jene von »petite« abgerissene Endung auf unaussprechliche Weise aussprach.

Eine der Szenen, die auf die große Abschiedsszene folgen, spielt nicht mehr in einem Zimmer, sondern im Priesterseminar von Saint-Sulpice. Natürlich gibt es dort Betstühle (denn wer Priesterseminar sagt, meint Kirche), das heißt, andere Möbelsorten, und auch sie können wie ein Nippestisch ihre Beine schwingen, mit ihnen knarren oder tappen, wenn man sie verrückt; ihre Rückenlehne ist häufig mit völlig abgewetztem Samt bezogen, wie man auch auf vielen Nippestischen schäbige Deckchen sieht. Indes ist der *tetable* getaufte Gegenstand kein Betstuhl und vielleicht auch kein Nippestisch, obgleich diese stolpernde Anfangssilbe unverkennbar das Geräusch von Nippestischbeinen beschwört – ihr Hopsen und Scharren –, wenn man den Tisch über den Fußboden zieht, um seinen Standort zu verändern. Ich gewahre hier Des Grieux in kurzer schwarzer Soutane, Seidenstrümpfen, Schnallenschuhen und mit einem Abbé-Beffchen, beide Hände auf die Rückenlehne seines Betstuhls gestützt, die Augen ein wenig erhoben – als schaue er zwecks frommer Erhebung zum Kirchengewölbe auf –, und ich höre, wie das Wort *tetable* die Luft des Zimmers peitscht, wo auf seinen vier Beinen ausbalanciert der wirkliche Tisch steht, den Des Grieux im Priesterseminar von Saint-Sulpice jetzt für seinen einzig wahren Tabernakel halten muß. Ich höre dieses Wort *tetable,* weiß aber nur allzu gut, daß ich des Rätsels Lösung nicht finden werde; es wird bei *tetable* bleiben, weder Nippestisch noch Betstuhl, und es wird mir nicht gelingen, diesem Gegenstand eine entschiedene Gestalt zu geben, obwohl er Hauptmöbel jenes Zimmers ist, das er ganz auszufüllen scheint, obwohl das Wort, das diesen Gegenstand beschwört, und dieser Gegenstand selbst – einfach via menschliches Gedächtnis – an einen anderen Punkt des Raums transportiert werden können: in eine Kirche, direkt neben einen Betstuhl von Saint-Sulpice und mitten ins Orgelgedröhn. Liegt die ganze Magie des Wortes *tetable* vielleicht darin, daß es zwar ein fester Bestandteil des Tisches ist und ihm wie das Holz der Betstühle, die man verrückt und die über die Fliesen knirschen, voll und ganz Resonanz gibt, daß es zwar eine Bedeutung vorspiegelt, aber nichts bezeichnet und Etikett eines schieren Nichts oder eines auf immer unbegreiflichen Objekts bleibt? Wahrscheinlich hängt sich immer ein Fetzen von Ding-an-sich an die Rockschöße jener Wörter, die einer präzisen Wirklichkeit zu entsprechen scheinen, in Wahrheit aber reine Fiktionen sind. Daher rührt ihr *Offenbarungs*charakter, denn sie sind durch Bestimmung Formeln des Unformbarsten, Namen für unerhörte Wesen, die eine Welt außerhalb unserer Gesetze möblieren.

Dieses allein aufgrund eines Worts gewonnene Gefühl von der unpassenden Existenz eines Gegenstandes – der unbestimmt bleibt, deshalb aber nicht weniger eine fast faßbare Sache ist, solange das Vokabular etwas zu sagen hat –, dieses verflixte Gefühl (wie die Suche nach einer Erinnerung, die man für Sekundenbruchteile zu berühren glaubt, die aber jedesmal entwischt) unterscheidet sich, obwohl eine Bagatelle, vielleicht gar nicht so sehr von dem, was jene Geister zu spüren kriegen, die sich – ungläubig, aber süchtig – in die Suche nach dem Absoluten stürzen.

In früherer Zeit geschah es oft, daß ich Träume hatte, an deren Details ich mich beim besten Willen nicht erinnern konnte. Sie waren gleich Objekten, von denen mir nur die Winkel in ihrer abstraktesten Form bekannt gewesen wären: ihr Gradmaß. Ein solcher Winkel tauchte in meinem Gedächtnis auf, doch trotz meiner Anstrengungen blieb er nackt, konnte sich mit keinem einzigen Stoff bedecken; ich bemerkte nur seine Spitze wie den Ellbogen eines Passanten, der mich anrempelt, ohne daß ich Zeit noch Gelegenheit fände, diesen Unbekannten, der sich in der Menge verliert, eingehender zu mustern. Versuchen, den Traum neu zu beleben, ihm Form und Farbe zu geben, ihn von der platten und toten Geometrie abzubringen, in der er sich treuloserweise kurz faßte; ihm die äußerst vage Atmosphäre wie einen neuen Lebensodem einflößen, die alles war, was er mir von dem, was ihn einmal auszeichnete, gelassen hatte; die Brocken der Kulissen, Personen und Ereignisse zerkauen, die mein Gedächtnis mühsam hier und da für einen Augenblick ans Tageslicht bringen konnte; spüren, wie sie sich zersetzen, bevor man überhaupt damit hätte beginnen können, sie neu zusammenzusetzen; diese Arbeit unzählige Male und unter immer schlechteren Bedingungen wiederholen (denn die Atmosphäre verdünnte sich allmählich oder fing an zu verfaulen, und die Brocken selbst, wieder und wiedergekäut, zerfaserten oder verballhornten, was schon bald zu einem aus allen möglichen Stücken zusammengeflickten – und zudem jedes sinnlichen Gehalts beraubten – Traum geführt hätte, der sich bei entsprechender Hartnäckigkeit meiner Bemühungen in meinem Kopf und unter meinen Augen aufgeblasen hätte); dies alles im Gehirn herumwälzen, im Bett vor dem Aufstehen, im Bad (wo ich schon immer gern vor mich hingesponnen habe), im Freien, bei der Arbeit, bei Tisch; auf all dem herumkauen, ohne den Mut zu haben, es auszuspucken, bevor meine Gewißheit, leer auszugehen, sich nicht in einem fast körperlichen Ekel manifestiert hatte: so ging das bei mir anläßlich solcher Träume manchmal den ganzen Tag über.

Ich stoße im Augenblick wieder auf einen Zustand dieser Art, wenn ich versuche, unter der Spitze meiner Feder etwas zu neuem Leben zu erwecken, was tatsächlich nur Nadelspitzen sind, will sagen: diesen recht eigentümlichen Flöz von Erinnerungen, dessen Abbau ich hier in Angriff nehme. Das sind sehr dünne Nadeln, deren stählerner Schimmer mich um so mehr faszinieren wird, je feiner ihre Spitzen sind und die natürlich um so besser perforieren, je unspürbarer ihr Stich ist. Von diesen nicht allzu grausamen Nadeln wünschte ich mir nur, daß sie wie eine schöne Schallplatte die kaum ahnbaren Rillen zum Singen bringen, die meinem Herzen eingraviert sind, und ihre augenblickslange Verwandlung in eine Melodie wäre allein imstande, mich für Augenblicke zu befreien.

Auch wenn ich diesem gegenwärtigen Augenblick – ja dieser *Gegenwart* selbst – Gestalt geben will, dann geschieht es, daß er verschwindet und verschwimmt; und alles, was ich von ihm sagen kann – aus triftigen Gründen außerstande, ihn direkt zu stellen (dann würde ich ihn mit schriller Stimme anschreien...) –, alles, was ich aushecken kann, um ihn in die Wirklichkeit zu lotsen – oder ihn der Wirklichkeit wiederzugeben –, schlägt ins ohnmächtigste Gefasel um: ich zirkele Sätze ab, türme Wörter und Sprachfiguren, doch in all diesen Schlingen verfängt sich immer der Schatten und nicht die Beute. Ob ich Jagd mache auf den gegenwärtigen Augenblick, der mir entflieht, auf die Erinnerung, die zu Staub zerfallen ist, oder auf diese eingebildeten Gegenstände, die sich hinter den falschen Fenstern von Wörtern zu verstecken scheinen, die mit trügerischem Schein auf die Fassade meines Geistes gemalt sind – es ist stets dasselbe Wild, dem ich nachstelle: jene kostbare und einzig wirkliche Sache, die in meinen Träumen oft in Gestalt einer wunderbaren Schallplatte mit amerikanischer Negermusik erscheint, die gehört zu haben ich mich kaum noch erinnern kann. Dennoch weiß ich, daß ich diese Platte besitze, doch trotz meiner Bemühungen glückt es mir nicht, sie in einem Stapel anderer Platten wiederzufinden.

Sei es eine Erinnerung, peinlich genau in der Vergangenheit geortet, eine alte imaginäre Schöpfung, von der ich nicht so recht weiß, ob sie sich nicht gerade in eben diesem Moment erschafft, oder der gegenwärtige, als solcher angeschaute und erforschte Augenblick: belanglos bleibt letztlich das konventionelle Ziel, das ich mir stecke. Denn meine Jagd ereignet sich stets im Präsens. Von all dem ist sie vielleicht das einzig Ergreifende, und wahrscheinlich ist es dieser gespannte Wettlauf, der, sein eigener Gegenstand geworden, im Kräuseln der Schreibbewegung wie in der Entspannung des Traums diese befremdliche Folge von Klangvibrationen hervorbringt, deren vage Wahrnehmung mich fasziniert.

HABILLÉ-EN-COUR[8]

Wir wohnten in der Rue Michel-Ange. Der Hausmeister, der jeden Morgen in einer Gasmann- oder Kassenbotenlivree mit versilberten Knöpfen zur Arbeit ging, hieß Monsieur Poisson, Herr Fisch. Seine Kinder waren natürlich »kleine Fische«.

Hatte man einen banalen Hausflur und den Glashof durchquert (eine Art Gewächshaus oder Aquarium, auf das die Pförtnerloge führte), ging es drei Stockwerke hoch. Dann war man »zu Hause«.

Im Zimmer meines ältesten Bruders grub sich ein Wandschrank in eine der Mauern, und dort stand zwischen anderen Dingen, die uns gehörten, mein Phonograph – ein Walzenphonograph mit einem Schalltrichter. Ich hatte ihn oft in Betrieb, denn ich lauschte nicht nur gern den Walzen, sondern liebte es auch, ihr Wachs zu schnüffeln, wobei ich es fast mit der Nase berührte. Eine der ausgeleiertsten – weil am meisten gespielten – Walzen war der »Weihemarsch des *Propheten*« von Meyerbeer, gespielt vom Orchester der republikanischen Garde »unter der Leitung von Parès«, wie eine Stimme zu Beginn des Stücks verkündete. Bei diesem Stück begeisterte mich der Donnerschall seiner Blechinstrumente, der zusammen mit den weißen Büffellederuniformen, Schultertressen, roten oder goldenen Achselschnüren der in meiner Phantasie so geschmückten Musiker etwas Pompöses wachrief. Wenn mir von meinem heutigen Blickwinkel aus das, was gemeinhin für geweiht gehalten wird, fast immer ärgerlich schwülstig oder übertrieben

8 Vergleiche Anmerkung 2 (S. 10); zu deutsch wörtlich: »Im-Hof-Angezogen«. Der Ausdruck bleibt im Text unübersetzt, weil vollkommen kontextgebunden.

feierlich vorkommt, so verdanke ich dies vielleicht teilweise jenem »Weihemarsch«, dessen Pomp bei mir möglicherweise auf Wörter wie »Weihe«, »Sakrament« oder »geweiht« abfärbte und den sie bezeichnenden Ideen für immer diese Gemessenheit von Fanfaren und Parademärschen verlieh, die mich früher begeisterte, heute hingegen kalt läßt.

Auch die große Arie des Figaro im *Barbier von Sevilla* schätzte ich sehr. Ich verstand die Worte dermaßen schlecht, daß ich stets glaubte, zumindest ein Teil sei in einer fremden Sprache gesungen. »Ein Bar-e-bier... feinster Manier, feinster Manier!« So ähnlich waren die einzigen, kaum faßbaren Brocken, die ich aufschnappte; mein Vergnügen war um so lebendiger, denn sie erreichten mich wie ein fragwürdiges Geröllarchipel, das aus einem Bach mit purzelnden Wassern und zugleich unbeschreiblichen Mäandern auftauchte. Der Name Figaro selbst hatte einen entzückenden Geschmack: wie diese dicken, fahlen Kirschen, die »bigarreaux«, Herzkirschen, heißen und ja auch fast seine Homonyme sind.

Es gab jedoch eine Walze, die mir mehr als jede andere Kopfzerbrechen bereitete, ohne daß ich sie besonders gemocht hätte: »Die Lektüre des Rapports«, der Monolog des komischen Soldaten Polin, ein einfacher Vortrag, der als einziges Musikelement ein kurzes Hornsignal der Kavallerie zum Auftakt hatte.

Am Boulevard Suchet, in der Nähe der Rennbahn und des Bahnhofs von Auteuil, stand eine Kaserne, und dort sah ich ab und zu die exerzierenden Soldaten, die in ihrem weißen – oder vielmehr dreckigen – Drillich und in diesem groben Knitterzeug wie Schießbudenfiguren wirkten. Manchmal hatten sie ihre Gewehre in Bündeln zusammengestellt; das ergab zugige Pyramiden, deren Kanten die an der Spitze sich überkreuzenden Gewehre bildeten. Wie die Zeichen einer Schrift – wo jeder einzelne Buchstabe bereits eine komplizierte Montage ist – standen diese Schemata in Reih und Glied auf der Ebene des Exerzierplatzes; neben den stoffeligen Geschöpfen, die ihre Schwenks ausführten, waren sie Wunder an Feinheit.

Das Manöverfeld erstreckte sich entlang der Festungsanlagen, und hier siedelte ich auch die im Monolog Polins geschilderte Szene an. Einige hundert Meter weiter unterhalb, wo der Boulevard auf eine Avenue traf, die zum Bois führte, stellte man sonntags die Eingangsdrehkreuze zum Rasen der Rennbahn auf. Meiner Mutter tat es weh, diesen Platz am Tag nach jedem Pferderennen mit Wettscheinen, die sich als Nieten entpuppt hatten, weggeworfenen rosa Programmzetteln, alten Zeitungen und allerlei zerknülltem Papier beschmutzt zu sehen. Die Aufsicht des Bois de Boulogne konnte ihren Dienst noch so gewissenhaft verrichten, stets lagen noch irgendwelche Abfälle herum, wenn es vor den Wettschaltern hoch hergegangen war.

Die Kaserne am Boulevard Suchet hatte schmierige Mauern, uniforme Fenster, ein Gitter und – ich glaube – zwei Schilderhäuschen. »Guérite« – Schilderhaus –, liebenswürdiger: »Guerite« – Gretchen –, Kosename für eine meiner Nichten, die Marguerite hieß. Vor allem gab es in dieser Kaserne Soldaten, großfüßige Kreaturen mit Käppi und Schnurrbart, und ich wußte, eines Tages würde auch ich einer sein. Ich sah sie nur aus der Ferne, aber wenn sie in der Truppe marschierten, hörte ich dieses weiche Geräusch von Schritten, damals vortrefflich im Kino der Warenhäuser Dufayel nachgeahmt, die berühmt waren wegen des Erfindungsreichtums ihres Tonkommentars, der die Filme begleitete, gräuliche oder sparsam kolorierte Streifen, meist Trickaufnahmen, die entweder kurze, possenhafte Szenen oder Abenteuerserien im Stil des Châtelet oder der Romane Jules Vernes zeigten.

Mir war recht unverständlich, was die Soldaten taten: sie marschierten, hielten, schwenkten, erstarrten. Ein Feldwebel in schwarzem Waffenrock und roter Hose lief hin und her, musterte, kommandierte. Der Manöverplatz war völlig flach und erdig; seinen Hintergrund bildete – wie ein Strand das Meer hat – der gelb-grüne Rasen der Festungsanlagen. Unter dem bald grauen, bald blauen Himmel flatterten die Vögel und scherten sich einen Dreck um die Kommandorufe.

All das geschah an einem Ort, den man, scheint mir, eine »Bastion« nennt. Bastion: ein Ort, den ich mir bald nur noch als von Schanzkörben umgeben vorstellen konnte, einer Art mit Erde gefüllten Hürdefässern, wie ich sie auf den Umschlägen einer Heftreihe gesehen hatte, die in verwaschenen Farben Episoden des Kriegs von 1870 darstellte: die Schlacht von Rezonville (die deutschen Reiter ganz in Weiß, mit Pickelhaube und Küraß), die Mobilgardisten von Gravelotte, die Kürassiere von Reichshoffen (diese mit spitzem Kinn- und langem Schnurrbart, während die deutschen Reiter glattrasiert waren, über den Lippen jedoch eine dichte Haarfranse trugen). Als geometrisch beschränkte Fläche ohne Leben verbreitete das Manöverfeld seinen kahlen Raum, und nichts erinnerte an den Wirrwarr der Schlachtfelder, wo sich Soldaten ganz anderen Kalibers als diese erbärmlichen »Militärs«, die ich sah, tummeln.

Da war die Böschung der Festungsanlagen. Da waren die Gewehrbüschel, die Zwillingsschilderhäuschen, das Kasernengitter. Da waren die lackierten Drehkreuze der Rennbahn. Da waren an erster Stelle und Wahrzeichen des Manöverfelds die *paranroizeuses,* ein ländlicher, verhaspelter, verregneter Name, der diesem Ort schütterer Attraktivität wie angegossen saß, einem Ort, am Saum einer Trägerstraße gelegen, deren Zivilstand ebenso reizlos war: des Boulevard Suchet. Die *paranroizeuses:* eine Mischung aus weißen Drillichen, mit Nägeln beschlagenen Stiefeln, dem weichen Geräusch von Schritten, tapsigen Manövern.

Das konnte nur etwas sein, das sich irgendwo am anderen Ende des Exerzierplatzes befand. Etwas wie ein

Schanzpfahl oder Drehkreuze. »Vor das Kriegsgericht kommen, das Drehkreuz durchschreiten«: Ausdrücke, die ich erst später verstand. Damals gab es keine anderen Drehkreuze als die der Rennbahn und der Oblatenverkäufer, auch »marchands de plaisir« – Glücksradhändler – genannt, die in den Avenuen nahe der städtischen Gewächshäuser ihre federleichten Leckereien für ein oder zwei Sous verkauften, die ich aber aus Gründen der Hygiene nur äußerst selten zu schmecken bekam. Die *paranroizeuses* hatten nichts zu tun mit den großen zylindrischen Behältern, die jene schirmmützigen Erwachsenen – die Oblatenverkäufer – schleppten; nichts mit den Gewächshäusern der Stadt Paris, gewaltigen, hermetisch verschlossenen Glaskuppeln in einem der Öffentlichkeit verbotenen Park, wohin man mich auch nie führte; auch nichts mit dem angrenzenden Garten voll wohlgeharkten Alleen, schönen Grünanlagen, deren Betreten untersagt war, und mit dem Gärtner als Hauptattraktion, der seinen langen Zug aus Schlauchwerk hinter sich her zog; und erst recht nichts mit dem Stadtzollgitter nahe dem Häuschen, wo sich in ihren derbblauen Röcken die Zöllner aufhielten, deren einzige Waffe jene mit einem Holzknauf versehene schmale Eisenstange war, die Sonde, die ihnen die unerlaubten Waren aufspüren half. Die *paranroizeuses* waren etwas eindeutig Militärisches, wovon der Monolog Polins berichtete, und was, wie ich glaubte, als organischer Teil zum Gelände gehörte, wo ich von Zeit zu Zeit die »Pioupious« ihre Manöver abhalten sah. *Paranroizeuses:* ganz wie es Schanzpfähle und Barrikaden gibt, städtische Kehrmaschinen, Handrammen, Schippen oder Schubkarren von Straßenarbeitern und jede Menge nützliches oder unnützes Zeug.

Zwar ordnete ich die *paranroizeuses* instinktiv in die Kategorie der Geräte zur Grenzsteinsetzung oder Instandhaltung der Wege ein, doch hatte ich nicht die geringste Ahnung, was sie tatsächlich waren. Sagte der von Polin imitierte Soldat nicht selbst am Ende seines Monologs: »*Paranroizeuses?* ... Ich weiß nicht einmal, was das ist!«

Es geht um einen Soldaten, der bestraft wurde. Dieser Soldat ist ein Kavallerist. Man hatte ihn eingesperrt, und er mußte auf der nackten Erde schlafen, weil er »*paranroizeuses* gemurmelt« hatte, offenbar in derselben Art, wie die Prosa des Monsieur Jourdain zustandekommt, denn »er weiß nicht einmal, was das ist: *paranroizeuses*!« und er fragt sich, kaum weniger verdutzt als ich, was er wohl ausgefressen haben mag.

Klar ist nur, daß er murmelte. Vielleicht hatte er die *paranroizeuses* verwünscht, an ihnen herumgemäkelt, kurz, sich wie ein Soldat benommen, der nicht weiß, wie man gute Miene zum bösen Spiel macht und der nicht einmal bei seinen Vorgesetzten den Mund halten kann. »*Paranroizeuses* murmeln«, einen Teil des Manövergeländes verunglimpfen: es liegt auf der Hand, daß man sich dafür eine Strafe einhandelt.

Vielleicht ahnte ich vage, daß dieser Soldat, der nicht wußte, was *paranroizeuses* sind – ohne sich wie ich damit herausreden zu können, ein Kind zu sein –, bloß ein blutiger Anfänger und der allerletzte Dussel war. Nicht von ungefähr hatte er diesen bäuerlichen Akzent. Zweifellos handelte es sich um einen jener Ausdrücke, deren Sinn man erst erfährt, wenn man seinen Militärdienst abgeleistet hat, wenn man erwachsen ist, ein Großer, imstande, die Kalauer zu verstehen, ein gestandener Mann, der Zugang zu allen Wörtern und besonders zu den »derben Wörtern« hat. Doch wußte ich genau, daß es sich hier um kein derbes Wort handelte. Höchstens hatten sich einige derbe Wörter in das Gemurmel eingeschlichen...

Mir klang dieser Ausdruck ein bißchen nach dem Regengeräusch, das Rasensprenger (arroseuses) machen; an ihm war etwas Verschossenes oder Verrostetes; doch auch ein Funkeln, wie die ehemals vergoldeten Spitzen, die als Haube die hohen Stäbe zierten, deren parallele

Staffelung das Gitter des Oktroi bildete. Doch ein so vages Funkeln, eine so von Nässe zerfressene und ramponierte Vergoldung, daß man ebensogut bei den metallischen Protuberanzen, die aus dem Leder benagelter Schuhsohlen stieben, von Sternengesprenkel sprechen könnte. Einerseits war da ein Schillern, das den Geist auf die edelsten Dinge zu lenken vermochte: alles, was mit Turnieren (tournois), Königen (rois) und auf den Schild (pavois) gehievten fränkischen Häuptlingen zu tun hat; andererseits gab es da eine quakende Kloake, wo derselbe Diphtong *oi* im Morast versinkt: alles, was nach Zuavenculotte, tolpatschigem Patois und Schäflein der Parochie von Fouillis-les-Oies klingt.

Viel später – aber ohne daß ich deswegen die geringste Lust verspürt hätte, meinen Militärdienst zu leisten, nicht einmal in das Alter zu kommen, wo man gern mit einem eitlen Gepäck von Rotwelsch hausieren geht, das man hier und da aufgeschnappt hat – fand ich den Schlüssel zu den *paranroizeuses.* Es war kein Schlüssel, der mir ein Gerät in Gang gesetzt oder eine Barriere entriegelt hätte (denn es war weder ein Gerät noch eine Barriere), sondern die Erklärung für dieses Wort. *Paranroizeuses* waren »paroles oiseuses« – nichtsnutzige Reden –, ausgesprochen mit dem eigentümlichen Akzent des komischen Soldaten, mit diesem schwachsinnigen und greinenden Akzent des Reiters mit dem großen Schnäuztuch, den Polin karikierte. Ein Soldat einer Kavallerieschwadron beschwert sich darüber, bestraft worden zu sein, weil er sich dazu hinreißen ließ, »nichtsnutzige Reden zu murmeln«, wo »er nicht einmal weiß, was das ist: nichtsnutzige Reden!« – das waren die Arkana der *paranroizeuses.*

Von unseren Spaziergängen im Bois, im »Jardin de la Ville« oder den Boulevard Suchet entlang kehrten wir zur Rue Michel-Ange zurück, einer Straße ohne Geheimnis, ausgenommen ihrer Ähnlichkeit mit meinem Vornamen, den ich in ihr aufgespürt hatte, leicht verformt und zu *Mikel* geworden, statt des mir vertrauten »Michel« mit Zischlaut. In unserer Umgebung gab es vor allem Villen und, hinter unserem Grundstück, einen riesigen Garten mit Kieswegen, hohen Bäumen und einem mächtigen Gebäude mit rotem Ziegeldach, das eine israelitische Schule war. Wenn von diesem Ort die Rede war, sagte man: »Bei den Juden«. Die Juden, das waren diese Gymnasiasten, die ich, wenn sie in ihren Pausen in den Garten hinaus kamen, zu zweit, zu dritt oder in Grüppchen spazierengehen sah. Nichts signalisierte ihre Besonderheit, kein Indiz verriet die geringste Verbindung dieser verschwommenen Internatsgestalten mit den Leuten, die nach der Heiligen Schrift die Henker von Jesus Christus waren. Die Juden waren bloß diese großen Buben in marineblauem Anzug und mit Schirmmütze auf dem Kopf, die für dieses Geräusch zuständig waren, das man zu manchen Tageszeiten hörte und von über den Kies schreitenden oder laufenden Füßen stammte, von im Eifer des Spiels sich zuschreienden Stimmen, die mit ihrem Kreuz-und-Quer ein dichtes Stimmennetz woben, das die vielen Unterhaltungen mit monotonem Summen gedämpft weiterspannen.

Soweit ich mich entsinne, hatte die Chaussee unserer Straße ein Holzpflaster. Ich glaube, diese Chaussee bestreute man einmal mit Stroh, weil in einem Haus der Nachbarschaft jemand im Sterben lag. Um die Wahrheit zu sagen, es handelte sich um eine nicht allzu belebte Straße, und es lohnte kaum die Mühe, das Getrappel der Pferdehufe abzudämpfen. Immerhin muß selbst der Lärm eines simplen Fiakers genügen, um einen Sterbenden zu stören, und ist das Stroh auf der Fahrbahn nicht das große Debüt, das im allgemeinen dem Auftritt des Leichenzugs voranzugehen hat? Erst dann können die Blumen und Kränze erblühen, und gern glaubte man, sie wären weiter nichts als dieses Stroh der Sterbenden, das endlich zur Reife gelangte.

Manchmal ertönte die Außenglocke einer der benachbarten Villen. An einem Ostertag (ein Name, der wie Zucker knackt, mit einem langen geschlossenen O, das sein zierlich bemaltes Ei im Mund nachrundet), an einem Ostertag rannte ich auf den Balkon, weil ich glaubte, es seien die Glocken, die die Ankunft der Geschenke verkündeten. Aber was hätte ich von einem derart spitzigen Bimmeln erwarten können? Bestenfalls Minzpastillen, Bonbons, die ich verabscheute. Also waren es nicht die mystischen Glocken. Ein schnödes Türsignal. Auf dem Balkon fanden sich weder banderolierte Eier noch sichtbare Spuren des geringsten Besuchs oder Geschenks.

Mit oder ohne Geschenke, der Balkon hatte es mir angetan. Da gab es das zwar etwas magere Spektakel der Straße, und es gab seine Eisenornamente, die ich liebend gern mit meinen Händen, meinen Füßen und selbst mit meiner Zunge berührte, wenn ich meine Lippen auf das leicht staubige und rostige Geländer preßte, um den schwachen Metallgeschmack zu spüren. Manchmal folgte ich zum Spaß mit dem Zeigefinger den Windungen des Zierwerks; ich probierte die verschiedensten Wege, doch nie erreichte ich, was ich wollte: eine sehr lange Arabeske zu finden, die meinem Finger erlaubt hätte, über möglichst weite Strecken dieser durchlöcherten Barriere zu flanieren, die sich – zu meiner eigenen und der relativen Beruhigung meiner Eltern – zwischen mir und der Leere aufrichtete.

Vom Balkon aus betrachtete ich außer der Straße auch die anderen Balkone, besonders am gegenüberliegenden Haus, das für mich wegen seiner Masse, der stolzen Anzahl seiner Fenster und seiner direkten Gegenüberlage wesentlich ergiebiger war als die entfernteren Häuser oder die weniger stattlichen Erscheinungen der Villen. Die beachtliche Anzahl der Fenster, die ein Gebäude selbst mittlerer Größe haben kann, hat mich stets aufs neue verblüfft; kurios ist, daß ein Haus so verbohrt, von Öffnungen zerrissen und von Alveolen durchfurcht ist, während es auf den ersten Blick wie ein kompakter Block wirkt und den undurchdringlichen, massiven Eindruck zum Beispiel eines dicken Steins oder einer Felswand macht.

Das »Haus von gegenüber« war etwas, das ich sozusagen auswendig kannte; ich wußte, auf welcher Etage eine Balkonterrasse war, die über die ganze Fassadenlänge ging, auf welcher anderen sich die Fenster mit einem schmaleren Einzelbalkon befanden, schließlich auf welchen Etagen die Fenster ohne Balkon waren, wo Leute wohnten, die man bloß als Büsten sehen konnte, wenn sie sich zuweilen mit den Ellbogen auf die Brüstung stützten. Von diesen Büsten habe ich ein schwarzes und starres Bild bewahrt, und denke ich an diese Absenz von Glanz, diesen Mangel an Gesten, so will mir scheinen, daß es fast immer Büsten alter Menschen sein mußten.

Das alte Eisen unseres eigenen Balkons – vor einem der Fenster des Eßzimmers, ein Raum, der bei uns Zimmer für alles war und wo ich mich aufzuhalten pflegte – antwortete mit einem dumpfen Bums und einer Vibration, die das Zahnfleisch angenehm kitzelte, auf die Fußtritte, die ich ihm versetzte und dabei mit allen Zähnen kräftig ins Geländer biß; ich spürte, wie es bis in seine Verankerungen erzitterte. Meine Eltern mochten das Ganze nicht besonders; sie befürchteten immer, ich könnte mich einmal zu weit vorbeugen und aus dem Fenster stürzen. Sie sahen nicht, daß mich in erster Linie der Balkon selbst anzog, sein Aussehen, sein Material, und daß es mir wohl nie eingefallen wäre, diese Ornamente, die mich mit all ihren formalen Verschlingungen hinlänglich beschäftigten, als Stufen zum Klettern zu mißbrauchen.

Ganz anders als diese Fassadenbalkone sahen die Fenster der Rückfront aus, die über einen Freilichthof auf den Garten der Juden blickten. Es handelte sich hier um Fenster ohne Balkon, aus denen Kinder nicht ohne eine gewisse Anstrengung schauen können, gezwungen, sich auf das Fenstersims zu knien – eine ermüdende und auf die Dauer schmerzhafte Position, denn sie schneidet in die Knie –, wenn man sich nicht ganz kühn zwischen Fensterbrüstung und Sims setzt, was schwindlig macht und Vorhaltungen seitens der Eltern nach sich ziehen kann, die immer mit einem Sturz rechnen. Das Geländer dieser Fenster war nicht aus Eisen, sondern aus Holz und hatte einen eindeutig widerlichen Farbgeschmack, wenn man an ihm leckte.

Auf dieser Hofseite des Hauses gab es allerdings einen Ort, dem es an Reiz nicht gebrach: eine Art kleine Plattform, ganz aus Metall, zu der einmal die Küche hinausführte (die nur durch eine Fenstertür von ihr getrennt war) und außerdem die Wasserklosetts der Hausangestellten. Begrenzt von einer Balustrade aus einfachen, durch eine Rampe miteinander verbundenen Stäben, bestand die Plattform selbst aus einer dünnen Eisenplatte, die auf Stütztraversen ruhte; stand man auf ihr und bewegte sich nur leicht, konnte man unter den Füßen ihr Zittern spüren. Von dort überblickte man den Hof in seiner ganzen Länge; rechterhand lag der schattige Park der Juden, und im Hintergrund, niedriger als das Haus, sah man die Villa von nebenan, eine Familienpension, die mit ihrer nicht sehr einladenden Rückfront unseren Hof begrenzte. Ganz weit draußen bemerkte ich abends eine intensive Röte, deren Quelle das Leuchtreklameschild der Zigarettenpapierfabrik ZIGZAG war, auf der ungeraden Seite eines Boulevards gelegen, den über seine volle Länge eine lange Arkadenreihe begleitet, die das Stadtbahngleis ab dem Bahnhof Auteuil-Boulogne bis zum Viadukt Auteuil trägt, der die Seine überquert und den heute bürgerlichen Stadtteil Point-du-Jour mit dem Fabrikviertel Javel verkoppelt. Point-du-Jour: ein Stadtteil mit einem Namen, der das eher lachende Bild des nahen Sonnenaufgangs erwecken könnte, doch die Verachtung, welche man in Auteuil damals für dieses ärmere Viertel an den Tag legte, trug dazu bei, ihm einen zweifelhaften und zwielichtigen Anstrich, eine leicht galgengesichtige graue Schattierung zu geben. Point-du-Jour, la pointe du jour: Morgengrauen, stocktiefer Osten, vor dem ersten Hahnenschrei, j. w. d.[9], hoffnungslos vorstädtischer Bezirk, Grenzscheide, wo der anbrechende Tag mit der sinkenden Nacht verschmilzt, ewig zwiespältige Minute, wo in den Schlafstuben, vollgestopft mit Varieté-Bauten, welche die Schläfer im Traum entwerfen, und in den Straßen, deren Häuser von ihrer ganzen Höhe herab die ausgestorbenen Chausseen und Trottoirs taxieren, Nachtlampen und Straßenlaternen erlöschen. Point-du-Jour: äußerste Spitze, die das so mollig wattierte Viertel Auteuil gegen so gottverlassene Orte wie Issy-les-Moulineaux und Billancourt drückte, die jenseits des Stadttors zurückgewiesen wurden und wohin unter enormem Eisengetöse Straßenbahnen mit Anhängern ratterten.

Von der Metallplattform, die den Hof unseres Hauses beherrschte, betrachtete ich oft das rote Glühen. Es verlieh einem Teil des Himmels einen derart düsteren Aspekt, daß ich kaum glauben wollte, es nicht mit der Glut einer Feuersbrunst zu tun zu haben, als man mir erklärte, sein Ursprung sei das Wort »Zigzag«, das von einer glühenden Gruppe elektrischer Birnen gebildet würde.

Von den Dingen, die ein Brand anstiftet, kannte ich weder den Rauch noch die Flammen, weder die Trümmerhaufen noch die verkohlten Leichen, die sinnlicher Ausdruck des »Unglücks« sind; ich kannte bloß die Feuerwehrmänner. Des öfteren hatte ich sie mit ihren blanken Kupferhelmen und Lederwesten in ihrem rotgestrichenen Fahrzeug vorbeibrausen sehen. Noch häufiger hatte ich das *Pinpon* des Horns gehört. Einmal sogar hatte ich einen Feuerwehrmann ganz aus der Nähe gese-

9 j. w. d. eigentlich Berliner Slang: »janz weit draußen«: sehr weit weg, ursprünglich auf die Vororte Berlins bezogen. Im Französischen: »Au diable Vauvert«; Vauvert ist ein Schloß in der Nähe von Paris, wo es auch spuken soll. Der Pariser aber gebraucht diese Wendung fast im gleichen Sinn wie der Berliner obengenannte, nämlich um zu sagen, daß jemand (oder etwas) in den Randbezirken der Stadt wohnt (oder liegt).

hen, einen Feuerwehrmann aus Fleisch und Blut, der eines Tages im Rahmen der Wohnungstür aufgetaucht war, die zum Flur des Treppenhauses führte: »Fürchten Sie sich nicht!« hatte er gesagt, »Fürchten Sie sich nicht, Madame!« Damit war meine Schwester gemeint, die mir schon den Mantel übergeworfen hatte, während wir im Begriff standen, die Wohnung zu verlassen, weil im Haus ein Kaminfeuer explodiert war und, da meine Mutter an diesem Nachmittag abwesend, meine Schwester die Verantwortung für den Haushalt hatte. Das wirkte ziemlich zwiespältig auf mich, als ich sah, daß der Brand bei uns war und die Feuerwehrleute genau vor unserem Torweg gehalten hatten. Gewöhnlich fuhren sie nur vorbei, blieben hinter den Kulissen; der Lärm ihres Horns war eins jener Außenweltgeräusche, die mich nichts angingen. Auch fielen sie mit ihrer Aufmachung etwas aus dem Rahmen: außer dem Helm trugen sie einen breiten roten Gürtel mit einem schwarzen Mittelstreifen und ausgerüstet mit zwei Kupferringen, was in der Fachsprache »Feuerwehrgürtel« heißt. Und wie sie, um ihr Haus zu verlassen, sich eine Stange hinabrutschen ließen anstatt die Treppe zu nehmen! Die Spezialisten für Schadensfälle und harte Wasserstrahlen, die aus Spritzen schossen, die Bewohner jener Schlafräume, die Hühnerställen ähneln müssen – über ihre Kollegen beim Theater, jenen Hintermännern der Kulisse, lieber kein Wort – hatten in der Tat bizarre Bräuche.

Die beiden Farben eines Gürtels, der Kupferreflex eines Helms (nicht das Kesselrot jener großen Blechpötte, wo man Konfitüre zubereitet, sondern ein fahles Gelb, feiner und schärfer, das seine präzise Juwelierskunst dem Schlangendelir der Flammen entgegenhält), eine schwarzschimmernde Lederweste, Stiefel und allerlei anderes Zubehör bildeten eine Art Waffensammlung oder Wappenschild: die Pumpe, das Beil, das rotgestrichene Automobil, der Kommandopfiff und die Flammen und der Qualm und die Wasserstrahlen. Aber es gibt kein

Wappenschild – nicht einmal ein städtisches –, das keinen Wappenspruch trägt; es gibt keine Waffensammlung ohne Firmenschild oder Preisangabe; es gibt keinen Marktstand ohne kommentierende Inschrift auf Kalikoband; es gibt keinen Bahnhof ohne Erwähnung der Station; es gibt keinen Laden ohne Ladenschild. Und so ist für mich mit allem, was in den Lagerhallen meines Gedächtnisses auf das Bild einer Feuersbrunst antwortet (ein von der Fabrik Zigzag ausgesandtes Glühen, ein im Türrahmen erscheinender Feuerwehrmann, das Zweitonhorn der Fahrzeuge) – wie der Stempel, der die Vignette einer Briefmarke überfrachtet, oder das Bonmot, das die Zeichnung eines Witzblatts untertitelt –, ein kurzer Sprachfetzen verbunden. Kaum eine Wortgruppe und erst recht kein Satz, denn es sind nur drei Glieder, die die Kette bilden; drei Ringe, von denen der mittlere, kaum vorhanden, die Rolle eines einfachen Bindeglieds spielt. »Habillé-en-cour«: zwischen dem Partizip Perfekt des Verbs der ersten Konjugation »habiller« und dem Allerweltswort »cour« (der ebensogut der Hof des Sonnenkönigs wie des Königs Pétaud oder gar eines Gebäudes sein kann) steht die Präposition »en« bescheiden auf ihrem Platz, dient keinem Bild mit klaren oder vagen Linien als Legende, erfüllt allein die äußerst demütige Funktion der abstrakten Artikulation der Rede.

In Billancourt hatte es einmal gebrannt. In Billancourt, also an einem Ort, der zu diesem obskuren Raum gehörte, der sich jenseits von Point-du-jour auftat. Ich glaube, das war zu der Zeit, als ein ferner Verwandter meines Vaters bei uns wohnte, ein äußerst vager Verwandter durch Verschwägerung, der für mich und meine Brüder ein ziemlich weithergeholter »Onkel« war und den wir im Einklang mit dem Familienbrauch »Onkel Prosper« oder auch »Onkel P.« nannten. Prosper hatte einige Jahre auf Madagaskar gelebt; als Sergeant der Kolonialtruppen war er nach abgelaufener Dienstzeit nach Paris gekommen, und die Erholung, die er sich jetzt gönnte, war schwerverdient, denn – so war zu hören – er hatte als Vertrauensmann wenn nicht gar rechte Hand von Gallieni an der gesamten Eroberung der Insel teilgenommen und manch grimmigen Strauß ausgefochten. Er war ein baumlanger Kerl, und eins seiner Lieblingsspiele bestand darin, mich zum Weinen zu bringen, weil mir schwindlig wurde, wenn er mich unter den Achseln packte und mit ausgestreckten Armen fast bis zur Decke hochstemmte. Abgesehen von der kindischen Angeberei, die er in all seinen Reden bekundete, war seine Schwäche ein gewisser Geschmack am Schmarotzen; obendrein entfaltete er eine nicht zu übersehende Vorliebe für Apéritifs (eine Gewohnheit in den Tropen, wo er sich auch die Malaria geholt hatte) und für Schürzenröcke; natürlich rauchte er wie ein Schlot oder wie der bärtige Zuave, der damals der algerischen Zigaretten- und Papierfirma Job als Reklame diente. Für uns Kinder – in Unkenntnis dieser berühmten Dreifaltigkeit: Wein, Weib und Tabak – war er in erster Linie der Mann, der einen schweren Feldzug gegen die Wilden geführt, mit seinem Chef Gallieni das Zelt geteilt und das noch seltenere Glück gehabt hatte, die Königin Ranavalo aus der Nähe zu sehen.

Außer mit seiner Aufgeschossenheit, seiner hitzigen Gesichtsfarbe, seinem schwarzen Schnurrbart und der Napoleonbürste an der Unterlippe beeindruckte mich Prosper am meisten mit seiner dunkelblauen Uniform und seinen Sergeantengalonen: ein derart gekleideter Riese mußte ja eine bedeutende Persönlichkeit sein. Kurze Zeit später, während der Sommerferien, die ich zusammen mit meinen Eltern auf dem Land verbrachte, dachte ich immer, wenn ich zum Ausgehen die Mütze mit Nackenschirm tragen mußte, die man zu meinem Schutz gegen die Angriffe einer Vorortsonne für unentbehrlich hielt, an Prosper und das sengend heiße Klima Madagaskars.

Prospers normale Kopfbedeckung war keine Mütze mit Nackenschirm und erst recht kein Tropenhelm, sondern eine ganz gewöhnliche Mütze mit schwarzem

Schirm und einem auf die Frontseite gestickten Schiffsanker. Ich glaube, Prosper trug auch eine breite Säbelkoppel mit einem dicken Kupferring, welche sich von den Feuerwehrgürteln, die eher zum Wesen gymnastischer Vereine als zum Kriegswesen paßten, beträchtlich unterschied. Überdies waren die Feuerwehrleute selbst Bastardwesen, eine Mischung aus Stadtsergeant, Soldat und Akrobat mit einem Schuß Schornsteinfeger, Kanalarbeiter und städtischem Straßenkehrer. Zu einer solch bemerkenswerten Menge ungleicher Fertigkeiten kam bei den Feuerwehrleuten noch jene wesentliche hinzu, nämlich patentierte Retter zu sein, was ihr rotschwarzer Gürtel bezeugen sollte, wie der Schiffsanker, die Galonen und die Säbelkoppel Onkel P. als treuen Adjutanten eines großen Kolonialführers auswiesen, Onkel P., der sich voll Stolz erneut zum Militärdienst verpflichtet hatte und in Erwartung neuer Feldzüge von der Beliebtheit zehrte, die er dank seiner kriegerischen Vergangenheit bei den Dienstmägden erworben hatte, und der die am Hof der Königin Ranavalo erlernten Galanterien bei den bescheidensten Schneiderinnen ausprobierte.

Dieses Madagaskar, wo er gelebt hatte, konnte ich mir weder auf konfuse noch klare Weise vorstellen. Das war zu weit für mich, eine allzu andere Welt. Ich wußte nur, daß es da unten Madagassen und Sonne gab. Mit Sicherheit vermittelte mir der Name »Billancourt« einen viel sinnlicheren Eindruck von Exotik, denn Billancourt lag zwar am äußersten Ende, aber am äußersten Ende meiner Welt, während Madagaskar nur Verbindungen mit jenem besonderen Milieu der »Soldatenblätter« unterhielt, die in Épinal herausgegeben wurden, große, farbige Hefte, wo meist lange Galerien von Soldaten aller Armeen und aller Herren Länder in Uniform abgebildet waren, doch gelegentlich auch historische Gemälde, Szenen aus dem Burenkrieg oder anderen Phasen der kolonialen Eroberung.

Als man mir mitgeteilt hatte, in Billancourt sei ein

Brand ausgebrochen, hatte ich zunächst nicht genau verstanden. »Billancourt« war ein Name, der wie der Rauch einer Fabrik, wie das Knirschen der Straßenbahn, die auf ihren Schienen rollt, über die Dachluken, Wetterhähne und Hinterhöfe zieht und dessen drei Silben traurig zusammenprallen, wie die paar Sous, die ein Bettler zusammengekratzt hat, auf dem Boden des Holznapfs zusammenprallen, den er in der Hoffnung schüttelt, das Ohr der Tauben zu erweichen. In Billancourt, *À Billancourt,* wo mich auf Anhieb mehr die eigentümliche Klangfarbe der Silben überrascht und was ich in diese drei Wörter umgewandelt hatte: *habillé-en-cour.*

Es handelte sich nicht – daran zweifelte ich keine Sekunde – um eine höfische Toilette: Ludwig XIV. und die Königin Ranavalo hatten mit dem, was der Name Billancourt vermittelte, nichts zu schaffen. Wenn es darum ging, sich im Hof anzukleiden, dann konnte diese Kleidung, was immer sie war, nichts mit einem Galaanzug zu tun haben, eine Kleidung, die man wählt, um sich mit ihr auf von Spiegelwänden vervielfältigten Galerien oder unter großen offenen Veranden zur Schau zu stellen, auf der Suche nach einem abwesenden Wind, wenn die mit buntscheckigen Stoffen geschmückten schwarzen Statuen im Wasser zerfließen. Wenn man sich im Hof anzog, so war das eine bequeme Kleidung für einen Spurt und um geschwind die Orte erreichen zu können, wo man »Feuer!« oder »Zu Hilfe!« schrie. Der rot-schwarze Gürtel der turnlehrerartigen Feuerwehrleute war ohne jeden Zweifel das wesentliche Detail, das die Ankleidung im Hof bestimmte.

Ich fragte mich, ob der Sergeant Prosper nicht seine dunkelblaue Uniform mit diesem rot-schwarzen Gürtel hätte gürten müssen, um, Ellbogen am Körper, nach Billancourt zu rennen, wohin ihn vielleicht nicht die Pflicht des patentierten Retters, doch mindestens des weiterdienenden Unteroffiziers und hartgesottenen Überlebenden von Madagaskar rief. Aber ich war mir dessen nicht sicher. Point-du-Jour, Issy-les-Moulineaux und Billancourt waren so ausgefallene Orte und alles, was Feuerwehrpumpen und -leute in Gang setzte, rollte dermaßen am Rand des gewohnten Universums ab!

Vielleicht war es bloß der Hausmeister, der, im Hof und nicht mehr als Kassenbote angezogen, jählings in Laufschritt gefallen war? Vielleicht war es ein ganz anderer Verwandter als jener Onkel Prosper, oder jemand, der sich auf Besuch bei uns befand, die man nach drei Etagen erreichte, wenn man einen Flur und einen Hof durchquert hatte? Vielleicht war es der junge Poisson, der älteste Sohn der Hausmeisterleute, derselbe, der eines Abends blutend und mit geschwollenem Auge heimkehrte, weil er beim Verlassen der Straßenbahn gestürzt war? Vielleicht waren es einzig und allein die Feuerwehrleute? Und gewiß, am Ende wußte ich, daß nur sie es waren, als die Zweideutigkeit, an der ich Gefallen gefunden, sich aufgelöst und ich erkannt hatte, daß niemand darauf brannte, sich im Hof anzuziehen und es sich tatsächlich nur um Billancourt handelte.

Der Brand hatte – wir erfuhren es wenig später – in den Fabriken Ripolin stattgefunden. Damals sah man in den Pariser Métro-Stationen ein großformatiges Plakat mit glänzenden Farben. Drei Maler mit weißen Kitteln und flachen Strohhüten waren dort in fast natürlicher Größe abgebildet. Jeder von ihnen war mit einem Farbtopf von Ripolin bewaffnet; sie gingen im Gänsemarsch, mit leicht gekrümmtem Rückgrat und schrieben mit Pinseln, der erste auf eine Mauer, die beiden anderen auf den Rücken ihres jeweiligen Vordermanns, einige Zeilen, die die Qualität der Farben von Ripolin priesen.

In der Folgezeit dachte ich immer daran, wie diese unzähligen Farbtöpfe von Ripolin, in den Magazinen der Fabrik gelagert, aufflammen mußten, wenn ich von der Höhe meiner eisernen Plattform in der ungefähren Richtung von Point-du-Jour das Leuchtschild der Zigarettenpapiere Zigzag betrachtete.

Point-du-Jour, *Paranroizeuses,* Billancourt: Barrieren, Grenzen oder Hinterwelten, Eisensägekunst an Fenstergittern oder Sägezahnornamente an Arkaden und Häusern. Quer durch dieses Gitterwerk sah ich flüchtig etwas blinken, Zickzacks von Blitzen, geschrieben auf eine Leinwand, die weder Nacht noch Tag war.

Alphabet

»Alphabet«[10], das hat zuallererst eine gelbliche Farbe und klebt an den Zähnen, ein dünner und fester Teig, der deshalb nach Butterkeks schmeckt, weil es unter den Biskuits »Olibet« – wirklich oder vermeintlich – auch Butterkekse gibt. Dies selbstverständlich erst in einem Alter, als ich lesen gelernt, einige orthographische Kenntnisse erworben hatte und das *bê* in »gibet« (Wildbret) oder in »quodlibet« von dem zum Beispiel in »cheval bai« (rotbraunes Pferd) unterscheiden konnte.

»Alphabet«, das hat zum zweiten eine Form und ein Gewicht, da es ein Gegenstand ist: das Büchlein, worin Groß- und Kleinbuchstaben geschrieben stehen, mit Beispielwörtern mit den fünfundzwanzig Buchstaben des Alphabets als Initialen, manche davon in Letternschrift gesetzt, andere kursiv, mit schönen Grundstrichen, in Fett- und Magersatz, mal in Steilschrift, mal in Schrägschrift.

»Alphabet«, das ist alles in allem ein Ding, das man im Mund führt, wenn man es wirklich oder in Gedanken ausspricht, etwas, das man ein konkretes Wort heißt und das den von Gurgel, Zunge, den Zähnen und dem Gaumen umschriebenen Hohlraum mit einem wahrnehmbaren Inhalt füllt.

»Alphabet« ist folglich ein Ding, das undurchsichtig und fest ist. Zugleich ein feinnerviges Gefüge von Strichen – geraden, gekrümmten, durchbrochenen Linien – und zugleich ein Körper, kompakt wie jene, die den Nachmittagskaffee bestücken, und substantiell wie die Hostie, die

10 Sprich: »Alfabɛ; im Französischen notiert die Semantik des Worts über »Alphabet« hinaus noch ABC-Fibel, also, woraus ersteres erlernt wird.

der Gott ist, den die Gläubigen berühren und essen können.

»Alphabet«, ich betrachte es: eine Symbolfolge auf Buchseiten oder in einer Fibel, in der ich lerne, eine schmale Sammlung weißer Blätter, worauf sich in Schwarz verschiedene linear verlaufende Gebilde abzeichnen, die ich, koste es, was es wolle, mir einverleiben muß.

»Alphabet«, ich spreche es aus: ich durchdringe seine Würze sogleich besser, als wenn ich die Sache in Griffweite oder im Blickfeld hätte.

Jeglichem Ding, das ich betrachte, komme ich näher, wenn ich es durch Aussprechen seines Namens in meinen Mund eintreten lasse: so steht es auch mit »Alphabet«, das ich nicht aussprechen kann, ohne dabei gar ein bißchen Sprache in konzentrierter Form zu zerkauen.

In Gegenwart des Worts »Alphabet« existiert das Ding »Alphabet«, und das Ding »Alphabet« antwortet spornstreichs, sobald »Alphabet« heraus ist. In jedem Fall ist dieses Ding, um das es sich dreht, ein doppeltes Ding: ein streng geistiges Gebilde, dem Code von Zeichen entsprechend, der es erlaubt, die gesprochene Sprache in sichtbare Bilder zu transkribieren, und der Gegenstand »Alphabet«, das Buch – gebunden, kartoniert oder einfach broschiert –, worin dieser Code von Zeichen aufgezeichnet ist. Zwischen der lockeren Stufenleiter der Buchstaben und dem eingedickten Raum des Buchs arbeitet eine Osmose; beide bleiben dennoch voneinander geschieden, und ich weiß wohl: nicht das ungreifbare Balkenwerk, das die Buchstaben bildet, schmeckt nach Butterkeks, sondern der Gegenstand »Alphabet«, der eine längliche Form hat und bisweilen in einem gelben Umschlag steckt.

Wenn ich glaube, ein Esser von Sprache zu sein, indem ich »Alphabet« sage, so ist das eine Illusion, die sich durch die Vermittlung des Buches bildet, jenes Buches, dessen Materialität auch dann weiterlastet, wenn ich die ersten Elemente der Schrift wieder zusammenfüge, die mich ihrerseits bis zur Sprache als System (langue) führen, deren algebraisches Fazit oder gegliederter Widerschein sie sind. Ein Wunder geschieht dabei nicht, unnötig, sich weiter damit herumzuschlagen: vom Wort »Alphabet«, das zuallererst deshalb Geschmack hat, weil es sich auf »Olibet« reimt, bin ich zur ABC-Fibel gelangt, einer Sache des Sehens und Tastens, dann zum Alphabet als Gruppe von Zeichen einzig optischer Ordnung, schließlich zu jener Sache des Mundes und des Ohrs, welche die Sprache als Stoff ist, um so das Rund zu schließen und zum Organ des Geschmacks zurückzukehren, von dem mich ein Spiel des Gleichklangs aufbrechen ließ. »Langue«-Zunge, die sich im Mund regt, Ballerina im rosa Schleimhaut-Trikot, wird umgehend durch »langue«-Sprache ersetzt, ein geistiges Werkzeug, eine choreographische Partitur der Gedanken, worin ihre Wendungen, ihre Sprünge, ihre Verlagerungen von einem Ende der Bühne zum anderen auf konventionelle Weise festgelegt werden.

Zeichen, die bedeuten, Spiele in der Mundhöhle, die man kostet, und Blätter, die man erblättert, Alphabet und ABC, das ist nicht das gleiche: das Alphabet wirkt vornehmer und das ABC grobschlächtiger, wobei der Reinlichkeitsgrad die jeweilige Einordnung ermöglicht. Das ABC, mit grauen Fingerabdrücken befleckt, beschränkt sich auf das Büchlein, worin man lernt; es bleibt der Schule verhaftet und riecht immer mehr oder minder nach alter Tinte oder Papier; von diesen stofflichen Ingredienzen – vorsintflutliche Ablagerungen der Schulklasse – kommt es nie los. Dagegen schwingt das Alphabet sich auf oder läuft in großen Schritten: Buchstaben in Fechterhaltung, mit Flügelgirlanden, gestaffelt wie Felsformationen; ein Ensemble von Figuren, die sich wie die Partner eines Spiels im Raum verteilen oder aneinanderprallen, sich auswechseln wie die in der Vielfalt ihrer Schwarz-Weiß-Geometrie changierenden Schnittflächen der auf den Tisch geworfenen Würfel.

Beinerne Kuben mit leicht gerundeten Kanten und Flächen, wo in peinlich genauer Anordnung Näpfchen eingekehlt sind: mal eins, mal zwei, mal drei, mal vier, mal fünf, mal sechs – entweder steht ein mittleres Auge isoliert im Weiß der Fläche oder wird von vier identischen Augen regelmäßig eingerahmt; oder zwei Augen (manchmal mit dem Mittelglied eines dritten) stehen einander gegenüber wie die Eckpunkte einer Diagonale; oder ein doppeltes Paar, die vier Ecken einnehmend, begründet einen Rahmen, dessen Mitte frei bleibt (worin sich nichts abzeichnet), oder zwei parallele Dreierreihen unterstreichen den mutmaßlichen Verlauf der beiden Kanten mit einer schwarzen Punktierung –, die Würfel, harte Massen, der fließenden Weite entrissen, zeigen ohne Hemmung ihre sechsfache Zeichen-Potentialität auf (jedes Zeichen richtet sich nach dem Gutdünken einer Facette, die Zenith, Nadir oder einen der Kardinalpunkte miteinander konfrontiert) und genießen den gesamten Aufriß, die gesamte Wahrheit der in die körperliche Welt eingestreuten, doch mit Autonomie und Beweglichkeit begabten Dinge. Denn aufgrund der Festigkeit, der greifbaren Evidenz, die sie den Gestalten des Zufalls geben, sobald sie dem Knobelbecher entsprungen sind, kann man – mit der gleichen Implikation einer spontanen Enthüllung wie in »coup de foudre«, Blitzschlag, »coup de théâtre«, Knalleffekt, oder »coup de ciel«, Glücksfall – von »coup de dés«, Würfelwurf, sprechen. Die Sprache kann uns eine noch so reichhaltige Mustersammlung anderer Redensarten vorschlagen – »coup de sang«, Blutsturz, zu »coup de vent«, Windstoß, von »coup de mer«, Wellenschlag, zu »coup de feu«, Schuß, von »coup de tête«, Kurzschlußtat, zu »tout à coup«, plötzlich –, keine dieser Wortlegierungen (deren Basis-Metall »coup« ist) wird meines Erachtens das Hirnfeuerzeug in einer derart durchschlagenden Weise zünden wie der homologe Ausdruck, der einem, in kindlicher Einfachheit zwar, dieses Ereignis vor Augen führt: den

Aufprall, den diese drei elfenbeinernen Projektile auf dem Holz des Tisches hervorrufen, wenn sie aus ihrer qualmenden Plunderbüchse hervorschießen, dann das Verharren der Liliput-Lawine in einer Dreiheit von Kuben, deren jeder, wie eine Zielscheibe durchsiebt, dem Himmel die zahlenmäßige Abrechnung schwarzer Augen offeriert, die vor Löchern starrt.

Hinterhältiger, weniger spektakulär, in jedem Fall weniger summarisch als der Donnerschlag (»coup de tonnere«) der Würfel ist die Stichprobe (»coup de sonde«) des Alphabets. Doch dreht es sich jetzt nicht mehr um »Schlag« (coup), und somit kann man auch, ist das Alphabet angesprochen, mit einer einfachen Sprachfigur einen Fischzug (»coup de filet«) landen. Erscheint das Würfelspiel, mehr noch als das Kartenspiel – das eine geringere Plötzlichkeit aufweist und dessen Zeicheninventar außerdem komplexer und nuancenreicher ist –, als eine Abfolge von Krisen, so nichts dergleichen beim Alphabet. Das Alphabet bleibt stets artig inkrustiert ins Weiß der Seite, und kommt es vor, daß die Buchstaben sich beleben, verbünden oder bekriegen, sich von allerlei Strömen berieseln lassen und ihre geraden Linien ballistische Flugbahnen, ihre gekrümmten Linien Kurven, ihre geschlossenen Linien die Hin-und-Hers von Bumerangs oder Rennbahnen werden, so liegt der Fehler allein beim Betrachter, der – auf metaphorische Entsprechungen erpicht oder Lese-Lehrling – auf die Druckbuchstaben eine Flut von Kräften projiziert, die einzig die seine ist, aber doch ausreicht, um diesen Zeichen ohne Mächtigkeit, eingeschlossen in eine von nur zwei Dimensionen regierte typographische Welt, Leben zu geben.

Einesteils hat man also die Würfel, handfeste Chiffren, mit einem Schlag, in einer pathetischen Bewegung weggerissen, entfesselt; andernteils hat man das Alphabet, selbst auch eine chiffrierte Botschaft, doch – in aller Schärfe – fordernd, daß man es, jedem Spiel und jedem Drama, ja beinahe jeder Bewegung entrückt, geduldig dechiffriere. Einerseits: die feststehende Zahl schwarzer Augen, die, ist ihr Lauf gebremst, den weißen Kubus ins Auge springen läßt; andererseits: das dunkle Zeichen, das auf dem Blatt hervorsticht und sich obskur in unserem Blickfeld rührt, obwohl weder Blatt noch Zeichen der geringsten Versetzung unterworfen werden oder waren.

Zwischen der Zahl, von einer Hand herbeigeführt, die sich zum Werkzeug des Zufalls gemacht hat, und dem von der gleichen Hand zu einem einvernehmlichen Zweck (direkt oder durch den Dolmetsch einer Maschine) aufgezeichneten oder gedruckten Schriftzeichen gibt es offenbar den Abgrund, der eine sinngeladene und in sich vollendete Geste (Geste des Menschen, der sich entscheidet, den Rubikon überschreitet, der macht, daß »die Würfel fallen«) von der Operation trennt, die in der Fertigung eines Werkzeugs besteht, das gewichtigen praktischen Zielen dient, doch in sich frei von Interesse ist. Jedoch bleibt in diesem Fall die Erscheinung des Werkzeugs rätselhaft genug, um ein Schlüssel zu werden, der die Triebkräfte unserer Phantasie in Gang setzt und uns einen gesammelten Park aller Substanzen und Spielregeln erschließt (als könnte es als typisches *Zeichen* von gleichgültig was oder wem benutzt werden). So daß zu guter Letzt die Kluft, die man für unüberwindbar halten mochte, nahezu ausgeräumt ist; die Knöchelchen[11], mit deren Hilfe sich das Schicksal verstofflicht, und die Buchstaben oder materiellen Marken, dazu bestimmt, Gedankliches zu verknöcheln, alle Abenteuer oder Erfahrungen für das Logbuch zu fixieren, treffen sich, den beiden entgegengesetzten Polen des Spiels und der Wissenschaft entsprungen, insofern wieder, als sie Wahrzeichen unseres Kampfes mit dem Schicksal sind: die ersteren als gewissermaßen prophetisches Bild der Flut, die

11 »Osselets«: Geschicklichkeitsspiel mit Schafsknöchelchen, die, hochgeworfen, mit den Handrücken aufgefangen werden müssen; Knochen allgemein als ein Medium der Auguren und Schamanen.

uns wegreißt; die zweiten als Kompasse, um unser Träumen zu orientieren, als Fallen für die Winde, die wir auf die eine oder andere Weise zu zähmen genötigt sind, wollen wir nicht blind weggerissen werden.

Den verbalen Abhang, den ich soeben herabkomme, des näheren Augenscheins wegen wieder erklimmend, muß ich indes erkennen, daß ich dort nicht die mindeste erwähnenswürdige Übereinstimmung zwischen Buchstaben und Würfeln entdeckt habe: von dem Moment an, wo es ausgemacht ist, daß jedem Ding ein Zeichenwert zukommt – daß das Ensemble der sichtbaren Dinge im ganzen wie eine Kryptographie behandelt wird –, ist es reine Tautologie und reines Spiel mit der Sprache, ein inniges Band zwischen einem solchen Bruchstück der Welt und den Buchstaben des Alphabets ans Licht ziehen zu wollen. Auf das *quia* beschränkt, könnte ich stets anführen, daß es ihr gemeinsamer Nenner ist, »Zeichen« zu sein, um dabei von dem darunter Verborgenen zu abstrahieren und um diese Kleinigkeit zu unterschlagen: daß die Buchstaben des Alphabets nämlich, was das Bedeuten betrifft, Rückfalltäter oder gar Professionelle sind ... Um so mehr Grund also, nichts über ihre Ähnlichkeit mit den Würfeln, einem antiken Mittel der Weissagung, wo jede Kombination nur auf eine Deutung wartet, verlauten zu lassen.

Als Zeichen, für die Erfordernisse der Sache erfunden, als Zeichen, die man, nimmt man sie als Symbole für etwas anderes als das, womit sie durch die Übereinkunft verbunden sind, lediglich darin erweitert, was sie schon durch Bestimmung waren, eignen sich die alphabetischen Schriftzeichen besser für die Übung unseres Scharfsinns als jede Art von natürlichem Graphismus. Man könnte fast sagen, daß unsere noch als Kind unternommenen Anstrengungen, uns diesen Code anzueignen, auf immer die vielfältigen Figuren eines solchen Geheimnisses eingezeichnet haben, daß sich uns die Annahme verbietet, wir hätten, wenn wir nun lesen können, dessen Gehalt erschöpft und seien nicht länger mehr befugt, in dessen geheimsten Falten die Struktur zu ergründen, damit sie uns die Offenbarung entdecken, worauf uns das Erreichen der *Lese*-Mächtigkeit früher schon Hoffnung machte.

So bleiben die Buchstaben keine »toten Buchstaben«, sondern werden vom Saft einer kostbaren Kabbala durchströmt, der sie ihrer dogmatischen Starre entreißt und bis in ihre äußersten Verästelungen hinein belebt. Ganz von selbst verwandelt sich das A zur Jakobsleiter (oder zur zweischenkligen Leiter des Anstreichers), das I (ein Militär in Hab-acht-Stellung) zur Feuer- und Wolkensäule, das O zur Weltkugel, das S zum Schlängelpfad (sentier) oder zur Schlange (serpent), das Z zum Blitz, der nur der Blitz von Zeus oder Jehova sein kann.

Andere Buchstaben verkörpern mehr oder weniger den Gehalt bestimmter Wörter, deren Initial sie sind: V keilt sich ein zum Flügelschlag wegen des Worts »vautour« (Geier), zum »ventre évidé« (hungerhohler Bauch) wegen »vorace« (Völlerei), wird zum Krater, denkt man an den Vesuv oder einfach an den Vulkan. R ahmt den rauhen Umriß von »rocher« (Riff) nach; B die bierbauchige Form von »Bibendum« (diesem dicken Biedermann, der sich in schrecklicher Atmung auf- und abbläht), das Lippenmaul von »bébé« (Baby) oder das Verdichtende eines B-Moll; P hat etwas Erhöhtes in »potence« (Hochgericht, Pranger) oder in »Prinz«; M die Majestät von »mort« (Tod) oder »Mutter«; C das Konkave von »cavernes« (Höhlen), »conques« (Muscheln) oder »coquilles d'œufs« (Eierschalen), die gern zerbrechen.

Andere – betrachtet man ihre Gestalt, ihren Namen oder bestimmte Verwendungsweisen – muten an wie Zubehöre irgendeiner zugleich einfachen und tragischen Handlung: X ist wahrhaftig das Kreuz (croix) über der endgültig begrabenen Sache, in deren Geheimnis man nie eindringen wird, und zugleich der Folterbock, auf den diese ungenannte Sache gespannt ist, um dort lebendig gerädert oder gar gevierteilt zu werden; H, Homonym von »hache« (Hackbeil) und mit dem Aussehen einer Guillotine, aus zwei Streben bestehend, zwischen denen ein transversales Fallbeil gleitet; Y, das wie ein Baumstamm ist, der in zwei mächtige, kahle, in den Himmel gereckte Äste ausläuft, oder wie das einzige Bruchstück eines Säulengangs, das eine geschleifte griechische Stadt überlebt hat.

Andere dagegen haben ein liederliches Benehmen, sind Possenreißer, in allerlei Flitterkram umherstolzierend und einzig das Pittoreske im Sinn: G, ein großer Florentiner Herr, im Wams mit Plusterärmeln, die Faust posiert in Höhe der Hüfte und in nächster Nähe des schweren Stichblatts seines Degens oder des Griffs seines Dolches; K, wo sich eine Art Winkel eingenistet oder das ein Axthieb verwüstet hat, der ihm die ganze Mitte des Gesichts spaltete, das nun so zerschlagen aussieht wie bei der bösen Fee Carabosse: zwischen den monströsen Aufragungen von Stirn und Kinn der tief herabhängende Mund und plattgedrückte Nasenlöcher; Q mit dem runden und jovialen Gesicht des Liebhabers gängiger Sprachspiele, mit einem auf dem kleinen Knoten der Krawatte abgestützten Doppelkinn; Q, ein Buchstabe, der, spricht man ihn, schneidend ist wie der Axthieb, der in den nun in die beiden Hinterbacken gespaltenen primordialen Globus diese tiefe Furche zog; W, das angelsächsische Wörter wie »tramway«, »wattman«, »wagon« wachruft und sich, wie ein Maschinenteil anmutend, mit allem einläßt, was modernes Fortbewegungsmittel ist.

Manche Buchstaben schließlich bleiben ziemlich belanglose Gefüge: das dickbauchige D; E, die gekrümmte Zinke; das erkernde F; J, ein Angelhaken oder umgekehrter Krummstab; L, der beinlose Stuhl, die Lehne aufrecht auf den Boden gesetzt; N, der Beginn einer Zick-Zack-Formation; T, der einzige tragende Pfeiler eines Architravs; U, eine rundbödige Vase, im Längsschnitt gesehen. Hier ist alles nur spielerische Form; allein der Blick ist beteiligt, das Schriftzeichen schmarotzt nicht von den Wörtern, mit denen es verknüpft ist, und vermischt sich auch nicht mit dem Laut, den es zu bezeichnen hat, wie im Fall des S, dessen zischende Tonführung (sonorité sifflante) mit seiner Schlängelung in Einklang steht, des R, das, wie ein schroffes Riff (roc escarpé) aufgerichtet, zugleich ein rauh röchelndes Rollen hören läßt, des V, flinker Vogelflug (vol véloce), der die Luft schlitzt, oder Schwert (glaive) mit scharfer Spitze, das mit seiner vibrierenden Klinge zwischen die anderen Schriftzeichen fährt.

Beim Alphabet gibt es demnach ein Zusammentreffen von Elementen verschiedenster Herkunft: als System der Schrift ist es zunächst ein Katalog visueller Zeichen, die sich an die Augen wenden, ihnen einen Vorrat an Bildern unterbreiten; doch als Umschrift der gesprochenen Sprache korrespondiert es ebenso mit den lautlichen Bestandteilen der letzteren und gewinnt damit eine Bedeutung fürs Hören, wobei jedes der Schriftzeichen, aus denen es sich zusammensetzt, zur formalen Entsprechung eines realen oder angenommenen Lauts wird und nicht bloß ein Bild, das einzig dem Blick zur Beute wird; schließlich, da Mittel zum Schreiben von Wörtern, lautlichen Zeichen von Dingen oder Ideen, erwirbt es durch seinen uranfänglichen Umgang mit diesen Dingen und Ideen gleichfalls eine Ahnung von den Mitteln, den Intellekt umzustürzen, indem es die Illusion schürt, eine bestimmte vorsehungshafte Handlung, bei der Ausarbeitung der gesprochenen Sprache unternommen, um darin den adäquaten Ausdruck der wahren Natur der Dinge zu schaffen, hätte ebenso bei der Bildung der geschriebenen und aus Buchstaben – die doch weiter nichts als willkürliche Merkzeichen sind – gemachten Sprache mitgewirkt und das Gewand, wenn nicht sogar den Körper dieser Wörter gewoben, wobei diese selbst aufs innigste (und seit Ewigkeiten) mit dem Ursprung der Dinge in Verbindung stehen.

Wenn in »ravin« (Schlucht) zum Beispiel der Laut *v* als Angelpunkt (pivot) steht, so deshalb, weil *v* von Natur aus schneidend und »ravin« ein Einschnitt ist, folglich wie geschaffen, von einem Wort im Gravitationsfeld dieses Konsonanten bezeichnet, durch einen – was mehr ist – Buchstaben dargestellt zu werden, dessen auf einen spitzen Winkel gebrachte Form ihrerseits Eingeschnittenem oder Gespaltenem, Stechendem oder Schneidendem nahesteht und den Querschnitt einer Schlucht zeigt, deren Wesen somit klar und deutlich zum Ausdruck kommt. Dasselbe bewirkt der einzige Vokal im Wort »mort« (Tod), das *o*, dessen Ton ausholt wie ein Glokkenschlag, der von einem Ende eines verschlossenen Korridors zum anderen hallt, während das diesen Vokal formende Rund inmitten des Wortes aufklafft wie ein Tunneleingang, der Mund einer Kloake oder wie der Rand irgendeines unterirdischen Ganges, der als Echokanal taugt.

»Ravin« und »mort« unter einen Hut bringt das Wort »gouffre« (Schlund), das sich dumpf explodierend mit dem *Huuh* ... eines Überrumplungsschrecks auftut; diesem unterdrückten Schrei – das voraufgehende G bringt schwerlich etwas einer artikulierten Silbe Ähnelndes zuwege – folgt ein Zwillings-F, ein Bild des beschleunigten Falls, in sich in einer Art *fortissimo* des Schreckens vervielfacht, das dieses Doppel-F notiert, wie es ja als Zeichen vor einer Notenlinie eine Temposteigerung ankündigt.

Als vollkommen still, wie von der Sanftheit eines Sees gewoben, erweist sich hingegen das Wort »calme« (still); zwischen dem Hügelwurf des M und der Silbe *ca*, ein gut gesetzter Kubus einer kleinen *cabana*, läßt das mittlere L seinen einsamen Baum sprießen.

Dieses Spiel könnte endlos währen, und nichts stünde mir im Wege, dem Wörterbuch auf diese Weise, eins ums andere, weitere Wörter zu entnehmen, wüßte ich nicht, daß hier im Grunde ein Betrug stattfindet, der der Sprache im nachhinein wunderwirkende Kräfte verleiht, die, seit ich gelernt habe, die auditiven oder visuellen Zeichen zu bestimmten Zwecken (seien sie nun nützlich oder nicht) zu lesen, zu schreiben, zu nutzen, sie – auf die rein menschliche Rolle des Instruments beschränkt – für mich fast ganz verloren hat. Denn die Sprache ist nicht, so sehr man sich auch danach sehnte, die chiffrierte Botschaft, die uns der Botschafter eines fernen Absoluten schickt; sie ist kein polizeiliches Dossier, in das man Einsicht nehmen könnte, um sich über das Privatleben der Dinge zu unterrichten, auch nicht die Sammlung von Bedeutungsmarken, aus der, was den Stoff betrifft, der Katalog der verschiedensten Elemente bestehen könnte, die unser Denken dingfest macht. Weitaus anspruchsloser könnte sie eher mit einem Satz Nägel oder Zinken verglichen werden: winzige Eisenwerkteile, die uns das Geschäft des Einpassens und Zusammenfügens der abertausend Materialien, deren Lagerschuppen unser Kopf ist, zu einem einheitlichen Ganzen von logischer Gestalt erlauben; der Inhalt einer Werkzeugkiste, die mich vielleicht ebenso anzieht wie mich früher der Hammer, der Schraubenzieher, die Zange, das Stemmeisen, das hölzerne Klappmeter, die Stifte aller Größen, der Draht, die Schrauben, die Beißzangen anzogen, die meinem Vater – ein mittelmäßiger Bastler zwar – zu kleinen Instandsetzungen des großen Mechanismus Haus dienten. Und nicht viel anders als jene fast allerorten vorkommenden Einfaltspinsel, die von Menschenhand bearbeitete Steine vom Himmel gefallen wähnen und die Äxte aus poliertem Flint für »Donnerkeile« halten, könnte ich in den Wörtern das Mysterium ansiedeln, das in unseren Augen die Gegenstände der Vorgeschichte so leicht annehmen, die – auch sie – nichts weiter als Werkzeuge sind, deren hohes Alter und das relative Dunkel, in dem wir hinsichtlich ihres Ursprungs und genauen damaligen Gebrauchs tappen, ihnen jedoch einen Nimbus verleihen.

Ich spreche das Wort »Werkzeug« aus und beschwöre

die »Werkzeugkiste« herauf, diesen Parallelepiped aus weißem Holz, der ein Necessaire abgibt, keins zum Reisen, sondern gerade im Gegenteil ein Necessaire mit dem ganzen Werkzeugschatz, unabdingbar für ein seßhaftes Leben mit seinen übers Jahr anfallenden Belangen, das man in einem Einfamilienhaus oder Apartment verbringt, wo die Räume Schlösser, »Sauberkeitsplatten«, Gas- oder Elektro-Licht, manche (wie die Küche, das Bad oder die Toilette, die WC's) fließendes Wasser haben. In diese »Werkzeugkiste« ist das Zubehör des Mannes mit bescheidenen Mitteln eingefriedet, dessen Leben in gleicher Weise in eine Örtlichkeit mit bescheidenen Dimensionen eingeschlossen ist; Schublade im Fall einer Etagenwohnung, Schachtel im Fall eines freistehenden Einzelhauses. Der Gedanke an dieses Zubehör – oder an diese Rüstkammer – ist höchst befriedigend und beruhigend: schon seit geraumer Zeit träume ich von einer Art *Vademekum,* das in verkleinerter Ausführung das Rüstzeug der für die Praxis wie für die Theorie des Lebens unentbehrlichen Dinge und Kenntnisse enthielte. Wurde diese Regung nicht ein wenig gesättigt, wenn ich als Kind die Buchstaben des Alphabets (Schlüssel zu Schlüsseln, da sie uns die Bücher erschließen) in Form erhabener Lettern auf Schildern oder, noch exakter, in Form eßbarer Buchstaben stofflich umgesetzt sah, als Suppennudeln, wo jedes einzelne Stück für sich ein Element des Alphabets bildete, wie die Nudeln einer anderen Marke (oder Sorte) in Form von Sternen, mehr oder minder langen Fäden auftraten?

Ein A, ein B, ein C, ein D essen... aus einer ziemlich weichen, weißlich gefärbten Substanz hergestellt, ihres Eigengeschmacks voll und gleichzeitig mit der Würze des Suppenfleischs angereichert, sie eins ums andere essen – jedes einzelne Zeichen im Vorüberziehen wiedererkennend – oder mit vollen Löffeln, in riesigen unbestimmten Ladungen, heißt das nicht, sich einer Operation zu unterziehen, die ein klein bißchen magisch ist: von der

Frucht des Baumes der Erkenntnis zu kosten, die Bildwelt des Geheimnisses selbst einzuschlürfen und gottgleich zu werden, muß daraus nicht (infolge zu großer Gefräßigkeit und mangels eines edleren Hungers, den ich heute, in dieser rückblickenden Rekonstruktion, diesem jungen »Allesfresser«, der ich damals war, zuzubilligen versucht bin) eine wunderschöne Verdauungsstörung erwachsen? Wie schwach ausgeprägt mein Bewußtsein von der möglichen metaphorischen Tragweite eines derartigenVorfalls auch war, so entsinne ich mich doch meiner Verblüffung, eines Abends, als mir wohl irgendeine Laus über die Leber gelaufen war und ich zu hastig zuviel Suppe heruntergestürzt hatte, auf einen Schlag, sehr zum Schaden der Decke und des tiefen Brotkorbs in meiner Nähe, eine umfassende Serie von Buchstaben wieder von mir gegeben zu haben, die ich mir nicht einverleiben konnte und die ebenso lesbar blieben wie der Fettdruck, worin, wenn nicht die Schlagzeilen, so zumindest die Untertitel einer großen Zeitung gesetzt sind.

Sollten nicht auch, wie das nach Biskuit schmeckende Wort »Alphabet«, diese Nudeln in immer mehr oder weniger rund ausfallender Buchstabengestalt dazu beigetragen haben, mir von der Sprache (die erst dann ihre Realität annimmt, wenn sie in unserem Mund Gestalt wird) die Vorstellung zu übermitteln, eine ihrer Haupteigenschaften sei es, sich – mit Speichel vermengt, von der Zunge und den Zähnen zerknetet – essen und verkosten zu lassen? »Kein Blatt vor den Mund nehmen«, »ein loses Maul haben«, einen »scharfen«, »bitteren«, »zuckersüßen«, »honigsüßen« Ton in der Stimme haben: so viele Redewendungen, die jede auf ihre Art zeigen, wie das gesprochene Wort im Denken der Menschen seinem Ursprungsort, der Mundhöhle, verhaftet bleibt.

Wenn das Alphabet, allein von der Logik her, vom Bereich des Sehens abhängt, so hängen Vokale und Konsonanten, Geräusche, die aus dem Mund kommend zum Ohr dringen, sicherlich vom Bereich des Hörens ab, sind aber ebenso in gewissem Maße an den Geschmacksorganen beteiligt, da dort im Raum der Rachenhöhle und unter dem Gaumenbogen, wo sich der Stalagmit der Zunge abwechselnd hebt und senkt, die Luftströme geboren werden, die das Fleisch der Vokale und Konsonanten bilden, Göttliches in dieser Grotte geschürt wird und auf schwacher Flamme schmort wie zwischen den Kesselwänden eines alchimistischen Athanors. Nichts verbietet uns, dem sichtbaren Kaleidoskop der Schriftzeichen nach Belieben noch ein hörbares und gar ein schmeckbares Kaleidoskop beizugesellen; fehlen nur noch Tast- und Geruchssinn, um das Vergnügen vollständig zu machen.

Was den Geschmackssinn betrifft, so sind es unter den verschiedenen, die Buchstaben repräsentierenden Lauten eher die Vokale als die Konsonanten, die ihm Befriedigung verschaffen. Neben den vollen Vokalen, dem *a* und *o*, wo der erste an Erbspüree und der zweite an Kartoffeln erinnert (beides massive Speisen, in großer Menge genehm, mit denen man gern den Mund gestopft voll hat), gibt es die schwachen Vokale, das *e* und die Skala der *é*, einfache Begleitvokale, die ans Brot auf dem Tisch denken lassen; das *i* und das *u* sind schärfer und leichter, das erste schmeckt nach Zitronen, das zweite nach frischem Gemüse; während man als Fleischliebhaber doch auf die Konsonanten zurückgreifen muß, die zwar weniger stofflich als die Vokale sind, doch allein die nötige Muskulatur besitzen, um das hervorzurufen, was (die Früchte einmal ausgenommen) an der tierischen Nahrung dichter, heftiger, ausgeprägter als bei den meisten aus dem Pflanzenreich stammenden Lebensmitteln ist.

Was den Geruchssinn angeht, so schaffe man zunächst die sogenannten »nasalen« Vokale beiseite (scheußliches Wortspiel!), die im Französischen die Buchstabengruppen *an, en, in, un, on* transkribieren, welche genauso unelegant sind wie die organischen Düfte (Exkremente, Sekrete...), und ungefähr dem entsprechen, was im Bereich des Schmeckens Speisen wie Käse, Ragouts, Sauerkraut oder Wild mit haut goût darstellen. Die Blumen finden sich an der Seite von *i* und *u*, während eine ganze Reihe quasi-natürlicher Düfte in Konsonanten wie *f* und *v* ihren Ausdruck finden, die sich (vielleicht wegen der Wörter »Ferment« oder »vin«, Wein) mit allem einlassen, was Alkohol oder vergorenes Getränk ist.

Bei den Tastwahrnehmungen stehen den etwas breiigen Vokalen die Konsonanten gegenüber, von denen manche Moose *(j, l, m, n)* und andere, wie *g* und *k*, in unterschiedlichem Maße spitzig und kantig, unregelmäßige Grannen eines aufgeschlagenen Minerals sind; *s, x* und *z*, Sprungfedern, die loszirren; *b, d, p* und *t*, die aufs Geratewohl losschlagen; *r*, das fräst und frißt; *f* und *v* mit der Schärfe von Rasierklingen und mitunter auch mit der zweifelhaften Sanftheit von Veloursamt, der einem, streichelt man ihn mit den Spitzen der Fingernägel, eine Gänsehaut verpaßt. Dem Halbvokal *w* entspricht die Vorstellung eines beim Anfassen Fettenden, was in kulinarischer Hinsicht mit Honig, Butter und der Gruppe der Zwischenmahlzeiten verwandt ist, während das *y*, ein anderer Halbvokal, sich entschlossen von festen Stoffen lossagt und der Frische von Quellwasser, den Tränen, in denen die Augen (yeux) schwimmen, und den sintflutartigen Regenfällen zuwendet, die in mächtigem Guß die Straßen baden.

Ich tue hier weiter nichts, als mich zu unterhalten und unter all diesen Entsprechungen ist wenig, was ich ernst nehme, ich meine: was sich mir mit Überzeugung aufdrängt. Doch scheint es mir lohnenswert, in dieser Richtung weiterzusuchen. Nicht umsonst pflegt man Konsonanten wie *l* und *r* als »liquid« zu bezeichnen, und nicht zufällig spricht man bei jedem Konsonanten, der einem schwachen *y* folgt, von »Anfeuchtung«. Vielleicht ließe sich auch mehr als eine Analogie zwischen den Bewegungen ablesen, die wir beim Aussprechen bestimmter Konsonanten machen, und jenen, die wir beim Verzehren bestimmter Speisen vollführen? Desgleichen präzisiert man inzwischen die Zusammenhänge zwischen Lauten und Farben auf der Basis objektiver Daten, gibt man einem großen Teil jener Entsprechungen, welche jahrhundertelang nirgendwo anders eine Rechtfertigung erfuhren als auf dem Feld der Mystik oder der Poesie, eine rationale Grundlage.

Was soll mir eigentlich der Versuch bringen, logisch klingende Entschuldigungen für meine ausgeprägte Vorliebe für sprachliche Dinge zu finden? Ich könnte noch so sehr behaupten, daß ich mir nichts vormache, daß ich die Wörter als nichts anderes nehme, als was sie sind, und daß in meinen Augen das uns zum Sprechen bringende Lautmaterial, nicht anders als all die Symbole, mit denen wir schreiben, keinen Wert an sich besitzt, der von dem in jeder Sprache durch die Konvention zugewiesenen Wert abweicht, so entglitte ich doch in jedem Augenblick dem Rahmen, den ich mir setzen wollte, und alle Vorwände wären mir nur willkommen, die Sprache praktisch so zu behandeln, als sei sie ein Medium der Offenbarung. Denn lebhaft ist das Vergnügen bei diesen Spielen mit der Sprache und groß meine Neigung, in ihnen etwas wie Grunderfahrungen zu sehen, als wäre ich unfähig, mich damit abzufinden, daß mein Spiel bloß ein Spiel ist, und als könnte ich es nur voll auskosten, wenn ich ihm eine fast religiöse Bedeutung beimesse.

In dieser verzückten Haltung einem lediglich expressiven Verfahren gegenüber erkenne ich eine Marotte aus meiner Kindheit wieder, als meine jeweiligen Fortschritte beim Lesenlernen und beim tastenden Vorankommen in diesem Vorzimmer zu allen anderen Wissenschaften sich nicht von Vereinfachung zu Vereinfachung bewegten, sondern von Erstaunen zu Erstaunen.

Denn für das Kind, das man im Lesen unterweist, ist nicht allein die Form der Buchstaben überraschend; ist der Geist dieses Kindes ein wenig dem Geheimnisvollen geneigt, stellt es sich gerne Fragen – oder ist es auch einfach durch den Gang seines Übens dazu verleitet –, tauchen, nachdem die erste Rätselschranke überschritten wurde, die wirklichen Probleme auf: solche, die nicht mehr die Buchstaben allein stellen (isolierte Gestalten, die man ausfindig machen mußte), sondern Buchstabengruppen, die man als Formation anhand gedruckter Zeichen, als Lautpartikel bar jedes Sinns – wie *ba, be, bi, bo, bu* – buchstabiert, die man sich zunächst als die Bausteine erst noch zu entziffernder geschriebener Wörter vorstellen, doch schon bald als in Wirklichkeit abstrakte Elemente ausmachen kann, als Silben reinen »Lesens«, welche sich nie – oder fast nie – zusammenschließen, um entweder schon bekannte Wörter zu bilden oder neue Ausdrücke, die sich nach und nach – wie Eltern, die man ihnen entdeckte – denen des gesicherten Wortschatzes angliederten.

Da gibt es tatsächlich diesen Codex bizarrer Grundsätze, dieses Regelwerk eines barocken Spiels oder dieses unberechenbare *Credo,* Orthographie genannt, das nicht nur verlangt, daß zum Beispiel ein *o* ausgesprochener Laut »eau« oder »haut« geschrieben wird, sondern daß es auch – bei seltenen Ausnahmen – verwehrt ist, durch Kombination der erstgenannten Einsilbler richtige Wörter zu bauen, so als fügte man die verschiedenfarbigen Kuben eines Klötzchenspiels zusammen, um daraus die Bilder zu gewinnen, auf die hin sie zugeschnitten sind. Es kommt selten vor, daß die ABC-Fibeln auf den ersten Seiten (wo doch nur die einfachsten Übungen Platz haben) einige Sätze bringen, die gänzlich aus solchen Elementen, in ihrer ursprünglichen Form belassen und ohne die geringste Veränderung aneinandergereiht, gebaut sind: *de la pâ-te de ju-ju-be* (Zizyphuspaste) ist die einzige Wendung, an die ich mich entsinne; frei von jedem Ballast (der Zirkumflex auf dem *a* ausgenommen) und von keiner Äquivalenz getrübt, setzt sie, der Darstellung ein- und desselben Lautes wegen, eine Vielzahl von Buchstaben anstelle eines einzigen.

Das wäre noch recht harmlos, gäbe es darüber hinaus nicht noch Buchstaben, die einen besonderen Stellenwert haben, Dubletten anderer Buchstaben sind (oder Kombinationen anderer Buchstaben), deren möglicher Nutzen jedoch nicht genau ersichtlich ist, außer man nimmt an, daß bestimmte Wörter gerade aufgrund des von ihnen Verdeckten irgendein Merkmal aufweisen müssen, das verrät, daß sie etwas Seltenes oder Bedeutsames verbergen, das die Borke zum Platzen bringt oder sie in unverhoffter Wölbung auftreibt.

Außer den Buchstaben mit Trema – die Vokale von ganz besonderer Schrillheit auszubilden scheinen – gibt es den Buchstaben, der sich in der Aussprache fixiert, wie das »*c* cédille« oder auch das sogenannte »*o, e* des *o*«, das eine Dublette des *eu* ist, wie das »*c* cédille« eine Dublette des *s* ist, wenn sich dieser letzte Konsonant nicht in intervokalischer Position befindet.

Mit seinem unteren Appendix (kleiner Schweineschwanz oder Handkurbel, jener ähnelnd, die der Besitzer des Ladens an der Ecke Rue Michel-Ange und Rue d'Auteuil zum Aufkurbeln der Markise gebrauchte, die seine Auslagen schützte) präsentiert sich das Ç als ein ausgereiftes Instrument mit diesem Cédille, das ihm Eigenständigkeit gibt und sich dem schlichten C in manchen Fällen beigesellt, um seinen Wert zu ändern, es in ein weiches C zu verwandeln, damit es, anstatt die Entsprechung eines K, eine Dublette von S sei. Was das Œ betrifft – das sich in Wörtern wie »œuf« (Ei), »œil« (Auge), »nœud« (Knoten), »bœuf« (Ochse), »œsophage« (Speiseröhre) findet (dieses letzte Wort sorgt bei vorausgehendem Artikel für einige Verwirrung: denn anstelle von »l'eusophage« kann man dann »les ophages« hören, wie es auch »les intestins« [die Därme] oder »les entrailles« [die Eingeweide] heißt) – was das Œ betrifft mit seinen Verschlingungen, seinen ineinander verhafteten Buchstaben, unentwirrbar verknotet und verwickelt, ein noch verworrenes Bild des Labyrinths, des ursprünglichen Chaos und des in den finstersten Falten organischer Tiefen kauernden Lebens, so scheint es dazu ausersehen, Aufruhr zu stifen. Als Heranwachsender erspäht man es dann in den Namen einiger griechischer Helden: »Œdipe« (Ödipus), »Philopœmen« (Philopömen), deren archaisches und exotisches Wesen es entwickelt, wie auch das Æ in *rosae* (dekliniertes *rosa*, »die Rose«) ganz allein und auf Anhieb, unter wechselndem Geläut von Bronze und Kristall, in diese antike und ferne Welt einführt, die der Lateinunterricht freilegt.

Antipoden dieser aus der Verkopplung zweier Buchstaben geborenen Schriftzeichen – des Œ vor allem, welches wegen des Runden, das es vom O hat, wegen seiner breiteren Lautung mehr als das Æ den Eingeweiden verbunden ist, innigeren Bezug zum Bauch und den gewichtigen Partien[12] des Daseins hat – sind das Ï, das Ü, das Ë, deren Trema, geheimnisvoll gehängte Zwillingspunkte, die einzigartige Natur von Zeichen in solch stolzer Absonderung bezeichnet, die man nur lesen sollte, indem man ihr Umfeld ausschaltet, oder die auch – im besonderen Fall des Ë, einer kuriosen Spielart des stummen E –, wie im Wort »ciguë« (Schierling) zum Beispiel (nicht »cigue«, sondern »cigu« gesprochen), allein da zu sein scheinen, um in dieser Blume von gutartigem Äußeren den verborgenen Stachel eines feinen Giftes anzuzeigen. Es handelt sich in diesem Fall nicht mehr um einen labyrinthischen Buchstaben oder um einen gordischen Knoten, die Arkana von Leben und Tod illustrierend, sondern um Schriftzeichen, die, jedes auf seine Weise, reine und scharfe Laute übermitteln, sei es, daß uns das *ë* signalisiert, daß das ihm vorausgehende *u* an dieser Stelle seinen absoluten Wert behält und nicht bloß ein konventioneller Buchstabe ist, als Kniff einem *g* angehängt, um es zu gutturalisieren, sei es, daß das *ï* oder *ü* nach einem anderen Vokal erscheinen, von dem sie durch die irritie-

12 »Parties« heißt im Französischen u. a. »Geschlechtsteile«.

rende Leere eines Hiatus klar getrennt bleiben. Von diesen letzten beiden Buchstaben, welche – wie Insignien einer zwiespältigen Macht – die Zweiheit des Tremas krönt, gehen einige der merkwürdigsten Wegstrecken aus, die ich in meiner Kindheit zu durchlaufen hatte, quer durch jene Welt der Irrwische und Phantasmen, welche die Sumpflöcher der Sprache ausdünsten.

Das erste Buch, worin ich mich nach abgeschlossenem ABC-Fibel-Stadium im Lesen übte, war eine kleine *Biblische Geschichte,* dem betont »gut-gläubigen« Charakter des kleinen Internats angemessen, das ich besuchte. Diese eröffnete über die Schöpfungsgeschichte: »Gott schuf die Welt in sechs Tagen, am siebten ruhte er.« Es wurde dort berichtet, wie Licht und Finsternis geschieden wurden (»Es werde Licht und es ward Licht«), wie die Sonne, der Mond und die Sterne an das Himmelsgewölbe geheftet, dann die verschiedenen Tiere erschaffen wurden: »die Vögel in der Luft, die Fische im Wasser«, und schließlich der Mensch, den Gott nach seinem Bild schuf, den er Adam nannte und dem er Eva zur Gefährtin gab. War es nicht an einem Morgen im Frühjahr oder Sommer, in einer Backofenhitze, als ich diesen Text zum erstenmal stockend entzifferte? »Mir scheint die Sonne in die Augen«, verkündete ich, die Augen offenbar in Kummer schwimmend, der Lehrerin, einer freilich äußerst nachsichtigen Nonne, die mit Engelsgeduld meine Leseschnitzer verbesserte, für die ich mich entschuldigen wollte, als ich so zu meiner Entlastung den Umstand einzubringen suchte, daß ich nah am Fenster saß und die zu große Helligkeit mir ins Auge ging, mich blendete. Eher unproportioniert mußte durch den noch ganz neuen Rahmen dieses Auges die Entdeckung des Universums ausfallen, die ich in diesem Augenblick parallel zur Entdeckung der Wissenschaft machte, deren Genese sich in meinem Geist abzeichnete, als sei der von mir gelesene Bericht von der Erschaffung der Welt nichts anderes gewesen als der auf einer anderen Ebene entrollte Bericht dessen, was sich in mir anbahnte: die Verankerung der ersten Wissensfundamente unter dem Luchsauge der Lehrerin, die meine Lektüre gleich Gott überwachte, der, von seiner Ewigkeit herab, dem primitiven Gestammel der Dinge präsidiert hatte und den verschiedenen Arten ihre Lektion einpaukte, bevor er sie ganz allein in diesen Garten – oder Pausenhof – entließ, der zum Schauplatz der Erbsünde wurde. Genesis: die Modellierung der Natur und des Menschen in erster Jugendfrische; kann man sich eine raffinierter an die allererste Formung des kindlichen Geistes angepaßte Lektüre ersinnen als dieses so altmodische und von den Kindern der Welt abgewetzte ABC?

Ob nun das Sonnenlicht – das durchs Fenster schien und die Seite, welche ich las, grell beleuchtete – mir tatsächlich so die Augen angestrengt hatte, daß einige Tränen dabei heraussprangen, die meinen Blick trübten und mich in einer an sich schon reichlich schweren Dechiffrierarbeit verstörten, oder ob gar die Verstörung, in die mich – umgekehrt – die Schwierigkeit meiner Aufgabe brachte, die Ursache dieser Tränen gewesen war und meine Augen einfach nur deshalb in Konjunktion zu den Sonnenstrahlen getreten waren, weil mein Blick, das Fenster dem Buch vorziehend, sich nach draußen wandte, auf einen Fluchtpunkt zielend, jedenfalls erschienen mir diese knappen und kargen Zeilen, wo vom Ursprung der uns umgebenden Kulisse und der Regeln, denen wir gehorchen, berichtet wurde, durch einen Tränenschleier und getrübt von einem feinmaschigen Schillern. Und so wurde zuallererst durch die Mühe, die mich meine Lektüre kostete, der biblische Spruch in sinnfälliger Weise illustriert, wonach der Mensch der Verpflichtung unterliege, »sein Brot im Schweiße seines Angesichts zu verdienen« und schon fast von Grund auf dazu verdammt sei, etwas nur durch Bangen und Schuften zu erlangen. Von Stund an aus dem irdischen Paradies der allerfrühesten Kindheit vertrieben – einer beglückenden Einfriedung, worin ich wie unsere ersten Vorfahren mit den Tieren und Pflanzen im Stande einer Quasi-Gleichheit mit den noch unklassifizierten Teilen der Umwelt lebte –, nahm ich unter der Fuchtel des weltlichen Erzengels, der Lehrerin, die grausame Eroberung dieses *Ich* in Angriff, das sich zunächst in der Kunst, die Dinge zu benennen, zu vervollkommnen hatte; im unschuldigsten Bemühen übersah ich, daß jedes der Wörter, die man mich lehrte, gedruckt wiederzuerkennen, nicht nur ein Mittel, über jene eine größere praktische Macht ausüben zu können, sondern auch ein Tintenkringel oder Graben war, der die Dinge untereinander isolieren und von mir fernhalten sollte, um sie an den Rand zu verweisen und – wie die Hauswirte die Namen ihrer Mitbewohner auf Rechtecke aus weißem Karton eintragen – um ihre jeweilige Position zum zentralen Punkt, der ich bin, festzulegen. Außerdem hatte ich noch zu wenig von den Früchten des Baumes der Erkenntnis genagt, um die Möglichkeit solcher feinen Unterscheidungen erahnen zu können und so kam es mir vor, daß ich mit jedem Satz, den ich las, ein riesiges Areal von Natur anrührte, so sehr war ich von den Wörtern behext. Erst viel später sollte ich genau erfahren, was sie sind, und dann würde ich sie wie alte und treulose Erinnerungen an eine Zeit wiederkäuen, wo sie noch von der Physiognomie der Dinge selbst durchgepaust, mit ihnen verschmolzen und Marken einer elementaren Kommunikation zwischen ihnen und mir zu sein schienen. »Gott« sollte nach und nach aufhören, ein ebenso einleuchtender Name zu sein wie etwa der Vorname »Eugène«, der meines Vaters, der ihm, wie mir schien, wie aus dem Gesicht geschnitten war; »Adam« sollte nur noch durch Zufall mit Hundszahn und Zahnbürste verwandt sein (Bilder, welche die Grobheit des primitiven Menschen oder des Tierfells, das seine Lenden gürtete, zeigten), »Paradies« sollte sich fast völlig seines Spargelgeschmacks entblößen, den er dem irdischen Paradies – einer Art Gemüsegarten mit kräftigem

Humusgeruch – und der äußeren Form der Spargel verdankt, zu Bündel gefaßte Orgelpfeifen oder mit malvenfarbenen Flammen gekrönte Wachskerzen, an Engel gemahnend, welche in die weiße Hülle einer langen hieratischen Robe geschlagen sind und an den Schultern ein Regenbogengefieder in gebrochenen und gemischten Tönen tragen. Zu geschwind, wie ich meine, sollte diese Zeit vergehen, wo alles, was ich las, *Wort* war, tätiges »Wort des Evangeliums«, dessen absolute Wahrhaftigkeit nicht in Frage gestellt werden konnte. In dieser Zeit war Gott das Wort, war dieses Wort Gott und hatte sich dieser Gott in den Dingen inkarniert. Doch heute sieht alles so aus, als rächte sich dieser Gott dafür, nur mehr eine Angelegenheit der Sprache zu sein, ein Wort unter anderen Wörtern, und als ob ich, die Ideen, die Wörter und die Dinge, ein jedes seiner eigenen Wege ginge.

Der versucherischen Einflüsterung der Schlange trauend und vom Apfel essend, hatten Adam und Eva die Erbsünde (péché) begangen (die sich im Französischen fast wie »pêche«, Pfirsich, schreibt, da doch eine »verbotene Frucht« das Corpus delicti ist) und wurden – wie zwei für ihren Ungehorsam gezüchtigte Kinder – aus dem Paradies vertrieben, einem grünen Buschwerk, das ich mir nie als einen Urwald vorstellte, sondern als Baumgruppe (notfalls Wäldchen), wie man sie in den sogenannten »englischen« Parks findet, wo sie in konventioneller Weise eine Vorstellung von Freiheit und Wildheit vermitteln soll. Ein Unglück kommt selten allein: der Verfehlung der Eltern folgt alsbald die ihres Ältesten Kain (»Caïn«), ein prädestinierter Name, da seine ganze Bösartigkeit, sein haßerfüllter Charakter, seine aggressive granitene Härte, der Wohlgefälligkeit des schönen (bel) und guten Abel entgegengerichtet, in diesem »Caïn« enthalten scheint, das schroffer ist als ein Stein (caillou), mit der feindlich knirschenden Endung *a-ïn* – ein spitzer und kantiger Körper, der sich an einem anderen, ebenfalls spitzen und kantigen Körper reibt –, während das Wort »caillou«, wie rauh es am Anfang auch klingen mag, sich schließlich in etwas Angefeuchtetes, Poliertes, fast Sanftes (doux) löst, gleich dem von den Wassern des Baches, die ihn hin- und herrollen, gänzlich abgearbeiteten Kiesel (galet).

Dem Trema auf dem *i* in »Caïn« entspricht eine Art von höhnischer Verzerrung, eine Lippenaufwerfung, die zwei scharfe, die anderen Zähne überragenden Eckzähne (canines) freigibt. Bei »Moïse« (Moses) allerdings tritt das gleiche Zeichen ganz anders in Erscheinung. Ich erspähte es übrigens nicht auf den ersten Blick im Namen des Propheten, der sein Volk ins Gelobte Land führte; eine Zeitlang glaubte ich, »Moïse« läse sich »Moisse«, und von dem Augenblick an, wo ich mich ein wenig in Geographie auskannte, kam mir dieses Wort wie ein Widerhall des sehr klangvollen Namens »Seine-et-Oise« vor, eines Départements, das den Ballungsraum an der Seine mit einem etwas ländlicheren, durchaus auch waldigen Gürtel umgibt, der von der Seine und ihrem Nebenfluß, der Oise, bewässert wird. Die Frische des fließendes Flusses und Weidengeschmeidigkeit finden sich auch bei korrekter Aussprache in »Moïse«: in eine Wiege – ein geflochtener, mit Pech oder Teer ausgekleideter Korb – wurde der Prophet als Kind hineingelegt, um der Willkür des Flusses überlassen zu werden; in die Mulde eines Kinderkörbchens (»moïse«) – denn dieser Name dient heute zur Bezeichnung eines bestimmten Typs von Wiege – wurde Moses gebettet, den Zufällen der Wasser-Odyssee eines Binsenkörbchens (couchette de joncs) ausgeliefert, dessen Name dem Fließen des Wassers (fluidité de l'eau) wie auch der Biegsamkeit von Schilf (élasticité des roseaux) nahekommt, welches an den Ufern des Flusses sprießt. Wenn besagtes »Moïse« – mit all seinen Verästelungen – derart lebendig in mir bleibt, so mag der Grund dafür in dieser Verschiebung liegen, die es mich schärfer wahrnehmen ließ, als wenn ich mich gleich beim ersten Lesen verbessert und bemerkt hätte, daß »Moisse« eine falsche Aussprache war: diese beiden Vokabeln – »Moïse« und »Moisse«, wo jede wie der verdrehte oder umgelenkte Widerschein der anderen ist – werden gar durch diese winzige Verschiebung, die den Anstrich einer Verletzung oder Grimasse hat und zum stärkeren Empfinden ihres lautlichen Gehalts nötigt, in ihrer Wirkung verstärkt, wenn sie sich so gegenübersitzen und wechselweise zu karikieren scheinen. Ist »Moisse« einmal als falsch entlarvt, demnach durchgestrichen und gleichsam annulliert, überträgt sich die ganze Wirkung auf das nun verwaiste »Moïse«, das zugleich die verschiedenen Schwingungen aufnimmt, in denen das andere Wort nachhallte: nun treibt die Wiege von Moses anstatt auf dem Nil auf der Oise, und nun ist dieser Fluß – mitsamt allen Départements, die er netzt – für mich unlösbar mit der Vorstellung von Weidenzweigen (tiges d'osier) verbunden, aus denen diese Wiege wahrscheinlich gefertigt war, eine Vermutung, die sich allein auf ein Assonanzverhältnis zwischen »Moïse« und »osier« stützen kann, so daß mir »Oise« schließlich als Wortstamm vorkommt und »osier« eine seiner Ableitungen sein könnte. Unausweichlich befällt mich immer dann eine gewisse Erregung, wenn ich einen dieser Namen »Oise« und »Seine-et-Oise« lese oder höre, so tief greifen die Wurzeln, welche diese alten Assoziationen getrieben haben und immer noch treiben, Ausstrahlungen des »sauvé des eaux«, des aus den Wassern Geretteten.

»Sauvé des eaux«, aus den Wassern gerettet: Moses; »Sauveur«, Erlöser des Menschengeschlechts: Christus oder der Messias, den man auch »sauveteur« (Lebensretter) nennen könnte, zieht man seinen besonders vertraulichen Umgang, den er mit den Flüssen und Seen unterhält, in Betracht, wie die Taufe durch Untertauchen im Jordan, das Wandeln mit bloßen Füßen auf den Fluten, der wunderbare Fischzug und – eine echte Seenotrettung – die Besänftigung des Sturms, der das Boot der Jünger auf dem See Genezareth bedrohte, bezeugen könnten.

Dem allen voran war die Sintflut.

Vierzig Tage und vierzig Nächte lang war Regen gefallen, und Noah hatte mit den Tierpaaren in seiner Arche darauf geharrt, Gott möge doch anzeigen, daß sein Groll besänftigt sei, indem er mit einem gebieterischen Pinselstrich über dieses Firmament (Synonym von »Himmel«, »ciel«, das sich im Französischen merkwürdigerweise auf »maman« und »diamant« reimt) jenes Profil eines umgedrehten Schiffskiels zeichnete, der »arc-en-ciel« (Regenbogen) heißt, das strahlende und umgekehrte Schema der alten Arche aus Holz, und zugleich Vorahnung der Bundeslade (»arche d'alliance«), vor der David tanzen wird. Zwischen diesem »arc« und jenen »arches« ist nur ein geringer Abstand: ist »arc« der himmlische Widerschein der schwimmenden »arche«, die, schon umgewandelt, künftig überflüssig ist, so ist er ein Unterpfand des Friedens und paktiert mit der »arche« der Bundeslade, da beide, Erdarche und Meeresarche – wie auch »arc-en-ciel« – Zeichen des göttlichen Bundes sind. Dieser »arc« und jene »arches« bilden demnach eine Reihe wie die Bögen (arches) einer Brücke, oder besser: eines Aquädukts, durch welches ausgerechnet die kanalisierten Wasser der Sintflut flössen.

In dieser beharrlichen Anstrengung, Erinnerungen wieder aufzufrischen – sie auf irgendeine Art zu dopen oder mit ihnen etwas jener künstlichen Beatmung Vergleichbares anzustellen, mit deren Hilfe man Ertrunkene wiederzubeleben sucht –, sehe ich einige Wörter aufpochen, die von alledem am lebendigsten zu sein scheinen; ich sehe, wie sie sich beim Namen nennen, gruppieren, eins ums andere einrichten, umgreifend auf andere, um in einem Hin-und-Her von Affinitäten vom Letzten wieder zum Ersten zurückzukehren; und ich neige fast zu der Ansicht, daß in ihnen (wie die Exemplare der verschiedenen Tiergattungen in der Arche Noah) all das Zuflucht genommen hat, was heute, heiß geworden, aus der großen Masse kalten Wassers, das die verflossenen Jahre in meinem Kopf angesammelt haben, ruhig aufsteigen kann. Ebenso könnte ich, ohne den Kreis der semitischen Völker zu verlassen, von den »tranche-syllabes« reden, oralen Staubwolken, von einem fernen Land oder Zeitalter verhaucht und – letzte Spuren eines Desasters – im Dunstkreis des Arabischen auftretend, als ich einige Jahre nach der Ära der *Biblischen Geschichte* einen Französischlehrer in der Klasse die *Djinns* von Victor Hugo vortragen hörte, wo (genau da, wo sich das Gedicht, nachdem es sich wie der Schwarm der Dschinns entfesselt hatte, wieder beruhigt) diese beiden Verse stehen:

D'étranges syllabes
Nous viennent encor[13]

und als ich mir vorstellte, noch bevor ich meinen Schnitzer bei der Eigenlektüre des Textes erkannte, diese »syllabes étranges« (befremdliche Silben) seien »tranche-syllabes«, Scheiben (tranches) oder Stücke mit dem Messer klein gehäckselter oder tranchierter Silben, die – aufregende lautliche Flaschenteufelchen[14] – nach dem stürmischen Durchflug der Geister unaufhörlich die Lüfte durchzogen.

Sind die Wassermassen der Sintflut aufgesogen, erscheint das Festland wieder und andere Plagen kommen. Die Ruine des Turms von Babel, den ich mir wie das Labyrinth auf dem Brett eines Gänsespiels vorstellte (eine Art konisch zulaufender Turm, um den eine schraubenförmig gewundene Rampe herumführt); dem folgt die »Sprachverwirrung« auf dem Fuß, ein spirituelles Gebrabbel, so daß die Menschen reden – Blindekuh im Irr-

13 Zu deutsch: »Befremdliche Silben
Kommen uns noch«

14 »Ludions« sind Kartesische Taucher oder Kartesische Teufel, volkstümlich »Flaschenteufelchen«, in wassergefüllten Halbkugeln je nach Veränderung des äußeren Drucks auf- und abhopsende hohle Figürchen, ein physikalisches Demonstrationsgerät oder einfacher Jux.

garten ihrer Glossolalien spielend und sich ein jeder in der Rumpelkammer der eigenen Gedankenwelt verheddernd –, sich aber nicht mehr verstehen; dieses weltweite Bafeln wird in der Folge partielle Heilung erfahren, wenn der Heilige Geist in Form züngelnder Flammen auf die Häupter der Apostel niederfährt und ihnen, dort wie eine lange Reihe von Elmsfeuern auf der Spitze einer langen Reihe von Masten verharrend, die Gabe, aller Zungen mächtig zu sein, einflößt; dieser Tag wird dann später Pfingsten sein (»Pentecôte«), wo die Gartengrillfeuer drauf und dran sind, sich in Fallgatter zu verwandeln, die einem die Flanken (côtes) umzingeln. Die Mineralisierung von Loths Weib, die auf der Flucht aus dem brennenden Sodom über die Schulter schaut und zur Salzsäule (»statue de sel«) wird, zur Skulptur aus Stein- oder eher Meersalz, Bildnis einer von der Erstarrung regelrecht Versteinerten, wenn es sich hier nicht sogar, wie es »statue équestre« (Reiterstandbild) oder »portrait en pied« (Ganzporträt) heißt, um einen Fall von »statue de selle« (Sattelsäule) handelt?

Nach dem Ungehorsam, in der Person Adams gezüchtigt, wird hier die Neugierde, ein weiteres Kindheitslaster, bestraft. Beim Hochmut, die treibende Kraft des Turmbaus zu Babel und eine der sieben Todsünden, erfährt man erst später, was er ist: wenn man uns lehrt, die »armen Menschenkinder« nicht zu verachten, was bedeutet, daß man sich bereits eine ganze Reihe von Vorstellungen der Sozialordnung angeeignet hat.

Zugänglicher als die festumrissene Natur des Hochmuts ist die der Sünden, die Jakob Esau (»Esaü«) gegenüber auf dem Gewissen hat. Seinem hungrigen Bruder mit Hilfe eines Linsengerichts das Erstgeburtsrecht (»droit d'aînesse«) abzukaufen, von einem blinden und todsterbenskranken Vater den Segen durch Anlegen eines Tierfells zu ergaunern, um so für diesen Ältesten gehalten zu werden, dessen Erkennungsmerkmal es ist, schauderhaft behaart zu sein, das sind Streiche, die man umgehend begreift, selbst wenn man keine Brüder hat und nicht der Jüngste ist, der es ja hauptsächlich darauf abgesehen hat, ebensoviel Einfluß wie die Älteren zu gewinnen. Verleiht übrigens diese Haut eines Tieres (»bête«), dessen Fell der alte Isaak mit zaudernden Händen betastet, Jakob nicht etwas Tierisches, so daß ihn seine Mutter, ganz wie es die meine tat, wenn ich irgend etwas Dummes angestellt oder hinausposaunt hatte, zu Recht »grosse bête« (Riesenroß) hätte nennen können? Begegnet man dieser Tierhaut (sei es nun bei »bête« oder »grosse bête«) nicht auch in der ersten Silbe des Namens *Bethléem* wieder, des Geburtsorts des Gotteskindes, dessen Gasthöfe gewiß weniger gastfrei sind als jenes Feld im Gänsespiel, wo der Stein, von der Laune des Würfels hingeführt, zu einem mehr oder minder ausgedehnten Aufenthalt gezwungen ist? *Bethléem,* ein Ort, schwerdampfend von der wohligen Tierwärme der Weihnachtskrippe. *Noël,* Weihnacht: ein Wort mit Trema, eine Krone, die den zweiten Vokal wie zu Reif erstarren läßt und das Glitzern ihrer doppelten Spitze auf den Stall hin richtet, wo das »Christkind« nackt im Stroh liegt und zwischen Ochs und Esel schläft – diesem Ochsen (bœuf), der vielleicht eher ein Gericht als ein Tier ist[15] –, diesem Esel (âne), dessen Weibchen (oder, genauer, Femininum »ânesse«, Eselin) im Geist der Kinder, die immer auf der Lauer nach einem üblen Kalauer liegen, jener »aînesse« (Erstgeburt) sehr nahe kommt, welche von dem weniger menschenähnlichen der beiden Söhne Isaaks auf den Jüngsten überging, der schwächlicher, doch verschlagen genug war, sie ihm abspenstig zu machen. Nun, im Namen des Usurpators »Esaü« findet man wiederum das Trema.

Wenn dasjenige in »Nöel« auf mich vor allem den Eindruck einer doppelten Spitze macht (sagen wir: zwei

15 Im Deutschen ist dies mehr das »Rind«, das sich auch wieder mit dem »Kind« verbinden ließe, das in der Krippe liegt; der Ochse hingegen kommt fast nur in der Ochsenschwanzsuppe als eßbar vor.

gefrorener Spitzen, da es Ende Dezember frostet) oder eines Sternenpaars (ein Stern für die Heiligen Drei Könige, der andere für die Hirten), so übernimmt das Trema in »Esaü« die Rolle des empfindlichsten Teils einer Präzisionsmaschine.

In meiner Kindheit schien mir eine Zeitlang der hebräische Name »Esaü« unentwirrbar mit zwei Möbelstücken aus dem Besitz meiner Schwester verbunden. Diese Schwester war, offen gesagt, nur eine meiner Nichten, die von früher Kindheit an von meinen Eltern aufgezogen wurde; damit jene mir und meinen Brüdern nicht fremd vorkäme, hielten es diese für angebracht, uns bis zum Erreichen eines fortgeschrittenen Alters zu verhehlen, daß sie nur eine sehr nahe Verwandte war und nicht von gleichem Fleisch und Blut. Dies ist übrigens für das, was ich nun berichten will, völlig bedeutungslos; desgleichen, wenn ich zur Erinnerung hinzufüge, daß sie fast dreizehn Jahre älter war als ich (die Zahl der Apostel plus Christus, dreizehnter Gast des Abendmahls) und daß sie, was immer der Grad unserer Blutsverwandtschaft war, die Rolle der älteren Schwester spielte, deren Ältersein (aînesse) im übrigen deutlich genug war, um – zwischen zwei unter der Ägide der gleichen Familienoberhäupter parallel geführten Leben – eine besondere Beziehung zu stiften und in Anbetracht dieses fast einen Generationsunterschied ausmachenden Abstandes einen besonderen Typus von Verwandtschaft darzustellen.

Eins der eindrucksvollsten Möbelstücke jedenfalls, denen im Zimmer der von mir heute noch immer als Schwester Angesehenen ein Stück Raum eingeräumt war, die Kleidertruhe (»le bahut«), kam wegen des gleichlautenden *a-u*-Hiatus »Esaü« sehr nahe. Mit »Esaü« verband sich noch ein weiteres Möbelstück, der Spiegelschrank in dem Raum, der ihr als Waschraum diente, und zwar durch die Vermittlung des Wortes »bahut«, eigentlich für das Möbel mit der Vollholztäfelung gedacht, das im Zimmer stand, doch von mir – den damals die Ungenauigkeiten des Vokabulars kaum hemmten – auf diesen Spiegelschrank übertragen, mit dem in meinem Geist das Möbel mit der Vollholztäfelung mehr oder minder verschmolz. Schon mehr als zur Hälfte in der Orbitalbahn von »Esaü« weilend, geriet der Spiegelschrank, da auf ihn eine Bezeichnung überglitt, die in Wirklichkeit einem anderen Gegenstand galt, auf dem Weg direkter sensorischer Wahrnehmungen in das Anziehungsfeld der biblischen Persönlichkeit. Was, dachte ich an »Esaü«, durch diesen Doppel-Vokal *a-ü* (dessen Trema, das einzige *u* überragend, graphisch zum Ausdrücken der Zweiheit zu genügen schien) heraufbeschworen wurde, war – weitaus eher als die düstere Truhe, worin meine Schwester ihre Garderobe unterbrachte – der feine, vom Pitchpine des Spiegelschranks ausströmende Geruch, das (wie dieser Geruch selbst) säuerliche Quietschen seiner glänzenden Tür, wenn sie sich in den Angeln drehte, und das kurze Aufblinken des Spiegelglases, immer dann, wenn man beim Öffnen oder Schließen des Schrankes seinen Türflügel schwenkte. Was diesen *a-ü*-Hiatus wirklich zu übermitteln schien, war jener vom Spiegel abgestrahlte weiße Blitz, den für einen Augenblick in einem grellen Reflex – so zerronnen wie gekommen – das durchs Fenster fallende Tageslicht schickte; was entschieden dem wahren »bahut« entsprach, dem Möbel, das tatsächlich diesen Namen verdiente, war eher der Spiegelschrank als das Möbel mit der Vollholztäfelung. So daß ich mich, dies erinnernd, heute fast frage, inwieweit – in einer kohärenteren, unserer Sprache und unserem Denken angemesseneren Welt (wie sich der Leser der Bibel Eden, das heißt, das ideale Universum vor dem Fall, vorstellen mag) – es sich die Schwestern, gäbe es sie dann, gefallen ließen, daß ihre Spiegelschränke von einer anderen Silbenkombination bezeichnet werden als von dem *b-a, ba, h-u hu* des Worts »bahut«.

Der Name »Esaü« hat also etwas mit Möbeln – im

Spiegelglanz oder mit dem Schimmer alten, hochpolierten Holzes –, aber auch etwas mit Kirchen zu tun, da er (wie seine kaum umgestellte Entsprechung »Isaïe«, Isaak) der Bibel entnommen ist und in seiner holzhaften Helligkeit etwas von dem Gehäuse einer Orgel steckt. Auch ein gewisser Weihrauchduft. Diese überbordenden Schwaden mischen sich orchestral unter die Voluten der großen lärmenden Bibliothek, vor Schmucksimsen strotzend, die alle zum Zeitpunkt des Hochamts, wenn sich dieses oder jenes der vielfältigen Orgelregister öffnet, schmelzende Musik verströmen.

Nach Weihrauch – oder eher nach dem ältlichen Aroma armenischen Papiers – duftet auch das Epiphaniasfest. Es ist schon etwas kompliziert, in diesem Namen den Dreikönigstag zu erkennen, der die verblichene Anmut von Zweigschmuck hat, der schon fast zu Staub zerfallen ist, wie dieses dekorative »Judasgeld« [16], dem die Finger beim Entlangstreichen ein dürres Knirschen entreißen und das schon fast seit Ewigkeiten im kalten Dekor des kleinbürgerlichen Wohnzimmers die Rolle des Schmuckwerks spielen muß. Was allenfalls im ermatteten Luxus dieses »Judasgeldes« – wie auch im entgoldeten Charme des Vornamens Fanny: Satin-Leibchen, vordem mit Goldfäden durchwirkt, ein mit Flitter geschmückter Fächer – aufstiebt: ein bißchen Goldstaub, Weihrauch und Myrrhe, das die die Heiligen Drei Könige mimenden Püppchen dem in der Krippe entschlummerten Jesuskind als ihr »Christkind« überbringen.

Noch ein anderes Wort aus diesen frommen Büchern packte mich mit seiner musikalischen Lautung; ein Personenname – wie »Esaü«, von dem er kaum abweicht – und kein anderer als »Saül« (Saul), der Name jenes Mannes, den der Prophet Samuel zum König salbt, während er auf der Suche nach den Eselinnen (ânesses) ist, die

16 »Monnaie du pape« im Französischen; der deutsche Sprachgebrauch hat offenbar keine so hohe Meinung von dieser Pflanze.

seinem Vater abhanden kamen. Als ich zum erstenmal die diesen Namen »Saül« bildenden Schriftzeichen las, machte ich denselben Fehler wie bei »Moïse«: das Trema übersehend las ich »Saul« und dachte an »saule« (Weide), an einen »roi Saule« (Weidenkönig), einen »roi des Aulnes« (Erlkönig), wie man auch sagt, daß es einen »roi Candaule« (König Kandaules) gibt und, wie ich heute weiß, einen »roi Lear« (König Lear) (oder vielleicht *roi-lyre*), ein alter Monarch, wahnsinnig im Wind umherirrend, der seinen Trauerweidenbart in eine Äolsharfe verwandelt. Niedergebrochenes Geäst, Gewitter über den Erlen, Aufruhr der Blätter – das hat auch was mit dem Schicksal Sauls zu tun.

Mitunter von prophetischen Trancen ergriffen, dann vom Allerhöchsten besessen, ist Saul unglücklicherweise auch vom Hochmut gepackt; nachdem er dem göttlichen Willen zuwidergehandelt hat, als er die Philisterbeute unter seine Truppen verteilte, macht seine Gewalttätigkeit aus ihm einen kurzweg Rasenden, ein hohles Instrument, durch das der »böse Geist« flüstert. David – wie Orpheus, der durch sein Lyraspiel die wilden Tiere besänftigt – mag noch so sehr versuchen, mit seiner Harfe den Dämon zu bezaubern, der Saul regelmäßig heimsucht: diese Art der Inkantation erweist sich bald als ebenso unwirksam wie die *Weidenromanze* (Romance du Saule), die Othellos Zorn von Desdemona abwenden soll: Saul versucht David mit seiner Lanze gegen die Mauern zu speeren, zwingt ihn zur Flucht in die Wüste. Von Gott im Stich gelassen, windet er sich dann auf dem Boden, als die Hexe von Endor vor ihm die Erscheinung Samuels erstehen läßt; danach von den Philistern besiegt, unterbindet er jeden Zuwachs an Unglück, indem er sich in sein Schwert stürzt und den spießenden Tod stirbt, den er David zufügen wollte.

»Saül« ist wohl nach außen hin stark, doch im Innern hohl, ist in Wirklichkeit nichts weiter als ein Schilfrohr, eine Flöte, von mißtönenden Lauten durchlaufen, deren

Luftsäule ununterbrochen säuselt, öfter schrill als melodiös. Sein so gemessen einherkommender Name, der sich mit dem Schlag einer Pendeluhr (pendule) verbindet und das Ergebnis der gleichen genauen Dosierung zu sein scheint wie das Wort »scrupule«, Gewissenhaftigkeit (etymologisch: kleiner Kieselstein, ein kleines Gewicht darstellend) oder das Wort »calcul«, Kalkül (dessen allegorische Darstellung ein Triangelspieler sein könnte, dessen Instrument sowohl dem Klang als auch der Form nach das geometrischste Musikinstrument ist) – dieser Name, mit einem Trema geschmückt wie mit zwei silbernen Tröpfchen, die in der Dämmerung von einer Maultierschelle perlen, bezeichnet – trügerischerweise – eine jähzornige und grausame Persönlichkeit, in der sich eher Maßlosigkeit als himmlische Eingebung verkörpert.

Man denkt bei diesem Namen wohl kaum an ein *Wohltemperiertes Klavier* oder an die akkurate Redlichkeit eines Triangelspielers, sondern eher an die Sonnenexplosion eines Beckenschlags oder die seismischen Schwingungen gewisser Rüttelinstrumente, vielleicht an den Schellenbaum oder das Sistrum, das auf die alten Ägypter zurückgeht und im zweiten Akt von *Carmen* besungen wird:

Les tringles des sistres tintaient...[17]

Worte, die mir früher einmal zu schaffen machten, weil ich nicht wußte, was »sistre« ist und annahm, das Wort bezeichne Zigeuner, auch »gitans«, »tziganes«, »zingari«, »romani« oder »gypsies« genannt; der letzte Name kommt von einem jahrhundertelang wirksamen Glauben, sie seien eine Volksgruppe, die ihre Tricks und Geheimnisse aus Ägypten mitgebracht habe.

Die Dampforgel des Kirmeskarussells (häufig von zwei bemalten anthropomorphen Gestalten eingerahmt,

17 Zu deutsch: »Die Stäbe der Sistren erklangen«

die eine Triangel, die andere Tamburin spielend), die ölige Musik der Ringkampfbuden (wo große Pauke und verbeultes Kupferklapphorn die Menge um Goliaths in Tigerfellhöschen und mit Schnurrbart scharen), die Städtische Blaskapelle oder der Gesangverein (von einem goldgefransten Banner angeführt, worauf eine Leier gestickt ist), die Orchesterklänge zum spaßigen Manegetreiben ansässiger Zirkusse (eine bereits eingebürgerte Form des Wanderzirkus) setzen einzig Akzente, die dem metallischen Klang der Zinken (buccins) vergleichbar sind, ein hochgradig kriegerischer Ausdruck, dessen hartes und männliches Wesen an das so hart und männlich wie nur mögliche »butin« (Beute) erinnert (trotz des gemeinen Femininums, das herauskommt, wenn man dessen Anfangs-*b* leicht abwandelnd in ein *p* ummausert[18]), »butin«, worin nichts mehr von der Gunst übrig bleibt, die der Vorstellung der honigsammelnden Biene (»l'abeille qui butine«) anhaftet, sondern dessen beiden Silben trocken und Schlag auf Schlag fallen, wie die Philister unter den Hieben von Sauls Leuten gefallen sein mußten.

Gaukler, Lumpenkrämer und (obschon in geringerem Maße) Kamelotten, Kaminkehrer, Kohlenhändler: lauter Metiers, die – ohne die stark fluktuierende Zahl der *Apaches*[19] mitzuzählen – besondere Spielarten des Menschlichen darstellten und, verglichen mit den normalen Sterblichen, dazu neigten, in ebenso streng definierten ethnischen Gruppen aufzutreten, wie es damals den Israeliten gegenüber die Amalekiter und Philister getan haben mochten. Ich würde mich hüten, die Schweizergardisten zu vergessen, deren gepolsterte Waden man für einen Wesenszug der helvetischen Rasse halten könnte.

»Amalécites«: gebrannte Erdziegel, rußgeschwärztes Antlitz einer alten Küchenmagd (mit Namen Félicité), gebrutzelt und gerunzelt in der Hitze ihrer Kochtöpfe.

18 ergibt »putin« – Hure
19 Pariser Banditen

»Philistins«: verheddertes Fadenknäuel grünlicher Innereien, Gegurgel indistinkter Instinkte. Bei den »Amalécites«: das verschwiegene Knistern von Deckhaar (porös wie das, worin die von Gideon verborgenen Lampen schwelten, gierig, ihre Umwandungen zu durchflackern, als er sich mit den Israeliten nächtens im Duft anisgewürzten Weihwassers bei den Midianitern einschlich). Bei den »Philistins«: die volle Unterleibsladung sich kringelnder Eingeweide und die fäkale Bronzefärbung von Statuen, die man früher in den Auslagen der Bruchbandhändler zu sehen bekam. Dieser Name »Philistins« (der für mich, wie das Mineralwasser von Vichy Célestins, immer etwas Brackiges hatte) scheint mir heute wie geschaffen, jene platschende, klatschende, gleichermaßen wabblige wie wimmernde und wie weit wimmelnde, obschon – und wie! – wabernde Masse zu bezeichnen, welche – ohne den Pfuhl des Ungeformten zu verlassen – jene Wesen formen, die niemals etwas von etwas kapieren werden.

Ich kann also von diesen beiden Völkern sagen – ohne zu sehr der Manie zu verfallen, welche halbbewußt die Züge einer Person soweit retuschiert, bis man an ihr einen gewissen *air de famille* mit dem eines Verwandten entdeckt –, daß ihre Namen sich ähneln. So ist es um viele Namen, kollektive oder individuelle, bestellt, ob »saltimbanques«, Gaukler (mit ihrem dreisilbigen Zim-Bum-Bum) oder »Jésus-Christ« (nahe an »crypte«, Krypta, und »cri«, Schrei). Doch bei »Saül« liegen die Dinge ganz anders; umgekehrt wie bei »Esaü« (wo die Lücke, verstärkt durch das vorausgehende Sägen des *za,* voll zur Geltung kommt), knirscht – vielleicht wegen des zu sanften *sa*? – das *a-ü* in »Saül« nicht: es verwischt sich, vergißt sich und ertrinkt, gänzlich aufgelöst in der Undurchsichtigkeit des *ul.* Ebenso liegt zwischen »Booz« (Boas) und »Beauce«[20] die Differenz, die das geruhsame

20 ersteres eine biblische, zweites eine alte französische Landschaft

Weideland unserer Heimat von den drückenden Regionen trennt, wo sich die Helden der Bibel tummeln, sengend heiße Gefilde, die alle Segnungen Jahwes nötig haben, damit sie etwas anderes als Tollgerste oder Quecke hervorbringen.

Das *z* – dessen ganze Hitze sich in dem Wort »gaz« staut (von dem alten Physiker Van Helmont erfunden, der es dem lateinischen *chaos* nachbildete, das heißt: alles durchdringende Substanz) – trägt mit dazu bei, bestimmten, früher im Alten Testament gelesenen Orts- und Personennamen eine befremdliche expansive Kraft zu geben, bläuliche Kronen, welche die jeder Flamme vernünftigerweise zugebilligte Norm überschreiten, ob es sich nun um die struppigen Lichtschnuppen auf den Schädeln der Jünger zur Pfingstzeit handelt oder um die gebändigten weißen Feuer, die in vorelektrischen Zeiten die Zylinder der Auerschen Glühstrümpfe füllten, kleine Glaskolben, aus denen sich in alle Innenräume ein erlesenes Licht ergoß.

Dieses zischende Verglühen des *z* manifestiert sich vor allem in »Josué« (Josua), dessen surrende Auslautung sich dem vorgeschriebenen Lauf der Sonne widersetzt, als ob sich die plötzliche Ausschüttung einer bis dahin in der Menschenwelt nicht vorhandenen Energiemenge anschickte, solche gesicherten Abläufe zu blockieren, indem sie in das System des Kräftegleichgewichts einen neuen, jede Balance abändernden Faktor einführt, der im weiteren ein ernster Störfaktor für das Universum und seinen ordnungsgemäßen Gang ist. »Josué«, Stirn in den Wolken (nuées): in weitem Bogen schießt er auf und auf dem Gipfel seiner Bahn angekommen, gerinnt diese zu einer festen Säule, vor welcher der Morgenstern anhalten wird (wie eine Lokomotive, die, am Ende ihrer Fahrt angelangt, mit einem schweren Seufzer oder einem von diesem *züé* kaum abweichenden Zischen aus ihrem Kolben eine Dampfwolke stößt). »Josué«, starrsinnige Gestalt: dieser Name – möchte man meinen – stamme vom spanischen »José« ab, dem durch die Zufügung des *w̄* (Splitter oder Klinge, direkt oder im Kanal der Haut eindringend) Gewalt angetan wurde, wodurch das *zé*, schon leidlich aggressiv, sich in den siedend heißen Geysir des *zw̄é* umwandelt. »Josué«, Bruder von »José«: eine winzige Verschiebung von Vorname zu Vorname, die aber auch den Propheten Israels in einen meiner Klassenkameraden verwandelte, José Nahon mit Namen – ein Junge mit schwarzem, dichtstehendem und kurzgeschorenem Haar, einem trotz zarten Alters zerklüfteten Gesicht, der lange Zeit an einem seiner Handgelenke einen weißen Leinenverband trug, einer tiefen Schnittwunde wegen, die er mir eines Tages zeigte und die mir anhaltendes Grauen verursachte, weil ich darin, so tief schien sich die Wunde einzugraben, gleichsam den Beginn einer Amputation zu sehen glaubte. Heute bringe ich diesen José Nahon mit »Josué« zusammen, und das ins *zé* eingerückte *w̄* macht auf mich den gleichen Eindruck körnig aufplatzender reifer Feigen, den auf den Bänken der kleinen Schule, wo man uns schreiben lehrte, die Zurschaustellung dieser Verletzung machte, auf die mein Mitschüler um so stolzer zu sein schien, je empfindlicher er von ihr betroffen war.

Der Name »Josué« zieht einen ganzen Klüngel von Namen nach sich: »Suse« (Susa), die orientalische Stadt schlechthin, das Tosen einer geballten Masse, um Paläste mit Emaillefassaden und Bazare geschleust, denen eine Flut von Düften entsteigt, der ebenbürtig, die »Ecbatane« (Ekbatana) entströmt, preziös wie delikat gestaltetes Naschwerk, mit drei durchsichtigen Silben, die ein luftiges Gerüst aus hängenden Gärten oder Baumkuchen erbauen; »Nabuchodonosor«, ein steinreicher assyrischer Potentat mit hoher Tiara, weiter, vor Gold strotzender Robe und ausladendem Kräuselbart, den man sich nur liegend vorstellen kann, wie sein Name maßlos lang ausgestreckt zwischen Weihrauchkesseln, Räucherpfannen und Kissen; »Balthazar«, ein dreifaches *a*, das der kräftige Gliederbau der Konsonanten wie einen Gong oder eine Totenglocke (glas) erschallen läßt, so wie im schönsten Festgetriebe die Stimme des Stimmungsverderbers und Propheten Daniel geklungen haben mußte, als er – ein Schüler, der seine Lektion in- und auswendig konnte! – den auf der Wand wie auf einer Schultafel erschienenen Spruch deutete: MENE, TEKEL, UPHARSIN; »Éléazar«, der den Elefanten erdolchte, zwischen dessen Füßen er sich hindurchgewieselt hatte, ein riesiges Gewölbe, das sich geradezu anbietet, die weiträumige Halle der Gare Saint-Lazare als unausweichliches Echo seines Namens heraufzubeschwören, dem sogleich (als bezeichne es irgendeinen Brühkessel oder ein anderes von Antiochus gegen die Makkabäer eingesetztes Foltergerät) das russische Wort »Samowar« Antwort gibt.

Bereitet es mir heute auch ausgesprochenes Vergnügen, an mir all diese Namen Revue passieren zu lassen, mich ein wenig an dem Zusammenprall ihrer Silben berauschend und darin einer oberflächlichen Zerstreuung erliegend, wie sie etwa auch beim Durchblättern einer Fotosammlung veralteter Kostüme möglich wäre, die zwar einen gewissen dokumentarischen Wert besitzt, uns aber in erster Linie wegen ihres pikanten und pittoresken Charakters verführt, so muß ich doch zugeben, daß es weit ist von dieser ziemlich nichtigen Zerstreuung zu jenem alten und tiefsinnigen Spiel, bei dem ich jetzt nur schwer genau ermessen kann, was daran so ernst und stahlhart war, doch weiß ich von ihm, daß sich seine schillernden Kombinationen, wobei eine Schönung oder Auswahl für mich außer Frage stand, meinem kindlichen Auge mit dem scharfgeschnittenen Relief von Bildern darboten, die ganz aus sich heraus lebten und fernab jeder Diskussion standen.

All dies war – zu einer Zeit, wo ich nichts Böses im Sinn hatte – kaum komplizierter als der blaue Himmel (dessen Bläue wohl nur ein Farbenblinder abstreiten wird) oder als das Gras (von dem jeder weiß, daß es, seiner Natur gemäß, grün ist). Den Gestalten der Bibel, wie auch allen Menschen, die ich kannte, kamen Namen zu; und diese Namen zeichneten sie getreulich ab, wie die Haut, die auf unsrem Fleisch haftet, die einzig genaue von all unseren Photographien ist. »Josué« war der, der die Sonne anhält, so wie die Nacht Nacht ist (so will es ihr Name, das Gegenteil von Tag), und wie »Judas« (trotz dieses »Ischariot«, das ihm anhängt wie den Eisenbahnwaggons früher diese zur Klimatisierung dienenden Kessel) ist »le judas« (das Guckloch) eine verräterische Öffnung, die das Geschehen im Innern der Gefängnisse zu überwachen erlaubt. Beim Austausch von »Moisse« durch »Moïse« überkam mich ein Schwindel, da sich hier nicht allein ein Wort auflöste, sondern ein Teil der Natur der Dinge in Umbruch geriet, in einem jähen Wechsel der Identität, der in der Person des Propheten selbst vonstatten ging. So wandelt sich »Jésus«, zunächst »Petit Jésus« (Jesuskind), in »Jésus-Christ«, der reif ist für die Qualen des Kreuzes, das heißt, für die Martern, die ihm in der Tat Schreie (cris) entreißen werden.

Später, wenn die Biblische Geschichte Geschichte Frankreichs geworden, wenn man von der heiligen Vorgeschichte zur eigentlich historischen Epoche gelangt ist, und wenn ich – in einer diesem fliegenden Wechsel der Sichten schritthaltenden Entwicklung – ansehnlich aufgeschossen sein werde, kommen die dynastischen Namen: »Merowinger«, »Karolinger« (auch »Carlowinger«), »Kapetinger«, »Valois«, »Bourbon«, »Orléans«, »Bonaparte«. Doch keiner dieser Namen, so berauschend sie sind (und nicht einmal die »Karolinger«, mit schöner Goldprägung – wie ein Goldkarolus –, deren Variante »Carlowinger« vor allem die Hochschätzung einiger Liebhaber besitzen könnte, wie ein Kaiserbildnis bevorzugt wird, wenn die Stirn, anstatt bloß oder nur belorbeert, mit einem Kranz getriebenen Goldes gekrönt ist), keines dieser ungewissen Wörter, die so etwas wie Berufsbezeichnung, Stammtitel und Familienname sind (man kann »Bourbon«, »Valois«, zur Not »Bonaparte« heißen, »Orléans« geht auch noch, doch was ist ein »Merowinger«, ein »Karolinger«, ein »Kapetinger«?), keine dieser Benennungen, von denen man nur weiß, daß sie auf eine Reihe privilegierter Individuen gemünzt sind, vermag eines von diesen von Kopf bis Fuß auszurüsten und wie eine erhaben gearbeitete Skulptur frei in den Raum zu stellen, so daß daraus Figuren werden, die keine im Öllampenlicht einer Theaterbühne nebulös schwankende Gestalt, sondern ein Wesen aus Fleisch und Blut darstellen.

Von den Namen der römischen Geschichte – das Vorzimmer der unseren und schon in den vom Faden der Chronologie gezogenen Rahmen gefügt – erwähne ich hier nur einen: den von Kaiser Diokletian (»Dioclétien«), kürzer Diokles (»Dioclès«), wie Damokles mit seinem Schwert, Androkles mit seinem Löwen, Cocles mit dem geblendeten Auge. »Dioclétien«: über ihn war ich in einer Nacherzählung gestolpert, oder wars ein Diktat oder Lektüretext in Französisch. Bisher hatte ich – als ich in Berichte über die Christenverfolgungen Einsicht gewonnen, die unter der Regentschaft dieses Kaisers stattgefunden hatten – immer »Dictolétien« aufgeschnappt, so diesen Namen leicht ausweitend und spaßeshalber mit einem Hauch von Geschraubtheit verkomplizierend, wo er in seinem Pomp doch offenbar gar nicht mehr überboten werden konnte; wie eine Säule über ihr Kapitell hinaus keine Rostren mehr nötig hat, die als unnützer Ballast ihre Großartigkeit in nichts erhöhen, lediglich ihr Aufstreben unterbrechen und sie mit einem Stockwerk aus Schmucksporen beschweren, die an Seekriegssiege erinnern.

Der Lehrer, dem ich den Text verdankte, worin jener bizarre, zu »Dictolétien« umgeschnittene Stein eingestreut war, hieß Monsieur Roger. Das war ein gänzlich rundköpfiger Mann, ein echter Brachyzephale mit runden Augengläsern, einem starken Schnurrbart, kurz gehalten, doch verwahrlost, und mit einer Glatze als Kontrast zu den üppig frisierten Büschen der Koteletten. Sein eingestanden großer Ehrgeiz war es, ein Wörterbuch zu schreiben; als Probe seines Werks zitierte er uns den Absatz »Timbre« – vielleicht der einzige, dessen Abfassung er schon begonnen hatte –, eine Aufzählung der verschiedenen Wechselfälle dieses Worts, das sich mit *Tympanon* verbindet und dessen Sinn von »Tambour« über »Glocke«, »runder Helmteil« und »heraldisches Zeichen« zur »Briefmarke« (timbre-poste) reist.

Monsieur Roger – für uns die mit Löffeln gefressene Weisheit – hatte diese Anekdote diktiert, deren Held, zumindest an einem Punkt der Erzählung, »Dioclès« genannt wurde. Hatte ich nicht ein blindes Vertrauen in alles, was mein Lehrer sagte? Jedenfalls dachte ich zunächst nicht daran, nachzuprüfen, wie eine derartige Abkürzung dem Namen »Dictolétien« entnommen werden könnte. Derart nicht nur einer Endung, die ihn mit so vielen Königen Frankreichs verband und ihm Bürgerrecht auf ein vertrautes Gebiet verlieh, beraubt (eine übliche Amputation, denn wozu gab es sonst Kürzel?), sondern auch jenes unnahbaren und gleichsam diktatorischen Zugs, den meine Konsonantenbehandlung und -vermehrung dem Anfang dieses Namens, zu »Dictolétien« gewandelter »Dioclétien«, beschert hatte – in voller Übereinstimmung mit der sehr hohen Meinung, die ich mir von den hirnlichen Kapazitäten des Herrn Roger bildete, eine Meinung, die für mich ein weiterer Grund sein konnte, in ein verhältnismäßig einfaches Wort, das er diktiert hatte, beim Aufschreiben und Wiederlesen ein zusätzliches Element einzuführen, der Komplexität, die ich dem in seiner riesigen Kugelbirne eingeschlossenen Wissen beimaß, und der Autorität angemessen, die ich seiner (in der Tat nichts weiter als pedantischen) Person selbst verlieh –, fand sich »Dioclétien« nun zu »Dioclès« abgekürzt, ein weicher und ockriger Lehm, nicht einmal vergoldete Mittelmäßigkeit.

Dieser Name, den ich unabsichtlich gemartert hatte – wie ein barocker Künstler, den keine Linie oder kein schlichtes Maß zufriedenstellen kann, und der aus dem abstrakten Raum einen lebendigen, von Formen übervölkerten Ort macht –, begann in seiner durch meine Sorgfalt erweiterten Neuausgabe einem jener Harnische oder Schilde zu ähneln, die ein von Märchenfeen mäzenierter Künstler mit einem Geblüh mythologischer Szenen bedeckt hat. Dann hatte mich aber doch die widersinnige Schlichtheit des Kürzels, eine verstohlene Erinnerung an die alle Dinge wieder zurechtrückende Ordnung, die diese Phantasmagorie auslöscht, darauf gebracht, die Möglichkeit zu erwägen, hier müsse irgendein Irrtum vorliegen, so daß ich unter der Goldziselierung von »Dictolétien« das (vielleicht haltbarere, aber ganz sicher weniger betörende) Metall von »Dioclétien« fand, einen Kaiser, dem das Herauslösen nicht einmal einer Silbe die lange Schleppe seines Purpurmantels abschnitt.

Hier zielte das Spiel in seiner Auftrennung eines Namens in zwei Varianten nicht auf die reine Wesensdifferenz. Noch weniger allerdings stellte dieser Mißgriff eine Vereinfachung auf, da ganz im Gegenteil eine Ausweitung, ein Einschub vorlag. Wie es einem Kopisten, koste es, was es wolle, um die Ausfertigung dessen zu tun ist, was sein Text nicht belegt, hatte ich einen Vokal versetzt, einen Block von zwei Konsonanten errichtet (von dem der eine, das *t,* absichtlich eingefügt war), um so ein Wort zu erhalten, das allemal würdig war, einem Monarchen zuzukommen, von dem ich in mir vorgeschriebenen Büchern gelesen hatte und der von einem Lehrer in den Mund genommen wurde, der bei seinen Schülern den Ruf eines Wissensborns genoß. Und dieses stofflichere Wort, kantiger und präziser gezeichnet als die Vokabel in ihrer eigentlichen Lesart, konnte letztere – mangels eines ausgeprägten artikulatorischen Knochenbaus – nur blaß und enttäuschend machen, als ich mich schließlich mit den Tatsachen abfinden mußte.

Das Wort »Dictolétien«, streng wie ein Rutenbündel der Liktoren, gleißend wie ein goldführender Paktolus, muskulös wie der Rumpf eines römischen Soldaten, den seine Brustmuskeln an sich schon wirksam panzerten, war jetzt zu »Dioclétien« geschrumpft. Diese Umtaufung, die ihm einen Namen entriß, der den Rang von Insignien oder Titeln hatte, brachte den Kaiser gänzlich um sein Ansehen; er brauchte nur noch auf der Müllhalde der außer Kurs geratenen Figuren zu verschimmeln. So erging es ihm auch postwendend, was sein posthumes Leben betrifft, das er – für eine so kurze Spanne – in mir geführt hatte; denn prompt vergaß ich den, der sich doch tatsächlich damit begnügte, der prosaische »Diokles« zu sein, nachdem er der wunderbare Diokletian gewesen war.

Seit meiner entferntesten Kindheit bis zum Erreichen des umstrittenen Erwachsenenstatus, durch die verwirrende Phase des Heranwachsens hindurch, sind viele Begriffe auf diese Weise ausgedörrt, ein Wort trat an die Stelle eines anderen – wie ein Keil den anderen treibt – und die an den Haken jedes dieser Wörter gehängte Fracht der Bilder wich einer weniger luxuriösen (obgleich möglicherweise schärfer gefaßten) Ausrüstung, wie man den eleganten und unbequemen Lederkoffer von allein repräsentativem Wert gegen ein leichtes Köfferchen eintauscht, das trockner im Stil und von weniger erlesenem Material, doch fraglos praktischer ist.

Auf schulischem Bereich verbleibend, kann ich nun die »Präsidenzen« (précidences) erwähnen, Rechtecke aus zartrosa, pistaziengrünem und bläulichem Karton, als Bonusse in dem gemischten Internat in der Rue Michel-Ange ausgehändigt, wo ich Religionsunterricht hatte und obendrein noch etwas Rechnen, Grammatik, Geschichte im Abriß und Geographie lernte, die »leçons de choses« (Sachkunde) nicht zu vergessen, unbestritten der schönste Name, den man diesem auf die Außenwelt offenen Fenster geben kann, das die Beschäftigung mit den

Naturwissenschaften ist. Diese »Präsidenzen« kleideten uns ausdrücklich mit der Würde artiger Kinder aus, als sei das ein hohes Amt; jedes dieser Kartonstücke, das man uns aushändigte, war eine Art Passierschein, dank dessen wir in ein moralisches und bürgerliches Empyreum eingehen konnten. Eben »Präsidenzen«. Materiell: Blätter, dünn wie die von den kleinen Glücksradhändlern feilgebotenen Leckereien und Oblatenkuchen; ideell: Zeugnisse, die uns – in Wahrheit – eine Präsidenz einräumten, die des fleißigen Schülers, der, in eine Wolke gekuschelt, von der Höhe dieses Ausgucks, wo er in himmlischer Heiterkeit, der von Schutzengeln ähnlich, schwelgte, seinen weniger bevorteilten Mitschülern zusah, wie sie auf den harten Holzbänken unablässig ihre dünnen Hosenböden abwetzten.

Nun, diesem kleinen gemischten Internat in der Rue Michel-Ange, das eine Witwe leitete, folgte, dem entscheidenden Eintritt ins Gymnasium vorausgehend, eine Jungenschule in der Rue Boileau, deren Direktor ein Priester war. Das so poetische Regiment der »Präsidenzen« war dort nicht im Schwang, und ich lernte dort die zweckmäßigeren »Freischeine« (exemptions) kennen.

Möglicherweise unterläuft mir im weiteren ein Irrtum: sei es, daß ich flugs auf die Erinnerungen an mein Externat in Janson de Sailly vorgreife, sei es, daß ich meine eigenen Reminiszenzen mit den Berichten meiner Brüder vermenge, die damals Schüler bei Jean-Baptiste Say waren, vertraulich »Jean-Bapt« und offiziell »J.-B. Say« genannt, eine höhere Grundschule in der Rue Chardon-Lagache und ein Mann, der gänzlich im Namen seiner Straße aufging, wohl weil der ebenso moros war wie sein eigener; und diese Namen fallen noch heute mehr oder weniger in meinem Kopf mit der Bruchbude in der Rue Boileau – wie mit der endlosen Kolonne von Büsten, welche die Fassade von Janson zierten – zu ein- und derselben abweisenden Fluchtlinie hoher Mauern im Klinker- oder Stuckton zusammen.

Verglichen mit den allein qualitativen »Präsidenzen«, eine grundsätzliche Auszeichnung, deren Rolle sich darauf beschränkte, einen irgendwie irgendwo hinzutun, ohne daß etwas gewichtet oder gemessen wurde, stellten die »Freischeine« ein perfektes Instrumentarium dar, den genauen Gesetzen der Quantität angemessen, weil in diesem System eine Buchführung hinzukam. Eine bestimmte Zahl dieser Belohnungen verlieh nicht nur das Recht, auf der Ehrentafel eingetragen zu werden, auch herrschte zwischen Pluspunkten und Strafen eine Art Gleichgewicht: ein Freischein erlaubte es im Prinzip, von einer Stunde Nachsitzen, hatte ein Versäumnis oder eine andere Missetat diese Sanktion herbeigeführt, ausgelöst – oder besser »freigestellt« (exempté) – zu werden. Diesem SOLL gegenüber, wo sich die zu begleichenden Schulden als eine Quittung für schlechtes Betragen addierten, stellten die Freischeine wie die Ablässe und Gebete, die den gepeinigten Seelen Teile der Zeit im Fegefeuer erlassen, theoretisch ein HABEN dar.

In der Praxis regelten sich die Dinge nicht immer in dieser strengen Arithmetik, denn von einer gewissen Menge nachzusitzender Stunden an war es unmöglich, sich zur Gänze auszulösen, und wenn sich noch so viele Freischeine angesammelt hatten. So wurde, stieg man nur ein wenig auf dieser quantitativen Leiter, diese Kategorie nebulös, die Freischeine stellten nur noch die Garantie eines unklaren Ablasses dar, und jenseits dieses im übrigen schlecht abgegrenzten Stadiums kam kein neuer Betrag mehr ins Spiel, und der einzige Reiz des neuen Systems war auch schon mit diesem Unterschied zu dem im großen und ganzen qualitativen der »Präsidenzen« verschlissen.

Obwohl sie ein Bastard blieb, markierte die Methode der Freischeine nichtsdestoweniger einen Schritt auf etwas Geplanteres, Männlicheres hin, folgte sie doch der Periode der gemischten Schule, die ganz vom unbestimmten Gelock der Mädchen (manchmal auch von

Jungen wie mir, der ich lange Zeit fast wie sie frisiert war) eingenommen war, eine lieblich gefärbte Phase, genau wie diese Kartonstücke, die sie heute in der Bildersammlung meines Gedächtnisses illustrieren. Von einer weiblichen Welt, wo alle Unterscheidungen nur eine Sache von Nuancen waren, stürzte ich in eine ungleich schärfer umschriebene Sphäre, wo die ersten Umrisse einer männlichen Geometrie regierten, wie über dem Rund eines Königskuchens oder über der weniger leicht zu zerteilenden Sonntagskeule das Tranchiermesser des Familienoberhaupts regiert.

Veränderungen in der Bezeichnung spiegeln Wandlungen in der Begrifflichkeit wider, archaische Namen, alphabetische Zeichen, wie Schlüssel anmutend, verformte Wörter unterbreiten ihre Rätsel: von bestimmten Elementen der Sprache oder Schrift spaltweit geöffnete Türen zu einem Feld, wo ich den Halt verlor. Nach einer langen Verfinsterung, als ich schon in ein gereifteres Alter kam, sind diese Phantasmen wiedererschienen. Dann fand ich, unter dem Banner der Poesie auch als solche erkannt und ausgelebt, eine zweite Kindheit wieder und genoß aufs neue, in ihres Rades Mitte eingefangen, den Taumel, den diese vielen sich entlarvenden Perspektiven auslösten. Doch am Ende ist alles erloschen. Der Sabbath ist erstarrt. Wie zu der Zeit, als man mir – sehr schnell auf das Zuckerbrot der Präsidenzen und Freischeine verzichtend – mancherlei Grundsätze einschärfte, die meinen Geist zur objektiven Erkenntnis befähigen sollten, ist alles schrittweise zu einer skulpturalen Reglosigkeit zurückgekehrt, zu einer von den Unbilden des Wetters abgeschliffenen Gruppe, die sich der Masse eines Denkmals einverleibt oder von der Leere eines Museumssaals schlucken läßt. Was ist schuld daran: meine Abscheu vor diesen zu einfachen, weder kontrollierten noch bestraften Wundern oder eine gewisse Ermüdung? Einzig offenkundig ist, daß Buchstaben und Wörter – je spürbarer ihre Funktion eingegrenzt wurde und ihr Sinn sich verfeinerte – brav wieder ins Glied zurückgetreten sind und für mich, jedenfalls fehlt nicht viel, »tote Buchstaben« geworden sind, nachdem sie kabbalistische Triebkräfte der Erleuchtung gewesen waren.

Persephone

Ich bin umgezogen. Ich entsage diesen westlichen Vierteln, wo ich geboren wurde und die ich vor diesem letzten Monat – April 1942 –, einige unterschiedlich begründete Reisen nicht mitgerechnet, nie verlassen hatte (bis zu meiner Heirat wohnte ich in der Rue Mignet in Auteuil; dann in Boulogne, direkt neben Air Liquide[21]; dann wieder in Auteuil: zunächst bei meiner Mutter, darauf in der Nähe des Pont de Grenelle in der Rue du Préfet Poubelle, Erfinder der nach ihm getauften Mülltonne; schließlich seit September 1940 wieder in Boulogne-Billancourt, wo das Feuer, das damals in den Fabriken von Ripolin ausgebrochen war und mich so sehr in Bann geschlagen hatte, in Gestalt eines Luftbombardements wiederauferstanden ist), und ich habe mich entschieden – oder genauer: der Lauf der Dinge hat sich seinen Weg in einer Weise gebahnt, daß er mich zur Entscheidung trieb –, radikal mit der Einheit des Ortes zu brechen was das Drama betrifft, dessen Grundstoff (bei allen, ob sie sich dessen bewußt sind oder nicht) das ist, was ich theatralisch »mein Leben« nennen will.

Ich wohne jetzt Nr. 53 *bis* Quai des Grands Augustins, einige Schritte vom Pont-Neuf entfernt und mit Sicht auf die Cité. Obwohl städtischer als alle, die ich bisher kennenlernte (denn in dieser Gegend wimmelt es von Menschen, Transportmitteln, öffentlichen Gebäuden, Cafés, Restaurants, Boutiquen, und die Untergrundzüge, die von Austerlitz nach Orsay fahren, bringen von Zeit zu Zeit Fenster und Fußböden mit ihrem unterirdischen Donnerrollen zum Zittern), hat mein neuer Wohnsitz auch ein ländliches Gesicht. Von meiner vierten Etage

21 »Air Liquide«: Pariser Fabrik zur Herstellung von Flüssiggas

blickt man auf Bäume, den Fluß – daß man glaubt, man könnte einen Sprung wagen, ohne sich erst die Treppen hinabzubemühen –, man hört Vogelgesang und von allen Seiten Glockengeläut, bis die Nacht, zu dieser Jahreszeit mit einiger Verspätung, dieses Zimmer, wo ich – mit vielen Umwegen, Rückziehern, Radierungen, Streichungen, Abweichungen – gegenwärtig schreibe, in eine Abdichtung aus Dunkelheit und Schweigen gehüllt hat, die nur selten von den Zügen erschüttert wird.

Mit meinem Wohnungswechsel bin ich nicht nur von der Peripherie im Zentrum, sondern auch vom rechten Ufer am linken Ufer gelandet. Bislang hatte ich stets dem rechten Ufer gehuldigt. Als Vergnügungsviertel gab ich Montmartre und nicht Montparnasse den Vorzug; ich überquerte den Fluß immer mit dem verschwommenen Gefühl, eine Art Reise zu machen; es kam mir nie in den Sinn, nicht die Place de l'Opéra oder gar die Place de la Concorde, sondern alles in allem die von den beiden Ufern eingezwängte Notre-Dame für das Herz von Paris zu halten; nicht ohne insgeheime Verachtung schätzte ich die Schönheit der auf der anderen Seite der Seine gelegenen alten Viertel, wie ein Tourist, der das Malerische liebt, in Ekstase gerät, wenn er vor den Kunstschätzen einer alten Stadt steht, ohne allerdings – es sei denn in Form einer exzentrischen, ja ungehörigen Laune – auf den Gedanken zu kommen, er könnte irgendwoanders als in einem Hotel wohnen, das im kultivierten Teil der Stadt liegt, wo die Straßen schnurgerade, die Chausseen großzügig, die Trottoirs wie geleckt und die Häuser höchst komfortabel und zivilisiert, allerdings auch höchst häßlich sind.

Ein funkelnder Vollmond und ein paar über der Seine aufgehängte Gewitterwolken kopierten gestern abend die schlimmsten Farbdrucke, die man in den Kaufhallen auftreiben kann. Die Statue des Schürzenjägers[22] – opake Sphinx, Teufelsspuk oder Bildnis des Komturs – setzte ihre paradoxale Schwärze der klassischen Frage entgegen: »Welche Farbe hat der Schimmel Heinrichs IV.?« Ich war mit Freunden, die – es ging schon auf zehn Uhr – noch nicht zu Abend gegessen hatten, in einem kleinen Restaurant am Ufer, im Vergleich zum Trottoir etwas tiefer gelegen (ein unentbehrliches Detail für diese Perfektion der Kulisse, der ich gewiß eine übertriebene Bedeutung beimesse, da Kulisse gleichgültig welcher Art immer nur ein Trugbild ist). Ich schaute ihnen zu, wie sie ihr elendes Surrogat von Huhn im Topf[23] verspeisten (ein arg plattes Omelett und scheußlich anämische Spaghettis), begnügte mich damit, Muskadet zu trinken und an Nantes zu denken, an seine Sklavenhäuser, an diese ganze Hafenromantik, als wäre ich ein nach exotischem Kitzel lechzender Reisender und nicht ein echter Einwohner des Viertels. In der Tat bin ich erst ein Einheimischer in spe, und ich stecke noch immer bis zum Hals in dieser unglaublichen Heimatlosigkeit, die dem Status des »Umgezogenen« anhaftet, der nur eine Replik auf die (diesmal tragische) Lage des »Heimgesuchten« ist, und zwar auf dem Niveau der Komödie, wo alles, was es weder auf Blut noch Trümmer bringt, sich unweigerlich niederlassen muß.

Wenn Gesten und Wörter entgleiten, daß alle Gewohnheiten entgleisen und die ganze verschworene Außenwelt ein teuflisches Vergnügen zu entwickeln scheint, ihnen die Fährten zu verwirren, wenn alles, was Teil des materiellen Mobiliars ist, sich augenblickshaft in kunterbunten Formationen zusammenrafft (wie die abstruse Verbindung mehrerer aufeinanderfolgender Vignetten, die ungeachtet, wie sehr sie sich beißen, durch das Band

22 Das Standbild Heinrichs IV., der wegen seiner markanten Leidenschaft den Spitznamen »Vert-Galan«, Schürzenjäger, erhielt. So heißt der schöne Platz auf der Cité in der Tat auch offiziell »Square du Vert-Galant«.

23 »poule au pot«: Anspielung auf das Wort Heinrichs IV.: »Je veux que le dimanche chaque paysan ait sa poule au pot«: »ich will, daß jeder Bauer sonntags sein Huhn im Topf hat«.

der Kontiguität in demselben Rebus verschweißt sind), wenn die vollständige Umwälzung der Gegenstände, die uns für gewöhnlich untertan sind, und das daraus folgende Durcheinander der Relationen uns ein Vaudeville-Bild (übersetzt in die Sprache der Quidproquos und Bettzeug-Koinzidenzen) dessen liefern, was der Tod sein kann, dann ist es aus mit den Beziehungen zwischen der Welt und uns, zwischen Mensch und Mensch: das *du* ist tot, »le *tu* est tué«; in jeder Sekunde verfranzt sich das diplomatische *vous;* seit Eintritt dieser Art von Katastrophe (unter der nicht nur unsere Beziehungen zu den Dingen, sondern auch unsere Berührungen mit den Lebewesen leiden, da in einem derartigen Wirrwarr die äußeren Markierungen und mit demselben Streich die Fixpunkte abhandenkommen, in denen der Einklang der *je* sich alltäglich ratifizierte), ist das *nous* wie Schnee geschmolzen; angesichts des *il* oder *ils* der bedrohlich – zumindest fremdartig – gewordenen Gegenstände bleibt nur das in seiner Alveole eingeschlossene *je.* Doch was ist ein *je* – ein einziges und isoliertes *je* – ohne ein *tu,* ohne ein *nous,* ohne ein *il,* die es umkreisen und eine Hierarchie bilden, auf deren Gipfel es als erste und einzige Person steht? Abgerissen vom *je-tu-il,* abgeschnitten vom *nous-vous-ils* (geschweige vom *je-tu*-ELLE), ist das *je* unter so offensichtlich absurden Bedingungen nicht viel mehr als ein Kind, das sich ganz allein abzählen will und *am-stram-gam-pic-et-pic-et-colégram bour-et-bour-et-ratatam mis-tan-gram* herunterleiert und sich endlos dreht in dieser Spirale von Lauten und Bewegungen, die zu eitlem Gestammel geschrumpft sind, weil die Kameraden fehlen, die Gegenüber und zugleich Verbündete sind, um eine solche Abzählung zu rechtfertigen und, indem sie vor dem Kind die Mole der anderen errichten, um die Grenzen zu formen, die ihm als separatem Körper Dasein verleihen.

Das sind also meines Erachtens die Säulen, die der Phantasie einer »Philosophie des Umzugs« Auftrieb geben könnten. Fundamente aus hartem Stein, deren tragende Teile, unbehauen und autonom gelassen, allein durch ihr Eigengewicht bestehen müssen (wie in jeder Gedankenkonstruktion, die sich ernst nimmt) und deren Zusammenhalt auf die Künstelei irgendeines Zements verzichten kann. Offen bleibt jedoch, ob ich, ohne das hier vorgeschlagene Denken durch einen unglücklichen Bärendienst zu zerschlagen, eine Metapher verwenden darf, die das Bild einer haltbaren Grundlage hinsichtlich dessen befördert, was ein Umzug als ein Untergang der Welt im verkleinerten Maßstab an wesentlicher Panik enthält?

Um es kurz zu machen: in dieser Wohnung, die ich nun vor mehr als zwei Monaten am Quai des Grands-Augustins mietete, schlage ich mich heute abend mit meiner Feder und meinem Papier herum (dem stofflichsten meiner Schriftstellerorgane, das den Kopf und das ausführende Instrument Hand zusammenfügt).

Ein geräumiges Zimmer, eine hübsche Aussicht, gute Luft, Stille, Wände in einförmigem Graustrich – weder zu hell noch zu dunkel –, ein Schreibtisch, auf dem ich mein Heft weit aufklappen, Streichhölzer, Bücher, einen Aschenbecher deponieren und mich selbst solide aufstützen kann, während ich in einem bequemen Sessel sitze – all das ist beachtlich, doch bei weitem nicht ausreichend, eine günstige Atmosphäre zu schaffen. Denn diese Atmosphäre ist in Wahrheit keine Atmosphäre; meine Arbeit wird nur wenig von den Dingen der Außenwelt beeinflußt, und es ist ein allzu faules Verfahren, die Umgebung zu bezichtigen, wenn das Ergebnis meiner Anstrengungen fruchtbar oder dürftig ausfällt, wo sich doch offenbar alles in meinem Kopf abzuspielen und er allein die Verantwortung zu tragen scheint, nicht nur für die Dinge, die ich ihm unmittelbar entnehme, sondern auch für jene, bei denen ich mir einbilde, ich nähme sie von außen, wenn es stimmt, daß es immer nur meine eigenen, von den (in sich selbst indifferenten) Dingen reflektierten Gedanken sind, die mir zurückgeworfen werden, selbst wenn ich glaube, sie entsprängen der »Atmosphäre«.

Es gibt dennoch, gleichgültig was ich sonst sagen mag (bald von dem Wunsch getrieben, die Dinge zu beschuldigen und mich meiner Eigenverantwortlichkeit zu entledigen, bald von dem umgekehrten Wunsch beseelt, mir den ganzen Krempel an Land zu ziehen), eine Art Balance zwischen den Dingen und mir. Und es ist wirklich schwer zu bestimmen, was jedem dieser beiden Begriffe zusteht, wo der eine dem andern gleichzeitig Verbündeter und Feind in jener mysteriösen Verkettung geistiger Einstellungen ist, die man »Inspiration« heißt, als wollte man die Analogie zu einem körperlichen Mechanismus unterstreichen, der nichts anderes als ein Austausch ist.

Von den verschiedenen Orten, die mich unter jenen, welche zur Annehmlichkeit meines neuen Viertels gehören, inspirieren (gemeint ist: deren Anblick mich anregt, mir eine Melodie schickt, die imstande ist, mich zu beflügeln), gibt es einen, den ich noch nicht besucht habe: den Platz des Schürzenjägers. Jenseits des Pont-Neuf nimmt er die ganze Spitze der Cité ein und ist der markanteste Flußteil der Insel; sein Dreieck verjüngt sich auf gleicher Höhe mit dem Wasserspiegel und beherbergt eine Menge buschiger Bäume zum Schutz der Bänke, die von den Spaziergängern aufgesucht werden. Dieser Sporn grüner Natur schiebt sich zwischen die von städtischem Unrat verschmutzten Wellen, als wolle er ihren Lauf anspornen oder die Wunde erweitern, eine Enklave Edens, die – verglichen mit den in der Nähe aufragenden alten oder modernen Wohnkomplexen – ein Privileg von Exterritorialität zu genießen scheint, das die Nährfunktion der Säugammen wie die Winkelkonzilien der Verliebten begünstigt.

So schleppend ist mein Fußgängergehumpel durch die Macchia der Sätze, daß es den Anschein erweckt, auch ich machte einen Spaziergang (aber das wäre purer Trug, denn in diesem Gelände bin ich weit davon entfernt, ausreichend Ellbogenfreiheit zu spüren, um mich dem erquickenden Vergnügen eines Bummels hinzugeben), so ungewiß ist, was ich wohl »meine Arbeit« (mon travail) nennen muß – im vollen Sinn dieses Worts, zu dem Bréal in seinem »Essai de Sémantique« bemerkt, daß es durch einen gemeinsamen etymologischen Stamm mit der Vorstellung des Pferds, dessen Füße gefesselt (cheval entravé) sind, zusammenhängt –, daß, seit ich hinter das vorangegangene Kapitel den Schlußpunkt setzte (einen runden Punkt, wie die vom Mund gebildete Form für das leichte Pfeifen, das ein züchtiges Surrogat des Seufzers ist), ich die Zeit hatte, einen Abstecher zum Platz des Schürzenjägers zu machen und im Verlauf eines Abendessens bei irgendwelchen Leuten in einem Haus in Neuilly ein merkwürdiges historiographisches Detail bezüglich dieses Orts zu erfahren. Anscheinend hatte man dort den Scheiterhaufen von Jacques de Molay errichtet, des letzten Großmeisters des Templerordens, der von Philipp dem Schönen als rückfälliger Ketzer verurteilt und auf der »Judeninsel« verbrannt worden war; diese Auskunft entnehme ich dem Band MELE-PO des *Nouveau Larousse illustré,* Seite 149, den ich befragte, weil mein schlechtes Gedächtnis (oder die mangelhafte Sicherheit meiner Geschichtskenntnisse) mich zwischen der Schreibweise »Molé« und »Molay« zögern ließ.

Ist man eine der beiden symmetrischen Treppen hinabgestiegen, die den Platz des Schürzenjägers mit der Brückenfahrbahn verbinden – wie die Stufen einer fahrbaren Plattform, die zum *Proszenium* führen, wo sich die packendsten Szenen der Handlung abspielen –, erblickt man eine Reihe von Maskaronen, Figuren völlig verschiedenartigen Aussehens, bärtig die einen, kahl die anderen, doch immer mehr oder weniger grimassierend und in einer Linie über die ganze Länge der Brücke verteilt, eine Reihe von Gesichtern, die Mitglieder eines

Chors zu sein scheinen, der im Begriff steht, dem Mineralstoff eine Stimme zu geben, Lebensgeister aus Granit, spontane Befruchtungen des Steins. Dies zwei Schritte entfernt von einem dicken gebeugten Baum, den zwei auf der Brücke ruhende Metallstreben stützen, derselbe Baum, an dem sich laut einer in gewissen russischen Kreisen von Paris kursierenden Überlieferung Judas erhängt haben soll, wenn ich dem glauben darf, was mir ein junger Mann meiner Bekanntschaft – selbst Slawe und Schauspieler – erzählt hatte, den ich bei diesem ersten (und bis jetzt einzigen) Besuch des Platzes, obwohl er sich direkt vor meiner Nase befindet, getroffen hatte, als er auf einer der Bänke las und sann. Der Gipfel des Baums überragt den waagerechten Rand der Brücke, schneidet ihn schräg, und man kann sich ohne weiteres vorstellen, wie Judas – oder ein anderer Verbrecher seiner Sorte – hier einen Galgen in Reichweite seiner Hand erspäht, kurzangebunden einen Strick über den Gipfel wirft, statt sich umständlich auf die Brüstung zu schwingen und in den Fluß zu stürzen. Allerdings stimmt es auch, daß ich der Erzählung des jungen Manns nicht den geringsten Glauben schenke, und ich frage mich gar, ob er die sogenannte »Überlieferung« nicht glatt erfunden hat. Warum bemühe ich mich hier um historische Genauigkeit und verschließe mich dem Gedanken, Judas habe sich an einem dicken Baum erhängt, der immerhin nicht weit von Notre-Dame steht, darüber hinaus ein zweifellos beachtliches Alter aufweist und in einer Erde wurzelt, die man einst »Judeninsel« nannte? Soviel Anspruch auf Übereinstimmung zwischen den Ereignissen, die sich im sichtbaren Universum wirklich abgespielt haben und jenen, über die ich lese oder sprechen höre, mag überraschen, da er von mir kommt, der ein Dichter sein will und der andererseits den kleinsten Fakten, die zu jenem Bereich gehören, der sich tiefer in meinem Innern ereignet, und die somit noch viel schwieriger zu beweisen sind, ein fast manisches Interesse entgegenbringt. Soviel

Anspruch: ich schreibe dies und bemerke sogleich, daß ich mir nicht einmal die Frage nach der Historizität des Judas stellte oder ob man ihn wie die Personen der Ammenmärchen behandeln muß; so weit reicht also noch der Einfluß jener Lehren, die man mir in meiner Jugend erteilte, so fern bin ich von jeder Möglichkeit einer kritischen Prüfung gewisser Erfindungen, die mir damals als Wahrheiten aufgetischt wurden, deren geheiligter Charakter jede Diskussion untersagte!

Dieser Spaziergang zum Platz des Schürzenjägers hat mir letztlich nichts eingebracht. Ich reihe weiter Sätze aneinander. Ich retuschiere sie und ziehe sie wie zum Spaß in die Länge, außerstande, mich zu entschließen, das schlichteste Denken zu liefern, das sich mittels dieser eitlen Auspolsterung nur abschwächt. Nachdem ich mein Halbhomonym Michel Bréal zitiert, mich auf den Larousse berufen und einen Teil der Äußerungen eingebracht habe, die ein gewisser Jemand mir unterbreitet hat, bin ich keinen Schritt weiter als zu Beginn: dieselben Leinwände trennen mich von der Wirklichkeit und man könnte sagen, diese Sätze, in die ich mich verstricke – ihnen bald Wörter hinzufügend, bald Wörter durch andere ersetzend –, seien das Abbild des verzwickten Geschäfts, das mit dem Wirklichen zu schließen ich mich abmühe, gelähmt wie ich bin von den widerstreitendsten Bewegungen und mich in vielen Umwegen verzettelnd, die nur meine unüberlegte Abscheu rechtfertigt, ohne Umschweife mein Ziel anzupeilen, obwohl es mich doch eigentlich danach verlangt, zwischen mir und der Wirklichkeit die kürzeste Verbindung zu finden. An der Spitze der Ile de la Cité befindet sich noch immer der Platz des Schürzenjägers mit seiner opaken Fracht grünen Blättertreibens, seiner Erde, die meine Füße betraten. Obgleich ich ihn genau gesehen, (das Rascheln seiner Blätter) gehört, ihn berührt und eingesogen habe, bleibt er unverbunden und fern; es ist, als wäre ich nie dort gewesen. Das mag man dem Blick noch nachsehen, dem abstraktesten unserer Sinne, der alle Dinge zu Dingen der Außenwelt macht, die an den äußersten Rand unserer selbst projiziert und wie Kulissen aufgebaut werden. Das kann man zur Not auch noch dem Gehör durchgehen lassen, obgleich da, was unsere Ohren trifft, unmittelbar in uns eindringt, sich katzenfreundlich einschmeichelt oder gewaltsam unsere Intimität durchbricht. Aber was ist mit dem Tastsinn? Dem Geruchssinn? Mit dem, was man befühlt, was man riecht? Kaum zu glauben, daß auf diese Weise erlebte Elemente ebenso wenig Spuren hinterlassen und ich nach einer solchen allseitigen Durchdringung heute an meinem Schreibtisch sitze, von Zeit zu Zeit einen Blick durch die Scheiben meines geschlossenen Fensters werfe, wie um sicher zu gehen, daß die Natur noch immer am Leben, weder geschwunden noch versteinert ist, während ich im Joch meines Geschäfts des Schreibens gerade erpicht darauf war, ihre verworrenen und sandigen Fährten zu entwirren.

Wenn ich allzu oft den deprimierenden Eindruck habe, durch tausend Leinwände von der Natur getrennt zu sein, so kann man meines Erachtens deren Abbild in der Art meines Schreibens entdecken, auch wenn es nicht vergönnt ist zu beobachten, was sich zwischen den vier Wänden abspielt, wo das Geheimnis meines Kabinetts sich in geometrischen Formen verstofflicht. In jedem – oder fast jedem – Satz, den ich einfädele, erscheint früher oder später (als spontaner Fund oder nachträglicher Einschub) eine unterschiedliche Anzahl von Wörtern, die eine zweitrangige Rolle spielen, ob sie nun einem (von Tag zu Tag dringenderen) Bedürfnis nach stilistischen Vorkehrungen oder umständlichen Begründungen antworten oder simple Flickwörter sind, die meinen Forderungen für alles, was den Rhythmus berührt, genügen (denn es zeigt sich, selbst wenn ich Prosa schreibe, kann ich nicht umhin, meinem Denken die Form stets mehr oder weniger taktfester Perioden und Satzgruppen zu geben). Ob nun Korrektive für eine Behauptung, die mir bereits im Augenblick ihrer Formulierung gewagt erscheint, oder gemeine Klangtampons, mit denen ich meinen Satz ausstopfe – wie ein Roßtäuscher einem kranken Tier den Anschein blühender Gesundheit einbläst, bevor er es zum Markt führt –, sind diese Wörter, bei denen ich scharf darauf achte, daß sie sich vor der Logik wie auch vor dem Gleichmaß der Rede rechtfertigen können (denn die Anwesenheit eines Anfügsels, das die Periode beeinträchtigt, oder von Elementen, deren Flickwortcharakter allzu deutlich ist, kann ich nicht mehr dulden), für denjenigen, der sich die Mühe machen will (und selbst für den, der es lieber bleiben läßt), die Struktur meiner Sätze ein wenig unter die Lupe zu nehmen, ohne weiteres als das zu erkennen, was sie in Wahrheit sind: parasitäre Formationen, die sich in allem, was ich schreibe, breitmachen, die das wirkliche Denken eher maskieren anstatt ihm zu helfen, sich mit größerer Genauigkeit umzusetzen, und die sich alles in allem als ein Wald von Leinwänden erweisen, welche sich zwischen meine Ideen und mich schieben, diese verwischen, unter dem Gewicht einer allzu drückenden Wortmasse ersticken und sie mir letztendlich entfremden oder völlig entziehen, ebenso wie zuviele angehäufte Kitzel, wenn sie in den Grenzen meines Genießertums steckenbleiben, weit entfernt, sich gegenseitig zu unterstützen und ebensoviele Ausmündungen ins Wirkliche darzustellen, Halos sind, die es beschlagen, oder Membranen, die mich von ihm trennen.

Während trotz meiner Anstrengungen, sie mit Lebenseiter zu dotieren, indem ich sie in den Strom der Sprache tauche, allzuviele meiner jüngsten Eindrücke nur flüchtige Verbindungen sind, Niederschläge ohne Gerippe und von zaudernder Farbe, finde ich einige in die Staubnester meiner fernen Vergangenheit verbannte Erfahrungen, die dennoch eine überraschende Autorität bewahrt haben, vergleiche ich sie mit diesen so neuen Erfahrungen, von denen man – ganz zu Unrecht – erwarten könnte, ihre aktuelle Beeinflussungskraft stünde im umgekehrten Verhältnis zu ihrem geringen Alter.

Von diesen Erfahrungen, denen kein Dreck den Glanz raubte – die Zeit hat sich darauf beschränkt, sie mit einer leichten Patina zu bekleiden, die ihre Konturen nur ein wenig weicher macht und so die Fusion in einer gemeinsamen »Atmosphäre« vollendet –, gibt es einige, die vielleicht mehr als die anderen im üppigen Dickicht der Natur verstrickt sind und die ich aus diesem Grund in derselben Rubrik glaubte versammeln zu können. Und ich habe als Signum, unter das ich sie stellen möchte, den blumigen und zugleich unterirdischen Namen der *Persephone* gewählt, der so seinen irdischen Schwärzen entrissen und bis in den Himmel einer Kapitelüberschrift getrieben wird.

Das Akanthusblatt, das man auf dem Gymnasium kopiert, wenn man so gut wie möglich die Zeichenkohle handhaben lernt,

der Stengel einer Winde oder einer anderen Kletterpflanze,

die schraubenförmige Inschrift auf einem Schneckenhaus,

die Mäander des Dünn- oder Dickdarms,

die Sandschlange, die ein Regenwurm ausscheidet,

die Locke des Kinderhaars, in einem Medaillon eingeschlossen,

das stinkende Simulakrum, das ein leichter Daumendruck einem »père-la-colique«, einem Furzautomaten, entlockt,

das Jaspisgesprenkel an den Rändern mancher gebundener Bücher,

die gekurvten Kunstschmiedearbeiten des Jugendstils an den Métro-Eingängen,

das Geschnörkel der auf die Bezüge von Bettdecken und Kopfkissen gestickten Chiffren, die Schmachtlocke, mit Schmalz auf den Backenknochen einer Prostituierten zur alten Zeit des Goldhelms geklebt, das dünne und braunere Geflecht des Stahltaus, das dicke und hellere des Seilkabels,

die Hirnwindungen, die, ißt man davon, das Hammelhirn veranschaulicht,

das Korkenzieherhafte der Rebe, Bild dessen, was später – wenn der Saft in die Flasche gefüllt ist – der Korkenzieher sein wird (der wiederum die endlose Schraube der Trunkenheit vorwegnimmt),

die Laufgräben des Bluts,

die Muschel eines Ohrs,

die Mäander eines Pfads,

alle Festons, Voluten, Ranken, Girlanden, Schnörkel, Arabesken,

ein Sporn (den ich mir in diesem Kontext wickelrankig vorstellen möchte) des Schwertfischs,

die Spirale eines Widderhorns,

all das glaube ich potenziert im Namen der Persephone zu entdecken, und ich warte nur auf eine verborgene Druckfeder, die jäh aufschnappt wie die Wicklung eines Stahlbands im Innern eines Uhrwerks oder wie die Springfeder in dem Kasten mit geschlossenem Deckel, wo der Teufel mit dem Zausbart sprungbereit kauert.

Es handelt sich also im wesentlichen um einen *verwikkelten,* allgemeiner: um einen *kurvigen* Namen, dessen Anmut nicht mit der stets mehr oder weniger tröstlichen Wirkung des Stumpfen verwechselt werden darf, denn genau das Gegenteil ist der Fall: seine perforierenden und penetrierenden Faktoren werden bekräftigt durch die mögliche Annäherung zwischen den Silben, die ihn bilden, und den Silben, die den Personenstand des »perce-oreille«, Ohrwurm genannten Insekts bilden. Nicht nur eröffnen »Persephone« wie »perce-oreille« mit derselben Anspielung auf die Idee des Durchbohrten (»percée«) (bei Persephone dezenter wegen des *s,* das ihr etwas Wogendes und Grasreiches, etwas derart Trügerisches und Flüchtiges verleiht, daß man in Versuchung gerät, eine leichte Metathese zu bilden und sie »la Fée Personne«, die Fee Niemand zu nennen ...), auch schließen beide mit einem Appell an den Gehörsinn, bei dem Insekt ausdrücklich durch den Wortlaut »oreille« ins Spiel gebracht (das heißt, des Organs, durch das die gehörten Reize in uns eindringen) und bei der Göttin wieder mehr auf Umwegen durch die Endung *phone*, der man in »téléphone« und »gramophone« begegnet, das letzte Instrument noch genauer als das erste auf diese klangvolle Endung abgestimmt, die es wunderbar als Musikmaschine definiert.

Das Insekt, das hauptberuflich nagt, um aus dem Innern der Fruchtkerne seine Nahrung zu ziehen, und dem Hörensagen nach manchmal mit seinen Scheren die menschlichen Trommelfelle durchbohrt, ähnelt darin der Tochter Demeters, denn es dringt auch so wie sie in ein unterirdisches Königreich ein. Tiefes Land des Gehörs, das treffender mit dem Vokabular der Geologie als mit dem irgendeiner anderen Naturwissenschaft zu beschreiben ist, nicht nur wegen der knorpeligen Höhle, die sein Organ bildet, auch wegen seiner guten Verbindungen zu Grotten, zu Schründen, zu allen Taschen, die sich in die Erdkruste beulen und mit ihren Vakuolen Resonanzkästen des leisesten Rumorens sind.

Wie der Gedanke an das Trommelfell, dieses fragile Häutchen, das die winzigen Scheren eines Insekts zu durchstoßen drohen – falls es nicht von einem allzu heftigen Geräusch zerrissen wird –, Anlaß zur Beunruhigung geben kann, darf man auch um die Stimmbänder bangen, die unverhofft reißen können, zum Beispiel, wenn man zu laut schreit, ihnen damit eine übermäßige Anspannung zumutet (wenn einem der Kragen platzt, man seinem Ärger Luft macht oder einfach jenes Spiel spielt, dessen Pfiff gerade darin besteht, sich gegenseitig zu überschreien) und einem »die Stimme bricht«. Vor diesem Unglück warnte mich meine Mutter oft, vielleicht weil sie tatsächlich befürchtete, es könnte mir zustoßen, oder aber – was ich eher glaube – sie bediente sich dieser

Gefahr wie einer Vogelscheuche, um mein Toben für eine Weile einzudämmen. Am Rande von Persephone und »perce-oreille«, die durch den Zement von Verbindungen aneinander gebunden sind, den – in voller Klarheit – ihre Namen härten, arbeitet sich so eine bleibende Naht zwischen Kehle und Trommelfell heraus, beide beherrscht von der Furcht vor einer Verletzung und beide außerdem Angehörige desselben Höhlenreichs. Und letztlich werden die Höhlen zum geometrischen Ort, wo chtonische Gottheit, Kernbohrerinsekt, Matrize, wo die Stimme sich einritzt, und Trommel, die jedes Geräusch mit seinem Stock aus vibrierender Luft anschlägt, sich wieder begegnen; die Höhlen: ein obskures Rohrwerk, das ins Geheimste des Wesens hinabtaucht, um die Windstöße – von unterschiedlicher Temperatur, Dichte und Annehmlichkeit –, die sich, nachdem sie geradlinig von den Fermentierungen des Außen aufgestiegen sind, in langen, horizontalen Wellen ausbreiten, bis zur völlig nackten Höhlung unseres mentalen Raums zu leiten.

Auf der einen Seite steht also das Außen; auf der anderen das Innen; dazwischen liegt das Ausgehöhlte.

Man kennt die geläufige Bezeichnung der »Grabesstimme« (voix caverneuse), um auszudrücken, daß eine Stimme hohl und dumpf, ja sogar ein wenig zu hohl und dumpf ist. Zum Beispiel: ein »Bariton« im Vergleich zu einem »Baß« mit höherer Stimmlage und zudem mehr Schmelz, wogegen der »Bariton« – was er an Rauhem, an mit Axthieben Bearbeitetem hat – eher einem Steinklopfer, einem Grabsteinmetz, einem Bergmann mit Pike, einem Totengräber, einem Brunnenbauer und (um mich auf eine soziale Situation zu beziehen, die strenggenommen kein Beruf mehr ist) einem Mönch anstünde, der entlang hermetischer Korridore und im Verstreichen der Jahre mit gewichtigen Schritten die langsame Reise nach einer inneren Beute vollzieht.

Für diesen »Bariton«, mit dem – wie ein Stein mit dem Hals – das Bild von Stufen verbunden ist, die man in die

Erde treibt, um in den Keller zu gehen oder Schritt für Schritt eine gewisse Anzahl von Metern unter die Meereshöhe hinabzusteigen, liefert ein Zahnarzt, dessen Praxis sich in der Rue d'Auteuil befand und der manchmal ins Haus kam, um zusammen mit meinem Vater dem Gesang zu frönen – während wir ihn weniger dieser Rachenübungen, sondern unserer Zahnpflege wegen aufsuchten –, ein glänzendes Beispiel, denn seine Stimme war so mächtig und tief, daß sie (wie ein vorbeifahrender, mit Fässern oder Pflastersteinen beladener Lastwagen) die Fensterscheiben zum Zittern brachte, während dieses Erzittern, von meinen eigenen Trommelfellen imitiert, immer, wenn das Phänomen auftauchte, sich unweigerlich in mir als Ausbruch eines Schreckensschauers niederschlug. Dieser Mann im reifen Alter – sehr groß, glatzköpfig und mit weißen Härchen am Körper, den ich nie anders sah als mit dunklem Blick und ernster Miene – öffnete beim Singen einen jener Münder, die man wegen ihrer Größe gern mit Backöfen zu vergleichen pflegt. Vielleicht war es ihm, durch dieses ständige Beugen über die weitaufgerissenen Münder seiner Patienten angesteckt, zur Gewohnheit geworden, dieselbe Höhle vorzuzeigen (die Höhle des primitiven Menschen, Troglodyten oder Menschenfressers)? Wie dem auch sei, dieses Detail war kaum geeignet, mich zu beruhigen. Heute, wo ich die Sache mehr auf die leichte Schulter nehmen kann, frage ich mich, ob es amüsant oder Zeichen eines äußerst schlechten Geschmacks wäre, einen Zusammenhang zu unterstellen zwischen der Tatsache, daß dieser Mensch sich von berufswegen mit *hohlen* Zähnen (die er in plombierte verwandelte) beschäftigte, und dem ungewöhnlich bleiernen und hohlklingenden Charakter mancher Noten, die dem riesigen natürlichen Resonanzkasten entschlüpften, der ihm als Steckenpferd diente.

Wenngleich der Gesang, der dem Mund entweicht, nachdem er die weiße Hürde der Zähne überwunden hat, wie die Sprache in der Kehle geboren wird und denselben Weg wie sie nimmt, unterscheidet er sich dennoch und nicht allein wegen seiner melodiösen Natur von jener, sondern weil er offenbar aus weit größerer Ferne angereist kommt. Tatsächlich scheint er aus der Brustgrube selbst oder oft sogar aus dem tiefsten Grund der Eingeweide hochzuquellen, mit Schwingungen befrachtet, die nur die Ausdünstungen sind, mit denen er sich während seiner Latenzzeit in jener unterirdischen Welt gesättigt hat. Sei es die Stimme eines arabischen oder besser noch eines andalusischen Sängers, die sich eine Furt quer durch die Organe zu brechen scheint, sich den Kanal einer engen, doch ausreichend durchlässigen Ritze bohrt und selbst die tiefsten Muskeln berührt; sei es die Stimme eines Opernkünstlers, aus reinem Fels gebrochen oder im weichsten Stahl geformt, wenn es sich um einen Sänger handelt; eine Stimme, die der schwülen Atmosphäre eines Treibhauses entströmt oder sich in zerbrechlichen Glasfasern spannt, wenn es sich um eines jener Geschöpfe handelt, die man statt »Sängerinnen« lieber »Primadonnen« nennt, obwohl der »Primadon« als Gattung unbekannt ist; sei es eine Allerweltsstimme, die dem beliebigsten Wesen zur fadesten Romanze oder zum albernsten Refrain dient: geheimnisvoll ist die singende Stimme verglichen mit der sprechenden Stimme.

Das Geheimnis – wenn man unbedingt den Bedürfnissen der Rede folgen und dem eine Gestalt geben will, was per definitionem keine hat – kann dargestellt werden als eine Marge, eine Franse, die das Objekt umrandet, es isoliert und gleichzeitig seine Gegenwart betont, es maskiert und gleichzeitig bestimmt, es in eine Harlekinade von Fakten ohne erkennbaren Faden noch Grund einflicht, während gleichzeitig die besondere Farbe, die es ihm gibt, es dem sumpfigen Boden entzieht, wo das Gemeine der Fakten sich klumpt. Verglichen mit dem normalen Vortrag besitzt der musikalische Vortrag offenbar die Gabe eines ähnlichen Irisierens, ein Feenmantel, der Indiz ist für eine Komplizität zwischen dem, was so aussehen könnte, als sei es nichts als eine menschliche Stimme, und den Rhythmen der Fauna, der Flora, ja selbst des Mineralreichs, wo jeder Anflug einer Geste sich in eine erstarrte Form umschreibt. Und geht man von der gesprochenen Sprache – die selbst recht rätselhaft ist, denn erst in dem Augenblick, wo sie, ob auf äußerliche Weise oder nicht, formuliert ist, wird das Denken wirklich – zur gesungenen Sprache über, steht man vor einem Rätsel zweiten Grades, da man in einem Sinn körperlichen Strukturen näher ist (deren direkte Frucht jede ausgesandte Note zu sein scheint) und sich mithin offenbar auf festem Boden zu befinden wähnt, man aber in Wahrheit sein Herz den Fängen des Unaussprechlichen geöffnet hat und die Linie der Melodie sich liest wie die Übersetzung in ein rein klangliches Idiom dessen, was mit dem Medium der Wörter unsagbar bliebe. Und wenn die Quelle des Gesangs statt eines menschlichen Mundes (das heißt eines Organs, das wir mehr oder weniger gut kennen) ein mechanisches Gerät ist, das der ohnehin vorhandenen Fremdheit des musikalischen Vortrags noch die Überraschung seiner Wiedergabe hinzufügt, steht man im Grunde vor einem fast reinen Mysterium.

Unter den diversen Gegenständen, die zu den beweglichen Besitztümern meiner Eltern gehörten, als sie in der Rue Michel-Ange wohnten, war einer der vertrautesten Angelpunkte meiner kindlichen Neugier das Walzengrammophon, das mein Vater an seinen freien Sonntagen oder Abenden oft bediente, um sich Konzerte anzuhören oder Aufnahmen zu machen.

Ich besaß einen eigenen Phonographen: ich glaube, einen Apparat von Pathé, einer Firma, die lange Zeit – und lange bevor sie in erster Linie Firma für Kinematographie wurde – die einzige (zumindest die einzig bekannte) französische Marke für diese Art von Instrumenten war. Dieser Phonograph mit bescheidenen Dimensionen, den ich anläßlich irgendeines Neujahrstages bekommen haben mußte, war weit weniger ausgefeilt als der meines Vaters; er besaß nicht nur keine Vorrichtung, um ihn als Aufnahmegerät zu verwenden, auch konnte er nur Walzen kleinen oder mittleren Formats abspielen, keine großen, die man mit jenem anderen Grammophon hören konnte, das sich außerdem noch bizarre Extras leistete, die mitsamt einer Riesenauswahl von »Rollen« (so hießen bei uns die Walzen), die mein Vater bespielt hatte, und anderen mit noch jungfräulichem Wachs, ihrer Bespielung harrend, die Schränke des Hauses gelinde verstopften.

Wollte man auf dem *Junior*-Apparat, über den ich frei verfügen konnte, eine Rolle mittleren Formats hören, mußte man die Übersetzung des Walzenmotors vergrößern; man erzielte dieses Resultat mit Hilfe einer Metallmuffe, die man an den Motor anschloß, der nur die kleinsten Walzen aufnehmen konnte, solange sein Durchmesser nicht dank dieses Anschlusses in den gewünschten Proportionen erweitert worden war. Mit dem Schalltrichter durch eine kurze Kautschukröhre, backsteinrot und den Gasöfenanschlüssen ähnelnd, war ein Diaphragma verbunden, ein Typ, der gewöhnlich »Saphir« genannt wurde – eine kleine, runde Schalldose, deren Unterseite, eine dünne Platte aus Mika oder einem ähnlichen Material, den winzigen und harten Appendix trug, dessen Aufgabe darin bestand, dieser sensiblen Scheidewand die im Wachszylinder eingeritzten Vibrationen zu übertragen –, ein Diaphragma, das demontiert ganz in der Handfläche Platz hatte und sein Bestes gab, die Oszillationen, die ihm von der Rolle übermittelt wurden, in Klangwellen umzuwandeln. Die Oberfläche dieser Rolle trug überall (in einer zu dichten Schraubenform, als daß man darin etwas anderes hätte erkennen können als feine, ganz nah beisammenliegende Furchen) die Markierungen der unterschiedlich tiefen Rille, welche die Originalwellen gegraben hatten, als man in den

Studios von Pathé Frères die Oper, komische Oper oder Operette, das Musikstück oder den Vortrag in der Absicht, sie kommerziell zu reproduzieren, aufgezeichnet hatte.

Den Walzenmotor – in der Waagerechten angebracht, so daß er, dachte man sich die Aufhängung weg, wie eine Walze zur Beschotterung der Wege aussah, die reglos und einige Daumenbreiten über dem Boden schweben würde – verbanden einige recht primitive und gut sichtbare Zahnräder mit einem Räderwerk. Die Gleichförmigkeit seiner Umdrehungsgeschwindigkeit – Voraussetzung für einen einwandfreien Empfang – gewährleistete ein Regler, der im wesentlichen aus drei – oder vielleicht vier – kleinen Bleimassen bestand, die entweder zu drei Spitzen eines imaginären gleichseitigen Dreiecks angeordnet waren oder sich jeweils zu zweien wie die Extremitäten eines Astkreuzes oder die Kardinalpunkte einer Windrose gegenüberlagen. Triangel, Kreuz oder Rose wurden in der Mitte von der Transmissionswelle durchquert, auf der die Anlage montiert war. Die Bleie waren mit Lötmasse oder irgendeinem anderen Stoff auf dem Mittelteil einer gleichen Anzahl von einige Zentimeter langen Metallamellen befestigt, die elastisch genug waren, um eine Federwirkung zu gestatten; diese Lamellen verbanden die Bleie mit der Transmissionswelle, deren Enden an zwei beweglichen Ringen festgeschraubt waren, die in einer doppelten Bewegung entlang der Welle zu gleiten vermochten, mit der Tendenz sich zu vereinigen (wie ein Gegenstand und sein Spiegelbild, wenn man den Gegenstand einer blanken Fläche nähert und das Abbild sich ebenfalls zu nähern und durch den fiktiven Raum zu bewegen scheint, der sich jenseits des Spiegels auftut). Die jeweiligen Läufe der beiden Ringe erfolgten von zwei Punkten aus, die symmetrisch zur vertikalen Fläche lagen, wo, wenn der Apparat lief, sich das Schwungrad drehte, das von dem Ensemble der Bleie gebildet wurde.

In ihrer Ruhestellung waren diese kleinen Gewichtsmassen nur geringfügig von der Welle entfernt, die Metallamellen dehnten sich dann fast parallel zu dieser aus, und die beiden Ringe hatten ihren maximalen Abstand; aber wenn der Mechanismus in Bewegung geriet, sah man, wie mit zunehmender Geschwindigkeit die einer ständig wachsenden Wirkung der Zentrifugalkraft ausgesetzten Bleimassen sich immer mehr von der Welle entfernten, während die elastischen Lamellen in ihrem Mittelteil eine Zugwirkung erfuhren, die sie ebenfalls ein gutes Stück ihrer eigenen Länge von der Welle wegbrachte und gleichzeitig den ursprünglichen Abstand der beiden Ringe verringerte. Im ganzen gesehen drängte sich das System also immer wieder zusammen, um sogleich wieder anzuschwellen, verengte sich zwischen seinen Polen (von den beiden Ringen gebildet) in dem Maße, wie es sich am Rand ausdehnte (der gräuliche, halb durchsichtige Ring, zu dem die Bleimassen, zunächst als soundso viele autonome Körper sichtbar, nach und nach für den Blick des Beobachters verschmolzen). Diese sichtbare Veränderung begleitete das laufende Räderwerk ganz sacht mit einem wattierten Schnarren, zu dem sich mitunter ein nervöses Geräusch, ausgelöst durch einen plötzlichen Ruck in der Entspannung der Feder, gesellte.

Abgesehen von der Kurzweil, die ich aus dem Anhören der Rollen gewann, hatte ich eine helle Freude daran, meinen Phonographen in Gang zu setzen und die sichtbaren Veränderungen zu beobachten, die das Reglersystem beim Ein- oder Ausschalten der Maschinerie bewirkte. Zu sehen, wie sich diese Massen, die ich sehr deutlich als isolierte Individuen erkannte, eine sehr kurze Zeitspanne lang zunächst recht gemächlich zu drehen begannen, daß der Blick ihnen in ihrer Bewegung folgen konnte, dann schneller, daß man nicht drei oder vier, sondern viele Massen zu sehen glaubte, die sich, wenn die Geschwindigkeit ihren Höhepunkt erreicht hatte, in eine Art einzigen, kreisenden Körper unscharfen, gleichsam unkörperlichen Aussehens verwandelten; umgekehrt, wenn man den Mechanismus unterbrach, zu sehen, wie sie diesen nebulösen Zustand verließen und sich nach kurzer Zeit erst zu sich drehenden, dann reglosen Massen verdinglichten, die endlich ihre Existenz von klar umschriebenen und abzählbaren Gegenständen wiedererlangt hatten – dieser Folge von Metamorphosen wie einem Schauspiel beizuwohnen, war für mich eine ebenso köstliche (oder wenig fehlte daran) Unterhaltung, wie den Tönen zu lauschen, die die Schalldose aus dem schwarzen Wachs der mehr oder minder ausgeleierten Rollen zog.

Ein ganz anderes, nicht minder lebhaftes Vergnügen bereitete mir der Umgang mit diesen Rollen: zunächst sie aus dem Futteral graubraunen Kartons, wo sie verwahrt wurden, herauszuziehen, die Hand ins Innere zu tauchen und die Finger so weit zu spreizen, daß ich die Rolle aus ihrer Kiste holen konnte; wenn ich sie allein durch diesen Druck gegen ihre Innenwand hielt, fühlten Nägel und Außenseite der Finger den Kontakt mit den Rundstäben, mit denen, je vier oder fünf über ihre ganze Breite, das Innere der Rolle ausgestattet war, damit sie, einmal auf dem Walzenmotor befestigt, nicht mehr verrutschen konnte; dann den feinen Plüsch zu spüren, mit dem das Innere der Kiste ausgekleidet war und das ganz winzige Krispeln zu vernehmen, das entstand, wenn die geriffelte Oberfläche der Rolle gegen diese weiche Filzschicht rieb; sie dann auf dem Walzenmotor anzubringen, ein wenig mit Gewalt (was notwendig war, denn die Rolle hielt sich auf der Walze einzig durch Haftung ihrer Innenseite an der Außenseite der Walze), doch ohne zu übertreiben (denn ein allzu starker Druck hätte riskiert, daß die Rolle zerbarst); endlich vor dem Start zu überprüfen, ob alles seine Ordnung hatte und sich zu überzeugen, ob der Außenrand der Rolle und die flache Seitensektion der Walze deckungsgleich waren oder ob eins der beiden im Verhältnis zum andern ein wenig überstand (denn die Rollen waren für dasselbe Format im Prinzip zwar identisch, in der Tat jedoch nicht alle von streng gleichen Ausmaßen: bald ein wenig kleiner, so daß einige Millimeter fehlten, damit der Walzenmotor die volle Tiefe erreichte und eine absolute Deckungsgleichheit zwischen Rand und Sektion bestand; bald ein wenig größer, mit dem umgekehrten Resultat, daß der Walzenmotor zwar hinreichend tief eindrang, auf seiner freien Seite – jene, welche die Angleichung vornahm – jedoch leicht überstand).

Obwohl man, um eine Beschädigung zu vermeiden, sich theoretisch hütete, die Rolle anders zu handhaben, als indem man die Hand ins Innere steckte oder sie mit den Fingerspitzen an ihren Außenrändern hielt, mit beiden Händen oder einer einzigen weitgespreizten Hand, war ein weiterer Anreiz das leichte Kitzeln – oder Streicheln –, das die Rillen hervorriefen, wenn die Hand zufällig die Oberfläche der Rolle streifte. Von all diesen Genüssen, die ich als Kenner auskostete, habe ich eine so scharfe Erinnerung bewahrt, daß zum Beispiel die Finger meiner rechten Hand noch immer (wenn ich mich ein wenig darauf konzentriere) den genauen Widerstand spüren, den der Schlüssel des Räderwerks ihnen leistete, wenn ich es aufzog, und die Anstrengung, die sie machen mußten, um diesen Widerstand zu brechen, bis die Unmöglichkeit, noch weiter zu drehen, mir ankündigte, daß die Feder bis zum Zerreißen gespannt war und der Schlüssel seine definitive Endstellung erreicht hatte, nachdem ich noch ein letztes Mal den für den Augenblick erfolgreich scheinenden, sich dann aber doch als fruchtlos erweisenden Versuch unternommen hatte, die Spannung der Feder um eine weitere Kerbe zu erhöhen.

Von der sehr intimen Kenntnis dieses Phonographen, den ich unzählige Male betrachtet und bedient hatte, unterschieden sich die Beziehungen zu dem Gerät meines Vaters radikal, die ein Gepräge von Zeremonie hatten. Ich bin fast sicher, daß es mir zeit meines Lebens nicht passierte, es sei denn durch puren Zufall, ja fast durch einen Unfall, dieses »Graphophon« zu berühren, das für mich zusammen mit den schönen gebundenen Büchern der Bibliothek das Wertvollste darstellte, was wir im Haus hatten.

»Graphophon« war sein Name. Keine Verfälschung von »Grammophon« (als Ergebnis einer dieser irrtümlichen Weichenstellungen, die bewirkten, daß gewisse Wörter mich nur verstümmelt erreichten), sondern sein wirklicher Name, eine Spezialbezeichnung, die es der Herstellerfirma verdankte, das heißt, der Edison-Kompanie, wenn nicht das Ansehen, das die Person des berühmten amerikanischen Ingenieurs bei mir genießt, mich gegen meinen Willen dazu verleitet, den wahren Sachverhalt zu fälschen und einer Produktionsgesellschaft von Instrumenten, die zur fraglichen Zeit noch mitten in ihrer heroischen Epoche wissenschaftlicher Neuerungen steckten, den Namen des Mannes zu unterschieben, der einer der maßgeblichsten Pioniere bei der praktischen Anwendung der Elektrizität war. Entweder auf dem Kasten aus hellem Holz, worin die Maschinerie des »Graphophons« eingelassen war, oder auf dem Dekkel aus demselben Material, der seine restlichen Organe zu schützen hatte, wenn es außer Betrieb war, auf diesem Kasten von etwas geringerer Höhe als Breite oder auf diesem Deckel, der in Umfang und Form ein ganz klein wenig an den der damaligen Schreibmaschinen erinnerte, prangte das Wort »Graphophon«, wahrscheinlich zusammen mit dem Firmennamen, und schmückte es wie ein Wahlspruch die falschen Falten eines Fähnleins. »Graphophon«: dieser Name unterscheidet sich beträchtlich von »Grammophon«, und ich bin geneigt, ihn dem letzteren gegenüberzustellen und ihn exklusiv für die alten Walzenapparate zu reservieren, während die Namen »Grammophon« und »Phonograph« die Plattenspieler, ob mit oder ohne Schalltrichter, bezeichnen könnten. »Graphophon«, das ich nie anders als auf folgende Weise aussprach: »Grafôfôn«, mit den beiden hermetisch geschlossenen *o*'s, als ginge es darum, die Musikmaschine meines Vaters entweder in die Nähe von Tieren der Fauna oder in die von Satyrs und Geißböcken zu rücken, die in der Antike die Wälder bevölkerten[24].

Dieses »Graphophon« könnte ich kaum noch genau beschreiben. Nicht, daß ich es nicht oft genug betrachtet hätte; eher, weil ich es nie bediente; auch wegen der Verzückung, die mich jedesmal, wenn mein Vater damit umging, regelrecht benebelte. Da ich es von Anfang an quasi als Wunderinstrument betrachtete, das von Natur aus gegen jede Analyse rebelliert, habe ich mich nie ernstlich gefragt, wie es wirklich funktionierte. Höchst bemerkenswert war zweifelsohne, daß es in zwei Varianten erschien, je nachdem, ob man es benutzte, um die Töne in die Tiefe des Wachses zu säen, oder um sie – als reife Zerealien oder wiedererweckte Kadaver – aus der langen, auf diese Weise gegrabenen Grube wiederauftauchen zu lassen.

Wollte mein Vater eine Aufnahme von Gesangs- oder Instrumental-Talenten eines Mitglieds der Familie oder Verwandtschaft (Berufskünstler oder Gelegenheitsmusikanten) machen, mußte er von und aus den Schränken, wo sie verstaut waren, unterschiedliche Extrateile nehmen.

An erster Stelle einen großen parallelepipedischen, mit rotem Plüsch verkleideten Holzsockel, den mein Vater auf einen Tisch oder Nippestisch stellte, um nun auf diesem Sockel das »Graphophon« zu installieren, das so in die gewünschte Höhe zum Vortragenden gebracht werden konnte (zumindest wenn es sich um ein Geigen- oder Gesangsstück handelte und eine stehende Haltung erforderlich war).

Als nächstes kam ein langer, aus hartem und leuchtendem Karton gefertigter Konus von grauer, leicht grün-

24 »grafôfôn« konnotiert klanglich im Französischen »faune«, den »Faun« ebenso wie die »Fauna«.

licher Farbe, der in Form und Schnitt dem Spitzhut eines Zauberers täuschend glich und für die Aufnahme eine Art verstümmeltes Jagdhorn oder überdimensionales Klarhorn, das gewöhnlich als Schalltrichter diente, ersetzen mußte. Auf der Seite seiner ausgeweiteten Mündung hing dieser Konus an einer starken, teilweise gekrümmten Metallstange, die über den ganzen Apparat hinwegreichte und im hinteren Teil des Kastens, wo die Maschinerie eingebettet war, mittels zweier übereinandergesetzter Metallkrampen befestigt war; diese Krampen waren vielleicht eine Handlänge voneinander entfernt und jeweils mit einer dicken Öse versehen, durch die der geradlinige Teil der Stange lief. So hing der Kartonkonus – für seinen Zweck exakt waagerecht ausgerichtet – in der Schwebe (daß man an die Art erinnert wurde, wie die Vorhänge an manchen Kinderwiegen aufgehängt sind: mit einer Stange, die vom Heck der Wiege ausgeht und in einer Spirale endet, wo der Musselin befestigt ist) und war an seiner engen Mündung mit einem Spezialdiaphragma ausgerüstet: nicht mehr diese runde, gutmütig sich gebärdende Schalldose, die auf ihrer Oberfläche den vergoldeten Stempel eines Hahns und an ihrer durchsichtigen Unterseite einen »Saphir« trug (das Markenzeichen der Schalldosen von Pathé, die zur Wiedergabe der Töne dienten), sondern eine wesentlich kleinere und flachere Kapsel fast ganz aus Metall (während das andere Diaphragma, von seiner empfindlichen Membrane abgesehen, aus einem schwarzen Material war, das an Ebonit erinnerte), die außerdem mit einer Art Stahlstilett versehen war. Die Rolle dieses Stiletts (vernickelt, glaube ich, wie der Rest der Kapsel, was dem ganzen das Aussehen eines zugleich delikaten und tückischen Werkzeugs gab) bestand darin, in das Wachs der Rollen, die geronnenem Milchkaffee glichen (während die handelsüblichen schwarz waren), die Klangwellen zu gravieren, die der Zauberhut sammelte, der zusätzlich zu seiner Aufhängung von einer Vorrichtung gehalten wurde, die ich im einzelnen nie genau gesehen habe und von der ich bloß sagen kann, daß sie die Verschiebung des Diaphragmas parallel zur Achse der Rolle gewährleistete, während diese sich drehte; eine Doppelbewegung also, aus der die Aufzeichnung ins Wachs dieses langen geriffelten Helikoids hervorging, in den die Tonfolge sich übertrug. Während dieses Vorgangs bildeten sich an der Oberfläche der Rolle feine blonde Wachsspäne, die mein Vater anschließend mit einem Gemsenleder oder Läppchen entfernte. Ich liebte den Geruch dieses Wachsstaubs über alles.

Wollte man lediglich Walzen anhören, verschwanden der große Zauberhut und sein sperriges Aufhängesystem und wichen einem ehrbaren Schalltrichter aus Metall, den man – aus technischen Gründen, die ich nicht kenne – so anbrachte, daß er genau in die umgekehrte Richtung zeigte, in der zuvor der Kartonkonus ausgerichtet war: ein wenig wie eine Maschine, deren Rückwärtsgang erzielt wird, indem einige ihrer Teile sich vor- und rückwärts drehen; ein wenig als ob, sieht man das ideale Paar der Gegensätze, gebildet einerseits von der Eintragung der Töne in das Wachs und andererseits von der nachträglichen Wiederherstellung derselben Töne aus den mehr oder weniger tiefen Rillen, die sie virtuell enthielten, es genügt hätte, sozusagen Gegendampf zu geben, um vom einen zum anderen dieser beiden Vorgänge zu gelangen.

Der Wiedergabetrichter, nach einem Ende triumphal geöffnet und mit blitzender Oberfläche (eine wahre Kürassierskürasse . . .), deren Glanz eine optische Entsprechung der hervorsprudelnden Töne zu sein schien, verengte sich allmählich, um am anderen Ende nur noch ein dunkles Rohr zu sein, ähnlich dem engen Schlund (oder Schrund), der oft der einzige Weg ist, eine Art gemeinsamen Nenner zwischen der freien Luft und der verkerkerten Atmosphäre einer Grotte herzustellen. Dieser enge und dunkle Teil des Schalltrichters zog die Aufmerksamkeit am stärksten an, als ob die vorwitzigen Blicke im ausgeweiteten Teil zunächst empfangen, ganz unmerklich gebündelt und in die Richtung dieses Zentralbrunnens geleitet würden, von dem man wußte, daß er mit den Finsternissen des Diaphragmas kommunizierte.

Ziemlich lange – vielleicht die Spur eines Phantasmas, an das ich wie an eine sinnliche Realität geglaubt hatte, als ich noch nicht in die Geheimnisse der Tonaufzeichnung eingeweiht war? – konnte ich unmöglich ein Gesangsstück hören, ein Duo etwa und mit dem Phonographen reproduziert, ohne mir sogleich die beiden sich abwechselnden und mitunter sich vermischenden Stimmen zwei winzigen Kreaturen entsprungen vorzustellen, die aufrecht in der Nacht jenes Korridors standen, kleine Personen, die mir ebenso verloren schienen wie die wirklichen Sänger, die man durch das dicke Ende eines Opernglases vom Theaterfond, von den obersten Rängen aus betrachtet, wenn sie wie Automaten aussehen, die angesichts des riesigen architektonischen Rahmens, in dem die Bühne sich öffnet, mit ihrer lächerlichen Größe dem Souffleurkasten entstiegen sein könnten. Keineswegs phantastisch erscheint mir heute diese Verschmelzung fiktiver Figürchen, die ich im dunklen und verengten Teil des Trichters ansässig wähnte, mit Schauspielern aus Fleisch und Blut, die man vom »Olymp«, oder vulgärer: vom »Hühnerstall« eines Schauspielhauses sieht und die teils durch ihre Ferne, teils durch ihre in jeder Hinsicht geringen Ausmaße Gegenspieler der protzigen Masse des großen Kronleuchters sind, der einem fast vor den Augen hängt. Ich stelle in der Tat fest, daß die Trichtermündung einmal recht gut zur Vorstellung eines umgedrehten Opernglases paßt (wo der Zuschauer, wie zuvor der Zuhörer, auf jener Seite sitzt, wo der Durchmesser am größten ist, und wo das Schauspiel, wie zuvor die Musik, die in der Schalldose entstand, auf jener Seite stattfindet, wo der Durchmesser am geringsten ist), des weiteren zum Bild einer Theaterhalle, wie es sich nach den Regeln der Perspektive unserem Auge einschreibt, die Bühne also aufgrund ihrer Ferne, verglichen mit dem geräumigen Ort, wo man selbst sitzt, sehr winzig wirkt. Ich glaube jedoch nicht, daß derartige Betrachtungen eine Rolle in der Genese dieses Phantasmas spielten und anders als nachträglich vorstellig wurden. Eher neige ich zu der Ansicht, daß an der Wurzel dieser hartnäckigen Illusion das Bild des Rachens sitzt, in dessen Tiefe, wenn man die Zunge herabdrückt und *aaa*... macht (wie es der Spezialist verlangt, der mit einem Silberlöffel bewaffnet zur Untersuchung schreitet), vielleicht das Zäpfchen erscheint, wie ein Fleischstalaktit dahängt und mit seiner Beweglichkeit einem lebenden Tier gleicht. Der Rachen: das natürliche Organ der Sprache, wie dieses Fabrikprodukt – der Schalltrichter eines Phonographen – die Töne und menschlichen Stimmen wiedergibt; das Zäpfchen: ein muskulöses Zünglein, an das ich noch heute kaum denken kann, ohne daß sich ihm die beiden Persönchen beigesellen, die ich damals in der Tiefe des Phonographentrichters ansiedelte, den ich mir nicht anders als von einem belebten Prinzip bewohnt vorstellen konnte. Wie auch eine Geige ihre *Seele* hat, ein zwischen den beiden Seitenwänden des Resonanzkastens angebrachtes Stäbchen, in dessen genauer Position man zum Teil das Geheimnis ihrer Qualität vermutet, besäße auch der Rachen seine eigene Seele, die nichts anderes als das Zäpfchen wäre, und der Schalltrichter hätte dieses Figürchenpaar als wahrhaft animierende Seele des Gesangs, eine wirklich unabkömmliche Annahme, da die Tätigkeit der empfindlichen Membrane des Diaphragmas das Aufknospen all dieser Gesangsnoten anscheinend allein nicht erklären kann.

Abstrahiert von diesem Paar angenommener Homunculi – sehr fein geformte Figuren, Geschöpfe meines Denkens –, war das Diaphragma zweifellos der empfindlichste Bestandteil des Apparats. Schon sein Name – Herz oder Hirn des Grammophons – führte mir stets seine extreme Fragilität vor Augen und mehr als jeder andere Teil seine Anfälligkeit, in Stücke zu springen. Ich habe tatsächlich einige Mühe, mir das Wort »Diaphragma« vorzustellen, ohne es in eine enge etymologische Nähe zu »Fragment« zu bringen, deren Existenz durch einen gemeinsamen kompakten Tonblock in jedem der beiden Substantive überzeugend belegt werden kann.

Ohne daß hier der gutgeölte Mechanismus eine Rolle gespielt hätte, der seine Bewegung fast geräuschlos dem Walzenträger mittels eines dünnen Riemens übertrug, den quer durch zwei kleine parallele Spalten, an der Oberfläche des Kastens angebracht, in dem das Räderwerk ruhte, die auf- und absteigenden Äste liefen, ein geschmeidiges Band aus fahlrotem Leder, das eine Trommel von deutlich geringerem Durchmesser als dem der Walze antrieb und die auf derselben Achse wie jene befestigt war, wurde der musikalische Fluß, der den Rillen der Rolle entsprang, bisweilen von einem knappen Krachen gestört, das vereinzelt oder in Serien auftrat und von den plötzlichen Stößen herrührte, welche die feinen Ausfaserungen, die sich nach öfterem Gebrauch der Rolle zufällig ins Wachs gegraben hatten, der Spitze der Schalldose versetzten.

Es war nicht das knarrende Geräusch, das manchmal im Telefon zu hören ist; auch nicht das Knistern feuchten, anbrennenden Holzes oder das Knacken trockener Blätter, wenn man über Laub schreitet. Es klang eher – weil es etwas Speckiges hatte – nach Zungenschnalzern oder stärker noch nach dem dünnen Knallen einer Peitsche (einer, mit der Kinder ihre Kreisel tanzen lassen), aber merkwürdig schwerer und dicker, im übrigen recht variantenreich, das Angebot einer ganzen Skala, wie Kanonenschläge, von demselben Geschütz mit theoretisch identischen Projektilen abgefeuert, nicht genau die gleiche Detonation ergeben; einige sind trockener oder heftiger, andere länger oder dumpfer, und zwar wegen der kleinen Unterschiede des Ladens oder Kalibers, die eine Kartusche von der anderen unterscheiden, mögen sie als Serie auch homogen sein, oder aus irgendeinem anderen Grund, der wie bei der Rubrik DIVERSES in einem Haushaltsbuch unter dem negativen Etikett des Unvorhersehbaren erscheint.

Dieses Geräusch – das den scharfen Eindruck einer Fraktur oder Fragmentation eines Mineralstoffs vermittelte – unterbrach den geruhsamen Ablauf der Zeit. Nur ein wenig heftiger, und man wäre hochgeschreckt wie man es tut, wenn ein Schuß fällt. Es war zu schwach, um ein Zusammenzucken zu bewirken, aber immerhin intensiv genug zu spüren, daß der Ablauf der Dinge aufgehoben schien, wie es der Fluß der Melodie tatsächlich war. Eine echte Explosion (allerdings eine etwas kümmerliche Ausgabe), denn dieser Hiatus riß den, dessen Ohr er traf, von der Eselsbrücke, die das gleichförmige Band der Dauer darstellte und ließ – einen Blitzschlag lang – den zeitlichen Rahmen, der ihn gewöhnlich einschloß, in Fetzen fliegen, während das Bewußtsein des Gesangs, dem man innerlich gefolgt war, verdunstete, in diesem ungehörigen Geräusch oder Einbruch der Kontinuität verpuffte. Hörte man dieses Geräusch, wunderte man sich, daß das Diaphragma nicht barst oder wenigstens sternförmig sprang; ebenso wunderlich mochte es scheinen, daß die Fensterscheiben unter dem aufgewühlten Pulsieren der Luft in all den Zimmern nicht zu Bruch gingen, wo sich der Zahnarzt mit der Grabesstimme produzierte, dieser Goliath, dessen Wuchs so genau mit dem Umfang seines Gesangs abgestimmt war.

Sturm in einem Wasserglas (ja selbst in einem Aquarellnapf). Erdbeben, das an einer Kristallinse schleift: dieses Ende der Hosensackwelt fand seinen radikalsten Ausdruck in der Silbe *fragm,* identisch sowohl in »Diaphragma« als auch in »Fragment«, wie ein Steinkörnchen, dem man in Felsen mit unterschiedlichen Strukturen, aber konstanten Hauptelementen begegnet, stets dasselbe ist. Das gilt nicht für alle Wortsequenzen, die auf diese Weise eine Verbindung eingehen: »austère« (streng) zum Beispiel scheint offenbar so streng zu sein, daß man seine Strenge zum Teil noch in einem Wort wie »stère de bois« (Holzster) wiederfinden kann, hat aber in der Schlacht oder dem Bahnhof von Austerlitz all seine Strenge eingebüßt; und auch bei dem Wort »pine« (Pimmel), das in niederen Schichten das männliche Geschlecht bezeichnet, käme kein Mensch auf den Gedanken, es in »épine« (Dorn) oder in der lateinischen Entsprechung von Persephone, »Proserpina«, ausfindig zu machen.

Diese jähen Kracher, deren Ursachen zwar bekannt und die auf den materiellen Zustand der Rollen zurückzuführen waren, irritierten sehr, denn sie stemmten sich gegen den Strom der Harmonie, der sich mit Hilfe des Diaphragmas und des Trichters ausbreitete, die ihm sein Bett von den akustischen, in der Tiefe des Wachses verborgenen Teppichen bis zum Meer des Ohrs bahnen sollten. Den Stößen geschuldet, die der Saphir als erster empfing (ebenso wie die geringfügigeren und geordneteren Erschütterungen, die den Klangstrom bildeten), erschienen sie mir auch als solche; jedoch neigten sie dazu, sich wie plötzliche Hopser zu gebärden, die der Körper des Diaphragmas, anstatt sie von außen zu erhalten, selbst unternommen, aus den eigenen Eingeweiden gezogen und sich somit eher als unabhängige Ursache der Störung denn als passives, für äußere Appelle empfängliches Instrument benommen hätte. Was in dem Diaphragma explodierte und seine durchsichtige Scheidewand eigentlich hätte spalten müssen, war mithin ein autochthoner Donner und nicht bloß ein Echo; ein Krachen, das ein intimes Wetterleuchten des vorliegenden Fragments von Materie war und kein von einem fernen Ort von Wolke zu Wolke zurückgeworfenes Rollen; ein Himmelsfeuer molekularer Ordnung, nicht das Getöse, das man hinter den Kulissen fabriziert, und schon gar nicht jenes Höllengerumpel, von dem, um meinen Schrecken zu beschwichtigen, meine Amme mir sagte – in einer weit zurückliegenden Zeit, zu der ich keinen anderen Zugang habe als über Erzählungen und Berichte –, sein gewaltiges Organ sei bloß der Heidenspektakel der »kleinen Engel, die mit Kegeln spielen« und das Himmelsgewölbe zum Zittern bringen, wie ausgelassene Kinder die Decke der Etage zum Beben bringen, die unmittelbar unter ihrer Wohnung liegt.

Wenn ich nach einem Wort suche, das am besten die Übereinstimmung zusammenfassen könnte, die ich hier zwischen dem entdecke, was mir gewisse Geräusche galten, und der Vorstellung, die ich heute von den Mineralstoffen als einer konkreten Darstellung dessen habe, was die Außenwelt an unerbittlicherer Verschlossenheit besitzt, kommt mir als erstes das Wort *anfractuosité* – Unebenheit – in den Sinn.

In *anfractuosité* findet man in der Tat all diese Rauheiten oder Kerben, die nicht nur die Wachsfläche zeichneten, wenn die Rollen beschädigt waren, sondern auch die Einheit jener verwickelten Emanation zerstörten, um näher zu bezeichnen, was im vorliegenden Fall die Musik war, deren amphibische Natur mit dem verglichen werden könnte, was man jahrhundertelang den Wellen und Leuchtkorpuskeln zuschrieb, die man als Vermittler zwischen Geist und Materie ansah. In *anfractuosité* findet man vor allem die Vorstellung eines Bruches oder Risses in einem Stein oder Felsbrocken; und so gelangt man wieder zum Bild des Blitzes, da Blitze oft die gleiche Gestalt haben wie Risse; darüberhinaus vermag dieser Meteor einen Gegenstand zu spalten oder zu knacken, wenn er auf ihn herabschießt. In *anfractuosité* hört man schließlich etwas von diesem Krachen, das nichts mehr mit den normalerweise reproduzierten Geräuschen zu tun hatte, sondern wie der Schrei des Wachses oder gar des Diaphragmas explodierte. Das Wort *anfractuosité* – wie es sich in meinem Wortschatz ausnimmt – birgt also ein Paradox, denn es dient mir hier dazu, die Rauheit und undurchdringliche Härte des Felsen und gleichzeitig die aurikulare Bresche zu evozieren, durch die, wie ich jetzt gern glauben möchte, die Mineralwelt in mich eindrang, also das, was für mich der Gipfel an Unbeugsamkeit und Fremdheit ist.

Abgesehen vom Wachs der Rollen, vom Holz, woraus Apparatdeckel und Kasten gefertigt waren (oder die einfache rechteckige Platte im Fall meines Phonographen), abgesehen von den Spezialstoffen, die an der Herstellung des Diaphragmas mitwirkten (ein Nadel-»Saphir«, das Katzensilber – oder ein anderer durchsichtiger Stoff – der Membrane, die schwarze Substanz der Verkleidung), waren all die zahlreichen Teile der so kunstvollen Koordination, aus denen die komplizierten Maschinen hervorgingen: mein eigener Phonograph und das »Graphophon« meines Vaters, Metallgegenstände. Aus welchem Metall genau weiß ich nicht; aber ich weiß, daß sie aus »Metall« waren, jener unbelebten Materie, die sich so kraß von allem Gestein unterscheidet, daß ich wohl niemals klar begriff, daß Metalle genau wie Kieselsteine, Kalksteine, Gips, Felsen oder Kristalle zum Mineralreich gehören.

Wie der Name »Bristol« – der typisch britisch klingt, vielleicht weil ich ihn zu Recht oder Unrecht mit der Stadt Bristol in Verbindung bringe – dem biegsamen Kartonpapier, das er bezeichnet, bestens ansteht, daß man sagen könnte, wenn man ihn ausspricht, höre man das unverwechselbare Geräusch, das beispielsweise eine Postkarte von sich gibt, hält man sie zwischen den Daumen der beiden Hände und biegt sie abwechselnd in die eine, dann in die andere Richtung, daß die Luft in dem Augenblick, wenn die Biegung ihre Richtung ändert, brüsk gepeitscht wird, scheint mir das Wort »Metall«, auf drei Konsonanten ausgesprochen, die sich auf zwei perlklare Vokale bar jeder Gangsteinspur stützen, als wäre das Wort, durch Fusion gereinigt, gerade aus dem

Schmelztiegel gesprungen, durchaus das Zeug zu haben, diese privilegierten Körper zu bezeichnen, die zusammen mit den Gemmen eine Art Aristokratie in der Masse des Anorganischen bilden.

In den Katalogen zum Neujahrstag, in denen, sobald sie im Haus eintrafen, meine Brüder und ich – mit welch einem Fieber! – blätterten, nachschlugen, verglichen, notierten, mit Blau- und Rotstift die Spielsachen mit erschwinglichem Preis ankreuzten, welche die kurze Beschreibung, die man von ihnen gab, noch verlockender machte, war oft die Rede von Gegenständen aus »Metall«. Aus Metall, nichts weiter. Ohne irgendeinen Hinweis, aus dem hervorging, aus welchem Metall. Mir, dem damals jede Art von Bemühen um wissenschaftliche Genauigkeit völlig fernlag, genügte die Erwähnung »Metall«, so vage sie war. Im übrigen kam ich nicht auf die Idee, in dem Gattungsnamen »Metall« könnten Gold, Silber, Platin, Eisen und verschiedene andere gewöhnliche oder kostbare Elemente verschmolzen sein, welche die mineralische Chemie den sogenannten »metalloiden« Körpern gegenüberstellt (eine trügerische Bezeichnung, wenn überhaupt eine, denn weder von nah noch von fern gleichen sie Metallen). Für mich war »Metall« eine besondere Substanz wie Zink oder Stahl, und ich wäre sehr erstaunt gewesen, wenn man mir gesagt hätte, daß man diesen Begriff auf eine in Wahrheit recht gemischte Familie anwenden kann, die in eine Vielzahl von Arten zerfällt und deren gemeinsame Züge nicht immer sehr deutlich zutage treten. »Metall« war etwas Leuchtendes und Blankes, das an Silber erinnerte, ohne es jedoch zu sein; etwas Festes, ein für allemal Definiertes, das gewiß mit anderen, ähnlich farblosen und spiegelnden Metallen verwandt war, aber nicht mehr mit Gold oder Kupfer (die waren zu rot oder zu gelb), wie es auch mit diesem matten und grauen Stoff, dem Blei, nichts zu tun hatte.

Gewiß gab es neben dem eigentlichen Metall noch das

»Britanniametall«. Aber wenngleich diese Sonderbezeichnung mich ziemlich rasch hätte auf den Gedanken bringen können, daß das »Metall« zumindest mit einer Spielart aufwarten konnte – die hier durch eine präzise Benennung bestimmt wurde, notwendig um zu zeigen, daß es sich um eine von der ersten, wenn auch nur ihrer Herkunft nach verschiedene Substanz handelte –, wenngleich ich hätte erraten können, daß dieses so variantenreiche »Metall« kein – wie ich glaubte – festumschriebener Körper war, bedurfte es vielleicht doch, um diese irrige Auffassung zu zerstreuen und eine Einsicht in gewisse Komplikationen der Mineralwelt gewinnen zu können, eines geeigneteren Begriffs als »Britanniametall«, um die Mestizennatur der Legierungen sinnfällig zu machen.

Weder Bronze noch Erz (beide von zu antiker Steifheit), weder das Gemisch, das auf den kuriosen Namen »maillechort«, Argentan, hört (wo ein zarter Metallgeschmack sprießt, vielleicht wegen dieses Zischelns, das unmittelbar auf die Benetzung des Mundes folgt, was die Zunge zu einer gewissen Verrenkung zwingt?), noch das Vermeil (ein Kind der streng logischen Heirat von Gold und Silber, der Edelmetalle schlechthin, und das zwischen diesen beiden eine hierarchische Vermittlerstellung einnimmt: die »Vermeilmedaille« kommt nach der »Goldmedaille«, aber vor der »Silbermedaille«, wie der Oberstleutnant – mit Gold- und Silbertressen – unter dem Oberst, aber über dem Major steht), keiner dieser Namen und nicht einmal der letzte, der leicht genug als Name einer Mischung zu erkennen ist, führten mich an das Verwirrende in der Vorstellung einer Legierung heran, jener engen Vereinigung von zwei oder mehreren Festkörpern, die man zuerst miteinander verschmolzen haben muß, damit sie einander vollständig durchdringen und der eine im anderen aufleuchten kann, bis sie nur noch eins sind und es folglich den Anschein hat, daß einzig Flüssigkeiten wie Wasser und Wein oder wie Milch und Kaffee zu einer solchen Vereinigung fähig wären. Was mich eine derartige – auf den ersten Blick ziemlich bestürzende – Vorstellung akzeptieren ließ, war, ich wage es zuzugeben, das Wort »laiton«, Messing, weil in ihm, in eine leichte und doch gewichtige Vokabel eingewickelt, dieses Bild einer Milch (»lait«), beinahe einer Fischmilch? (»laitance«) enthalten ist, die metallischer Natur und nicht tierischer Abkunft wäre.

Höre ich in der Bronze immer das Gongen von Glokken und im Erz das Getöse aufeinanderprallender Helme und Waffen, erkenne ich im Messing auf Anhieb eine magere und dürftige Materie, wie das Blech des Klempners oder das Metall, aus dem die Milchkannen sind. Das mittelmäßige Ergebnis eines organischen Stroms, der im Prinzip mehr versprochen hatte und von dem man erwarten durfte, daß es seinen Bestandteilen am Herzen läge, sich in einer reicheren Legierung zu verdichten (würdig den lebendigen Schatzkammern der Alchimie, die das Wort »lait«, auf einen Stoff des Metallreichs angewandt, anklingen läßt).

Allerdings ist nicht zu übersehen, daß in dem Bastardwort »laiton« die Silbe »lait« durch die Endung verdorben wird, die ihm diesen prosaischen Klang anhängt, der vielen Dingen, die auf *ton* enden, eigen ist. Ohne die Umgangssprache zu bemühen, wo man von »miroton« (Rindsragout) und von »capiston« (Spieß) spricht, braucht man nur ein Reimlexikon durchzublättern, um genügend Wortbeispiele zu finden, die auf diesem miserablen Ton enden: Beton, womit man Bunker baut, »bouton« (Knopf), der die Hose schließt, Kotton, um Mützen zu weben, Molton für die Innenseite der Kleider, Ponton, der an von Nässe zerfressenen Seilen am Steilufer vertäut ist, »toton« (Tanzknopf), der das Bild für willenlose Menschen ist, die jedem äußeren Impuls gehorchen und sich wie Wetterhähne, aber ohne zu knarren, drehen, allen Winden preisgegeben.

Ohne von dem reden zu wollen, was fast allenthalben

in mir an Schmiedbarem und Unschlüssigem ruht (daher vielleicht die Faszination, die doppelgesichtige Wörter in der Regel auf mich ausüben), bemerke ich unversehens, daß ich mit den letztgenannten Leuten eine gewisse Ähnlichkeit habe, und zwar in einem ganz bestimmten Punkt. Auch ich drehe mich, wie ein Wetterhahn oder eher wie ein verrückt gewordener Kompaß, dessen Nadel nacheinander vom changierenden Norden aller Arten von Wörtern angezogen wird, die mich auf der Reise in meine Innenräume führen (oder irreführen), wo die Richtfähnchen Kindheitserinnerungen sind. Warum also zögere ich noch immer vor dem Gedanken an einen glatten Köpfer und voltiere weiter hin und her, statt mich schlankweg in diesen See zu stürzen, dessen schlafende Wasser mich anziehen, einziges Mittel, der sterilen Versunkenheit eines Narziß zu entrinnen, der reglos bleibt, Posen einnimmt und schaut, wie Posen kommen und sich betrachtet, wie er Posen einnimmt? Eine Versunkenheit, die nur dann ein Ende findet, wenn ich mich mit einem Satz an den Busen der Wasser schnelle und jählings mit dem Bild verschmelze, auf dessen vorwitziger Betrachtung ich offensichtlich beharrte und einem gesunden, beherzten Tauchsprung die ästhetischen Hirngespinste vorzog, die nur wenig von einem vagen Flanieren unterbrochen wurden, dessen einziges Ergebnis darin bestand, mich von einem Punkt zu einem anderen Punkt des Ufers zu befördern.

Doch dies, ich muß es einräumen, ist nur eine schlechte Metapher. Bald Kompaß, bald Narziß, am Ende weiß ich nicht, durch welches Nadelöhr ich mich aus der Affäre ziehen soll, nachdem ich mich zuerst mit etwas wesentlich Ungewissem und Beweglichem, dann mit einer reglosen Gestalt verglichen habe, die in ihrer Selbstversunkenheit einen fast versteinerten Ausdruck annimmt. Dann kam ich auf den Gedanken, einen Bummel einzuschieben, auf das Vagabundieren entlang der Küstenstriche des Sees zurückzugreifen, als Szenenwechsel – oder

Erholung – zwischen zwei langen kontemplativen Sitzungen. So habe ich recht mühselig eine Versöhnung dieser beiden gegensätzlichen Begriffe, die ich zuerst aufstellte, zuwege gebracht: Irrfahrt (wie sich, wenn sie »den Norden verloren« hat, die Nadel der Bussole in alle Richtungen bewegt), Festigkeit (wie derjenige feststeht, der, gleichgültig über was er spricht, stets auf sich zurückkommt). Mit diesem Verfahren konnte der Streich ohne allzu große Einbuße gespielt werden: ich bin also Narziß, der durchs Gehölz läuft und immer wieder an diesem See landet, wo seine Kindheitserinnerungen schlummern, die anfänglich einfache Absteckpfähle waren (Fata Morganen vielleicht, entlang seiner Spazierwege aufgestaffelt?) und jetzt reine Wellen sind, die ihm das etwas verschwommene, doch ganz feuchte und zärtliche Bild seiner selbst widerspiegeln. Nur steht der Köpfer noch immer aus, der befreiende Sprung, der ein Versinken in diesen kindlichen Wellen bescheren muß, die von diesem Augenblick an wirklich sind (wirklicher – die logische Entwicklung verlangt es – als sie es jedenfalls in ihrem ursprünglichen Stadium von Richtfähnchen oder als Absteckpfähle dienende Fata Morganen waren). Aber hier verheddern sich die Dinge und der Vergleich erweist sich entschieden als Bastard. Denn zumindest läßt sich sagen, daß der Sprung des Narziß ein »Todessprung« ist, der ihn nur befreit, indem er ihn vernichtet... Was aber fange *ich* an?

Also Spaß beiseite. Und daß ich ohne Umschweife diese Kindheitserinnerungen entere, wo ich doch vor lauter Lust in ihnen *umkomme*.

Indessen, selbst wenn man taucht, ist es nicht so leicht, den Staub der Wörter abzuwaschen. Und wenn ich die Metalle beiseite lasse und jetzt von Minen spreche, werde ich prompt über die Blei-»Mine« stolpern.

Die Mine eines Bleistifts spitzen. Zunächst mit einem Taschenmesser einige Holzspäne entfernen (eher dicke, denn man liebt das Gefühl, wenn die Klinge kräftig in die holzigen Fibern beißt). Dann die nunmehr schlanke Spitze des schmalen Graphitzylinders entweder auf den Zeigefingerrand der linken Hand oder auf irgendeine widerstandsfähige Fläche setzen, das Taschenmesser so halten, daß seine Klinge im Verhältnis zur kohlehaltigen Säule schräg steht und diese Säule sorgfältig mit einer Reihe feiner Schabbewegungen spitzen, die ihr mit einem leisen, die Zähne leicht stichelnden (aber eher angenehmen) Geräusch ein bißchen graues Pulver abkratzen, das die Zeigefingerspitze (wenn man auf ihr praktiziert) dunkel färbt oder sich bloß in winzigen Aschenhäufchen niederschlägt, die man mit einem kurzen Pusten von der als Unterlage dienenden Fläche fegt (wenn man diese Methode gewählt hat, um die Risiken eines Schnitts oder den geringfügigen Nachteil einer verschmutzten Fingerspitze zu vermeiden). Auf diese Weise die schwärzliche Spitze des Bleistifts zum winzigen Konus und so spitz wie möglich formen; das Knirschen der Stahlschneide auf der eisenhaltigen Substanz der Mine hören; dieses Knirschen wahrnehmen und dabei spüren, wie hart die beiden sich so aneinanderreibenden Festkörper sind: mehr als jedes von langer Hand vorbereitete Experiment, das einem Physiklehrer gelingt oder mißlingt, ermöglichen diese Akte elementarer Einfachheit eine Kontaktaufnahme mit den Mineralstoffen, die hier völlig in den lächerlich geschrumpften Grenzen dieses leuchtenden und dunklen Körpers stecken, der aufgrund seiner Exaktheit und Feinheit den Edelsteinen nahesteht, aber noch mehr der Kohle dank seiner Undurchsichtigkeit und Färbung.

Ich spreche hier von den klassischen Minen, die aus Graphit und das Rückenmark der handelsüblichen Bleistifte sind. Aber es gibt auch noch die Minen der Farbstifte mit weicherer Masse, fetter und fast wie Ton; die Minen der Stifte von Conté, die auf dem Papier rauschen, rauh und aus richtiger Kohle sind; schließlich die Minen jener abstoßenden Erfindung, die »Tintenstift« heißt und vor Gebrauch anzufeuchten ist, die auf der Zunge einen leicht bitteren Geschmack und auf den Lippen violette Streifen hinterläßt, der chemische Farbton schlechthin und Wahrzeichen der Bischöfe, vielleicht wegen der merkwürdigen Wirkungen, die die großen Kirchenfürsten zwischen Himmel und Erde anstiften, Chefs dieser gewaltigen Laboratorien aus Stein, wo sich alltäglich das Wunder der Transsubstantiation ins Werk setzen soll.

Nicht zu vergessen ist dieser Forstgeruch oder dieses Firnisaroma, das dem noch frischen Bleistift entströmt und einlädt, auf ihm herumzukauen. Im Zentrum der Holzhülle, die ihrerseits von Ausdünstungen tonischen Parfums umringt ist, lagert die kohlehaltige Ader der Mine, deren schmaler harter Stamm runden oder polygonalen Zuschnitts, der sie einfaßt, gemeinsam mit der schützenden Scheide ihr Nährboden zu sein scheint. So häufen sich auch in den wirklichen Kohlenminen, die man in den Tiefen der Erde ausbeutet, Pflanzenhumus und geologische Sedimente wie Proviantlager über dem heißbegehrten Stoff, die es ihm gestatten, im Verborgenen zu schwelgen und sich stets aufs neue zu bilden.

Von der Mine zur Mine – ich meine: von der Bleistiftmine zur unterirdischen Mine – reicht der ganze Unterschied, der das Konvexe vom Konkaven, das Positive vom Negativen scheidet. Ist die Bleistiftmine im wesentlichen eine Ader, ein fester und gehaltvoller Strang, der quer durch die Dichte des Holzes läuft, verschwimmt und verschwindet in der Vorstellung, die ich von der unterirdischen Mine habe, die Ader fast, die dennoch ihr Seinsgrund ist: die Mine ist weiter nichts als ein Stollen, eine mehr oder minder verzweigte Röhre, die sich in die Opazität der Mineralflöze schraubt, sie mit ihrer Leere durchbohrt, wie die Bleistiftmine mit ihrer ganzen Länge den Zellschaft des Holzes armiert und ihn mit ihrer Fülle durchdringt.

Dasselbe Wort findet man also unter verändertem Zeichen, ohne daß das geringste Indiz eine derart radikale Mutation aufklärt: während es ursprünglich einen fühlbaren Körper bezeichnete, der ein Teilstück von wohlbestimmter Größe ausfüllte, das er greifbar machte, verbindet sich der Klang von »Mine« – banaler Lappen, der Abbrucharbeiten signalisiert – nur noch mit dem Nichts eines leeren Raums, eines hohlen Darms, der sich wie Tod in die kompakte Wirklichkeit der Erdkruste einschleicht. In den Schoß der fast wasserdichten Scheidewand, die diese Kruste zwischen die relativ friedfertige Luft, die wir atmen, und das stetige Aufbrausen des hypothetischen Hauptbrandherds schiebt, der die Erde mit Feuer wie ein Tier mit Blut versorgt, hat sich mir nichts, dir nichts die Leere eines endlosen Handschuhfingers eingeschleust. Mehr als sämtliche Kläranlagen und Rohrleitungen, die senkrecht die Häuser durchziehen, wird der substanzlose Finger – oder das Fingerbündel, das heißt, die Hand – der Mine zum auserkorenen Gefäß, gleichgültig in welche Richtung der Finger deuten mag, eines äußerst beängstigenden Rumpelns.

Blähungen von Gnomen: das ist die Formulierung, die meine Lippen zu bewegen trachtet, bevor sie in meine Feder fließt, denke ich an jenes verworrene Brausen, das dem Wort »Mine« folgt, einmal befreit von der Holzspindel, die es belastete und zähmte. Blähungen von Gnomen: Pikenschläge, die von Stollen zu Stollen schallen, Geschepper von Förderwägelchen, mit dicken, aus der Ader gebrochenen Steinkohlebrocken beladen, Gestolper des alten blinden Gauls (kein Stampfen, kein Wiehern) bei jeder Holztraverse der enggleisigen Schienenbahn, Luftzug des Förderkorbs, der geschwind in die Tiefe sackt und am Herz zerrt, Gestampfe der schweren Grubenschuhe, kurze Anrufe, stumpfe Schnaufer, Geklirr von Lampen und Gerät. Blähungen von Gnomen: konfuse Klangblasen, und man könnte schwören, daß man sie an Wortwendungen wie »Bodenschätze«, »Kohlenbecken« oder »Erdschöße« zerplatzen hört.

Mehr als die Sylphen, Kobolde und Undinen (auf die

man dann später stößt, wenn die ersten Schößlinge des Begehrens zu sprießen beginnen) sind die Gnome, Erdgeister, die Verbündeten der Kindheit. Vielleicht wegen ihrer Pygmäengestalt, der sie trotz ihres langen Barts kindähnlich macht, genauer: wegen der Beziehung, die zwischen diesem Zwergwuchs und den Gegenständen der Umgebung besteht: Pilze dienen ihnen als Regenschirme wie Tische Kindern als Versteck dienen; sie tollen zwischen den Wurzeln gewaltiger Bäume herum, wie für die Allerkleinsten eine Erwachsenengruppe in erster Linie ein Wald von Beinen ist, in deren Mitte sie ungehindert zu schlüpfen trachten; und es gibt menschliche Geräte aller Art, deren Gebrauch, sieht man die Kluft der Maßstäbe, für den Gnom recht gefährlich sein kann, wie es Geräte gibt, die nur für Erwachsene bestimmt sind und die ein Kind aus Gründen der Proportionen oder allen möglichen anderen Gründen nicht benutzen kann oder darf. So teilt es mit ihm, durch Analogie der Körpergröße gegeben, denselben *Blickwinkel* (mit anderen Worten, wenn man zugibt, daß die Physik hier die Moral erschafft, eine gemeinsame *Ansicht*) und erkennt im Gnom, was es selbst wäre, könnte es altern ohne den Rahmen der Kindheit zu verlassen, und alles, was man ihm vom Treiben der Gnome berichtet oder was es auf Zeichnungen abgebildet sieht – Sitten und Gebräuche, Eulenspiegeleien, Widrigkeiten, Mißgeschicke –, wird ins Ohr oder Auge eines Komplizen dringen.

»Ich bin ein kleiner G-nôm«, erklärte ich einmal bei irgendeiner Gelegenheit, die mir meine Kleinheit vor Augen führte, ohne daß ich mir diese jedoch anders eingestehen wollte als mit dem Fingerzeig, daß, wenn ich schon ein »Kleiner« war, dann aber von einer besonderen Sorte, ein »Kleiner«, vergleichbar mit diesen maliziösen Wesen, deren Zugehörigkeit zur Feenwelt sie der Rechtsprechung der Größeren enthob und so auf vollendete Weise ihre körperliche Unscheinbarkeit aufwog.

Die Macht der Erdgeister, eine Büchererkenntnis (die

mir verspätet zuteil wurde, als ich, erwachsen, den Reiz der magischen Pittoreske kostete), vermutete ich zu keiner Sekunde bei den Gnomen. Doch mühelos und vollständig finde ich sie wieder in dem, was mir als Kind vom Schlagwetter bekannt war.

Wohlverstanden, das Schlagwetter war unabhängig von Gnomen, leichtsinnigen, extravaganten (und zudem fiktiven) Geschöpfen, die boshafte Streiche spielen konnten, deren Possen aber unschuldig blieben, während die Entgleisungen des Schlagwetters ungleich dramatischere Affären waren. Dieses Gas, dem zahllose Grubenunglücke zugeschrieben werden, hatte allerdings eins mit den Gnomen gemeinsam: wie sie war es ein Geist. Nie habe ich mir das Schlagwetter als passiven Körper vorgestellt, dessen unselige Wirkungen durch ein rein natürliches Geschehen erklärt werden können. Als leibhaftiger Grubengeist ist das Schlagwetter eine hundsföttische Person, die in allen Punkten, aber auf strikt äußerliche Weise, einem Gas gleicht, denn es besitzt einen Willen und handelt nach Lust und Laune. Noch um einige Grade böser als diese gehört es zur Familie der Irrwische, die auch Gase, wehende Lüfte und gleichzeitig Feuergeister sind.

Die Anziehung, die ich stets angesichts jenseitiger Erscheinungen verspürte, macht mir »wunderbar« und »Natur« fast zu Synonymen; ist es denn auch nicht die gleiche Vorliebe, die mich anfänglich zu den Feenmärchen führte, dann zu dem, was auf den ersten Blick wie etwas ganz anderes aussehen mag: zu den sogenannten »Sach«-Büchern? Zu solchen, in denen beispielsweise erklärt wird, wie Leuchtgas entsteht (durch Destillation der Steinkohle wird das Gasgemisch unter einer großen Glocke gesammelt, deren untere Ränder auf einem flüssigen Teppich ruhen, und die an eine Taucherglocke im entscheidenden Moment ihres Versinkens gemahnt); wo die Rede ist vom Kalkstein wie dem Gips oder Branntkalk, Körper, die definiert sind, sobald man das Experiment mit dem Kreidestück gemacht hat, auf das man einige Essigtropfen träufelt (was ein charakteristisches Aufschäumen bewirkt, verursacht durch das Freiwerden von Kohlensäure, die sich augenblicklich bildet); mit Vignetten verzierte Bücher, welche Kalköfen und altertümliche Steinbrechräder veranschaulichen (wie man sie vorzeiten in den Steinbrüchen von Chelles verwandte?), Längsschnitte von Hochöfen zeigen (enorme Brennurnen mit gemauerten Wänden und schier berstend vor schmelzbaren oder brennbaren Stoffen); zu Büchern, die eine Mustersammlung farbiger und konkreter Fakten anbieten und mitnichten die öde Zahlengymnastik, die Arithmetikbücher einpauken wollen, welche immer fade bleiben trotz aller Bemühungen, sie durch Bilder reizvoller zu machen, wo zum Beispiel mehr oder minder ansehnliche Schafherden und mehr oder minder lange Reihen von Soldaten von mehr oder minder guter Güte gezeigt werden, um den Schüler zum Zählen zu dressieren, indem man ihn die menschlichen oder tierischen Einheiten abzählen heißt (mit dem Ende des Zeigefingers, der hübsch der Reihe nach jede einzelne Schafs- oder Soldatengestalt antippt, während sich das Zählen Figur für Figur mit dem Lippenrand oder im Geist vollzieht).

In diesem Haufen sehr unterschiedlicher Kenntnisse – summarische Modelle für besondere Einzelheiten eines Panoramas der Welt – standen jene, welche die menschlichen Industrien betrafen – an herausragender Stelle. Bevor mein Interesse sich der Natur selbst zuwandte und wurde, was es heute ist, eine Art Öffnung oder Erwartung, der sexuellen Erregung verwandt, trug sich alles so zu, als wäre ich von der Herrschaft, die der Mensch über die Natur ausüben kann, eingenommen gewesen. Mit sehr viel Einfalt, denn ich war noch nicht imstande, zwischen der rohen Natur (die uns gegeben ist, ohne daß sie bearbeitet wurde, zum Beispiel eine Wüste oder ein Urwald) und der vom Menschen kultivierten Natur, einem Feld zum Beispiel (das im großen und ganzen einer Mine ziemlich gleicht, nur daß man aus ihm pflanzliche und aus der Mine mineralische Gebrauchsprodukte gewinnt) zu unterscheiden. Während dieser unbestimmten Periode, die von der frühen Kindheit bis zur Adoleszenz reicht, wurde ich wahrscheinlich in der Hauptsache von all dem angezogen, was mir das Bild meiner eigenen Suche, meiner – übrigens nicht konzertierten – Bemühungen bot, mich auf das Niveau der Umwelt zu bringen, ja sie – tastend – zu beherrschen.

Die Liebe zur Natur ist ein Gefühl des erwachsenen Städters, der bis zum Hals im zivilisierten Leben steckt und von ihm gerädert ist. Dem Kind, das nicht überspannt genug ist, eine solche Nostalgie nach dem »Natürlichen« zu hätscheln und seine Umgebung in sauber zerteilte Kategorien zu stopfen, je nachdem ob etwas Geschaffenes oder Gegebenes vorliegt, ist alles, was sich von ihm unterscheidet, »Natur«: Tier, Pflanze, Stein, Machwerk oder Mensch, und selbst sein eigener Körper, wenn es ihn noch zu entdecken gilt. Ein Steinbruch, eine Mine – Ausschachtungen von Menschenhand – zählt es zur selben Familie wie eine Grotte, und es bemerkt kaum, daß diese eine geologische Formation ist, während jene Artefakte sind, Grotten mit der wesentlichen Besonderheit künstlichen und nicht natürlichen Ursprungs. Wenn unter den Dingen der Außenwelt, deren Erfahrung mir unmittelbar zuteil wurde oder die ich in Büchern entdeckte (eine fast ebenso natürliche Quelle, wenn man Schüler ist), jene, für die ich in dem Maße wie meine Neugier sich erhärtete, eine Vorliebe zeigte, sehr oft solche sind, die auf den schönen Namen »Erfindungen« hören, könnte man vielleicht den Hauptgrund darin finden, daß sie mir von eben diesem Charakter autonomer Formationen geprägt schienen, den beispielsweise jene Dinge besitzen, die ins Erdinnere vorstoßen; und da sie gleichzeitig Erfindungen waren, erschienen sie mir als Teilstücke der Natur, die zu erschaffen anstatt sie fertig zu erhalten man dem Menschen gestattet hatte.

Hier kam eine Magie ins Spiel, doch eine rein menschliche Magie, mit der ich eines Tages, von Arbeit und Zeit unterstützt, die Technik ergründen und mir das Tor zum Geheimnis der Götter öffnen könnte. Wäre erst der Mechanismus dieser Erfindungen von mir zerlegt – was die Grenzen des Möglichen nicht überstieg, da es ja genaugenommen »Er-findungen« waren –, hätte ich faktisch das Getriebe der Natur durchschaut, denn es gab keinen Grund anzunehmen, das Verständnis des Ganzen würde mir verweigert, wenn ich zu dem bestimmter Teile vorgedrungen wäre. Erst geraume Zeit später konnte ich die Ungeheuerlichkeit einer solchen Illusion ermessen (falls ich nicht heute der Spielball einer Illusion bin, wenn ich auf diese Weise meine frühere Vorliebe für »Erfindungen« erkläre). Dies, als ich erkannte, daß ich stets damit endete, an diesen »natürlichen« Grund zu stoßen, von dem man bloß weiß, daß er vorhanden ist, was immer die Formen sein mögen, die er annimmt, und zwar so gründlich, daß er für Veränderungen empfänglich ist.

Um den Dampf über dem Kolben zu begreifen, brauchte ich nur von der eleganten *Rakete,* der ersten Lokomotive, die wir dem Engländer Stephenson verdanken (eine hochbeinige Maschine mit dünnem und langgezogenem Schornstein, die einem Insekt recht ähnlich war), abzusteigen und mir den *Papinschen Topf* anzuschauen (ein in mein vertrautes Universum bestens integrierter Gegenstand, da es sich um ein häusliches Utensil handelte und ich an meiner Schule in der Rue Boileau einen Namensvetter des berühmten Erfinders zum Mitschüler hatte, der meinen Kameraden und mir Stoff für unzählige Hänseleien lieferte, ein schwächlicher Geselle, der mit seinem blassen und pockennarbigen Gesicht ein wenig wie ein Strolch aussah). Wenn die Funktionsweise des »Schiebers«, der den Zustrom von Wasserdampf in den Zylinder regelt, wo der Kolben auf- und absaust, der heikelste Punkt unter anderen blieb, die jemand wie ich, der auf die vollständige Theorie der Dampfmaschine versessen war, aufzuhellen hatte, erlaubten mir die wenigen Kenntnisse, die ich über Saug- und Druckpumpen (welche die Anwendung von Klappen und Klappventilen erfordern) erworben hatte, ziemlich rasch – obwohl der ganze Mechanismus in diesem Fall komplizierter war – zu begreifen, was ich im *Nouveau Larousse illustré* über den »Schieber« las, denn mit Hilfe sehr einfacher Beispiele hatte ich somit die Funktionsweise dieser Organe erahnt, die im wesentlichen nichts anderes tun, als sich abwechselnd zu öffnen und zu schließen. Als ich endlich verstanden hatte oder glaubte, verstanden zu haben, wie mechanisch die Hauptelemente dieser Maschine funktionierten (inklusive der Kurbelstangen und Exzenter, die den Rädern den Kolbengang übertragen und zusätzlich die Bewegung des Schiebers kommandieren), hatte ich das Ziel erreicht und gab mich zufrieden. Damals lag es mir fern zu argwöhnen, das Geheimnis beginne erst, wenn man wähnt, alles habe seine Erklärung gefunden. Das Kernproblem der Dampfmaschine liegt nicht in der Art, wie man es anstellt, eine Achse zum Drehen oder ein Vehikel zum Rollen zu bringen, indem man den Druck ausnutzt, den eine Masse von Wasserdampf gegen eine Kolbenscheibe ausübt; vielmehr geht es darum zu wissen, wie dieser Dampf sich bildet und folglich durch welch merkwürdige Perversion der Essenzen das Wasser, wenn es eine bestimmte Temperatur erreicht hat, aufhört, eine Flüssigkeit zu sein und in gasförmigen Zustand übergeht. Und selbst wenn die physikalischen Theorien den Modalitäten dieses Wechsels Rechnung tragen, kann man sich noch immer fragen, wieso ein Stoff, gleichgültig welcher, dermaßen wandelbar ist und derartigen Wechselfällen unterliegt, anstatt, beobachtet man ihn zu einem beliebigen Zeitpunkt (und in der Fleischwerdung, die er dann zeigt), für immer das zu bleiben, was man doch wohl glauben darf, daß er es ein für allemal auch ist.

Lange habe ich für den Prototyp der Erfindung die

Entdeckung des Archimedes gehalten, der von seinem berühmten Prinzip: »Jeder in eine Flüssigkeit getauchte Körper ...« erleuchtet wurde, als er in seiner Badewanne faulenzte, »Εὕρηκα!« rief und sich an die Stirn schlug. Allerdings empfiehlt sich hier einige Vorsicht, denn Erfindung ist nicht gleich Erfindung. Die Tatsache, plötzlich von dem erleuchtet zu werden, was als »Geistesblitz« bekannt ist, unterscheidet sich mitunter beträchtlich vom erfundenen Gegenstand, der Erfindung von Concours Lépine, jenen kleinen Pistolen und Karabinern *Heureka,* deren Pfeile (ihr Name »Heureka« verrät es) unbestreitbare Glückstreffer sind: nämlich herauszufinden, daß sie dank eines Stücks leicht konkaven Kautschuks, das am Rand sich abrundet, durch einen Saugeffekt an der Mauer oder irgendeiner senkrechten Fläche, gegen die man sie schießt, haften bleiben. In dem Alter, wo ich diese Saugnapfpfeile, die mit einer Feder wegkatapultiert wurden, besaß, um Scheibenschießen zu veranstalten, sah ich die »Erfindung« ohne Frage stets unter ihrem unmittelbar stofflichsten Aspekt; wenn ich mich damals um einen Mechanismus kümmerte, dann vor allem um die Bauweise, die das mir (als Bild oder Realität) vorliegende Gerät zum Funktionieren brachte, und nicht um die aufeinanderfolgenden Gedankenschritte, die, endlich Gestalt annehmend, ein solches Gerät in die Welt gesetzt hatten. Darin stimmte ich mit den meisten Leuten überein, die im »Erfinder« in erster Linie einen Handwerker, einen durchtriebenen Gerätebauer, fast einen Straßenhändler sehen, es sei denn, es handelt sich um einen dieser einfältigen Besessenen, die sich nur Windeier ausdenken können und bloß Zeit und Geld mit fruchtlosen Forschungen vergeuden. Die Bedeutung der Erfindung habe ich erst relativ kürzlich begriffen, als mir dieses Wort zum Synonym für Entdeckung wurde und noch klarer, als ich imstande war, die berühmte Anekdote vom Ei des Kolumbus im Sinn eines Lehrstücks zu begreifen. »Man müßte darüber nachdenken«: ein Ausspruch, der in Wahrheit viel mehr Sinnbrisanz enthält als das hoffärtige εὕρηκα und viel klarer enthüllt, daß die echte Erfindung mehr als eine schlangenartig geschickte Intelligenz ein wenig wie Wasser und Brot ist, womit jeder wirklich freie menschliche Akt sich nährt.

Außerhalb der drei Naturreiche (Tier-, Pflanzen- und Mineralreich: eine erste Einteilung wie: »Ist es ein Mann? Ist es eine Frau?«, die erste Frage, welche man stellt, wenn man Personenraten spielt) stellte die Welt der Erfindungen einen Posten etwas abseitiger Erscheinungen dar, eine Zone, die über ihre eigene Sonne gebot, ganz wie mir anfänglich die wunderbare Welt der Spielzeuge erschienen war. Obwohl unbeseelt – mehr noch vielleicht als die Minerale und deswegen noch ferner vom Menschen, falls das überhaupt geht –, sprach dieses Reich der Erfindungen den Menschen doch ungleich stärker an. Denn es war seine Schöpfung, sein Appendix, und gern würde ich sein »Annex« sagen, weil es mir Vergnügen bereitet, dieses Wort schillern zu lassen, das ich früher einmal verstümmelte, als man mich in die großen Kaufhäuser mitnahm und wir einen Ort aufzusuchen hatten, dessen Name mir »la nexe«, die Nexe, zu sein schien. Gemeint war der Anhang (über den jedes dicke Wörterbuch verfügt), der Ableger, der Satellit, die Sukkursale, die noch weniger durch die Straße vom eigentlichen Kaufhaus getrennt ist als ein Haus von einem anderen durch eine Grenzwand.

Den »Erfindungen« sehr nahe – wie der »Schneepflug« der Lokomotiven, den ich nur dem Bild nach kannte und so gern in Wirklichkeit gesehen hätte (es wurde ein glatter Reinfall für mich, in der Schweiz kein Zipfelchen dieses Dings zu Gesicht zu bekommen, als mich meine Eltern zum ersten Mal in die Auslandsferien mitnahmen, denn ich hatte mir ausgemalt, in einem solchen Gletscherland, demnach kalten Land, wäre er für die Züge unentbehrlich); desgleichen das »Windleitblech«, bei dem ich umgekehrt das Vergnügen hatte, sein

Schema im Lexikon wiederzufinden, nachdem ich es mit eigenen Augen an den Lokomotiven der Linie Paris–Lyon–Mediteranné während eines der kurzen Aufenthalte, die meine Familie öfter in Nemours hatte, nachdem meine Schwester sich mit einem von da unten verheiratet hatte –, Nachbarn der »Erfindungen« und ihre Wurzeln (wie die meisten Erfindungen) in die Mineralwelt senkend, waren die »Experimente« absonderliche Inszenierungen, die Teile der Natur in eine Art Theater verwandelten, wo Personen ohne Leben, das heißt Gegenstände oder andere, auf konventionelle Weise miteinander konfrontierte Elemente mit der Macht magischer Wachsfigürchen fast ebenso eindrucksvoll agierten, als wären sie mythologische oder menschliche Helden gewesen.

Ein »Experiment« (expérience) – wenn ich einleitend die Erfahrung (expérience) dieses Worts mache, ohne den Versuch zu unternehmen, tiefschürfend zu werden – entfaltet, dehnt und streckt sich wie eine Flüssigkeit in einem Zuber, Trog oder Reagenzglas. Gleichgültig wie die Neigung des Behälters sei, es existiert eine waagerechte Fläche, der einige platzende Blasen kaum Abbruch tun. Geduldig und seriös fügt sich die Physiognomie dieses Worts vollendet den in Physik- oder Chemiebüchern beschriebenen »Experimenten«, deren unpersönliche und stumme Akteure gemeinsam mit den aufgebotenen Realitäten die hantierenden Hände des Experten sind; ebensowenig widerspricht sie jener reichen »Erfahrung«, die zu besitzen die reifen Leute sich im allgemeinen schmeicheln, jener Erfahrung (expérience), die sie den Hoffnungen (espérances) der Jugend entgegenhalten, als würde die Lehre, die einem die wahrhaftig kreuzsichere Erfahrung beschert, die im bloßen Vollzug des Lebens besteht, einzig darauf hinauslaufen, das Feld dieser *Hoffnungen*, von denen man gern im Plural spricht, auf jenen geizigen und von jedem Exzeß gesäuberten Singular einzuengen: die ausgehustete, fast auf dem letzten Loch pfeifende *Erfahrung,* die nichts mehr freisetzt, es sei denn Exkrement.

Gewiß schließt ein »Experiment« die Vorstellung eines elaborierten, ja künstlichen Vorgangs mit ein (was in diesem letzten Sinn fast auf *Expedient* hinausläuft); doch es hat auch etwas Hieratisches, Feierliches und nicht nur Ausgetüfteltes oder Pedantisches. Statt die Dinge in ihrem nackten Vorhandensein zu nehmen, hat man sie sorgsam ausgewählt, von langer Hand vorbereitet, die zufällige Patina entfernt, welche die wahllose Berührung allzu vieler Umstände jahrein, jahraus auf ihnen hinterließ, und jetzt sind sie alle auf einmal wie im geschlossenen Gefäß auf dem Tablett versammelt, wo sie sich in ihrer Ewigkeit von »Dingen« begegnen, schonungslos dem Blick ausgesetzt und in Gewänder mit langen steinernen Falten gehüllt, wie Tragöden, deren Spiel weniger aus einer Abfolge von Gesten denn aus einer Reihe von Haltungen besteht, und deren Bewegung durch die Veränderungen zustande kommt, die sie, in dem Maße wie die Zeit – der einzig wirkliche Täter – verstreicht, in ihrer Reglosigkeit erfahren. So das Pendel von Foucault, das im Gewölbe des großen Hauptsaals des Konservatoriums der Künste und Handwerke wie eine symbolische Figur in geweihter Umfriedung hängt, ein Instrument, das die Erdumdrehung demonstrieren soll, indem es exakt den Rhythmus der Zeit anzeigt; so, in einer natürlicheren Umgebung, die Talg- oder Wachskerze, die in der Hundsgrotte brennt, hält man sie in Menschenhöhe, jedoch erlischt, sobald man sie auf den Boden stellt; was beweist, daß das in dieser Grotte vorhandene Kohlendioxyd, ein dichteres Fluidum als die Luft, sich in den niederen Schichten der Atmosphäre ablagert, mit dem Ergebnis, daß die menschlichen Besucher der Grotte von diesen Verhältnissen nicht im geringsten belästigt werden, während eine Kreatur kleinerer Statur – ein Vierfüßler, zum Beispiel ein Hund – gute Aussichten hat, nach nicht allzu geraumer Zeit den Erstickungstod zu erleiden.

Beim ersten dieser beiden Experimente spielt sich alles zwischen der Metallmasse des Pendels und jener unsichtbaren, übermenschlichen Kraft der Gravitation ab; beim zweiten zwischen der Kerzenflamme und dem unspürbaren Dunstkreis, der die Lungen mit jedem Atemzug einem verderblichen Einfluß aussetzt. Im ersten Fall illustriert eine Kapelle, im zweiten eine Höhle dieses ideale »geschlossene Gefäß«, den auserwählten Ort der Experimente, jenen abstrakten Raum, aus dem alle fremden Einmischungen sorgfältig eliminiert wurden und der die Forderung nach vollkommener Unberührtheit auf den Gipfel der Austrocknung treibt.

Sehe ich einen sehr großen Hund – zum Beispiel einen Bernhardiner oder eine Dogge –, wenn er atemlos keucht und seine Zunge baumeln läßt, spüre ich vermutlich wenigstens eine Sekunde lang, wie mich das Bild dieses großen Hundes streift, der in jener Höhle, von der man mir damals erzählte und die wie vom elenden Licht einer Grubenlampe von der weißen Wachskerze erhellt wird, um die sich die Finger des Führers schließen, mit dem Erstickungstod ringt; befinde ich mich in einem Kirchenschiff und schaue zu dem im Gewölbe hängenden Lichtwerk hoch, fällt es mir schwer, nicht an dieses Pendel zu denken, das ich erst später entdeckte und das – wie jenes, das vermutlich genau in dieser Minute an meiner Schädeldecke hängt – ein schweigendes Selbstgespräch führt, das keine Naturkatastrophe unterbrechen könnte, auch nicht das kotzlangsame Ersticken des Hundes oder das jähe Verlöschen der Flamme, die die Kerze bekränzte. Hier allein berühre ich (oder bilde mir ein zu berühren) die wirkliche Erfahrung, die – unmittelbar oder auf Umwegen – mir die unerbittlichen Spuren des Schicksals offenbaren soll und die mir heute allein den Namen eines »Experiments« zu verdienen scheint, der einst die Fähigkeit besaß, vor allem jene geheimnisvollen Dramen zu bezeichnen, deren Protagonisten Kräfte und Objekte sind und deren Kulissen die Bücher für den »Anschauungsunterricht«, von Gravuren unterstützt, wiedergeben.

Ein sehr großer, kurzatmiger Hund, eine enge und schwach erleuchtete Grotte, die man über eine Felsrampe oder einen Bergpfad erreicht, ein leicht stechender Geruch oder Geschmack: das sind die malerischsten Bilder, die mir einfallen, wenn ich an *Kohlendioxyd* denke. Dieselben stechenden Ausdünstungen, dieselbe Enge des Orts, dessen spärliches Licht ein weiterer Quell des Unbehagens ist, dieselbe mühsame Atmung, bei der man nicht weiß, ist sie Ergebnis oder Ursache der Größe eines Tieres, Ausdruck von Fettsucht oder Ursache dieser Aufblähung, die sich – auf so plausible Weise – mit der einseitigen Blockierung des Atems verbindet; alle diese verschiedenen Produkte, einer einzigen Grube entsprungen, finde ich fast identisch in einer anderen Falte meines inneren Erdreichs wieder: in jener, mit der sich in der Nomenklatur der Begriff »CHRONISCHE KRANKHEIT« oder »CHRONISCHE (Krankheit)« verband, wenn ich einen Atlas meiner unterirdischen Gedanken aufschlug.

Dieser Begriff der »chronischen Krankheit« (maladie chronique), der mir (vielleicht wegen einer unfreiwilligen Umschmelzung, die er durch meine Exhumierung erfährt?) auf der Ebene der Sprache nicht nur mit dem »Kohlendioxyd« (gaz carbonique) verwandt scheint, sondern auch mit den »Bichromatbatterien« (welche ich durch die Neujahrskataloge sehr früh kennenlernte, wo ich oft Beschreibungen elektrischer Spielzeuge gelesen hatte, die mit solchen Batterien ausgerüstet waren), dieser Begriff eines Leidens, das sich durch die Eigenschaft, »chronisch« zu sein, unterscheidet – eine Eigenschaft, die in meiner Vorstellung eher zur Welt der Gerüche als zur Kategorie der Zeit gehörte, daß ich geneigt war, in ihr eine Verwandte des überaus verderblichen Geruchs zu sehen, den ich dem Kohlendioxyd anlastete –, dieser Begriff einer mindestens ebenso abträglichen Sache wie die säuerliche Luft (fauliger Stoff auf dem Boden eines Trogs), die in der Hundsgrotte lagerte, hatte eine Stütze aus Fleisch und Blut, deren Leben mir nicht sehr naheging, aber nichtsdestoweniger im Kreis der Wirklichkeiten mit einbegriffen war, die beim Aufbau meiner Alltagskulisse zusammenwirkten. Diese unmittelbar wahrnehmbare Stütze – deren Existenz sich mir, wohlgemerkt, unmittelbarer aufdrängte als die jener Wesen oder Dinge, die mich bloß durch Hörensagen oder über ihre Abbildungen erreichten – war nichts anderes als ein Pseudo-Onkel von mir, der mit seiner Frau in Montrouge lebte und dessen chronisches Leiden aus Asthmaanfällen bestand, während seine bessere Hälfte ihrerseits ins »Hysterische« schlug.

Was immer die Verirrungen sein mögen, die der Gebrauch einer sehr unvernünftigen Ausflucht nach sich zu ziehen droht, möchte ich mich hier noch einmal eines Mittels bedienen, auf das ich nicht zu verzichten bereit bin, weil es das beste – wenn nicht einzige – Reagenz darstellt, das mir zur Hand ist, um gewisse Erinnerungen an meine Kindheit zu isolieren und wenigstens den Anschein von Frische dem wieder zu geben, was in den meisten Fällen tote Abstraktion bliebe, wollte ich ein solches Verfahren verschmähen. Indem ich gewisse Wörter und Ausdrücke wieder aufgreife, sie kombiniere, sie zusammenspielen lasse, kann ich die Szenen oder Bilder neu beleben, mit denen diese häufiger grob mit Kohle geschriebenen denn kalligraphierten Aufschriften verbunden sind; indem ich diese verstreuten Zeichen oder verwaschenen Wrackteile aneinanderfüge (wie um einen neuen Zusammenhang zu stiften), kann ich diese Erinnerungen ohne anderen gemeinsamen Nenner als ihre Fähigkeit, auf die nämliche Weise neu belebt zu werden, ihrer Unkörperlichkeit von Phantomen (die ich kaum noch ernst nahm) entreißen und bewirken, daß sie sich wie Tote beim Nennen ihres Namens oder bloßen Aussprechen einer Formel aufrappeln, einer Formel bar jedes vernünftigen Sinns, doch deren magische Peitsche sie ins Leben zurückbringt.

In »Montrouge« wie ein rotes Feuer, wie ein suspekter Stern an der Rückfront des letzten Waggons eines Zugs, in der »Avenue de Chatillon« wie ein Jupon, wie eine Frisur oder ein Teil eines Kotillon mit zerknittertem und verschossenem Papier, wohnten der Onkel und die Tante »Firmin«.

Firmin riecht sauer, nach stickiger Luft oder chronischer Krankheit, und das ist die ungemütliche Wohnung nach mehreren Stockwerken mit einer harten Holztreppe, jene Wohnung, in der das Ehepaar am Abend Schafskopf, Mikado oder das Flohspiel spielt. Was weiß ich noch? Zumindest, daß sie vorwiegend dann spielen, wenn Kinder wie meine Brüder und ich zu Besuch kommen, die sie gerne unterhalten möchten. Firmin, ein Name wie Wollfett, das ist dieser dicke, verwahrloste Mann mit einem ins Violette spielenden Gesicht, seinen »Atemnöten« (wie seine Gattin sich ausdrückte) und seiner Arteriosklerose, die er den allzu zahlreichen Weingläsern verdankte, welche er den lieben, langen Tag lang zu leeren beliebte (ohne daß der Teure freilich ein Trunkenbold gewesen wäre!). Firmin, ein dickflüssiger und sirupartiger Name, und da wären noch die Brombeeren, auch ins Violette spielend und säuerlich im Geschmack (oder der sehr dunkle Tee mit einem gehörigen Schuß Rum?), die man uns, dünkt mir, zusammen mit kleinen trockenen Kuchen zu kosten gab, welche man nach Entfernung ihrer Papierhülle oder Entnahme aus einer Metalldose in eine geziemende Schale mit oder ohne gesticktem Tellerdeckchen legte. Firmin, ein fadenscheiniger und fahler Name, das ist parallel dazu die Ehefrau des Genannten, oder anders: die Pseudo-Tante, die man zur Familie zählte, weil sie irgend jemandes Tochter war, der jahrelang als Diener beim Vater meiner Mutter beschäftigt war, jenem meiner beiden Großväter, der ein hoher Funktionär der Pariser Stadtverwaltung und zudem ein wahrer Republikaner war – ein Titel, den man voll Stolz allen beiden Großvätern verleihen konnte.

Firmin, das ist die vertrocknete und gelbe Frau mit zager und hoher Fistelstimme, mit gebräunten Augenlidern und schwarzem Kopftuch? die sich bald in Jeremiaden über die Schmerzen ihres Gatten und ihre eigenen Beschwerden, bald in leerem Kleinmädchengefasel erging und dann den Drang verspürte, jeden mit einem Spitznamen auszustaffieren, als ginge es darum, nach ihrem Bedünken das Universum umzutaufen. So sprach sie vom »teuren Mimi«, der diese Nacht schon wieder an seinem Asthma gelitten hat, verbreitete das Neueste vom »Vater Regenschirm«, dem Ladeninhaber von unten oder nebenan (dessen Tätigkeit vielleicht wirklich darin bestand, Regenschirme unter die Leute zu bringen), erkundigte sich nach »Schweißfänger«, dem Bruder meines Vaters, den sie so getauft hatte, warum wußte kein Mensch je zu sagen. Am Abend ihres Hochzeitstages hatte sie sich geweigert, mit dem »teuren Mimi« das Bett zu teilen, Ausbund an Schamhaftigkeit! oder womöglich allzu sehr über der Sache stehender Dünkel ... Sehr bald schon hatte sie »ihr Leiden« bekommen, das ein Nervenspezialist – ohne durchschlagenden Erfolg – mit Suggestion und Elektrotherapie behandelte. Als der »teure Mimi« verblichen war, vertauschte sie den rötlichen Morgenmantel, in den fröstelnd gehüllt ich sie bis dahin immer nur gesehen hatte, mit einem Trauerkleid; dann zog sie sich ins Altersheim Sainte-Périne in unserem Viertel Auteuil zurück und lebte dort noch etliche Jahre, erblickte im Traum zuweilen den »teuren Mimi« zur Rechten des lieben Gottes sitzend, bildete sich ein, jede oder beinahe jede Nacht den Besuch des Dahingegangenen zu empfangen, und hatte früheren idiotischen Zerstreuungen abgeschworen, um höchstwahrscheinlich dazu überzugehen, Tische zu rücken, denn – wie jede große Nervöse, die etwas auf sich hält – gebot sie über beachtliche mediale Fähigkeiten ... Firmin, das war dieser wackere Mann mit behäbigen und gewöhnlichen Manieren, den mein Vater in seinem Büro angestellt hatte und der dort die Ergebenheit eines guten Hundes an den Tag legte; Firmin, das war diese magere Frau mit blutleeren Lippen, ekstatischem Lächeln und, wie man hörte, verdrehten Augen, wenn sie ihre »Krise« hatte, diese Stubenpythia oder Pensionärin der Salpêtrière (»salle Pêtrière«, sagte ich), dieser Melissenwasserschwamm, der fast nie sein Heim und selbst nur unter großen Opfern seinen Sessel verließ, an den seine – wirklichen, eingebildeten oder vorgetäuschten – Schmerzen ihn festgenagelt hatten. Firmin, ein versauerter Name, das war dieser schauerliche Mief einer bescheidenen und luftdicht verschlossenen Wohnung, wo zweifelsohne nicht allzu sauber gewaschene Leute lebten; einer von ihnen hatte mit jenem chronischen Leiden zu tun, das ihnen – trotz ihrer Kraft, die man in ihrer Bekanntschaft für herkulisch hält – wie dem großen Hund, der Kohlendioxyd einatmet, den Erstickungstod bringt, und die andere hatte einen Draht zur Elektrizität, einem Fluidum, dessen Geschmack zwangsläufig stechend ist, nicht nur des Bichromats wegen, sondern weil eine der am leichtesten zu spürenden Wirkungen des elektrischen Stroms darin besteht, auf der Haut ein ziemlich unangenehmes Kribbelgefühl hervorzurufen, das ich für meinen Teil nie ausstehen konnte. Eugène und Gabrielle Firmin, Avenue de Chatillon, Montrouge, das ist der Haushalt ohne Kind und Dienstmagd, ein billiges Diptychon, das diesen zeitgenössischen Archetyp von Mann und Frau auf die Größenordnung von Personen einer Vorstadtbühne erniedrigt, deren Verbindung, welcher notwendig die Entbindung folgt (wenn nach der Krankheit der Tod kommt), den beständigsten und bescheidensten Fall der menschlichen Tragödie darstellt.

Montrouge – mit dem grobschlächtigen Vorstadtkolorit, im beunruhigenden Licht des Kalkofens in einer Winternacht – ist die erste Kulisse dieses Dramas, dessen letzter Akt in Sainte-Périne spielt, einem Altersheim, das in einem gutgelüfteten Arrondissement liegt, inmitten weiter und stiller Gärten. In Sainte-Périne wie in Montrouge, so verschieden die Orte sein mögen, existiert dasselbe geizig verschlossene Zimmer, das dennoch das einzige Laboratorium ist, wo alles geschieht, als ob die Krankheit des Alters – ein wirkliches chronisches Leiden in dem Sinne, daß der unaufhaltsame Verschleiß der Kräfte ganz und gar eine Zeit-Krankheit ist – als Theater nur einen Raum haben könnte, unwiderruflich begrenzt von vier Wänden, hautnaher Ausdruck jener Gesetze, denen man, komme, was wolle, nicht entrinnt.

Verhält sich dies alles so, weil die ersten Wesen, die ich behandeln lernte, wie man alte Menschen behandelt, solche waren, zu denen man mich auf Besuch mitnahm und deren Hauptaufgabe zu sein schien, in der Ecke ihres Herdfeuers sitzend Besuch zu empfangen? Weil für einen Städter wie mich es eine Norm ist, daß die frühesten und stärksten Erinnerungen eher mit Bildern von Interieurs als mit Freiluftszenen verknüpft sind? Allgemeiner, weil die soziale Welt eine Schöpfung der Erwachsenen ist (die ihre Sitten und Gebräuche denen aufpfropfen, die auf den untersten Sprossen der Zeitenleiter sitzen), und weil diese erstgeborene Welt, in die man nur Eingang findet, wenn die Erwachsenenstatur klar bezeugt ist, sich in Häusern, Möbeln, Haushaltsutensilien oder Bibelots, diversen Industrieartikeln für die in einer Gesellschaft lebenden Männer und Frauen kristallisiert? Weil – einfacher und alle anderen Gründe außer achtgelassen – es als Naturgesetz gilt, daß betagte Menschen dazu neigen, mit ihrem Sessel – vorausgesetzt sie besitzen einen – zu verkrusten? Ich weiß nicht. Aber das Bild, das ich mir als Kind vom Alter machte, scheint mir nur schwer von eingesperrten Orten, verschlossenen, mit Schonbezügen, Tapeten, Vorhängen und Teppichläufern überladenen Zimmern loszukommen.

Gegen diese eng umschriebenen Orte und Objekte, die wie vom Brodem des in jedem Augenblick matter werdenden Atems der Menschen durchseucht sind, die an ihrer Seite leben, gegen diesen elenden Zeitschutt, den hinter verschlossenen Türen Eheschließungen, Begräbnisse, an die große Glocke gehängte Geburtstage und Feierlichkeiten messen, gegen den Staub all dieser Vorrichtungen in der Farbe von Kalenderblättern rebelliert die intakte Marge des *offenen Himmels,* die lebendige und freie Zeit der »großen Ferien«, die grell vom Alltagstrott des Jahres absticht.

Zweifellos eins der sonderbarsten Phänomene, die außerhalb der Häuser geschehen und, da sie dem häuslichen Dasein entgehen, als »natürlich« bezeichnet werden können, ist die *Sonnenfinsternis,* die man gewöhnlich beobachtet, indem man die Augen mittels eines geschwärzten Glases vor Blendung schützt. In Viroflay (das ich versucht bin, »Viroflé-é-é« zu schreiben, um einen Bahnhofsangestellten dieser Ortschaft nachzuahmen, der auf diese Weise den Stationsnamen bei der Ankunft eines Zuges ausrief, als würde es sich um eine der »giroflée«, der Levkoje verwandte Blume handeln), in Viroflay an irgendeinem Morgen eines sehr fernen Sommers bot sich mir die Gelegenheit, einer Sonnenfinsternis beizuwohnen. Mein Vater, meine Brüder und ich, meine Schwester und vielleicht sogar, wer weiß? meine Mutter waren im Garten der für die ganze Saison gemieteten »Villa Suzanne« versammelt und betrachteten die Sonne durch geschwärzte Gläser. Eigentlich weiß ich nicht, was es dort genau zu betrachten gab; wichtig war nicht so sehr, was sich am Himmel abspielen sollte – den nicht schwärzer zu sehen ich allerdings erstaunt war –, sondern diese Geschichte mit dem geschwärzten Glas. Da eine der Liebhabereien meines Vaters in diesen Tagen der Muße die Photographie war, hatte ich eine vage Vorstellung, was eine lichtempfindliche Platte war, und ich wußte, daß auf dieses mit einem speziellen Belag bedeckte Rechteck aus Glas die Sonne, falls die erforderlichen Bedingungen beachtet werden, das Bild aller wirklichen Dinge drückt, auf die der Photograph seinen Apparat gerichtet hat. Was mich an der Sonnenfinsternis interessierte, war die Handhabung des geschwärzten und zwischen mein Auge und die Sonne (oder ihren Reflex in einem Eimer Wasser?) geschobenen Glases, daß man sich vorstellen konnte, es wäre eine lichtempfindliche Platte: wenig zählte, was es zu sehen gab; wichtig war nur die Art und Weise des Betrachtens. Die Finsternis, die ich als Resultat der totalen oder teilweisen Verdekkung der Sonnenscheibe erwartete, hatte sich auf das Glas in Form von Rauchschwärze übertragen, und die wahre Eklipse war für mich diese Schattenschicht, die sich über das durchsichtige Rechteck ausbreitete, das meinem Auge so nahe war und einem zweiten Auge, einem Brillenglas, glich, in dessen Kern das mysteriöse Phänomen – das tatsächlich den Lauf der Sonne beeinflußte – auf mysteriöse Weise stattfinden sollte. Das Wort selbst, *éclipse* (rasches Gleiten, Lidschlag, Klicken des Auslösers), trug dazu bei, die Sonnenfinsternis – die zeitweilige Verdeckung eines Himmelskörpers durch einen anderen Himmelskörper – auf die Ausmaße eines physikalischen Phänomens derselben Stufe wie jenes zu reduzieren, das mir bei der Handhabung des Photoapparats wesentlich schien: die momentane Öffnung des Verschlusses, der eine variable Zeitspanne lang (je nachdem, ob man eine »Zeitaufnahme« oder einen »Schnappschuß« macht) die Lichtstrahlen einläßt, die sich, nachdem sie die Linse durchquert haben, auf die in der dunklen Kammer verborgene Platte übertragen. Wenn die kinematographische Marke *Eclair* (Blitz) – die ich, was ihr hohes Alters angeht, vielleicht mit der alten Firma *Lumière* (Licht) verwechsele – mich stets an die *Eklipse* erinnert, die ich um das Jahr 1906 von unserem Haus in Viroflay aus beobachtete, so glaube ich wohl, daß dies nicht allein auf der Ähnlichkeit der Namen und dem Aussehen des Blitzes beruht (einer Art negativer Eklipse, da hier die Erleuchtung und nicht die Verdunklung momentan ist), sondern auf dem Charakter der photographischen Manipulation, den diese Eklipse in meinen Augen angenommen hatte, die, offen gesagt, ziemlich unkosmisch war und von der ich wahrhaftig nicht zu sagen wüßte (es sei denn, ich räsoniere), ob es eine Sonnen- oder Mondfinsternis war, da ich in Wahrheit mein Augenmerk weniger auf sie als eine der Betrachtung äußerliche Wirklichkeit oder auf das, was man mir über sie sagte, gerichtet hatte, sondern auf das geschwärzte Glas, das ihre Beobachtung ermöglichte.

Der Blitz, der einen guten Teil des Himmels erhellt, ohne Form anzunehmen und reine Farbe oder reines Leuchten bleibt. Umgekehrt, der Blitz, der sich in einer scharfen und gezackten, einzelnen oder verästelten Linie zeichnet, deren Lauf man trotz seiner Jähe verfolgen kann. Der grelle Blitz, der (sagt man) blind machen kann, wenn man ihn zu betrachten versucht, ohne mit den Augen zu blinzeln. Der Magnesiumblitz, der im Atelier des Photographen unter das Licht siebenden Glasscheiben für einen Sekundenbruchteil den durch das traditionelle »Nicht mehr bewegen!« zuvor zur Salzsäule gewordenen Patienten plötzlich versteinert und verwandelt, und das Rückenmark nun durch den brüsken Ruck in diesem erstarrten Bild ohne Dichte und Leben vereist ist, das den Abgelichteten in die zwei Dimensionen des Klischees bannt. Der Blitz selbst als Photograph oder Magier, dem (einer Nachricht oder Notiz über wissenschaftliches Allerlei in der Wochenzeitschrift *Nos Loisirs* zufolge) oft ziemlich kuriose physikalische Streiche gelingen sollen, beispielsweise auf die Netzhaut eines toten, vom Blitz getroffenen Mannes das Bild des Baumes zu pflanzen, unter dem er im Augenblick, als die himmlische Entladung ihn elektrokutierte, Schutz gesucht hatte. Der Blitz als reine Geschwindigkeit und – wie einer meiner Cousins sagte – Bezeichnung für bestimmte Züge, die schneller als die schnellen und selbst die »superschnellen« sind, und die man (wie er versicherte) »Blitzzüge« nennt. Der Blitz als Éclair, paradoxal weich, gutartig und ein Backwerk, das je nach seiner mehr oder weniger starken Festigkeit in Farbe und Geschmack *éclair au café* oder *éclair au chocolat* genannt wird. *Éclair* als Spitzname einer jungen deutschen oder Schweizer Dienstmagd, die nur vorübergehend im Haus angestellt war, meine Brüder und ich dennoch genügend Zeit gefunden hatten, sie so zu taufen, inspiriert entweder allein von der Lebendigkeit ihres Auftretens oder gleichzeitig von ihrem wahren Namen, von uns absichtlich umgeformt, um die Ähnlichkeit zu erhöhen. *Éclair* galt mir als ein typischer Name für Reinrassigkeit (wie ein Hund Médor und eine Katze Minou heißt), als mein Bruder Pierre und ich uns für den Rennsport begeisterten und eine fast religiöse Philosophie des Lebens der Trainer und Viehzüchter ersannen, einer Art moderner Patriarchen, die inmitten ihrer großen Familie aus Jockeys, Lads und Rennpferden ein Dasein strenger Disziplin führten. *Éclair,* der kracht oder sich wie ein Teppich entrollt, Zickzack, Sprühfeuer oder Lichtgarben, die alsbald erlöschen, ebenso reine Spritzer wie die Splitter einer Fensterscheibe, die der Glaser ersetzt. *Éclair,* plump oder flink, des Simplon-Expresses oder mit dem Namen der Stadt »Vitry-le-François«, je nachdem ob man die eiserne Feuerkugel oder den Meteor vor Augen hat, eine momentane Blendung, verursacht vom boshaften Manöver eines Taschenspiegels, der die Sonne reflektiert, oder vom zufälligen Schwenk eines durchsichtigen Fensterflügels, der für einen Augenblick ein ebenso stechendes wie dichtes Feuer zündet, das alsbald in bloßes Seidengeflimmer zerfließt, ohne den Spektakel einer Explosion oder eines Expreßzugs, der über eine Drehscheibe galoppiert, bevor er die rauchgeschwärzten Verglasungen eines Bahnhofs schneidet. Wie es am Himmel diesen vielgestalten Blitz gab (in seiner Nacktheit, durch den kaum gespaltenen oder überall durchsichtigen Schirm einer Jalousie oder Fensterscheibe wahrgenommen), geschah es bisweilen, daß es auf der Erde das Glatteis – *le verglas* – gab.

Vom Blitz zum Glatteis, von der unabsetzbaren Scheibe des plötzlich auflodernden Himmels zur zeitweiligen Verglasung eines Stücks der Erdoberfläche überspringend, packt mich doch eine leichte Unruhe, die teils daher kommt, daß es stets deprimierend ist, sich nach den weit zurückliegenden und vergangenen Erlebnissen hinabzubeugen (daß man mit dem Finger das Altern berühren kann), teils auch von einem etwas schlechten Gewissen. All diese Dinge, die ich aufrühre, all diese Gedanken, die ich miteinander verkoppele, die ich, den Wörtern vertrauend, in eine Reihenfolge bringe, als hätte ich im Herzen und im Kopf nichts weiter mehr als eine bestimmte und besondere Fähigkeit zu sprechen – im großen und ganzen bin ich mir nicht sicher, ob all dies, mehr noch als eine Art Wortdünnschiß, nicht Produkte der eitelsten literarischen Künstelei sind. Auskragend zwischen Gegenwart und Vergangenheit, zwischen Imagination und Erinnerung, zwischen Poesie und Wirklichkeit, zaudere, laviere, schwanke, oszilliere ich, und für Augenblicke fühle ich, wie ich den Boden unter den Füßen verliere ... Was ist zu sagen? Mein Vorsatz geht dahin, die Umstände wiederzufinden, wo alle Dinge jählings auskragten und ich spürte, daß ich im Begriff war, den Boden unter den Füßen zu verlieren. Liegt die Angst, die ich empfinde, also einfach in der Natur dessen, was ich wiederzuentdecken trachte? Oder verdoppelt sie sich im Gefühl einer Unaufrichtigkeit, die daher kommt, daß die etwas wirrköpfige Art, wie ich meine Suche gestalte, der Gegenstand dieser Suche und die von Anfang an durch einen solchen Versuch in mir entstehende Emotion die Tendenz haben, sich ständig zu vermengen, ja sogar zu verschmelzen in einem recht trüben Gemisch, damit ich widerrechtlich das Feld betreten kann, wo ich meine Feder für diese sogenannte Suche einspanne und durch alle Umstände vagabundieren lasse, die ich ein ganz kleines bißchen als auskragend hinstellen kann; Angst, die genauer gesagt daher kommt, daß ich womöglich die folgsame Beute einer Illusion tautologischer Ordnung bin, die darin besteht, vergangene Zustände – die meine Suche zu isolieren trachtet, um ein Mittel ausfindig zu machen, das mir erlaubt, nach Belieben ähnliche zu erwerben – danach zu definieren, was im gegenwärtigen Augenblick durch die Verwendung eines mitnichten zu entdeckenden, da gerade in diesem Augenblick erworbenen Mittels in mir aufklinkt, und das just als das Mittel erkennbar wird, das mich überhaupt erst in die Lage versetzt, meiner Vergangenheit nachzustellen – ein Schlammloch, wo ich auf andere Weise riskiere, den Boden unter den Füßen zu verlieren, eine Verglasung, auf der ich ausrutsche, ein Blitz, der mich nur erleuchtet, um mich um so sicherer zu verblenden?

Als mein zweitältester Bruder eines Tages von der Schule nach Hause kam, sagte er: »Heute morgen war Glatteis ...« Winter, Rauhreif, Frost und Schnee sind mir wohlbekannt, doch was ist eigentlich Glatteis? Da gibt es eine Verbindung zu Glas (»verre«) – wie der Name *verglas* anzeigt –, und ist nicht alles, was sich mit Eis verbündet, im wesentlichen aus Glas? Das *glâ* am Ende hat mit seiner Schwere ein klein wenig Unheilvolles, und weiß ich nicht bereits, daß es ein Zeichen des Todes ist, wenn man die Totenglocke (»glas«) läutet? Im übrigen wären da noch die photographischen Platten der Firma Jougla.

Scherben einer zerbrochenen Flasche, aus Glas mit flaschengrünem Farbton (dunkler als »vert-de-gris«, Grünspan, der sich auf den Wasserhähnen der Küche zeigt, wenn die Köchin einige Tage lang versäumte, ihr Kupfer zu putzen). Heutzutage: »boire un glass«, Argotausdruck für »boire un verre« – ein Glas trinken – (und insbesondere, wenn ich der Neigung zum Anglizismus folge, wozu das Wort »glass« mich einlädt, ein Glas »Stout Bass«). All das läßt mich an *verglas* denken.

Eines Morgens irgendeines frostigen Wintertags hat sich auf dem Boden ein unbekannter Stoff gebildet und mein Bruder hat mir gesagt, daß es Glatteis war. Habe ich gleich begriffen, daß Glatteis jene dünne Schicht erstarrten Regens ist, auf der man gefährlich ausrutschen kann? Habe ich auf Anhieb die ganze Lektion der Dinge verstanden, die das Wort *verglas* enthält? Oder hat mein Bruder es mir auf eine Frage von mir erklärt? Oder habe ich vielleicht geschwiegen und so getan, als wüßte ich Bescheid (damit es nicht nach dem Gegenteil aussah), und nur später, als ich es aus eigener Erfahrung kennenlernte, begriffen, was Glatteis ist?

»Glatteis«: bösartige Replik auf den Schnee. »Glatteis«: Eismembran mit einem Namen, in dem eine unheilschwangere Note schwingt. »Glatteis«: Bild einer kristallinen, doch düsteren Ansicht der Welt. »Glatteis«: feine und harte Lachen, stechender als die angebliche Finsternis der Eklipse.

Unbestreitbar ist das Glatteis eine Sache der Stadt, eine Sekretion des Makadam und der Pflastersteine; in diesem Sinn ist es kein natürliches Gebilde. Obwohl ich es ohne allzu große Verrenkungen als Effloreszenz bezeichnen kann, bleibt es – und zwar todsicher – ein Antipode der Pflanzen. Gewiß hat es nichts mit der Winde zu tun, einer Sommerblume, die hell wie ein Klarhorn klingt und aufblüht; nichts mit den Geranien, Begonien und Dahlien, die geschminkte Wangen haben und deren mennigrote Namen nach ästhetischen Rabatten und stärker noch nach dekorativen Kunstschmiedearbeiten klingen; nicht einmal hat es etwas mit dem Schneeglöckchen zu tun, das immerhin ein Geschöpf der Kälte ist; auch nichts mit der Minze, die ich nie als Pflanze, sondern vielmehr als diesen durchscheinenden Stoff sehe, der ein wenig dem Grau eines Winterhimmels ähnelt, dem Körper dieser kleinen Eishostien, vielleicht die einzigen Bonbons, die ich als Kind nicht mochte. Wenn ich das Wort »Blume« absichtlich verbiege, ihm alles raube, was es an Blumenerde oder Ackerscholle hat und »Trottoirblume« sage, kommt schon wieder das »Glatteis« zum

Vorschein: eine krankhafte Blütezeit, den atmosphärischen Wechseln in den Städten entsprungen, glazialer Schweiß, der die zu straff gespannten Tücher der Straßen befleckt, gekühlter Atem aus festem Dunst, wunderbar glatt und glasiert, doch fremd all dem, womit die kalte Jahreszeit das Land überziehen kann. Weißer Frost, Schneeteppiche, Kristallhäute auf den Ästen, Eisschollen an der Oberfläche von Teichen und Tümpeln, deren Stillstand in der Verhärtung ihren Höhepunkt erreicht, dies alles findet man – es versteht sich von selbst – in Wäldern, auf Wiesen und Feldern; nie aber werde ich auf den Gedanken kommen, man könnte außerhalb der von Menschenhand geschaffenen Perspektiven diesem spezifischen Stadtprodukt über den Weg laufen, das »Glatteis« heißt und eine fröstelnde und bleichsüchtige Replik auf den Asphalt mit seinem schönen brennenden Strom von (fast ein bißchen kotiger) Lakritzenpaste ist, die sich in großen Placken aufspannt, übersintert mit kleinen Kieselsteinen, wie eine Stange harten Nougats mit feinen Mandelstückchen gesprenkelt ist, während das Glatteis selbst (stellt man es sich als etwas Eßbares vor) die dünne Zuckerschicht sein könnte, mit der manche Kuchen überzogen sind.

Unter den Mineralstoffen, die gut zu essen sind – oder von denen man glauben möchte, sie wären es –, gibt es nicht nur den Schnee (eine äußerst verlockende Limonade, obwohl ihr bekanntlich der Geschmack fehlt), seinen Widersacher, den Asphalt (schwarz, heiß und an den Zähnen festpappend, statt in Sekundenschnelle zu schmelzen), ein so alltägliches Ingredienz wie das Salz (nach dem man, nimmt man den Fall der Salzbergwerke aus, in der weiten Auslage einer bewirtschafteten oder natürlichen Landschaft und allen Winden ausgesetzt, lange suchen kann); auch gibt es noch den Lehm, eine feste Masse aus Pudding oder Mokka, die Kalkmilch – mit einem in der Tat mehr gestärkten denn cremigen Namen – und den dicken Brei des Mörtels und Zements. Dann die Lavaströme, die man sich schwerlich anders denn als jene leicht farbige, aber bis zum Ekel zuckrige Schaumschicht vorstellen kann, die sich in dem großen Kupferkessel an der Oberfläche der Konfitüren während ihrer Zubereitung bildet, und die man dann Löffel für Löffel ausschleckt, wenn der Kessel gereinigt wird und die Konfitüre bereits im Topf ist. Ferner gewisse, sehr weiße und sehr feine Sandsorten, wie ich sie in Nemours sah – die ich spaßeshalber immer wieder durch meine Finger rieseln ließ, ohne allerdings so weit zu gehen, sie zu kosten –, Felsspäne, die an Puderzucker erinnern, jenen Zucker, der genau wie ein Mineral aussieht, obwohl die menschliche Industrie ihn aus dem Pflanzenreich gewinnt und es Brauch ist, ihn zu den Körpern zu zählen, die Gegenstand der organischen Chemie sind.

Verglas, Verglasung der Straßen, *vert-de-gris,* Grünspan, der sich auf die Kupferhähne setzt, *Vert-Galant,* ungeschliffener Spitzname, den der gute König Heinrich – strotzend vor Gesundheit – trägt, *Véronique,* nicht die Heilige (die ihren Namen einer der klassischsten Passaden des Stierkampfes lieh), sondern die Véronique der Operette (Begleiterin der Estelle[25] für die Picknicks im Grünen, Schaukelpartien und andere Grisette-Spiele[26]): diese vier Wörter – trotz des »verre« (Glas) oder »vert« (grün) oder »ver« (Wurm), der ihr gemeinsamer Nenner ist – teilen sich in zwei sehr verschiedene Kategorien: die beiden ersten gehören zur unbelebten Welt der Minerale, selbst wenn man glauben kann, sie wären eßbar oder wie zart auch immer ihre Farbe sei; die beiden letzten gehören zur stets lebendigen Natur, selbst in den unzähligen Fällen, wo sie weder grün noch bekömmlich ist. Nehme man noch den Regenwurm (ver de terre) hinzu (der auch »lombric« genannt wird, vielleicht wegen einer gewissen Ähnlichkeit dieses Wirbellosen mit dem Nabel – »ombi-

25 »Estelle«, Titel eines Schäfergedichts

26 »Grisette«: kokette Pariser Putzmacherin; so genannt, weil sie Grisett, ein leichtes, graues Kammgarnkleid, trug

lic« –, der eher wie eine Tierhöhle denn wie ein narbig verkrümmter Hinweis auf Abwesenheit aussieht), addiere zu einer derart neugewonnenen Einheit den Bandwurm meiner Wörter – diesen so frischen, so leuchtenden, so harten, dem Blick wie der Berührung so angenehmen Roßkastanienkolliers ähnlich –, und indem man mit einem Satz die peripheren Rabatte der Natur überspringt, gelangt man endlich zur wahrhaft vitalen Quintessenz: zum Tierreich.

Mineralreich, Pflanzenreich, Tierreich: ein wunderbares Bild jener »Reiche«, als umfasse die Natur wirklich drei Königreiche (wie Frankreich, Germanien und Lothringen), wo jedes unter der gesonderten Rechtsprechung eines Herrschers, König oder Königin, stünde, die jenen der Märchen gleichen und deren wesentliche Funktion es zu sein scheint, mit Szepter und Krone inmitten eines ganzen Hofstaats von Adligen, Ministern und Beratern zu thronen.

Edelmetalle und Edelsteine stünden als Schatz dem Herrscher des Mineralreichs wohl an. In der Mistel – die mit den Goldsicheln der Druiden unter Ausrufen von: *Au gui l'an neuf!* [27] geschnitten und in den ausgebreiteten weißen Tüchern gesammelt wird – sähe ich gern ein Zeichen der Königswürde der Eiche, der Gefährtin des heiligen Ludwig und der einzige – oder fast einzige – Baum, den ich von den Bäumen, die ich in den Wäldern von Viroflay erblickte, identifizieren könnte (zweifellos wegen des einprägsamen Aussehens seiner Blätter, die man, wie ich wußte, in Form einer Krone an der Innenseite der Képis französischer Generäle wiederfindet). Im Löwen – Vierfüßler mit wallender Mähne, wie die Druiden ihren Bart und die Brunhilden [28] ihre Haare haben – möchte

27 »Au gui l'an neuf!« Lied, beim Mistelschneiden gesungen. Zu deutsch etwa: »Es lebe das Neue Jahr!«

28 Nouveau Petit Larousse Illustré, Seite 1247: »*Brunehaut* oder *Brunhilde*, Tochter des Athanagilde, König der Westgoten, und Schwester von Galswinthe, in Spanien gebürtig. Sie heiratete 566 Sige-

ich in Einklang mit der landläufigen Ansicht den »König der Tiere« sehen, der hoch oben in der Hierarchie der Lebewesen und damit fast auf dem Niveau des Menschen steht. Jedoch, die seltenen Metalle und Gemmen, die Mistel und selbst die großen Raubtiere bleiben kalte Allegorien, in der Tat noch blasser als die vollkommen abstrakte Vorstellung, die ich mir von der allen drei Reichen eigenen Souveränität machen könnte, die nur in der Theorie getrennt sind, praktisch aber unscharfe Grenzen haben, wie das Gewimmel in den Wäldern beweist, wo die Vögel mit den Bäumen verschmelzen, auf der Erde Insekten wie die Ameisen kriechen, und die Moose aussehen, als hätten die Felsen sie ausgeschwitzt.

Der Ameisenhaufen. Ein Hügel aus Erde, kleinem Reisig, Überbleibseln, schraffiert von multiplen Strömen, gebildet von Kolonnen kleiner, lebendiger Tiere, die (so scheint es) blind und in alle Himmelsrichtungen ihre Gänge treiben, die sich drängeln, überkreuzen, emsig oft riesige Materialien und bunt zusammengewürfelte Bündel schleppen, welche sie einem äußerst präzisen Ziel entgegentragen oder -ziehen, das allerdings unerfindlich bleibt. Die Ameisen sind das Leben der Erde. Partikel, die eng zum Humus oder Sand gehören, gar lebendige Parzellen irgendeiner mineralischen, vielleicht auch erdigen Substanz sein könnten. Ich erinnere mich an einen ganz bestimmten, an einem Hang errichteten Ameisenhaufen, von dem ich mir vorstellte, daß er sehr weit in die Tiefe hinabging, bis er vielleicht erreichte, was man die »Eingeweide der Erde« nennt, einen geheimnisvollen Ort, von

bert, König von Austrasien. Intelligent und energisch, doch grausam, führte sie gegen Fredegunde, Königin von Neustrien, die ihre Schwester ermordet hatte, eine furchtbare Schlacht, die Austrasien und Neustrien in ein Blutbad stürzte. Durch Verrat ihrer eigenen Leute wurde sie von Clothar II., dem Sohn der Fredegunde, gefangengenommen, der sie an den Haaren aufhängen ließ, ein Bein und einen Arm mit dem Schwanz eines wilden Pferdes verband, das ihren Körper in Stücke riß (534–613)«.

dem gewisse Sagen reden (ich habe insbesondere eine in der Illustrierten *Les Belles Images* gelesen, wo sie einige Jahre nach diesen Sommern in Viroflay erschien, über mehrere Nummern verteilt und in Form kleiner Textblöcke, die eine Reihe von Zeichnungen kommentierten, in geradlinigen Karrees angeordnet, wie es in den Kinderzeitschriften üblich ist), einen anrüchigen Ort, mit dem womöglich auch die Hütten der Köhler in Verbindung stehen, einer Art von Menschenfressern, armen Teufeln oder halbwilden Kreaturen, die sich wiederum mit den Holzfällern vermischen, obwohl sie eher Wesen der Nacht sind, schwerfällige Vulkanier in von Pflanzen- oder Erdmarmorierungen verschmutzten Kleidern, Landleute mit Nagelschuhen und Teilhaber am unterirdischen Feuer. Ich erinnere mich an diesen Ameisenhaufen. Ich erinnere mich an den Sandplatz, in dessen Nähe er lag, ein Ort, den meine Brüder und ich die »Sandkaule« nannten und der »Sandgrube« gegenüberstellten (wenn es nicht gerade umgekehrt war und das große Ameisennest in der Nachbarschaft der »Sandgrube« lag), ein anderer Ort derselben Ordnung wie sein Synonym, doch kleiner und mit weniger weißem Sand, ein Unterschied, der uns zur Rechtfertigung des *Distinguo* genügte, das logischerweise in der Dualität der Namen steckte. Ich entsinne mich dieses Gewimmels in Schrittweite eines anderen Gewimmels (die winzigen harten Körnchen, in deren Mitte man Schippe oder Hände senkte). Doch nun, diese Zusammenstellung signalisiert, fällt mir nichts mehr ein zu diesem Thema. Ich weiß bloß, daß meine Brüder und ich jedesmal, wenn wir in diese Gegend spielen gingen, den Ameisenhaufen betrachteten. Es machte uns Freude, diese unzähligen Insekten in Bewegung zu sehen, die auf dem Saum des unterirdischen und irdischen Lebens, an der Grenze der rohen und lebendigen Materie, an der Erde hafteten und häufig in sie eindrangen.

Des weiteren gab es – diesmal im Garten unserer Villa

aus trockenem Mühlstein – die beiden Igel. Kleine, mit zahllosen Stacheln bespickte Kugeln, die natürlich dicker waren als Kastanien, aber dennoch an sie erinnerten. Man hatte sie im Wald gefangen, nach Brauch in je ein Taschentuch gewickelt und nach Hause gebracht. Ließ man sie in Ruhe, gaben sie ihre Kugelform auf und trotteten bisweilen herum, zeigten ihre kleinen Schnauzen und Krallfüßchen, die kitzelten, wenn sich einem die Gelegenheit bot, sie in Händen zu halten; dann spürte – oder ahnte – die Handfläche die Wärme ihres Bauchs. Wir befürchteten immer, sie könnten aus dem Garten entwischen. Um sie voneinander unterscheiden zu können, hatte mein Vater auf den Rücken des einen mit dem Pinsel einen großen roten Farbfleck getupft, mit Lackfarbe oder *Minium,* als wäre es darum gegangen, ein Möbelstück aus weißem Holz zu streichen oder einen Zaun zu grundieren, bevor er seinen endgültigen Anstrich erhält. Manchmal mußten wir die beiden Igel in allen Ecken des Gartens suchen. Es war ein Vergnügen, sie in ihren Schlupfwinkeln aufzuspüren, unter den niedrigen Zweigen der Stauden mit – scheint mir – gefirnißtem Blattwerk und sehr dichtem Grün, wo es lockere Erde gab, die sie aufwühlen und in deren Schatten sie sich halb verbergen konnten. Bis zu einem gewissen Grad wirkten diese Igel wie Erdgeister, wie Bruchstücke lebendiger Natur, die etwas merkwürdige, doch vertraute Gefährten geworden waren.

Den frühesten Eindruck, der sich mir, was die Existenz tierischen Lebens angeht, tief einprägte, die von mir zum allerersten Mal erfahrene Empfindung eines fleischlichen Körpers als etwas, das seinen eigenen Herzschlag hat – eine Art Leben *an sich,* das sich ebensosehr vom verschlafenen oder versteinerten Dasein der Dinge, die den Hintergrund der Natur bilden, wie von der fast menschlichen Lebensweise (die man schon mit dem Vorhandensein einer Seele in Verbindung bringen kann) der Hunde, Pferde oder anderer höherer Tiere unterscheidet –, die früheste und luzide Begegnung mit einem fremden Körper, der über jene Sensibilität im Reinzustand verfügt und der auch als solcher erkannt wird, mit einer von mir wie von jeglicher Intelligenz getrennten Masse, die dennoch empfänglich ist für Empfindungen, die verwandt sind mit jenen, welche – wie ich wußte – auch mein eigener Körper verspüren konnte (im Unterschied zur vollkommenen Fremdartigkeit zum Beispiel eines Regenwurms, dessen Schrecken, wenn man ihn zerquetscht, nichts mit dem Empfindungsvermögen eines menschlichen Körpers zu tun zu haben scheint), was mir – um alles mit einem Wort zu sagen – das *Fleisch,* und nichts sonst, als eine mit seinen autonomen Bereichen ausgestattete Substanz offenbarte (ist nicht eine der offensichtlichsten Eigenschaften jenes Stoffs, den man »Fleisch« nennt, gerade seine Elastizität?), verdanke ich weder den Ameisen (dafür sind sie zu fern, zu verschieden von mir, und im übrigen ihre Bisse zu feindselig) noch den Igeln, die sich schon eher auf meinem Niveau befanden.

Wenn ich meine Erinnerungen durchforsche, glaube ich, ein Dramenrudiment, das den Garten von Viroflay als Theater und eine von Igeln und Ameisen recht verschiedene Kreatur als Akteur hat, ans Tageslicht befördern – auf mühselige Weise und an ein ungewisses, womöglich künstliches Licht, dessen mangelnde Helligkeit vielleicht daher kommt, daß die Szene, die es zu beleuchten hat, nur eine imaginäre Konstruktion ist – und betrachten zu können; ein flüchtiges Bild, dessen Moral (wenn es überhaupt einer bedarf!) in eben jener Entdekkung des lebendigen Fleisches bestände, die heute, im Lauf dieses langen Itinerariums, wo ich, zickzackendes und den Bildern, die es anzogen, preisgegebenes Kind, die Mannigfaltigkeit der Natur durchstreifte, in meinen Augen zu einer Schlüsselerfahrung wird.

Kurz, ich glaube mich zu entsinnen, daß man mir eines Tages in einer Allee des Gartens einen sehr jungen, noch federlosen Vogel zeigte, der aus dem Nest gefallen war.

Eine kleine, fast ungestalte Masse von schreiender Nacktheit und schmutzigrosa Farbe (wahrscheinlich mit einer Flaumschicht bedeckt, aber zu zart und unspürbar, um mir auf der Stelle aufzufallen, und noch weniger, um in meinem Gedächtnis auch nur die leiseste Spur zu hinterlassen). Im Profil und zur Seite gebettet, sah das fast nach einem Embryonenkopf aus, mit etwas, was man für ein Auge und sowas Ähnliches wie einen Schnabel halten konnte. Die ganze Sache bewegte sich leicht, gerade genug, daß man wußte, sie lebte. Nichts, absolut nichts war an diesem noch fast unorganisierten Stück Materie in Herzensangst auf der Erde, das auf künftige Bewegungen hingewiesen hätte, die eines Tages wohl zum Flug geführt hätten, wenn der Unfall, dessen bemitleidenswertes Ergebnis man vor sich sah, nicht abrupt das natürliche Schicksal eines Wesens zunichte gemacht hätte, das zweifelsohne ein Vogel war und dessen Bestimmung folglich das Fliegen gewesen wäre.

Beim Betrachten dieses Gebildes spürte ich eine große Verwirrung, und ich bin mir nicht sicher, ob es ausschließlich *Mitleid* war. Mir scheint, ich bildete es mir voller Entsetzen ein, aber so, daß allein schon diese Einbildung eine sehr dunkle Begierde verriet, diese kleine, elende Masse in der Kuhle einer meiner Hände halten zu dürfen. Eine erste konfuse Blickaufnahme mit dem Fleisch, das sich hier in den Formen des Leidens zeigte und die ganze Sensibilität eines Wesens zu resümieren schien, das noch halb im Vorhimmel war; im Vorhimmel, das heißt an jenem ungewissen Ort, dessen Existenz – oder wenn man will, dessen Absenz – ich später kennenlernte und der mir der ureigenste Bereich der noch ungeformten Wesen zu sein schien, als man mir sagte, die Seelen der frühverstorbenen oder noch ungeborenen Kinder weilten »im Vorhimmel«; im Limbus, welcher mir – wieder etwas später und als ob eine solche Gleichlautung einen versteckten Sinn hätte? – die Erkenntnis bescherte, daß man auch von »limbe« (Rand) eines

Blatts spricht, ein Wort, das wiederum mit »Lymphe« (und jenes fast eine Nymphe) verwandt ist, die als Saft durch unsere Gewebe fließt. Doch angesichts dieses gefallenen Vogels ahnte ich bloß, selbst fast ebenso jung wie dieser Vogel und noch nicht im Besitz einer hinreichenden Skala von Wörtern und Wendungen, um mich, wie ich es im Augenblick tue, in überspannten Spielen zu verlieren, das Erschütternde und Unbegreifliche des Fleisches, Grundlage des empfindenden Lebens oder – um es vielleicht besser zu sagen – Paket vereinter und Stoff gewordener Empfindungen.

Sehr fern von diesem phantastischen, für mich mit toten Kindern (die, wie man mir sagte, »kleine Engel« geworden waren, geflügelte Wesen, die ich nicht von »Amors« unterschied und mir ganz nackt, nicht wie ihre erwachsenen Brüder mit langen Nachthemden geschmückt vorstellte) bevölkerten Vorhimmel, sehr fern von der gesamten Feenwelt, erbaut aus den Anschauungen, die man mir einpflanzte, den Märchen, die man mir erzählte, den Bildern, die sich aus gesehenen Dingen, gehörten Äußerungen und später den angeschwemmten Lagern der Lektüren formten und mich erreichten, gab es dieses Ding, dessen Wert zweifellos vor allem auf seiner rohen Realität beruhte: gebündeltes Leben, Fieber und Zittern, das auf die Erde oder den Schotter des Weges Angst schwitzte. In seiner Kraßheit hatte eine solche Begegnung einen Anstrich von *Fait divers* und färbte sich mit demselben schrecklichen Schein wie jene Begebenheiten, die wohl nur deswegen »wahrer« als alle anderen sind, weil sie entsetzlicher sind. Man findet sie jede Woche auf den Titelseiten der illustrierten Beilagen von Tageszeitungen wie dem *Petit Journal* und *Petit Parisien* abgedruckt, Bilder in heftigen Farben, wo meist das Blutrot regiert, als müßte das Groß-Herauskommen der Flüssigkeit, die das Innere unseres Fleisches bespült, schier zwangsläufig herausgereizt werden, damit der so porträtierte Fakt das Siegel letzter Wahrheit erhält. *Fait divers:* eine Wortverbindung, deren Element »divers« zum Symbol blutiger Verbrechen oder Unglücke wird. Dieses Fait »divers« ist sicher einer jener unzähligen alltäglichen und vor Banalität stinkenden Fakten, den jedoch, weil spannender und eindringlicher, eine tragische Flamme als höchst bedeutsames Auslesestück aus allen anderen »Lebensausschnitten« oder Bruchstücken der Wirklichkeit aussondert.

Das Unglück, das dem Vogelbaby zustieß, hat, glaube ich, fast als Zeitgenossen ein echtes Fait divers: den Sturz (den man mir berichtete) eines meiner Internatskameraden, der sich während seiner Ferien damit vergnügt hatte, das Dach des Landhauses seiner Eltern zu erklimmen, und dem diese Unbesonnenheit einige ernste Verletzungen eingebracht hatte. Eine wahre oder erfundene Begebenheit? Hier zählt allein der Eindruck, den der Bericht mir machte.

Vielleicht hatte mein junger Kamerad – und vielleicht auch der Vogel? – mit der Gefahr gespielt und die eindringlichen Warnungen von Vater und Mutter in den Wind geschlagen? Vielleicht war er mit seinem Sturz nicht Opfer eines unglückseligen Zufalls, sondern seines Ungehorsams geworden? In den verschiedensten Augenblicken meines Lebens – das durch die Zeit wandert wie, allerdings in einer eingeschnürteren Zeit, meine Sätze – mußte ich an diese beiden Unglücke zurückdenken; doch nie erschien mir die Sache ernsthaft unter diesem moralischen Aspekt einer gerechten Strafe. Was bleibt ist die in aller Schärfe gegenwärtige Erkenntnis eines wunden Fleisches, obwohl ich den Vogel bloß sah und nicht berührte, während es sich beim Sturz meines Kameraden nur um einen Bericht handelte. Was bleibt ist das körperliche Element, eine Erinnerung, die ebenso hartnäckig ist wie die an jene Spinne der Gattung »Weberknecht« (mit kleinem Körperumfang und langen fadenförmigen Beinen), die eines Tages, als ich im Garten von Viroflay Blumen pflückte oder zum Spiel Samenkörner pflanzte, über die Oberfläche meiner Hand flitzte und mir ein scheußliches Kitzeln zumutete.

Wohlgemerkt, meine Hand hat den Vogel nicht gespürt; sie hat für einen Moment diese Berührung gefürchtet, doch bestimmt auch gewünscht. Es handelte sich buchstäblich um eine Handanlegung ans Leben. Schmerzliches und exaltierendes Reich der mythischen Persephone; Reich mit unheimlichen Eingängen: für mich waren das damals jene Höhlen in den Stämmen abgestorbener Bäume und alles, was ich mit Spinnen und Schlangen in Verbindung brachte, von den halb unterirdischen Wurzeln bis hin zu den schwarzen Löchern, die Nagetiere in die Erde gebohrt hatten, enge Schläuche, die ich für Schlupfwinkel von Vipern und Nattern hielt; dunkles und gewundenes Reich, dessen Geheimnis ich vielleicht ein wenig näher komme, wenn ich mir einen Traum ins Gedächtnis zurückrufe, den ich schon vor Jahren träumte und worin ein ähnliches Spüren einer kleinen tierischen Masse, eng eingeschlossen zwischen den ebenso lebendigen Wänden der beiden Hände, den Vorhang hob zu einem menschlichen Bild aus Schmerz und Schande.

Das geschah in einer Synagoge, was den Ort, und in der Gegenwart, was die Zeit betrifft; in einem sonnigen Land und in der schönen Jahreszeit, gehe ich nach dem Eindruck harten Lichts und von Hitze hinter den Kulissen, die mir vom letzten Teil des Traums geblieben sind. Hinsichtlich des Bauwerks, in dessen Innern ich mich befand, wußte ich mit Bestimmtheit, daß es eine Synagoge war, obwohl kein eigentlich jüdisches Detail, keine auch nur andeutungsweise festgelegte Lokalfarbe den Dekor näher bestimmte. Eine Art Kirche, deren Altar ich indessen nicht sehen konnte; ziemlich klein und nur gedämpft beleuchtet (zumindest was jenen Teil betrifft, der den Beginn der Handlung einrahmte); ohne Betstuhl, was sie von einer katholischen Kirche unterschied; holzgetäfelte Wände; das Ganze gemahnte eher – falls dieser nachträgliche Vergleich vertrauenswürdig ist – an eine orthodoxe Kapelle, wie ich sie vorher und seitdem in Athen sah, nach allem sogar eine echte Synagoge, wie ich eine in der Grafschaft Venaissin besucht habe. Von der Epoche, in der sich die Geschichte zutrug, wußte ich, daß es die Jetztzeit war, trotz eines archaischen Klimas, dem vergleichbar, das im Innern der meisten religiösen Bauwerke herrscht (meiner Ansicht nach die protestantischen Tempel ausgenommen, wo man nie das Gefühl bekommt, in Weihrauch, muffiger Altertümlichkeit oder einer geweihten Atmosphäre zu baden).

In dieser Kirche, die endgültig als Synagoge erkannt ist, befinde ich mich inmitten anderer Menschen, um an einem Gottesdienst teilzunehmen. Als Tourist womöglich; gar als Ethnologe (denn das ist mein Beruf). Ich gebe mir Mühe, mich skrupulös nach dem Ritus – was immer er sei – zu richten und stelle mir im übrigen nicht die Frage, die der dem Wachzustand innewohnende Rationalismus mich jetzt stellen läßt: zu wissen, ob ich diesem Ritus als Gläubiger oder Ungläubiger beiwohne. Ich bin Teil einer Art Gruppe von Assistenten, von denen man erwarten darf, daß sie nach einem solchen vorgeschriebenen Szenario agieren und die entsprechenden Gesten ausführen; einer davon, weiter nichts. Nichts, was hier das Unmittelbare überstiege, und deshalb vielleicht sehe ich heute in solch einem Traum eine Art Muster dessen, was für alle Zeiten eine heilige Handlung sein müßte.

Wie in einer katholischen Kirche die Gläubigen ihr Scherflein dem Klingelbeutel anvertrauen, muß jeder dem Rabbiner eine Opfergabe aushändigen. Zu diesem Zweck halte ich – eine leichte, zitternde Masse in der Höhle meiner beiden Hände – ein kleines graues Kätzchen (mit vollkommen einfarbigem und zartem Fell) und sechs kleine Mäuse. Es bereitet mir Freude, diesen lebendigen Block zwischen meinen Handflächen zu spüren, und ich empfinde Mitleid bei dem Gedanken an das, was sie erwartet: Erdrosselung durch den Rabbiner. Ich frage mich, ob ich sie ausliefern oder freilassen soll.

Im Hintergrund an einem anderen Ort der Synagoge – ein recht großes – zentrales oder seitliches? – Kirchenschiff mit Quadersteinboden, der von keinem Stuhl oder Möbel irgendwelcher Art belästigt wird – erscheinen nun die Akteure der Szene, die eindeutig das Kernstück des Gottesdienstes ist (ein wenig wie die Erhebung der Hostie in der katholischen Messe). Von links nach rechts nähern sich mir frontal in einer langsamen Prozession: ein Rabbiner – ein schmutziger Araber mit schwarzem Bart, der die Backen benagt, einem Tuch, das den Kopf bedeckt und nach Beduinenart mit einer Tresse aus Wolle oder Seide um die Stirn geschnürt ist und zu beiden Seiten des braunen und ausgemergelten Gesichts auf die Schultern fällt –, ein Rabbiner, der über seinem knotigen Arm einen Strick schwingt, womit er unter Beschimpfungen einen anderen Rabbiner, der ebenfalls wie ein schmutziger Araber aussieht und Christus verkörpert, bedroht; ganz rechts, verglichen mit dieser zweiten Person etwas im Hintergrund, eine alte, kantige und runzlige Frau – auch sie mit dem Aussehen einer schmutzigen Orientalin (in einem langen, weißen und schäbigen Gewand, das über den Hüften ein Gürtel umschnürt und magere, nackte Füße enthüllt, mit Kopftuch, dem der beiden Männer ähnlich, doch von keiner Tresse gehalten) –, eine alte Frau in äthiopischer Tracht und sonnenverbrannter Zigeunerinnenhaut, welche die Jungfrau Maria darstellt. Sie lamentiert mit markdurchdringender und markerschütternder Stimme, ein Gesang nach Art eines spanischen *Flamenco*. Hier endet der Traum, und ich weiß – noch vor dem Erwachen –, daß sein letzter Teil nichts anderes als die Szene des »verhöhnten Christus« ist.

Persephone, artesischer Brunnen, ins Dickicht der Natur gepflanzt und die unterirdischen Geheimnisse in Gestalt eines girrenden oder hochfliegenden Strahls offenbarend, wärest du nur wirklich diese Fontäne, o Persephone! oder könntest du sie doch werden im einzigen Zufall einer Metapher?

Es war einmal ...

In Revoil Béni-Ounif, an den Grenzen Marokkos und des Südoran, während jener Ereignisse, die von den Chronisten gern mit dem Wort *drôle de guerre* bedacht werden, habe ich den Wert des Ausdrucks »*Es war einmal* ...« ermessen.

Jadis, einst, legendäres Gold wie die Schätze der Stadt Ys; *naguère,* früher, mit einem Hauch allerdings fast heiteren Bedauerns, wie das, was nur der Vergessenheit anheimzufallen braucht; *autrefois,* damals, eher liebevoll, altmodisch und vertraut wie »*Es war einmal* ...«, wie *la foi du charbonnier*[29]. Keins dieser drei Adverbien – die eine mehr oder weniger weitreichende Sicht auf die verronnene Zeit markieren – öffnet die Klammer, in der eine Träumerei wie »Es war einmal ...« sich einnisten würde (die von all diesen Bezeichnungen wirklich die vagste ist und keinerlei Bezug auf irgendeine genaue Vergangenheit nimmt), eine traditionelle Formel, die Zeiten am Saum der Geschichte beschwört, eine Formel, die wir seit Ewigkeiten schon kennen und an manch einem Tag unserer Kindheit am Anfang eines Märchens gehört oder gelesen haben.

In Revoil Béni-Ounif – einer ziemlich dürren Oase, wo ein ödes, von einer kleinen Garnisonstadt verdoppeltes Einheimischendorf sprießt – konnte ich den Perspektivenreichtum der Wörter »Es war einmal ...« abschätzen, die sich als Einleitung an den Beginn der Erzählung hängen, wie die seitlichen Zipfel eines Tapetenvorhangs, welche Gardinenhalter lüpfen, dem, der den Fuß auf die Schwelle setzt, eine Flucht wunderbarer und uralter

29 »la foi du charbonnier«, der »Köhlerglaube«, d. h. ein felsenfester, unerschütterlicher Glaube

Salons enthüllen. Um den Gehalt dieser magischen Formel so umfassend erfahren zu können, die urplötzlich die Entfernungen zwischen uns und die Handlung schiebt und einen schwindelerregenden Rückstoß in die Zeit bewirkt, benötigte ich offenbar dieses leidlich trostlose Ödland, diese Brutstätte des Katzenjammers, wo ich nach Belieben das klassische Thema des Heimwehs züchten konnte, das hier von einer Entfernung im Raum geschaffen wurde, welche mich von Paris trennte und das Leben, das ich soeben hinter mir gelassen hatte, in ein Licht rückte, wo es sich nur wenig von einer traumhaften Vergangenheit unterschied, jedenfalls von demselben ergreifenden Schimmer vergoldet wurde.

Es war einmal (»einmal« ist bei dieser Gelegenheit der 29. September 1939, ein Tag, der wie jeder 29. September meinem Schutzpatron, dem Erzengel Michael, geweiht ist), es war einmal in einem der weniger schäbigen Geschäfte von Revoil-Béni-Ounif (die Kurz- und Schreibwarenhandlung der Pension Mimosa, ein kleines Hotel-Restaurant, geführt von einer alten, verkniffenen Dame, von der wir Mobilgemachten annahmen, daß sie in ihrer heroischen Zeit die Mätresse des verblichenen Lyautey war, der damals den Marschallstab noch im Tornister trug, und die jetzt diesen Ort verwaltete, wo die Offiziere – und einige wenige Unteroffiziere mit sensiblen Mägen oder einem Hang, sich »distinguiert« zu geben – ihre Mahlzeiten einzunehmen pflegten), es war einmal vor dem Ladentisch dieses gegenüber den niederen Diensträngen recht reservierten, doch unbestreitbar sauberen Geschäfts ich selbst, damals Unteroffizier in einer Einheit von Artilleriearbeitern und zum gegenwärtigen Zeitpunkt angehender Käufer einer Packung Briefpapier. Von der Alten mit schmeichlerischem Getue vorgeführt (nicht ohne eine gewisse Herablassung gegenüber diesem spärlich betreßten Individuum, das nicht einmal Kunde der Pension war), hatte eine der Packungen meine im übrigen recht gleichgültige Wahl bald entschieden. Auf dem Deckel jener Packung war ein Bild, das ein mittelalterliches Schloß zeigte, die Reproduktion eines alten Stiches, ein schwarzes Klischee auf dem himmelblauen oder malvenfarbenen Grund des Deckels (denn dies war die Farbe des Briefpapiers). Unter dem mittelalterlichen Bauwerk stand in altertümlichen Druckbuchstaben: »Es war einmal . . .«

»Es war einmal . . .«: jäh herabgelassene Zugbrücke für den Zug legendärer Gefolgschaften über die Wassergräben der Zeit, urplötzlich in der Nacht vergehend. Im vorliegenden Fall erreichte mich von jenseits der Wasserfläche, die ich kürzlich, eskortiert von Flugzeugen und Kriegsschiffen, im Konvoi überquert hatte, die Erinnerung – als wäre es eine Art glückliche Kindheit gewesen – an mein ziviles Leben, das ich dort draußen an einem feststehenden Punkt von Raum und Zeit zurückgelassen hatte; in einem historischen Nebel auskriechende verworrene Ideen von Rittertum, die mich, fast ohne den Schatten eines Verdachts ironischer Komplizenschaft zwischen mir und mir, geradezu einluden, mit dieser Person in Uniform, die ich war, ein Spiel zu treiben (was in einer solchen Gegend keine Kunst ist); über all dem die Erscheinung eines Spruchs, der meine Verbannung, auf derart paradoxe Weise und allein aufgrund der Mobilmachung an den Saum der Sahara verweht zu sein, bestätigte. Offen gesagt, ich genoß diese Verbannung und verspürte einen Stolz, der von keiner Verlegenheit angesichts eines etwaigen Hinterhalts getrübt wurde (was schon ginge, doch nur als »Treppenwitz«); nicht im geringsten in der Stimmung, mit dem Schicksal zu hadern, betrachtete ich in der Tat den Zufall, der mich an diesen Ort verschlagen hatte, als auf seltsame Weise in Einklang mit dem, was mir seit langem meine Bestimmung zu sein schien: das Los eines Nichtangepaßten, den es bereits vor Jahren getrieben hatte, Afrika zu bereisen, ein Los, das ganz allgemein meine Vorliebe für das Phantastische erklärt, für die Erinnerungen an Epochen, von denen die

Zeit mich trennt, für Länder, die anders als das meine sind.

»Es war einmal . . .« Die Eingangsformel, derart in der Schwebe gelassen – wie der Zeigefinger des Erzählers, versteinerte er aufgrund einer jähen äußeren oder organischen Katastrophe genau in dem Augenblick, wo er sich hebt, um die Aufmerksamkeit der jungen Zuhörer zu fesseln –, streckt, von jeder nachfolgenden Erzählung amputiert und in ihrem Aufschwung unterbrochen, ihr nichtiges Portal in die leere Luft, ein Ruinentorbogen, das einzige noch aufrechtstehende Überbleibsel ragt auf, ein Türrahmen führt zu einer Vorhalle, durch die man zu nichts gelangt. Was bleibt ist die auf der Schwelle blokkierte Erwartung dessen, den diese Präambel »ganz Ohr« werden ließ, und die sich auf einen unvollkommenen Vorläufer eines unpersönlichen Subjekts reduziert, dem jene Erwähnung der Zeit folgt, die keine ist, da sie von allen Zeiten nur eine unbestimmte ausspricht: »Einmal . . .«

Zweifellos ist es nicht sehr wichtig, daß der Verstand aus der Tatsache, das *Es* (das heißt, gleichgültig was) *war*, irgendeinen besonderen Aufschluß erhalten hätte; diese schlichte Behauptung eines in der unschärfsten Vergangenheit angesiedelten Daseins, dessen Subjekt nichts weiter als ein völlig abstraktes grammatikalisches Werkzeug ist, wäre ein nur allzu geschlechtsloses Grau, um die Aufmerksamkeit zu wecken, käme dann nicht noch das *einmal.* Obgleich noch gar nichts geschieht, wird hier zumindest eine Situation heraufbeschworen; noch bevor die Kulissen und Dekorationen aufgebaut sind, wird der Bühnenraum von diesem einen Wort errichtet, das, ohne soweit zu gehen, einen Tag, eine Jahreszeit oder Epoche zu bezeichnen, dennoch einen Moment des Zeitstroms, im Reinzustand ergriffen, isoliert, dessen einziges Unterscheidungsmerkmal es ist, auf diese Weise hervor- und abgehoben zu werden, ausgelesen aus allen anderen Momenten, von denen er sich nicht unterscheiden würde, gäbe es nicht eben diesen Akt der Auslese.

Derart durch die Ankündigung des bevorstehenden Auftritts von irgend etwas – von dem gesagt wird, daß es *einmal* existierte, ohne bereits aus dem Unbenannten herausgetreten zu sein – in Alarmbereitschaft versetzt, bereitet sich der Geist darauf vor, alles zu empfangen, öffnet sich weit, erreicht eine größtmögliche Vakanz. Doch der kaum begonnene Satz schließt sich, und der Geist befindet sich plötzlich in jener Leere, die sich in ihm selbst auftat, ausgesetzt mit der einzigen Idee, daß dieses Etwas, das Anstalten machte, sich in dem von »einmal . . .« gesteckten Rahmen niederzulassen, in letzter Sekunde jedoch wortbrüchig wurde, eine graue, umwölkte Sache der Vergangenheit war, weniger weil es sich der Definition widersetzte, sondern weil es in den Bereich des Märchenhaften fällt, was jede Möglichkeit einer zeitlichen Bestimmung zunichte macht, es sei denn, man unternimmt den globalen Rückfall in eine irgendwie als altertümlich vorgestellte Epoche nahe der Unentschiedenheit des Uranfänglichen (in Anbetracht des Unwirklichen und *a fortiori* Unzeitgemäßen, das die sich dort abspielenden Dinge besitzen), während sie in Wahrheit allen chronologischen Markierungen entgleitet.

Vor mir liegt der Satz: »Es war einmal . . .« Ich habe ihn gefühllos seziert, einem Liebhaber von Schauspielen ähnlich, der mit seiner Lorgnette alles eingehend betrachten muß, oder der nur durch ein Monokel sehen kann, das seinen Wunsch anzeigt, nichts als ein Glasauge zu sein, wie die Glasscheibe, mit der seine Augenhöhle bewaffnet ist; ich habe die verschiedenen Gesichter dieses Satzes in der Art eines Experten untersucht, der einen Diamanten prüft, um zu erfahren, ob er reinen Wassers ist oder nicht. Nur vergaß ich, daß eine Bühne kein simples Gerüst für das Bild ist, das Kostüme und Kulissen bilden, sondern der Ort einer Handlung; daß ein Diamant nicht bloß toter Stein, sondern der Kristall ist, der die Nacktheit der Haut sinnlicher macht. Demnach sieht die Sache für den wohlmeinenden Zuschauer (der zum »guten Publikum« gehört), für den geblendeten Verehrer oder die neidische Freundin beim Anblick des kostbaren Kleinods ganz verschieden aus; desgleichen für den unbefangenen Zeugen, in den ich mich verwandelt fühle, sobald diese Wörter mich erreichen, die eine mit einer mythischen Vergangenheit verbundene Erzählung ankündigen und mich sogleich in jene andere, ebenso mythische Vergangenheit meiner Kindheit entführen. Was ich dann erblicke (in der Tat von diesen Wörtern »Es war einmal . . .« enthüllt), ist weder eine Theaterperspektive, die für den Liebhaber mentaler und illusionärer Spiele taugt, noch der mehr oder weniger seltene Glanz eines Solitärs oder Wassertropfens, sondern das Märchenspiel meiner Kindheit. Was *einmal war,* ist das Kind von einst, dem man Geschichten erzählte, die so begannen: *»Es war einmal . . .«*

Dem Soldaten, der ich war, als mir auf so unverhoffte Weise der Satz »Es war einmal . . .« ins Auge stach, erschien nicht nur das Kind aus der Zeit vor dem Ersten Weltkrieg oder der Zivilist von unlängst. In der Lage, in der ich mich in diesem Augenblick befand, schien die merkwürdig kostümierte Person – ein Soldat mit Käppi unter Afrikas Sonne (mit heutigen Augen: eine Art Hanswurst im grellen Rampenlicht eines Zirkus) – ebenso Gegenstand der Legendenbildung zu werden, zum möglichen Helden einer Erzählung, die meine Erinnerung mir zu einem späteren Zeitpunkt ausführlich schildern und in der etwa folgendes zu Wort kommen könnte: »Es war einmal ein Soldat mit Käppi unter Afrikas Sonne, und dieser Soldat hieß Julien-Michel Leiris; ihm gehörte eine Packung Briefpapier, auf der geschrieben stand: ›*Es war einmal . . .*‹« Am Saum der Sahara und in der neuartigen Situation, in der ich mich befand, gelesen, entfaltete dieser banale Satzzipfel, der lediglich stark nach Kindheit und Heimatboden roch, eine solche Kraft, daß, sprach ich ihn in Gedanken aus, ich mich, ohne aus der Gegenwart zu verschwinden, in ein Wesen der Mythologie oder der nicht minder wunderbaren, wenngleich wirklichen Geschichte verwandelt sah. Eine aus mir herausprojizierte Gestalt, vielleicht eine Skizze für eine künftige Statue. Ein Porträt, das vor seiner Zeit aus seinem Rahmen steigt; doch keineswegs ein Gespenst! Ganz im Gegenteil: hellwach und vollkommen lebendig.

Eine der »historischen« Trachten, die, sobald am Leib, ihrem Träger ein wenig die Lackfarben eines Bilds von Épinal aufdrücken und ihn wie eine Museumspuppe (reines Gestell für Ornat oder Kostüm) bis zum äußersten vereinfachen, ist zweifellos die Uniform, die Kluft jener Leute, welche über Jahrhunderte hinweg die Chorsänger der Geschichte sind, wie man sie den Kindern schildert: als eine lange Kolonne von Opernszenen, wo die Gebärden der Kriegs- und Staatsmänner vor Bühnenbildern mit Innenansichten von Palästen, mit öffentlichen Plätzen oder Schlachtfeldern immer wieder vor Augen geführt werden.

Steckt man in der Soldatentracht, ist man bereits ein möglicher Mitspieler in dieser Geschichtsoper. Hat es einen überdies an den Rand einer Wüste verschlagen, erscheint die ungewöhnliche Gestalt, die man wurde, noch ausgefallener, sieht man, wie sie sich dermaßen unnütz ausstaffiert mitten in der fremdesten Kulisse herumtreibt. Hier also artikuliert sich »Es war einmal . . .«, diese stereotype, mit einer Patina aus Tradition bedeckte Formel, die außerdem den Sinn eines Richtungspfeils hat, welcher auf eine der merkwürdigsten Vergangenheiten weist. Der Widerhall dieses Satzes erweist sich als so intim und so innerlich, daß man ihn ohne weiteres auf die eigene Person beziehen kann. Demnach wirkt alles zusammen, damit sich eine Entfernung, ein Rückstoß in den Kopf setzt und man sich – betrachtet man die Sache von außen – in eine zugleich ferne, imposante (wegen der historischen Dimension) und brüderliche (weil sie ein anderes Wir ist) Person verwandelt sieht. Eine einsame Gestalt, die mit jenen der großen Epen verwandt zu sein scheint, welche meine Kindheit verzauberten und die sich damals in den rüden Zügen eines Vercingetorix oder der unwirklicheren und ausgemergelteren Gestalt des *Chevalier Belle-Étoile* manifestierten; meine Schwester kannte diese romantische Erzählung, die von einem fahrenden Ritter berichtete, der mangels eines Dachs überm Kopf all seine Nächte damit zubrachte, träumerisch die Gestirne zu betrachten, und der für mich eine Weile die Hingabe des ganzen Lebens an ein Ideal, dem man nacheifert, symbolisierte. Diese Gestalten fand ich später in den weniger summarischen Masken und in modernen Kleidern in einigen Filmhelden wieder. Auf diesem Trödel nach und nach angehäufter Gefühle lag kaum eine Staubschicht von Spott, um kaltblütig mustern zu können, was dieser Soldat, auf absurde Weise in eine zu drei Vierteln leere und überhitzte Landschaft gepflanzt, eigentlich war, der sich dessen erfreute, was man einen »Druckposten« nennt, und der an Helden nur die Einsamkeit und Weite zur Hand hatte, beides prächtige Stimulanzien für selbstsüchtige Ergötzungen und abstrakte und sehnsüchtige Schwärmereien.

Eine aufrechte Gliederpuppe inmitten einer Landschaft, die nur – zusammen mit einigen schäbigen Häusern, den Pappschachteln der Verwaltungsgebäude und dem geschlechtslosen Material der Kasernen – von den schlanken, ärmlich panaschierten Stämmen des Palmenhains, dem Bett des ausgetrockneten Gebirgsbachs und der ziemlich nahen, eine ganze Seite abriegelnden Festung der Berge entlang der marokkanischen Grenze daran gehindert wurde, nicht vorhanden zu sein; eine Gliederpuppe, die in die Verkleidungen so mancher Traumgespinste schlüpfen, sich mit mancherlei psychologischem Abfall behängen konnte: das war nun aus mir geworden. Mal in Khaki, mal in dünnerem Stoff, auf dem Kopf bisweilen einen Tropenhelm (wenn ich »in der Stadt« Dienst tat), doch meist eine Feldmütze, ganz dazu angetan, mich an die Verwandlungskünstler eines Albums zu erinnern, das mein ältester Bruder besaß, eine Sammlung von Abbildungen, auf denen sich die mit Sorgfalt gezeichneten und kolorierten Materialien zur Schau stellten, die, mit Geduld behandelt und Stück für Stück, vom Scheitel bis zur Sohle bewaffnet, diesen Blättern entnommen, Soldaten der Revolution und des Kaiserreichs (Napoleon höchstpersönlich nebst einigen seiner Marschälle) oder ältere Soldatentypen ergeben hätten: Garde Française, Musketiere, Arkebusiere aus der Zeit der Religionskriege, Ritter mit mächtigem Schild und fast zylindrischem Helm aus der Schlacht von Bouvines, gar Kriegsmannen aus der karolingischen Zeit, mit aus zusammengesetzten Metallkaros gefertigtem Kettenhemd – das ganze wohl von Hachette feilgeboten, mit Kartonumschlag und Werk des Zeichners Job, der noch andere Bücher imposanten Formats und mit Goldschnitt, wie die Buchpreise am Ende des Schuljahrs oder die Buchpräsente zu Neujahr, illustriert hatte, und wo zur Kurzweil der Kinder die ruhmvollen Phasen der Geschichte Frankreichs heraufbeschworen wurden –, dies alles Stück für Stück zum Ausschneiden und Aufkleben, eine begrenzte Anzahl menschlicher Figuren, die als Mannequins dienten, denen man nach Lust und Laune ständig andere Kostüme anziehen konnte, wie man über Puppen, als wollte man sie in eine Hülle schieben, abwechselnd die mit Hilfe von Schere und Kleisterpinsel gefertigten Bestandteile zum Beispiel eines Gala- oder Straßenanzugs gleiten läßt.

Als echte Schaufensterpuppe (zu Reklamezwecken, doch, was die Kunden angeht, freilich allein von mir betastbar) besaß ich während meines Aufenthalts in Béni-Ounif eine Anzahl von Ausrüstungsgegenständen, die sich meiner Person anpaßten und meinen ganzen

Stolz ausmachten, als wären sie die geweihten Werkzeuge, ja die Merkmale meiner Göttlichkeit gewesen.

Ich übergehe den Tornister, den man im Soldatenjargon »Karo-As« nennt. Desgleichen Bajonett und Gewehr; selbst meine Säbelkoppel, obwohl ich sie täglich trage – außer wenn ich in Linnen bin – und bis heute aufbewahrt habe, weil ich die Qualität dieser schönen Büffellederarbeit schätze (deshalb vor allem hänge ich noch immer an ihr, der einzigen sinnlichen Spur, die mir von dieser Zeit blieb, zusammen mit den Gamaschen aus dicker, ungebleichter Leinwand, mit denen ich mich später in Paris herausputzte, dann in den Landes, wo ich einem Munitionslager zugeteilt war, und mit der Baskenmütze, die ich – als erste Etappe zur Rückkehr in die Ziviltracht – am Vorabend meiner Abreise nach dem Ländchen Lot-et-Garonne erstand, wo meine endgültige Entmobilisierung stattfinden sollte). Von diesen anonymen Stükken möchte ich nicht reden, da sie nichts weiter als Teile der Gerätschaft waren, die zu meinem Soldatsein gehörten und in keiner lebendigen Verbindung zu mir standen.

Doch ganz anders lagen die Dinge zum Beispiel bei meinen Schuhen, groben, vorschriftsmäßigen Schnürstiefeln aus rohem Leder, vorne viereckig und mit Nagelsohlen; ich hatte sie wegen ihrer falben Farbe, die ich nie mit einer Wichse besuldete, und ihrer ungeschlachten Form anderen, leichteren und geschmeidigeren der Ausrüstung vorgezogen, als man uns vor der Abreise im Palais de la Mutualité, wo das Magazin unserer Kompanie war, eingekleidet hatte; trotz aller Einfettungen tat mir einer der Füße ständig etwas weh, doch ich mochte dieses Schuhwerk, weil es so robust aussah, und weil ich außerdem, als es noch ganz neu war, auf seiner Unterseite zwischen dem Absatz und der breiten Partie der Sohle die Inschrift »Gefängnis von Clairvaux« gelesen hatte, eine zauberhafte Ursprungsbezeichnung, die mir, derart beschuht, ein wenig die Illusion gab, ein Strafversetzter oder Zuchthäusler zu sein. Ganz anders stand es auch mit den Sandalen, die ich bei einem Eingeborenenschuster von Béni-Ounif zum Preis von sieben Francs erstanden hatte; ihre Sohlen, so stand zu lesen, wenn die Reibung auf Schotter oder Straßenstaub sie nicht bereits zu sehr abgenutzt hatte, waren aus Stücken alter Dunlop-Reifen gefertigt. Mit diesen Sandalen fühlte ich mich eher wie ein heruntergekommener Kolonialsoldat, der auf den Status eines Paria gesunken war und ebenso elend lebte wie ein Autochthone; denn freilich kannte ich sehr wohl diese Sorte von Sandalen aus einigen auf Gummiresten befestigten Lederriemen, wie man sie auf unzähligen Märkten unter dem freien Himmel des tropischen Afrika zum exklusiven Gebrauch für Neger verkauft . . . Ferner war da noch mein breiter Zuavengürtel aus rotem Etamin oder Perkal, im Magazin unserer Einheit gegen den läppischen Flanellgürtel eingetauscht, den ich in Paris erhalten hatte; verließen wir unseren Stützpunkt in Béni-Ounif, um etwa neunzig Kilometer weiter in die tiefste Wüstenregion aufzubrechen, wo (mit Kanonen, Flugzeugen und anderen Gerätschaften) die Giftgasexperimente stattfanden, mit deren Leitung wir betraut waren, wickelte ich jeden Abend – denn in dieser Jahreszeit sind die Nächte kalt in der Sahara – diesen Stoff unter meiner Pyjamahose sorgfältig um meine Hüften; in dem engen Kämmerchen, das ich zusammen mit einigen Kameraden der Reserve und aktiven Truppe bewohnte – zwei oder drei waren Oranesen halb spanischer Abstammung, ein anderer Jude (der Flieger, der mir meine Lufttaufe gab, ein Mitglied jener Menschengruppe, die von den alteingesessenen Antisemiten noch vor Beginn der Verfolgungen bereits mit dem gemeinen Ausdruck »Lötkolben« bedacht wurde) –, hatte es etwas Pikantes, in einen Erdarbeitergürtel gewickelt zu schlafen; wenn ich ihn am Morgen ablegte, um mich anzukleiden, mußte ich unvermeidlich an den roten Stoff denken, aus dem die *Muleta* des Matadors besteht, und dieses Wiederaufleben der Erinnerung an Stierkämpfe, die ich leidenschaftlich liebe – verbunden mit der Erinnerung an seidenweiche Haut, die mich heimsuchte, an dieses feine, von Blut berieselte Gewebe, zitternd wie der Stoffetzen, der den Stier anzieht –, hatte etwas Rührendes neben den Photos nackter Frauen, die einer meiner Gefährten (ein Pariser und junger Flugzeugmechaniker) mit Reißzwecken mehr in ästhetischer denn pornographischer Absicht an die Wand geheftet hatte. Endlich war da noch der graue Rollkragenpullover, den man mir von daheim geschickt hatte, und den ich abends, wenn es wirklich sehr frisch wurde, anzog, dabei meine Schultern zurückwerfend und eine Miene mit einer mal harten, mal entspannteren Stirn unter meinem kurzgeschorenen Haar aufsetzend; wäre er kein Geschenk gewesen, hätte ich diesen Pullover gegen eine Khakiweste eingetauscht, wie die französischen oder belgischen Legionäre von der Radiostation sie trugen; es hätte mir wahrhaftig Spaß gemacht, wie ein Boxer, mehr noch, wie ein Fremdenlegionär auszusehen, dermaßen verhext war ich damals mit dem Zerbrechen der gewohnten Rahmen, das die Wüste besorgt, von einem Romantizismus übelster Machart. Ein von der Gemeinschaft Ausgestoßener, von Alkohol und Fieber verwüsteter Abenteurer, Kraftmensch mit versengtem Schädel, Söldner der Fremdenlegion – das waren die Gestalten, mit denen ich mich in kindischem Spiel identifizierte, und deren literarische Vorbilder mir ursprünglich der »unbelehrbare Zuchthäusler, hinter dem sich immer wieder die Zuchthaustore schließen«, der *Emigrant de Landor-Road* und manch andere Formel geliefert hatten, welche Dichter und Schriftsteller für die Unfähigkeit des Menschen gefunden haben, der diesen Namen wirklich verdient, sich unserem modernen Leben anzupassen.

Als schmale Säule aus Empfindungen, vertikal auf die Horizontale eines undankbaren Bodens gepflanzt, war ich allein und ähnelte in dieser Einsamkeit und meinem aufrechten Stand dem Schüler aus den Geographiebüchlein, der, in sein schwarzes Kittelchen gezwängt, die Lage der vier Himmelsrichtungen zeigt und sich dabei am Stand der Sonne orientiert, die ihren Tag im Osten beginnt und im Westen pünktlich beschließt. In meinem Fall reichte der Norden nur bis zur Mittelmeerküste und zu den Schiffen, die dort ausliefen und uns mit der Metropole verbanden; der Süden war diese Wüste im Rükken, deren bloßes Dasein mir jene Leere, ein Symbol der Dürre, lieferte, gegen deren Rand ich mich so oft gedrängt fühle und von der mich bisweilen nur noch einer jener Glutstöße befreien kann, die mich wie ein heißer Wind durchqueren, der selbst wiederum zur Wüste gehört und Bruder dieser Dürre ist; seine Kraft reicht aus – ohne daß hier eine Verleugnung vorliegt –, mich dieser Leere zu entreißen, denn er ist nur ihr bejahender Aspekt, wie die Flamme, die das Erz attackiert, um das Metall freizusetzen, verglichen mit jener rein fiebrigen und zerstörerischen, die den Schrei »Feuer!« rechtfertigt.

Als Person, der die Uniform oberflächlich einen staatsbürgerlichen Anstrich gab, war ich allerdings – und mit Sicherheit – weit weniger nach dem kollektiven Klar-zum-Gefecht ausgerichtet; mehr bestimmte mich die Summe – meine persönliche Bilderwerkstatt bereichernd – dieses schweren Stücks Geschichte, das anscheinend zum einzigen Zweck auf die Waagschale des Schicksals drückte, um mich noch einmal nach Afrika zu werfen und so der Zeichnung meines Lebens einen entschiedenen Kreidestrich hinzuzufügen.

Es handelte sich wirklich um eine Zeichnung. Nicht von dem Leben, das ich lebte, sondern von einer Gestalt, in einer einzigen Linie gezeichnet, deren Windungen und Abenteuer ich mit den Augen verfolgen und deren Verlauf mit einem gewissen Gleichmut abschätzen konnte, wie ein Archäologe die Fazies des Werkzeugs, das er gerade fand, befragt, oder wie ein Statistiker die Form einer Kurve studiert, welche die zu interpretierenden Fakten ausdrückt.

Auf dem fernen Hintergrund der Geschichte zeichnet sich – beuge ich mich nach dieser schon vier Jahre alten Vergangenheit – meine eigene Silhouette oder besser das Diagramm zumindest eines Teils meines Lebens ab: Ich-der-Soldat-in-der-Wüste. In dieser Silhouette erkannte ich mich damals vielleicht mit größerer Gewißheit, als mir das, was die Ähnlichkeit des Porträts betrifft, mit irgendeiner anderen je passierte, eine Gestalt, die, derart grell vor einer historischen Nebelwand ins Rampenlicht gerückt, sich etwas von der festen Kontur borgt, mit der die großen Gestalten der Herrscher und Helden aus der Geschichte herausragten, wie man sie mich in meiner Kindheit lehrte und die von ganz oben herab vom individuellen Schicksal solch großer Sterne beherrscht wurde: Vercingetorix-der-sich-ergibt, Karl-der-Große-der-Schulen-gründet, die-lebendigen-Leibs-verbrannte-Jeanne-d'Arc, der-Hirschkuhtöter-Ludwig XV oder Ludwig-XVI-der-Schlosser, Napoleon-der-auf-Sankt-Helena-stirbt (wie das Lied erzählt). In dieser Geschichte gab es kein Hin und Her wogender Menschenmassen, das in Wahrheit die »Geschichte« herstellt, und neben einer Galerie berühmter Personen präsentierten sich einzig zu meinem kindlichen Gefallen bestimmte wohlformulierte und wohletikettierte Ereignisse wie Kriege, Schlachten, Friedensverträge oder andere Episoden, in eine lapidare Formulierung gepreßt, die auf sie aufmerksam machte und sie belebte, als ob die bloße Tatsache, einen solchen Namen zu tragen, sie fast ebenso lebendig machte wie die Personen selbst.

An der Seite der *Schlacht von Waterloo* (in einem verregneten Grau wie die berühmte graue Redingote oder wie der Himmel an jenem Tag vielleicht war), der *Schlacht von Azincourt* (wie bei einem Wappenschild auf Azurgrund gemalt), der von *Marengo* (soßenbraun, sicher des »veau Marengo« wegen), der von *Marignan* (die mit diesem *gnan,* das im Mund zu zergehen scheint, eher zu einer Schüssel Möhrensaft oder auch zu einem eßbaren Pilz mit Stiel paßt, der einen breitkrempigen Landsknechthut mit komisch ausgebuchteten und gefältelten Rändern auf dem Kopf hat), entdecke ich zum Beispiel – wenn ich versuche, diese Geschichtsdaten mit Reklametiteln zu versehen – *la Journée des Dupes*[30], eine Palastintrige, die sich unterm Rascheln höfischer Roben und wallender Kardinalsröcke abspielt, daß man in Versuchung gerät, sie neben dem Bal des Petits Lits Blancs[31] oder der Journée des Drags[32] auf irgendeinem mondänen Kalender einzutragen.

Deutlicher mit meiner Kindheit ist das *Colloque de Poissy*[33] verbunden, bemerkenswert des drolligen Worts »colloque« wegen, das man in dem geläufigen Ausdruck »colloquer« im Sinne von »flanquer« wiederfindet (»Gleich knall' ich dir eine«) und womöglich eine Spielart von *collation* – Vesper – ist, worin mich eine wirkliche Vesper bestärken könnte, die ich einmal mit meinen Eltern während einer Dampferfahrt machte, die von einem Künstlerzirkel organisiert wurde, dem mein Vater angehörte; Ziel des Ausflugs war eben Poissy; nachdem wir, glaube ich, gefrühstückt, dann gevespert und zu Abend gegessen hatten, fuhren wir die Seine flußaufwärts wieder zurück und einige von Amateuren dargebotene Nummern hatten den Abend ausgefüllt; insbesondere ein Herr hatte sich mit dem Flair diskreter Anzüglichkeit geschmückt und ein Liedchen zum besten gegeben, dessen Refrain lautete:

Y a pas d'mal à ca, Colinette,
Y a pas d'mal à ca![34]

30 »La journée des Dupes«, »Tag der Geprellten« (11. Nov. 1630, als Richelieu die Anschläge der Marie von Medici vereitelte)

31 und 32 gesellschaftliche Festtage

33 »Colloque de Poissy«, die Konferenz von Poissy 1561

34 »Da ist doch nichts dabei, Colinette / Da ist doch nichts dabei!«/

eine Anspielung – von gewollt maliziöser Milde – auf diese oder jene Vertraulichkeit, deren Objekt besagte Colinette wohl im Laufe irgendeiner verliebten Unterredung gewesen war.

In die Umgebung des *Colloque de Poissy* und gleichfalls in die Rubrik der Religionskriege gehört das *Massacre de Wassy.* Doch hier kommt schon wieder Nahrung ins Spiel, und zwar wegen der Stadt Wassy selbst, aus der jene Baisers stammen, die man *caisses de Wassy* nennt, und wo ich nicht wußte, ob das Wort *caisse* – Kiste – sich auf die Baisers (leicht, porös, fast hohl und ganz brüchig unter den Zähnen) oder nur auf den dünnen Kartonkasten bezog, worin sie geliefert wurden. So, als Tributpflichtige der Zuckerbäckerei, ist das *Massacre de Wassy* in meinen Augen etwas relativ Heiteres geblieben, läßt auf alle Fälle den geringsten Lärm der Sturmglocke, das Gehämmer des Totschlags und die nächtlichen Blutspuren vermissen, die mit dem anderen Hugenottenmord, der sich in der Bartholomäusnacht ereignete, verbunden sind.

Mit zahlreichen Jahren Abstand – stellt man sich auf den Standpunkt jener großgeschriebenen *Geschichte,* die zu meiner eigenen sehr zerbrechliche Bande unterhält – taucht endlich die *Schlacht von Jemmapes* auf, bei der ich stets an das »Neapelgelb« denken mußte, eine Farbe, die in meinem Aquarellkasten (wo der Zinnober funkelte) nicht fehlte, und die mir von jenem Tag an als eine der kostbarsten und zartesten erschien, als mein Bruder Pierre und ich sie einhellig im Fell eines Äffchens ausfindig machten, das zum Zirkus Corvi gehörte, einem Wanderzirkus, der während eines unserer in Viroflay verbrachten Sommer in Versailles Vorstellungen gab. Ich glaube, die Dinge spielten sich auf keiner Sandbahn, sondern einer Bühne oder Estrade ab. Die einzigen Attraktionen, deren ich mich entsinne, waren die Mahlzeit der Affen (wo ein Schimpansenkoch seines Amtes waltete und man dem »neapelgelben Äffchen«, das kleiner war als seine Kameraden, entweder zuletzt servierte oder die Größeren ihm seine Nahrung abspenstig machten, was unser amüsiertes Mitleid erregt hatte), dann eine Pantomime mit dem Titel *Der Deserteur,* die ausschließlich von Hunden gespielt wurde; am Ende dieser Pantomime sah man, wie der Pudel, der den würdelosen Soldaten inkarnierte, sich totstellte, nachdem er von einem Hund anderer Rasse füsiliert worden war. »In der Zeit, als die Tiere redeten ...«: eine ebenso wunderbare Formel wie »Es war einmal ...«, Wegweiser zu einer vielleicht noch schimärenhafteren Zeit und Welt, in deren Schoß es vor feenhaften Bestien und gescheiten Tieren nur so wimmelte, die sich jedoch nicht miteinander mischten, Tieren, die sprechen konnten, vielleicht weil sie einzig und allein in einer Welt existieren, die selbst nur Erzählung oder Rede ist, Tieren, die sichtbare Streiche vollbringen können, auf der Ebene reinen Scheins indessen, wo sich die andere Form der Fiktion befindet: das Schauspiel.

»In der Zeit, als die Tiere redeten ...« ist freilich nicht die Zeit der Fabeln von La Fontaine. Seine Tiere sind keine echten Tiere, und diese Fabeln sind auch keine echten Erzählungen. Eine Fabel ist jener kurze Text, den man auswendig lernt, der in seiner Form ein für allemal gegeben und genau festgelegt ist: eine Angelegenheit in Versen, die man ohne groß zu denken hersagt und bisweilen abstottert. Eine Fabel ist keine Historie und auch kein Märchenspiel. Die Handlung ist hier völlig belanglos; nur der Text zählt, die starr gesetzten Wörter, von denen man keins ändern darf, ohne sich einen Tadel einzuhandeln. In der Fabel ist kein Platz für Träumerei, kein Nebel, dem vergleichbar, worin die Vergangenheit wabert; kein Grund, offenen Munds vor etwas Übernatürlichem zu stehen. Was immer die Tiere da treiben, sie sind Wesen der Konvention, bei denen man sich auf alles gefaßt machen darf und die einen nie dazu bringen, daß man sich staunend die Augen reibt, denn in der Fabel ist alles bis aufs I-Tüpfelchen kalkuliert und vorgesehen, »wie mit dem Lineal gezogen«, ganz nach dem gnädigen Ermessen des Fabeldichters.

Mit den Feenmärchen – und auch mit der Geschichte – verhält es sich völlig anders. Dort zählt der Buchstabe der Erzählung wenig: das Augenmerk liegt allein auf den Personen und Ereignissen. Auch wenn sie unwirklich sind (selbst die der Geschichte, verloren in einer verrußten Vergangenheit), kann man sie zumindest ausstaffieren, mit sich selbst füttern, verkörpern. Keine starre Form schiebt sich zwischen uns und ihr allerdings zerbrechliches Dasein von Wesen, die außerhalb ihrer uns überlieferten Verhältnisse nichts sind. Im Märchen wird ein redendes Tier wenn nicht sicht- und spürbar, auf alle Fälle aber vorstellbar, trägt eine weiße, unterm Kinn verknüpfte Haube und eine Perücke, wie der verkleidete Wolf bei Rotkäppchen, stolziert in soliden Stiefeln und mit einem federgeschmückten Hut auf dem Kopf, wie der Kater des Marquis de Carabas; und diese Fähigkeit, Gestalt zu werden, rührt nicht allein daher, weil einige genaue Einzelheiten der Ausstattung durch den Text oder seine Bebilderung gegeben sind (falls es ein Märchen ist, das man liest und nicht bloß eins, dem man lauscht), sondern auch weil wir ganz aus der Nähe an der Erzählung teilnehmen, denn anstatt eine feststehende Sache zu sein, die sich so wie sie ist im Kopf einzurichten hat, ist sie ein Kanevas, der sich zu unserer Freude allen Farbgarnen anbietet, die unsere Phantasie erspinnen kann.

»In der Zeit, als die Tiere redeten . . .« ist ein noch ausgefeilteres Sesam-öffne-dich als »Es war einmal . . .« Da die Zeit, um die es hier geht, erklärtermaßen eine Zeit ist, in der eine andere Weise von Rede herrscht (da es nicht mehr alleiniges Privileg des Menschen ist, der Sprache mächtig zu sein), öffnet dieser Satzzipfel das Tor zu einer Welt, die in ihrer Gänze einer besonderen Syntax zu gehorchen scheint. Die Sprache, Hauptstütze der Erzählung, ist von nun an über das Menschliche hinausgetrieben, auf die Höhe des Tieres gebracht. Und nicht nur das Erzählte, auch der Akt des Sprechens oder Erzählens, ja der Erzähler selbst machen diese endlose Rückwärtsbewegung mit. Denn dunkel bleibt, ob die Formel, die so Zeit und Rede verknüpft, allein auf die Ankündigung abzielt, daß die Erzählung von der Zeit berichten wird, in der die sprechenden Tiere lebten, oder ob es nicht gar eins jener Tiere ist, denen man die Gabe der Rede nachsagt, das hier als Erzähler in Betracht kommen könnte. »In der Zeit, als die Tiere redeten . . .« ist eine Weise, die von der vorliegenden Erzählung hervorgehobene Rede in eine mythische Vergangenheit zu tauchen, und dies dank eines äußerst flüchtigen Gleitens, das vom derzeitigen Erzähler zu den legendären Erzählern führt, zu jenen Tieren, deren Sprachmächtigkeit zum Symbol dafür wird, wie endlos weit wir von ihrer Zeit entfernt sind.

Zweifellos stehen die Zirkusvorstellungen, auf ein Publikum abgestimmt, das im wesentlichen aus den Angehörigen der ersten Lebensjahre besteht, der Kindheit von Natur aus nahe. Für den Erwachsenen, der sie besucht, bergen sie einen Doppelsinn: zum einen sind sie auf die Vergangenheit gerichtet (da sie in dem altgewordenen Kind, das sie sieht, Erinnerungen an seine einstige Existenz wachrufen, auch weil sie geballte Tradition sind), zum anderen stecken sie in der einschneidendsten Gegenwart: des entfesselten Lachens; des zitternden Bangens angesichts eines *jetzt* geschehenden Kraftakts, der von einer Sekunde zur anderen in einer bodenlosen Niederlage enden kann; des entschieden »modernistischen« Benehmens, das im französisch-englischen Kauderwelsch der Clowns und, allgemeiner, im Kosmopolitismus eines Programms zum Ausdruck kommt, wo alle Nationen wie in einer Ausstellung, welche die Bilanz einer Epoche zieht, miteinander kommunizieren. Solche Darbietungen entwickeln einen unmittelbaren Charme, der vor allem in einem Spiel von Gegensätzen wurzelt:

die glänzende und bewegliche Phantasie der Kostüme, welche auf die Strenge eines starren Rahmens trifft (die kreisrunde Sandbahn, vom nackten Licht elektrischer Scheinwerfer beleuchtet und einen herben Geruch von Pferdeäpfeln ausdünstend), Clownerien und gefährliche Akrobatenakte in fliegendem Wechsel, der Ausnahmecharakter der dargebotenen Dinge, grell gegen die Banalität des Publikums abstechend, das sich auf den Rängen versammelt hat, um andere Menschenwesen zu bewundern, die im Zusammenspiel aller Dinge zu phantastischen Geschöpfen werden. Doch neben dieser oberflächlichen Verzauberung spürt der Erwachsene, der in den Zirkus geht, erneut die Macht einer tiefen Poesie, deren innigste Triebkräfte – unterhalb pittoresker Gegensätze – in der Tatsache gesucht werden müssen, daß sich im magischen Kreis eines solchen Ortes ein *Hier* und ein *Dort* begegnen: die Schärfe des hier gegenwärtigen Geschehens, das vor unseren Augen abrollt und das wir unmittelbar erleben; der befremdliche Dunst, der dasselbe Geschehen beschlägt, sobald die Zeitverschiebung sichtbar wird, die es dort in eine Vergangenheit von Nursery und Folklore zurückwirft.

Für das Kind und den Erwachsenen ist natürlich der Zirkus zweierlei Ding; für das Kind ist das weiter nichts als eine besondere Welt, wo Leute von gewollt sonderbarem Aussehen und Tiere, wie man sie, dermaßen herausgeputzt, nicht alle Tage auf der Straße antrifft, Streiche vom Stapel lassen können, welche die gewöhnlichen Menschen und Tiere kaum fertigbrächten. Für das Kind kann es sich gar nicht um ein Zurück zur Legende handeln (wie »Es war einmal . . .« es bewirkt), auch nicht um Poesie (denn ohne eine Spur zumindest von Klarsicht und Ironie gibt es keine Poesie). Allem, was der Zirkus ihm vor Augen führt, gehört es mit Leib und Seele an, im Sich-Fürchten (vielleicht vor den geschminkten und grimassierenden Clowns, die wie bei meinen militärischen Experimenten in der Sahara urplötzlich Knallfrösche zum Explodieren bringen können) oder im Staunen (etwa über die Akrobaten oder die entzückend herausgeputzten und dressierten Pferde). In seiner rastlosen Abfolge ungewöhnlicher und bewundernswerter Dinge ist das Zirkusspektakel, um es klar zu sagen, ein Wunderwerk; anders jedoch als beim Feenmärchen – wunderbar auch es, doch vergißt man nie seine radikale Unechtheit –, wird hier dem Kind die Wahrhaftigkeit des Geschehens vor seinen Augen garantiert: der süffisante Monsieur Loyal im Frack und mit der Peitsche in der Hand, mit seiner Manier, das Publikum ständig ins Geschehen zu verwickeln und es zu verleiten, sich ins Spiel einzumischen (sei es, daß er es mystifiziert, oder so tut, als behandle er es als Komplizen, dem er die Unterseite seiner Karten zeigt), alles tatsächlich in der Absicht, eine Gleichheit zwischen den Szenen der Manege und der unbestreitbaren Wirklichkeit der auf der Galerie versammelten Zuschauer zu schaffen. Im sandigen Rund, an dessen Rand das Kind sich hocken darf, erscheint ihm auch alles, was geschieht, als wirklich wunderbar und zugleich wunderbar wirklich. Und das stimmt auch, es sei denn, man stellt sich vor, daß man es hinters Licht zu führen versucht, wenn man ihm versichert – um es zu beruhigen, wenn die Angst es gepackt hat –, daß all dies kein Ernst, sondern bloß »zum Lachen« ist.

Wenn ich – der Wüste entfliehend, in der ich mich zur Stunde als Soldat verkleidet in der Senkrechten hielt – jetzt so tue, als versetzte ich mich in jenen anderen sandigen Raum der Zirkusarena (die womöglich nur die *Farbe* von Sand hat, deren Boden keine echte Arena, sondern irgendeine ebene, mit einem Borstenteppich bedeckte Fläche ist), dann sehe ich mich nicht wieder mit kindlichen Zügen, im Anzug mit kurzer Hose und an der Seite meiner Mutter auf einer Bank oder einem Klappsitz in einem Saal des Nouveau Cirque oder Zirkus Médrano sitzen. An meinem Halse spüre ich nicht den großen, weißen und steifen Kragen, den ich lange trug, darunter den

Knoten einer Krawatte Lavallière. Ich sehe nicht die Person, die gut oder schlecht zu spielen mir damals gleichgültig und die für mich kein Gegenstand besonderer Aufmerksamkeit war; eher sehe ich wieder Bruchstücke von Dingen, die ich während jener Vorstellungen, die alle etwas Prunkvolles hatten, mit den Augen verschlang; insbesondere entsinne ich mich an die Manöver – zunächst entlang einer schiefen Ebene? dann auf einem rechteckigen Balken, den man zuvor in der Mitte der Manege aufgestellt hatte? –, die eine »geheimnisvolle Kugel« vollführte, eine große, blaue, vielleicht mit Goldsternen übersäte Sphäre, die hin und her lief und ganz von allein zu rollen schien. Am Schluß der Darbietung öffnet sich die Kugel und es erscheint – um sich zu verbeugen – eine hübsche Turnerin im Trikot. Dies geschieht im Zirkus Rancy, zur Zeit von Viroflay. Noch am gleichen Vormittag wurde ein Akrobat – dessen Nummer, glaube ich, ein Balanceakt auf der Stange war –, durch eine falsche Bewegung oder einen Sturz? das Opfer eines leichten Unfalls, wobei er sich eine Verrenkung oder Verstauchung zuzog, oder gar eine jener Verletzungen, die ich nie klar bestimmen und auseinanderhalten konnte (zum Beispiel dachte ich bis heute, daß eine Verrenkung sich in einem Riß kundtut). Dies verursachte einen Augenblick der Verwirrung unter den Zirkusleuten, eine Erklärung (scheint mir) wurde abgegeben, und ich bekam es mit der Angst zu tun, denn jählings brach ein *fait divers* in eine Welt ein, die, wenngleich wirklich, bis dahin nicht weniger ein reines Wunder war. Was die »geheimnisvolle Kugel« betrifft – an die ich lange Zeit als an etwas tatsächlich ebenso Verschlossenes und Geheimnisvolles wie eine Kugel dachte –, ich fand sie wenig später in Gestalt eines automatischen Spielzeugs wieder. Die Kugel rollte eine schraubenförmig gewundene Metallbahn hinab, doch weiß ich nicht, ob sie sich am Ende ihres Laufs öffnete, um das Simulakrum der hübschen Turnerin erscheinen zu lassen, die ich mir in einer hautengen blauen Strumpfhose und mit von schwarzen Haarbüscheln fast verdeckter Stirn vorstelle.

Mehrere Jahre später befinde ich mich in einem Saal mit altmodischer Architektur und Goldverzierungen, in dessen samtbezogenen Sesseln Leute in Abendkleidern sitzen, die sich kraß von den ungezwungenen Personen unterscheiden, welche der Segeltuchhimmel eines Jahrmarktzirkus beschirmt. Es handelt sich um das Théâtre de la Gaîté, das in dieser Saison des Jahres 1923 oder 24 russische Ballette gibt; ich wohne einer Aufführung der *Parade* bei und finde angesichts eines solches Schauspiels (das kein Zirkus, sondern die Verlagerung dessen ist, was man im Zirkus, in den staubigsten Music-halls oder auf Jahrmarktsbühnen sieht) jene Frische des Sehens wieder, die in der Regel verlorengeht, sobald die erste Jugend vorbei ist. Auf dem Vorhang, den Picasso für dieses Ballett malte – dessen Dekorationen und Kostüme er ebenfalls schuf –, ist eine Zirkusszene dargestellt: eine Tänzerin balanciert auf dem Rücken eines großen, weißen und geflügelten Pferdes, das seinen Hals auf den Kragen eines kleineren Pferds legt. Nun entdeckt man diesen Pegasus – verschwunden, sobald der Vorhang sich hebt – bald wieder unter den Figuren des Balletts in der schäbigen Gestalt einer Karikatur des Vierfüßlers: ein elendes Fell, unter dem sich zwei Tänzer verbergen. Dann sieht man am Ende, sobald der Vorhang gefallen ist, erneut das große Pferd. Von der komischen Schindmähre ist man also wieder beim traumhaften Streitroß angekommen, und alles hat sich im Grunde innerhalb der Distanz abgespielt, welche diese beiden Figuren voneinander trennt, die jeweils ein Porträt dessen verwirklichen, was sich einerseits Mythenschöpfer, andererseits Possenreißer zum Thema PFERD einfallen ließen. Dem phantastischen Pegasus, der auf den Vorhang gemalt ist und unsere Sehnsucht verkörpert, folgt der Klepper des Picadors (ein zusammengeflicktes Etwas, das es nicht nötig hatte, sich zuvor aufschlitzen zu lassen), der, sieht man ihn grotesk durch den leeren Raum der Bühne karacholieren, die ganze Realität, könnte man glauben, innerhalb dieser drei Dimensionen verschluckt und zu diesem »wahrer als wahr« gelangt, einem der großen Ziele, das die moderne Kunst unermüdlich verfolgt. Das erneute Fallen des Vorhangs wirft dann wieder alles in den Traum, auf den dieses »wahrer als wahr« im übrigen nicht verzichten kann. Denn alles oszilliert beständig zwischen zwei Polen: der eine ist von so nackter und gegenwärtiger Realität wie nur möglich; der andere ist mythologisch, hier im strengen Sinne eine Fabel wie der Pegasus, während die Mythologie an anderer Stelle die Form einer nostalgischen Wiederherstellung der Vergangenheit annehmen kann, welche das Gedächtnis vornimmt, und die der besessenen Idee von einem *Dort* oder *Jenseits* antwortet, die jener gleichkommt, welche die ausgelebte Einbildungskraft zu befriedigen trachtet.

Als ich den Vorhang betrachtete, empfand ich vor allem das Gefühl einer Ähnlichkeit zwischen mir und dem kleinen Pferd. Damals lag es mir fern, den *Maudit,* den Abenteurer oder den Bösewicht zu spielen. Ich hatte noch nicht die fast mystische Erfahrung der afrikanischen Sonne gemacht, die mich lange Zeit quälte, sobald einmal der Zufall mich nach dem Süden reisen ließ, während ich zuvor eher vom Norden angezogen war, dessen Härte und Kälte mich faszinierten, ganz das Gegenteil der Vorstellung, die ich vom Süden hatte, wo man schwitzend dahinschmilzt. Wenn ich von fernen Ländern träumte, dann nicht von Schnee- und schon gar nicht von Fieberländern, sondern ganz einfach von einem fiktiven Eden, wie es mir zum Beispiel die Poesie vielleicht bieten konnte. Ich beneidete den großen Pegasus und wäre brennend gern seinen Spuren gefolgt, hätte ich gekonnt, ich, wackliges Fohlen, dessen erste lyrische Versuche nichts als ungestaltes Stammeln waren. Natürlich war ich nicht mehr das naive Kind, das man in den

Zirkus führt, doch ebensowenig war ich der alternde Intellektuelle, der sich nach und nach die Maske eines tragischen Clowns fertigt oder gar in einer Haltung »historischer« Gravität für seine Büste posiert. Durchaus imstande, Traum und Wirklichkeit ohne Ironie oder den Versuch eines Vergleichs einander gegenüberzustellen und ihren Unterschied als eine klaffende Wunde zu spüren, mißtraute ich noch nicht den möglichen Gründen, die einen zum Schreiben bringen, und war einzig von dem Traum beseelt, Dichter zu werden, um mich durch den Traum von der Realität zu heilen oder in den Augen der anderen mit dem Zauber zu schmücken, den jene, die an einer derartigen Wunde leiden, geradezu auszustrahlen schienen. Als ich das große Pferd auf dem Vorhang mit seinem lächerlichen Doppelgänger verglich, dachte ich an diesen Traum und an diese Wirklichkeit wie an zwei miteinander verfeindete Welten, die eine schreckliche Kluft trennt, und ich verzehrte mich im brennenden Verlangen nach einer unmöglichen Identifikation mit dem großen Pferd. Angesichts dieses schönen weißen Tieres war ich tief aufgewühlt, als hätte ich – ein Bild dessen, was ich zu sein bezweifelte – es zum Symbol des genialen Menschen gemacht, der (zumindest scheint es so) mit dem Traum nach Belieben schalten und walten kann und gleichsam dessen Verkörperung ist.

Mag mir mein Leben im ganzen noch so unbefriedigend erscheinen, so muß ich, was diese Verschmelzung von Traum und Wirklichkeit betrifft, doch anerkennen, daß ich manchmal glaubte, in Schauspielen, die das Leben mir schenkte, diese beiden Dinge vereint zu finden – und zwar in voller Wachheit, weit entfernt von »Tagträumereien« –, und daß ich sie nur so, wie sie sich zeigten, anzunehmen brauchte, ohne das Bedürfnis zu verspüren, sie irgendeiner poetischen Mazeration zu unterziehen.

Im Lauf des Sommers 1933 – seit einigen Monaten von einer ziemlich ausgedehnten Reise im tropischen

Afrika zurück und wieder mit Frankreich Kontakt aufnehmend, ein wenig in der Weise, als sei es ein neues Land für mich, das mir reichlich Stoff für »exotische Sensationen« böte – verbrachte ich, von einem Strand der Bretagne kommend, wo meine Frau und ich Ferien gemacht hatten, einen Tag in Lannion. Auf einem Platz dieser Kleinstadt, deren Name mir vortrefflich mundet (weil er nach Land klingt, und man, hört man ihn, Bauern zu sehen meint, die zum Markt gehen, den Henkel der mit Geflügel, Butterklumpen oder frischen Eiern gefüllten Körbe in die Armbeuge geklemmt), sahen wir Gaukler, die auf Stelzen gestiegen waren und tanzten. Zwei Erwachsene und zwei Kinder; allem Anschein nach ein- und dieselbe Familie, zu der neben Vater und Mutter (beide etwa um die dreißig) noch ein kleiner Junge und ein kleines Mädchen gehörten; alle vier steckten in schreiend bunten Kleidern und Bastschuhen. Der glatzköpfige Vater trug ein weites, graublaues Clownskostüm mit dem stets wiederkehrenden Motiv eines Affenpärchens; einen Zylinderhut auf dem Schädel, blies er in ein Klapphorn, wuselte ständig auf seinen Stelzen hin und her und spielte obendrein noch Schifferklavier. Die hübsche und sehr braune Mutter trug einen feuerroten Pullover und über ihrem gelben Rock eine rote, ins Violette spielende Schürze; sich selbst mit Kastagnetten begleitend, tanzte sie und drehte sich manchmal blitzschnell um die eigene Achse; dann hob sich ihr Rock, spannte sich auf und enthüllte ein schneeweißes, altmodisches Höschen, das ein wenig oberhalb des Knies und grober Strümpfe aus Baumwolle oder bräunlichem Garn endete; am Schluß ihrer Umdrehung hob sie das linke Bein bis zur Horizontalen und beschrieb damit, von der Stelze verlängert, einen Kreisbogen über die Köpfe der Nächststehenden hinweg. Das kleine Mädchen (tief bronzefarben, mit himmelblauem Bändchen im Haar) und der kleine Junge (Phantasiezuave in bauschiger, dunkelroter Hose) spielten beide Tamburin. War der Tanz beendet, machte man die Runde, indem die Kinder ihre Tamburins zum Empfang des Geldes ausstreckten, während die Mutter das Geld direkt, von Hand zu Hand, an den Fenstern der ersten Etagen einsammelte. Dann, ihr Ritual beschlossen, strebte die Familie mit Riesenschritten einem anderen Auftrittsort entgegen, und man konnte sie noch einige Sekunden lang sehen, wie sie, sehr hoch, im Gänsemarsch durch die engen Gassen glitten. Die Szene bezauberte mich so sehr, daß ich sie gleich nach meiner Rückkehr aus Lannion ausführlich aufzeichnete, und bis zur Stunde hat sie in meinem Tagebuch geschlafen, an der Seite anderer Szenen, bei denen ich (ohne immer allzu genau zu wissen, was es mit ihnen auf sich hatte) spürte – und deswegen notierte ich sie –, daß sie eines Tages ihren Sinn fänden.

Diese zündende Frische und trotz allem anmutige Musik von Habenichtsen stachen wie ein Blumenbeet auf dem Boden eines alten Provinzhofs grell von der routinierten Betriebsamkeit des großen Marktfleckens ab. Man kam überhaupt nicht auf den Gedanken, im Schoß dieser Familie könnte es den kleinsten Mißklang geben, daß der Vater zum Beispiel trinken und die Mutter in seiner Trunkenheit verprügeln könnte; genausowenig, daß letztere eine Megäre oder gar eine Mannstolle sein könnte (die der am Gewinn beteiligte Vater entweder ermutigte, mit jedem ins Bett zu steigen, oder der wohl oder übel die Augen vor den Eskapaden der Frau verschloß, die vielleicht gar durchtrieben genug war, ihm ihr Treiben zu verheimlichen, oder, noch schlimmer, über seine Proteste und Drohungen hohnlachte und sich nicht im geringsten darum kümmerte). Man nahm auch nicht an, daß die Kinder eine Tracht Prügel kassierten, wenn die Kasse zu mager war und die Aussicht auf schmale Rationen bei ihren Schöpfern Anfälle übler Laune gezeitigt hätte. Unvorstellbar fast, diese kleine Gesellschaft könnte eine bunt zusammengewürfelte Truppe sein, wo der Mann die Frau eines schönen Tages weiß Gott wo aufgelesen hatte, die bereits mit zwei Kindern oder vielleicht einem versorgt war, wenn nicht der heißblütige Patriarch in einem oder zwei anderen Betten die beiden Bambinos gezeugt hatte, die er jetzt in Erwartung (wer weiß?) eines dritten hinter sich her schleppte, um dann in einer sternklaren Nacht seine Siebensachen zu packen und sich mit seinen Stelzen wie mit Siebenmeilenstiefeln an den Füßen über alle Berge davonzumachen, und der schon längst unter anderen Himmeln herumtändelt, wenn die kleine Familie erwacht und sich noch ganz verschlafen die Augen reibt. Wie dem auch sei, ein rührendes Quartett und eine echte Märchenfamilie; weniger eine Familie von Menschen, denn von Kobolden oder Sylphen, von der Luft lebend und das luftige Element so nahe streifend, daß sie, vogelfrei, von unseren lastenden irdischen Gewohnheiten entbunden waren.

Wie jemand, der in die Stadt kommt, machte ich am gleichen Tag einige Besorgungen in Lannion. Da der Ledergürtel, der meine Hose hielt, gerissen war (echter Schund, in irgendeinem Pariser Kaufhaus erstanden), ging ich zu einem Sattler, und dort fertigte mir der brave Mann auf der Stelle einen von erster Qualität; vor meinen Augen schnitt er den Riemen aus einem großen Rindslederstück, bohrte dann mit einer Lochzange die Löcher und befestigte ihn an einem Stahlschloß, nachdem er ihn in einem Abstand von etwa einem Millimeter von den Rändern entfernt mit einer punktierten, mit einer Molette geprägten Linie verziert hatte. Jahrelang sollte ich diesen Gürtel tragen, der mir jeden Morgen, wenn ich ihn anlegte, und jeden Abend, wenn ich ihn ablegte, das euphorische Gefühl schenkte, eine solide und schöne Sache zu berühren.

Im Laufe desselben Spaziergangs hatte ich in einem Schaufenster zufällig jenes Buch entdeckt, von dem ein Freund mir kürzlich erzählt hatte; so kaufte ich *La Sorcière* von Michelet. Dieses Werk, das ich jetzt schon fast zehn Jahre besitze, habe ich noch immer nicht ausgelesen. Nicht, daß es mich im Grunde nicht interessiert hätte oder (das versteht sich von selbst) weil ich ziemlich wenig und penibel läse, um nicht imstande zu sein, nach zehn Jahren ans Ende eines Buches zu gelangen, denn so unfähig bin ich nun wiederum auch nicht; aber es geschieht oft, daß ich derart in Lektüren steckenbleibe (wie ich vielleicht auch in der vorliegenden Schrift steckenbleibe). Nicht unbedingt, weil das Gelesene mich schlechthin anödet, sondern eher weil die Bücher, die meine Aufmerksamkeit lange zu fesseln vermögen, selten sind: ich greife mir eins, das meinen augenblicklichen Beschäftigungen entspricht, und ich lese eine gewisse Anzahl von Seiten; dann taucht etwas Neues auf, das mich beschäftigt und zu einem anderen Buch führt; meist lasse ich dann das erste liegen, zu sehr drängt es mich, zum zweiten zu kommen, und tatsächlich lese ich viel zu langsam, damit das Interesse, das Buch, das ich gerade las, ein für allemal zu beenden, stark genug wäre, erfolgreich die Ungeduld zu zügeln, die mich dazu treibt, jenes in Angriff zu nehmen, das mit meinen gegenwärtigen Beschäftigungen übereinstimmt. Teils Faulheit, teils Wankelmut, das ist so mein Verfahren, nichtabgeschlossene Lektüren anzuhäufen, wobei ich allerdings zu periodischen Auflösungen schreite, dergestalt, daß ich mir die im Stich gelassenen Bücher systematisch und notfalls in Blöcken wieder vornehme, wenn ich sicher bin – nach dem, was ich über sie las oder was ich über sie sagen oder lesen hörte –, daß sie es verdienten, zu Ende gelesen zu werden. Was allerdings *La Sorcière* von Michelet betrifft, so ist sie bisher all diesen Versuchen, einen neuen Anlauf zu nehmen, entgangen, Versuche, die darauf abzielen, die Masse der Werke, denen ich ohne rechten Grund im Laufe meines Lebens den Rücken kehrte, im Augenblick meines Todes so weit wie möglich verringert zu haben.

Was mich zum ersten und einzigen Mal in meiner Lektüre der *Sorcière* ablenkte und bewirkte, daß ich sie abbrach, habe ich völlig vergessen. Merkwürdig ist nicht, daß ich überhaupt abgelenkt wurde. Denn ich habe ziemliche Mühe, dieses Flattern der Aufmerksamkeit zu vermeiden, die mich dahin und dorthin springen läßt, dessen, was sich mir bietet, bei jedem Satz gewiß sehr bewußt, doch unfähig, dauerhaft dieses Niveau der Bewußtheit zu halten, und so ist es nicht verwunderlich, daß der sehr reale Eifer, mit dem ich mich dem Werk Michelets zuwandte, nicht lange vorhielt, ungeachtet dessen, was mir diese Seiten vermitteln konnten, auf denen sich ein ausgedehntes Stück Geschichte zu einem, was die Bedeutung betrifft, meisterhaft ausgeführten Gemälde zusammenfügt, anstatt sich als eitle Anhäufung je nach den Zufällen der Gelehrsamkeit zusammengeraffter Einzelheiten zu präsentieren. *La Sorcière* von Michelet ist eine geniale Sichtweise dessen, was im mittelalterlichen Europa die Hexerei war: eine Möglichkeit für die kleinen Leute, in einer imaginären Welt einen Ersatz für das erniedrigende Leben zu finden, das die Großen ihnen aufzwangen. Eine Sichtweise, die mich um so mehr hätte ansprechen müssen, als ich in Abessinien, wo ich mich kurz vor dem Erwerb dieses Buchs befand, aus unmittelbarer Nähe Fälle weiblicher Besessenheit gesehen hatte, die bei den betroffenen Bäuerinnen überwiegend einem Rachewunsch zu entspringen schien, der sich auch hier auf einer imaginären Ebene befriedigte, wo sie der Herrschaft der hochmächtigen Herren, die ihre Ehemänner für sie waren, entgingen. Und dennoch hörte ich eines Tages auf, *La Sorcière* weiterzulesen und habe auch nie wieder damit begonnen. Wie mag das zugegangen sein?

Höchstwahrscheinlich erübrigt es sich, hier nach einer echten Ursache zu forschen. Zunächst war da eine Zäsur, zweifellos durch meine Rückkehr nach Paris nach Ferienende bewirkt, vielleicht auch die Wiederaufnahme anderer Lektüren, die ich bei meiner Abreise in die Bretagne verlassen hatte. Eine Zeitlang mußte die *Sorcière* in einem Winkel meines Schreibtischs gelegen haben, falls, ordnungsbesessen wie ich stets war (ich entsinne mich jetzt einer Operation, die ich als Kind von Zeit zu Zeit vornahm und »das große Aufräumen« nannte; die Operation bestand darin, alle Soldaten aus Blei oder Zinn, die ich besaß, zu zählen und zu ordnen, indem ich statistische Listen aufstellte, wo alle genau abgezählten Soldaten nach Kategorien wie Waffengattung, Dienstgrad, Größe und Material erfaßt wurden), falls ich dieses ziemlich dicke Buch (ein unvollständiger Band der gesammelten Werke, daher vielleicht eine gewisse Abneigung, denn ich habe einen allzu manischen Geschmack an Ordnung und mir graut vor unvollständigen Dingen) seit meiner Rückkehr nicht bereits in die Regale meiner Bibliothek gestellt hatte, vermutlich ziemlich weit nach oben, wo zwischen Büchern, die mir gehörten, jene standen, die strenggenommen nicht zur Belletristik zählten. Auf diese Weise an einen kaum zugänglichen Ort verbannt (entweder hatte ich es gleich weggestellt oder ich hatte wieder einmal entschieden, reinen Tisch zu machen und ihn von Büchern gesäubert, von denen ich wußte, daß eine gewisse Zeit verstreichen würde, bevor ich ihre Lektüre, zumindest in kontinuierlicher Weise, wiederaufnähme), auf ein hinlänglich hohes Regalbrett abgeschoben, daß ich es nur mit einer Leiter hätte erreichen können, habe ich dieses Buch schlicht und einfach im Stich gelassen; zwar wollte ich es mir oft wieder vornehmen, doch nie entwickelte dieser Wille in meinen Augen eine ausreichend durchschlagende Dringlichkeit, um die winzige Anstrengung zu schaffen, mir eine Leiter zu holen, und um vor allem über das absurde Ärgernis zu triumphieren, das die Tatsache verursachte, daß diese *Sorcière* (zusammengepfercht mit den *Légendes démocratiques du Nord,* einem anderen Werk von Michelet) das isolierte Element einer Serie war. Außerdem irritierte es mich doch ein wenig, in einem einzigen Band ein Werk über die Hexerei im Mittelalter und eine Sammlung nicht von Legenden der nordischen Folklore (wie der Titel eigentlich vermuten ließe, wäre nicht *démocratiques* auch noch in kleinen Lettern gedruckt gewesen, als versuchte es, sich unsichtbar zu machen), sondern von Texten vereint zu sehen, die sich in erster Linie auf die Geschichte Polens und seiner Nationalhelden bezogen, wo auch (natürlich) der berühmte Adam Mickiewicz nicht fehlen durfte. Seitdem ich auf dem Gebiet der Poesie eine Art Techniker, ja Experte geworden bin, habe ich diese Nationaldichter – viel zu volkstümlich, um echte Dichter zu sein – immer dermaßen verabscheut, daß allein die Tatsache ihrer Nachbarschaft im Rahmen eines Buchs zu einem Text, der vom literarischen Phantom eines Mickiewicz heimgesucht wurde, voll und ganz genügte, mir die *Sorcière* zu vergällen. Man addiere die vollständige Interesselosigkeit, welche schon lange die jugendliche Glut, die ich für das unterjochte Polen hegte (ich glaube, wie nicht wenige junge Burschen vor dem Vertrag von Versailles), abgelöst hatte, und dann versteht man vielleicht, daß der leichte Ärger, den eine solche Schwarte mir bereitete – nicht nur weil sie der isolierte Teil des Gesamtwerks war, sondern auch wegen der wahllosen Zusammenstellung –, alles in allem die Anziehung überboten hatte, die eines der beiden Werke auf mich ausübte, welche so durch ihre chronologische Nähe oder die Launen des Herausgebers zu Nachbarn geworden waren. Am Ende spielte sich alles so ab, als hätte sich zwischen beiden Werken eine Art Verschweißung herausgearbeitet, und als hätte meine Abneigung gegen die *Légendes démocratiques* die *Sorcière* befallen, und ich vergaß, daß es sich bei ihr um keine akademische Arbeit handelt, die ein Stück offizieller Geschichte darstellt, sondern um den ehrgeizigen Versuch, bestimmte Gesichtspunkte einer vergangenen Zeit aus ihrem Innern heraus zu rekonstruieren, hervorzuheben und neu zu beleben, in einer Weise, die den Leser mitten ins Mark einer Geisteshaltung versetzt, wo sich die Perspektiven besser entfalten können, als wenn man ihm eine tote Masse materieller Fakten vorsetzt.

Als ich in die sechste Klasse kam und mit der Geschichte des Altertums den ersten Zyklus des Geschichtelehrplans für den Sekundarunterricht erreichte, freute es mich, daß zur Geschichte-der-Reiche, Geschichte-der-Schlachten oder Geschichte-der-Ereignisse ein wenig Kulturgeschichte hinzukam. Zu wissen, wie die Ägypter die Nilüberschwemmungen nutzten, einen Längsschnitt der großen Pyramide zu sehen, der zeigt, daß es eine Grabstätte ist, zu erfahren, daß sie ihre Toten einbalsamierten und mit wohlriechenden Pflanzenölen einrieben, daß sie die Erfinder bizarrer Zeichen, Hieroglyphen genannt, waren: das interessierte mich weit mehr als alles, was man mich bisher in diesem Fach gelehrt hatte: Sieg oder Sturz irgendeines Herrschers, seine für das Volk segensreiche oder verderbliche Regentschaft, die von ihm durchgeführten Reformen, die von ihm unterzeichneten Verträge. Mir erschien die Geschichte dieses Lehrplans der sechsten Klasse, wo Völker des Orients, Griechenland und Rom andere als die uns bekannten Verhältnisse der Menschheit vor Augen führten, nicht als bloße Schilderung bereits vergangener Dinge, sondern als Wiederaufleben alter Zeiten. Vermutlich sind diese Verhältnisse vor allem deshalb reizvoll, weil sie »alt« sind, als ob eine gewisse zeitliche Distanz ausreichte, damit eine Epoche anziehend wird, entweder wegen dieses Abstands selbst oder weil die Tatsache, daß sie trotz dieses Abstands ein Denkmal hinterließ, als Zeichen unbestreitbarer Größe gilt.

Als ich klein war (ich meine, noch bevor ich in die sechste Klasse ging) unterschied sich die »alte Zeit« wenig von der Epoche, an die »Es war einmal . . .« erinnert. Obwohl die »alte Zeit« offensichtlich einmal Wirklichkeit war, war sie doch fast ebenso verschwommen wie jene Epoche. Die alte Zeit ist die Zeit der Strohhütten, der Kandelaber und der Heller (armselige Geldstücke von knauseriger Dünne, vergleicht man sie mit den opulenten Talern, Dublonen und Pistolen, den pittoresken orientalischen Piastern und Zechinen); das ist die Zeit der kleinen Savoyarden, die mit ihren Murmeltieren über die Landstraßen vagabundieren, die gute alte Zeit der Kiepen, um das Holz zu schultern, der Altweibermärchen und der Stadt Montbéliard, deren auskörnende Silben, an Drehleiermusik erinnernd, mir immer einen so außerordentlichen Eindruck des alten verschlafenen Marktfleckens in gebirgiger Ferne vermittelten. In der alten Zeit gab es noch Ritterturniere, Schlachtrosse, Verliese, die Wasserfolter, Leute im Wams oder Leibrock, Kurtisanen, schmachtende Verfasser von Madrigalen, Kotillons, Postkutschen, Schäfer und Schäferinnen mit Krummstäben.

»Die alte Zeit« entsprach alles in allem der Epoche der Monarchie. Die Plünderung Roms durch »unsere gallischen Vorfahren«, Vercingetorix, der sich Julius Cäsar unterwarf und selbst die galloromanische Epoche (äußerst hohl und blaß nach Episoden wie *Vae victis!* oder die Belagerung von Alésia) waren noch nicht die alte Zeit. Umgekehrt und fast am anderen Ende der Geschichte waren der Sturm auf die Bastille am 14. Juli, Rouget de l'Isle, der die *Marseillaise* sang, Napoleon und sein Mameluk Roustan schon nicht mehr die alte Zeit. Sicherlich pflanzte sich jene im Grund und Boden der Ländereien fort, die den alten Dingen treuer ergeben sind als die Städte, war aus diesen desertiert und wärmte sich nun fröstelnd am Herd verrauchter Behausungen, an jene verlorenen Orte verbannt, wo sie wohl einst irgendwo im römischen Gallien den ersten fränkischen Duodezfürsten entsprungen war. In der Stadt hatten die *Exzesse* der Revolution, welche auf die *Mißstände* des Ancien Régime folgten, mit dem Heraufkommen der modernen Ära das Ende der alten Zeit eingeläutet: eine tiefgreifende Umwälzung aller Sitten fand statt, die noch stärker war als der politische Sturm, der das Königtum vom Thron gefegt hatte.

Als Zeit der Könige (jener Könige aus der Zeit, als sich

das Stadtleben noch nicht so kraß vom heutigen Landleben unterschied) war die alte Zeit in der Chronologie ziemlich genau durch die ununterbrochene Kette der Regentschaften umgrenzt, die in Frankreich mit dem heiligen Clodwig begann und mit dem Tod von Ludwig XVI. schloß. Wenn ich in meinen ersten Gymnasialjahren nach einer kurzen Phase bonapartistischer Begeisterung, während der mein Bruder und ich das Journal *L'Autorité* lasen, den Royalisten herauskehrte – zunächst als Parteigänger des Herzogs von Orléans, Philipp VII., dann von Don Jaime de Bourbon, als ich Legitimist geworden war –, so geschah dies nicht aus rein snobistischen Gründen. Eine Restauration der Monarchie erschien mir nicht nur gerecht (denn die Macht sollte jenen wiedergegeben werden, welche sie einst zum höchsten Ruhm der Nation ausgeübt hatten, oder zumindest ihren Nachkommen, was für mich auf das gleiche hinauslief) und notwendig für eine gesunde Organisation Frankreichs (damit die Staatsführung in den Händen berufener Männer läge und außerdem die »Arbeiter« in Schranken gehalten würden, die ich damals mit einer Mischung aus Abneigung und Furcht betrachtete, welche schlechtgekleidete Leute selbst den aus bescheidenen Verhältnissen kommenden Bürgerkindern einjagen), auch schien sie mir – da es sich genaugenommen um eine »Wiederherstellung« handelte – eine Rückkehr zur alten Zeit zu sein. Später – als ich darauf zu achten begann, zu rechtfertigen, was ich nach allgemeinem Brauch meine »Meinungen« nannte – war es vor allem dieser letzte Grund, der mir am meisten galt: man mußte Royalist sein, weil es die einzige Art war, *gegen die Strömung* zu schwimmen, das natürliche Gefälle der Geschichte wieder hochzuklettern, edelstes politisches Ideal und das einzig wahre »Ideal«, insofern es sich nicht nur der herrschenden Ordnung, sondern der Bewegung der Wirklichkeit selbst widersetzte. Es ist jedoch so gut wie sicher, daß ich mir etwas vormachte, wenn ich einen solchen Grund vorschob; was sich vor allem in mir abspielen mußte, war – reine Angst vor der Zukunft, die für den Jugendlichen mit seiner künftigen Reife zusammenfällt – eine Art Versteifung gegen den Stoß der Zeit, eine Art Verweigerung unter der süßen Maske eines nostalgischen Schwungs nach der Vergangenheit, als ob im großen und ganzen die »alte Zeit« – eine Zeit lange vor meiner Geburt oder eine Art sanfte Kindheit der Jahrhunderte, die dem präzisen Getriebe der modernen Zeit vorherging – die Bedeutung eines imaginären Zufluchtsortes angenommen hätte, worin ich mich in meinem Zurückweichen vor dem Fortschritt des Alters und endlich des Todes furchtsam verkroch. Parteigänger eines Königs zu sein, war für mich ein Mittel, der Wirklichkeit den Rücken zu kehren, zu fliehen, was ich am Ablauf der Dinge als bedrückend empfand, meine Augen starr auf einen stillen und altmodischen Horizont zu heften, der wie ein Feenmärchen einlullte. Und zweifellos mache ich selbst jetzt, Erinnerungen wiederkäuend, nichts anderes als mich an meine Kindheit wie an ein Asyl zu klammern, dem man mich nie mehr entreißen kann.

Ein Ort, wo besser als überall sonst die alte Zeit überdauerte und der außerdem dem Land wie auch dem Museum glich – Konservatorien vergangenen Zaubers, das eine unter freiem Himmel, das andere hinter verschlossenen Türen –, war der Park von Trianon. Die Königin Marie-Antoinette, manch eine Hofdame und manch ein Edler ihres Gefolges, herausgeputzt wie für einen Maskenball, hatten hier einst Schäfer- und Schäferinnenspiele veranstaltet und Gefallen daran gefunden, sich im Stile alter Zeiten zu ergehen, offensichtlich ganz versessen darauf, jenes künstliche Leben zu führen, das für gewisse, altmodische Gestalten verkörpernde Nippesfiguren und Museumspuppen typisch ist. Als man mich damals mit nach Trianon nahm, hatte ich noch nicht das Alter erreicht, wo man sich um eine politische Fassade zu kümmern beginnt; ich wußte nicht einmal, was eine eigene Meinung hätte sein können, und ich war in jener Zeit weit davon entfernt, mit royalistischen Überzeugungen anzugeben. Bestenfalls hätte ich mich (in dem sehr hypothetischen Fall, wenn es jemandem in den Sinn gekommen wäre, mich diesbezüglich zu befragen) als Republikaner bezeichnen können, denn ich übersah nicht, daß mein Land Frankreich und Frankreich eine Republik war; ich war »Republikaner«, wie ich mit Vornamen »Michel« und mit Familiennamen »Leiris« war. Doch ohne daß sich im geringsten diese damals für mich nicht vorhandene Frage nach der politischen Couleur eingeschaltet hätte, berührte mich die Erinnerung an jene einstigen höfischen Vergnügungen mit ihrer fingierten Schlichtheit und all dem denkbar Zärtlichen und Naiven, womit man das Thema »*Il pleut bergère* . . .« ausschmücken kann. Ich hatte Mitleid mit dieser toten, enthaupteten Königin, und ich wunderte mich sehr, daß ungeachtet der Fehler, so gravierend sie gewesen sein mochten, die das Volk ihr zu Recht oder Unrecht vorgeworfen hatte, die Liebe, die sie zur ländlichen Frische und zu den Schafen hinzog, nicht trotz allem die verborgene Reinheit ihrer Seele zu beweisen vermocht hatte, ausreichend zumindest, um ihr das tragische Ende auf dem Schafott zu ersparen. Auch ich liebte die Schafe, und es war unvorstellbar für mich, daß ein Mensch, wer immer er sei, der sich der Pflege von Tieren widmet, ein böses Herz haben könnte (den betrunkenen Fuhrmann ausgenommen, der sein Pferd mißhandelt, eine Art Helote, mit dem ich etwas später Bekanntschaft machen sollte). Keine Sekunde dachte ich daran, daß diese so lieben Schafe, die man so lieb großzieht, großgezogen werden, damit sie eines Tages den Magen füllen und daß, selbst wenn man sich damit begnügte, sie um ihrer selbst willen zu hegen und zu pflegen und ihnen niedliche Seidenbändchen um den Hals zu schlingen, eine derartige Gefühlsduselei mit einer völligen Mißachtung menschlichen Elends einhergehen könnte.

Mit der alten Zeit – so schillernd und voller Gegensätze sie vielleicht auch war – verbanden sich vor allem Gedanken an Ordnung, Stille, Glück, Güte. Die Unglücklichen und selbst die Bösewichte der alten Zeit waren ein besonderer Schlag, der nicht aus der Reihe tanzte, nicht aus dem Rahmen fiel und gegen die Injektion eines geheimnisvollen Gifts in die Natur der Dinge immun zu sein schien. Wurzelten diese gutartigen Sichtweisen allein im Schwanken der Konturen, wie sich in der Phantasie die Dinge der Vergangenheit zeigen, somit in Phantome verwandelt, deren Unwirklichkeit alle Kanten glättet? Wurden sie aus der Dunstglocke der Ehrfurcht heraus geboren, die für die meisten Kinder und viele Erwachsene alles Uralte umgibt, aus einer Nebelwolke, der Pflanzenpatina ähnlich, die mit den Jahren die Grabsteine mildert und diese kantigen Blöcke in geruhsame Kultgegenstände verwandelt? Hatte die alte Zeit in dem, was die traditionellen Erzählungen und Museumsstücke mir von ihr durchscheinen ließen, bereits eine Idealisierung erfahren, wie es nach und nach bei den meisten seiner Angehörigen mit der Gestalt eines Toten geschieht, was immer seine Fehler und Manien waren, die sie tagtäglich gegen ihn ins Feld führten, als er noch unter ihnen weilte? Oder erhielt aus dem einzigen Grund, weil es die »alte Zeit« war, das heißt, eine Sache außer Reichweite, die ich nicht einmal erlebt hatte, jene konfuse Abfolge längst verflossener, mir dennoch vertrauter – da man mir überall ihre Überreste zeigte – Epochen in meinen Augen einen Wert, den keines der Dinge, die bloß *da* waren, je erreichen konnte?

Im Bereich der Musik und der Bilder (Fährten unter anderen, die meinem zunehmenden Zuchthaus der Mannbarkeit die Möglichkeit eines *Anderswo* bieten) gibt es recht verschieden aussehende Dinge, die mich jedoch auf ähnliche Weise berühren, denn vermutlich besteht ihre Gemeinsamkeit darin, mich an jene Zeit, als ich noch an die »alte Zeit« glaubte, heranzuführen. Zum

Beispiel gewisse Passagen der Orchesterwerke Strawinskis, die der Volksmusik am nächsten sind, der Tanz des Mohren im dritten Aufzug des Balletts *Petruschka*, eines rhythmisierten Gebärdenspiels, das sich gleich einem einsamen Ritus in einem Zimmer mit reichem orientalischen Dekor vollzieht, in dem jener Automat mit dem zugleich gutmütigen und schrecklichen Negergesicht eingesperrt ist, der wohl in der ursprünglichen Absicht des Autors ein hybrides Wesen, halb Mensch, halb wildes Tier sein sollte. Auch gewisse Stiche, die manches alte, von Hexerei handelnde Buch zieren, namentlich das *Compendium maleficarum* von R. P. Guaccius, erschienen zu Mailand im Jahre 1626, eine Information, die ich dem *Musée des sorciers* des Okkultisten Grillot de Givry entnehme, einem vulgarisierten modernen Werk, das ich vor zwei Wochen kaufte und in dem ich einige Reproduktionen solcher Gestalten gefunden habe. Man sieht dort Sabbatszenen, die sich auf freiem Feld abspielen, in fast nackten und leicht hügeligen Räumen, unter auf ähnliche Weise in Falten sich werfenden Himmeln, die weder Tag noch Nacht verkünden. Vielleicht weil es sich um ein Bild handelt (mehr noch: um einen Stich, wo es nur Schwarz auf Weiß gibt), sieht alles aus, als geschehe es nach strengster Vorschrift und in größter Stille, während man, geht man nach der geläufigen Redewendung »einen Höllensabbat veranstalten«, sich eher das Gegenteil vorstellen könnte. Es herrscht nicht die geringste orgiastische Entfesselung bei den auf den Stichen dargestellten Zusammenkünften: die Männer und Frauen, die an den gotteslästerlichen Zeremonien teilnehmen, sind wie wohlhabende Leute gekleidet und nehmen eine steife Körperhaltung ein. Der Ausdruck der Frauen, geprägt von einer Mischung aus Langeweile und Unterwerfung unter ein verhängnisvolles Schicksal, ist ergreifend. Mal stehend, mal thronend, ist der Teufel selten von vorn abgebildet, und seine Erscheinung im reinen Profil, das immer nur den arroganten Ausschnitt zeigt, scheint seinen betrügerischen Charakter zu verdeutlichen. Diese beiden Dinge – eine wie zerquetscht und von der Zeit ausgeleiert klingende Musik, den Tanz des Mohren begleitend, und die linearen Bilder des Sabbats in der Farbe der Dämmerung oder des Morgengrauens über Ruinen – wecken in mir die gleiche, sehr ferne Melancholie, als ob sie in den Tiefen meines Wesens eine der primitivsten und tiefsten Schichten berührten. Höre oder betrachte ich sie, empfinde ich fast dasselbe wie beim Schreiben; was diesem Eindruck am nächsten käme, wäre der banale Satz: »Es schnürt mir das Herz zusammen«, den man vielleicht, um weniger grob die Wahrheit einzukreisen, folgendermaßen verbessern müßte: »Es *zieht* mir das Herz *auseinander*« (von oben nach unten, sollte ich hinzufügen, denn ich fühle dann, wie mein ganzes Herz, immer wenn ich in den Fängen dieser leicht bitteren Verzauberung bin, ein rätselhaftes Tauchmanöver macht, angezogen vom Abgrund einer phantastischen Vorzeit).

Andere Bilder vom Sabbat zeigen Mädchen, die langsam in der Runde zu tanzen scheinen und alle den Rükken zum Kreisinneren gewandt haben. Wie Verdammte, die an ein und denselben Pranger gekettet sind, jeder allein in der Einsamkeit des eigenen Leidens; wie Karyatiden einer Jahrmarktsmanege, die unerschütterlich ihre periodische Kreisbahn beschreiben. Diese ineinanderverschlungenen Hände, ohne daß ihre Besitzerinnen sich ansehen können, auch diese sich diametral entgegenstehenden Rücken verweisen auf den verfemten Charakter dieser Runde, die das Gegenteil einer gesegneten Runde ist, wo der Bund der Teilnehmer durch die Ausrichtung aller Augen auf dasselbe Zentrum betont wird. Hier aber wütet etwas Starres und Untröstliches, das jeden beherrscht und jegliche Mitteilung verwehrt. Hier wie bei dem Neger der *Petruschka* mit Sarraß und Turban oder vor der Figur des Stundenschlägers mit seiner einzigen Geste steht man vor ein für allemal feststehenden Gestalten, geschaffen (so scheint es), um jede für sich eine endlos wiederholte Pantomime auszuführen, deren Sinn ihr entgeht.

Dieselbe Schwermut einer Spieldosen- oder Drehorgelweise, eines gesprungenen Glockenspiels oder eines Zapfenstreichs – mal klangvoller, mal spröder, mal zarter, mal beklemmender – verbindet sich für mich mit einigen ins Herz meiner Kindheit gepflanzten Namen von Straßen oder Orten.

So in Viroflay mit der »Avenue Gaucher« (wo wir wohnten) und der »Rue de la Saussaie« (wo eine Wäscherei war, und die man hinabgehen mußte, um die Straßenbahn *Louvre-Versailles* zu erreichen). Das sind Herbstanfangs- und keine Sommernamen, Anklänge an Schlechtwettertage, wenn man sich die Schuhe mit Straßenschlamm beschmutzt, während an sonnigen Tagen nur feiner Staub aufwirbelt, der an Waldspaziergänge erinnert. Laue und feuchte Namen, der zweite geradezu nach Spülicht oder Waschküche riechend, während die Feuchte des ersten der von Blättern gleicht, die ganz schwer von Gewitter- und Platzregen sind, mit dicken, dichten Schloßen, welche die Rinnsteine mit Wasser anschwellen lassen und bisweilen Überschwemmungen verursachen.

In Auteuil selbst war es die »Avenue Mozart«, die vielleicht im Zeichen der Heiterkeit stünde, wäre da nicht jene Schwermut, die schier zwangsläufig die Dinge bestäubt, deren man sich entsinnt, eben weil es *Dinge* sind, *deren man sich entsinnt.* Ich habe nie klar begriffen, daß diese »Avenue Mozart« nach dem Musiker benannt ist, den ich allen anderen vorziehe; die »Avenue Mozart«, deren Name eher das hohe Gestell und den Lärm der Druckluft-Straßenbahn *Boulogne-Madeleine* heraufbeschwört, welche diese Avenue überquerte; vor allem: diesen Dampfkessel aus poliertem Kupfer, den man als erstes sah, funkelnd wie ein Kochkessel oder wie die kupferne Hängelampe, die in jener Zeit, als viele Gebäude noch keine Elektrizität hatten, in unserem Eßzimmer in der Rue Michel-Ange hing. Diese Straßenbahn – *tramway* –, welche die einen *tramouay* und die anderen *tramvay* aussprechen, wie gewisse Leute (Damen vor allem, die sich gern distinguiert geben) *vi* sagen anstatt *oui*. Diese Hängelampe – *suspension* –, die mich ihrer Form und ihres Namens wegen an die Himmelfahrt – *assomption* – gemahnte, ein Gemälde von Murillo, von dem ich auf irgendeinem Heiligenbildchen oder einer Gebetbuchseite eine Reproduktion gesehen hatte, ein Wunder, das sich gründlich von der Auferstehung – *ascension* – unterscheidet, welche Christus mit seinen eigenen Mitteln bewerkstelligt, ohne den geringsten Bedarf an Unterstützung (wie die von Wolken und Engeln umschwirrte Jungfrau) oder Aufhängung (wie unser Beleuchtungsapparat über der dampfenden Suppenschüssel) zu haben. Diese Straßenbahn, die ich mitunter in ihr Depot zurückkehren sah, das an der Ecke der Avenue Mozart und jener Straße lag, die ausgerechnet »Rue de l'Assomption« hieß, diese mit ihrem Verdeck dermaßen hochbeinige Straßenbahn, daß sie unter ihrem Metallharnisch von vorne gesehen die Majestät eines Helms hatte. Diese Hängelampe, die mit ihrem einen Ende an der Straßenbahn, mit ihrem anderen an der Himmelfahrt hing, und dies dank des voluminösen Kupferkörpers, hinter dem man die Büste des schnurrbärtigen *Wattman* erblickte, der bestimmt nicht *vi* sagte, sondern *oui* und womöglich sogar *voui*.

All dies (lange bevor der unterirdische Schlauch der Métro und die gummibereiften Autobusse bis zu uns vorgedrungen waren) geschieht im Stadtteil Auteuil. »Auteuil«: hochkarätige Klangkraft dieses Namens, da Name des Stadtteils, wo ich geboren bin. Er war keine Entdeckung: wie mein Eigenname ist er für mich eine von jeher gegebene Tatsache. Bisweilen versuche ich mir vorzustellen, ich hörte ihn, als sei es der – für mich neue – Name eines fremden Orts, in den ich komme. Ein befremdliches Gefühl befällt mich dann, wenn ich so mit Absicht dieses Silbenpaar in die Fremde schicke, das *Au* und das *teuil* höre, als wären sie Träger eines anderen Sinns.

Von Auteuil ist mir Name wie materielle Gestalt vertraut, da ich dort immer lebte und erst seit der Niederlage das Viertel wechselte. Name und Gestalt dieses von allen Orten meines Gefühlsraums bevorzugten Orts erscheinen mir wie durch eine Art Notwendigkeit miteinander verflochten; das ist wie mit Personennamen, die zu unanfechtbaren Porträts werden, wenn ihre Träger Menschen sind, die man intim und seit langem kennt. Doch gibt es andere Ortsnamen, die in meinem Gedächtnis tiefe Spuren hinterließen, ohne daß sie sich mit einer feststehenden Gestalt verbinden. »Montmorency« ist einer von ihnen, der ein Fleckchen Erde tauft, das ich sah, als ich noch viel zu klein war, um von ihm die geringste Erinnerung bewahrt haben zu können, ein Fleckchen Erde jedoch, von dem meine Mutter mir oft und schon immer erzählte, weil es der Ort war, mit dem sie am innigsten verbunden blieb, da sie dort mit ihrer eigenen Mutter kurz vor deren Tod die Ferien verbracht hatte, während ich selbst noch – oder fast noch – in den Windeln lag, welche die Hilflosigkeit des Neugeborenen symbolisieren. Bis in diese letzten Jahre hatte ich von diesem Ort nur die folgende Vision, die ohne Zweifel auf dem beruht, was ich von ihm erzählen hörte: kleine, ins Laub gekuschelte Villen, eine mit Efeu überwucherte Mauer, ein Garten, wo meine Mutter und vielleicht auch meine Großmutter (an ihre Erscheinung erinnere ich mich nur nach den Photographien, die ich später zu sehen bekam) in Korbsesseln sitzen; das ganze ist in einen Schleier alten Hausrats gehüllt, und ich weiß nicht, ob er schon damals über jener Versammlung von Dingen lag (wie sie wirklich waren oder wie ich sie mir nach den welken Farbtönen der alten Familienphotos vorstellte), oder ob nicht eher erst heute mein Gedächtnis ihn jener Art Camera obscura unterschiebt, die mein Kopf im Akt des Sicherinnerns hervorbringt.

Was den Namen »Montmorency« betrifft, so hört man in diesem *Mont-mo* . . . (sehr nahe an *Maman*) etwas vom Gestammel eines Kindes, das nach der Brust oder dem Schoß der Mutter sucht. Allerdings sind diese beiden sich wiederholenden Eingangssilben, die mit derselben Lippenbewegung den Kuß oder eine Saugbewegung nachahmen, noch einer weiteren Bedeutung zugänglich. Wenn ich eine andere Richtung einschlage, entdecke ich in der Tat in dieser Verdopplung eine Onomatopöie, die – wie das *teuf-teuf,* die übliche Nachahmung des Lokomotivgeräuschs – das Keuchen zweier Züge zu umschreiben vermag, die mir ebenso vertraut waren wie mechanische Spielzeuge: den Zug der Ringbahn und den von Auteuil–Saint-Lazare. Folge ich meinen Erinnerungen, dann beruht diese Verwandlung (ein radikaler Wechsel, obwohl die Struktur des Worts sich nicht im geringsten änderte) darauf, daß beide Eisenbahnzüge, auf die ich anspielte, in der Tat vor dem Boulevard Beauséjour auf einem gemeinsamen Streckenstück am Boulevard Montmorency entlangfuhren; und als man damals dort mit mir spazierenging, betrachtete ich, immer wenn ein Zug vorbeikam, mit lebhafter Freude den dichten und weißen Rauch der Lokomotive, der in dicken Qualmwolken vom Grund der Schneise aufstieg, deren Böschungswände dieses tierische *teuf-teuf* zurückwarfen, welches das Wort »Montmorency« nachzubilden schien.

Vor einigen Jahren indessen, als mich der Zufall eines Abendessens mit Freunden in eine nördliche Vorortgegend zu jener Lokalität geführt hatte, die zumindest in ihrer Benennung noch die Spuren der Epoche bewahrt hat, als sie den Herzögen von Montmorency untertan war, dachte ich nicht an dieses *teuf-teuf,* sondern an all das, was dieser berühmte Name – der jetzt ein reiner Ortsname ist, während er einst auch Personen bezeichnete – für mich an Altem und Mütterlichem birgt. Gleich zweimal hintereinander hatte ich an diesem Tag ein

Déja-Vu-Erlebnis, ohne jedoch irgend etwas Genaues wiederzuerkennen: zunächst in der Nähe des Bahnhofs beim Anblick von Häusern, Gebäuden aus weißem Stein, mit roten Ziegeldächern und in einer Stilimitation des 17. Jahrhunderts; danach an der Einmündung einer grasreichen Avenue, gesäumt von Gärten mit sehr üppiger Vegetation, einer Avenue, die zu dem kleinen Lokal führte, wo meine Freunde und ich zu Abend essen wollten. Ich spürte etwas sehr Altes, das mich selbst unmittelbar anging und innerhalb des Rahmens meines eigenen Lebens lag, da es mit jenen Dingen, die mir einmal sehr nahestanden, verbunden war, von denen ich fast glauben konnte, mich ihrer zu entsinnen; auch spürte ich noch eine andere Betagtheit, die außerhalb meiner persönlichen Grenzen lag und weit vor meiner Geburt im allgemeinen Rahmen der Zeit wurzelte. Eine doppelte Altertümlichkeit, in der die historische Vergangenheit mit meiner eigenen Vergangenheit zusammenfiel und die Musketiere von Ludwig XIII. mit den Phantomen meiner frühen Kindheit verschmolzen.

In Montmorency wie in Auteuil sind die Lokomotiven dicke, sanftmütige Tiere, die mit schwerem Ochsenatem langsam dahinschnaufen, denn hier kommen nur Bummelzüge vorbei. In Nemours glichen die Expreßzüge, die unterhalb des Gartens meiner Schwester und meines Schwagers vorbeirasten, mit ihrem Windleitblech, das wie das herabgelassene Visier eines Helms aussah, tobsüchtigen Rittern. Diesen mehr oder minder klaren Vergleich machte ich schon immer, und gerade wegen ihres zugleich hochmodernen und mittelalterlichen Aussehens faszinierten mich damals diese Lokomotiven mit Windleitblech; groß war meine Befriedigung, als ich eine von ihnen wie ein geölter Blitz über einen Bahnübergang flitzen sah, und noch größer, wenn es sich um jenen Zug handelte, der nach Dordives fuhr; dann glaubte ich in diesem Namen das Zischen von Dampf, das Schäumen des Kessels und das Höllengetöse der Lokomotive zu hören.

In Nemours herrschte eine Stille, die mit der Schieferfarbe dieses Namens, den grauen Steinen der Kirche und dem Grauton der Felsen, welche die Umgebung übersäten, übereinstimmte. Noch stiller war der Vorort »Saint-Pierre-lès-Nemours« (wo sich das Haus befand, in dem wir einige Jahre vor der Heirat meiner Schwester den Sommer verbrachten), ein Vorort, dessen Name noch archaischer klang als der von Nemours, und zwar wegen des bizarren *lès,* das einem *les* ähnelt, ohne es gänzlich zu sein, da dieser Schrägstrich es leicht feudalisierte.

In Saint-Pierre-lès-Nemours hieß jene Villa, in der wir wohnten, Villa *les Roses,* und in ihrem Garten machte ich meine ersten Schritte; einer meiner Lieblingsgefährten war der Hund der Hauseigentümer, ein weißer Pudel mit Namen Bouquet. Ebenfalls in Saint-Pierre-lès-Nemours, doch einige Jahre später, hieß das Haus, das mein Schwager von seiner Mutter geerbt hatte, Villa *les Gaules,* und ich wußte nie, ob diese *gaules* das Land der Gallier oder die Ruten der Angler bezeichneten, die man scharenweise an den Ufern des Loing in ihren flachbödigen Barken hockend antraf. Der Hund dieser Villa – was nicht heißt, daß jede Villa einen Hund hatte – war ein drolliger Bastard ohne eine Spur von Rasse, doch recht stämmig unter seinem glatten schwarz-weißen, ein wenig mit Fuchsrot gesprenkelten Fell; er war ein Schwadroneur und Schlägertyp und sowas wie der Alptraum der anderen Dorfhunde. Mir war er ein ausgezeichneter Freund, doch auch Gegenstand der Verwirrung, denn bisweilen gab er sich auf meine Kosten einem Treiben hin, dessen Bedeutung ich ziemlich lange nicht begriff: indem er sich auf seine beiden Hinterpfoten stellte und eins meiner Beine mit seinen beiden Vorderpfoten umklammerte, steigerte er sich nach und nach in eine Bewegung, die der eines Lokomotivkolbens glich, und vollzog auf dem Teil meines Fleischs zwischen dem oberen Rand meines Kniestrumpfs und dem unteren Saum meiner

Hose eine Art Koitus. Mir graute vor dieser Berührung und am meisten vor dem Augenblick, wenn der Hund nach einigen Momenten fiebriger Aufregung, wo er völlig weggetreten schien, mich benäßte (mit einer Flüssigkeit, die ich lange Zeit für Urin hielt); nichtsdestoweniger fühlte ich mich geschmeichelt, als wäre es Liebe gewesen, die nur mich meinte, und nicht ein allgemeiner Juckreiz, der sich an jedem beliebigen Objekt befriedigen konnte. Aber das Ärgste war vielleicht, daß der Ausdruck des Hundes exakt in der Minute, wo er sich eigentlich am tierischsten gebärdete, menschlich zu werden schien. Dieser Faun ohne Bosheit und Bock mit fleischigen und gutartigen Pfoten blieb dennoch unheimlich, wenn er sich in seinen Sabbat stürzte; denn damals rührte ich an etwas den Ursprüngen ebenso Nahes wie das, was sich mir Jahre später im Tanz des wulstlippigen Automaten der russischen Ballette und, schweigsam und erstarrt, in den Werkzeugen Satans auf den Bildern von gewissen alten Böcken der Dämonologie zu offenbaren schien.

Die Erinnerung an jene damalige Verwirrung, die mir in Nemours ein Tier bereitete (das mit Sicherheit weniger fein herausgemacht war als seine Artgenossen »in der Zeit, als die Tiere redeten«), unterscheidet sich vielleicht nicht allzu sehr von einer Sache, die sich in derselben Gegend viel später zutrug.

Ich war, erwachsen inzwischen, für einen kurzen Besuch nach Saint-Pierre-lès-Nemours zurückgekehrt und ging eines Morgens abseits der Behausungen allein spazieren, als ich zu einem verlassenen — denn es war Sonntag – Steinbruch kam; aber ein Gleis der Eisenbahn Decauville und einige Wägelchen verrieten, daß er noch ausgebeutet wurde und an den Wochentagen zweifellos Arbeiter hier waren. Mich rührten meine Einsamkeit, die Verlassenheit des Orts, seine fast ausschließlich mineralische Natur und die Bleisonne, die allerorten von den Seitenhängen dieser weiträumigen Senke reflektiert wurde, die fleißige Menschenhände, von Kreuzhacken, Schaufeln und Dynamitpatronen unterstützt, tief ins Erdreich getrieben hatten; ich verweilte einen Augenblick, und aufrecht in strahlender Sonne gab ich mich schamlos dem sogenannten »Junggesellenlaster« hin: eine Hommage sowohl an das Element Erde wie an meine eigene Kindheit, und jeder Ort, der sich mit dem Namen »Nemours« verbindet, schickt mir einen Widerschein von ihr.

Eine harte Sonne trifft meinen bloßen Kopf, eine sich stauende Hitze herrscht in einem Gürtel, wo blendender Staub aufwirbelt, und dazu jene endlose Begierde, der anscheinend allein die partnerlose Liebe des Onan ein Simulakrum von Befriedigung zu bieten vermochte: schmeckt das nicht schon, eingerahmt in einen öden und heißen Tag in Saint-Pierre-lès-Nemours, nach den langen Monaten, die ich während des ersten Kriegsjahres in der Wüste verbrachte? In Seine-et-Marne wie in der Sahara spürte ich – als hätte ich es mit dem Finger berührt – in einem Zeitraum von einigen Stunden fast ebenso stark wie während eines Staus von Wochen, was es heißt, *allein* zu sein, und es trieb mich dazu, hier einen Ausweg zu finden, indem ich mit der Außenwelt, die mich umzingelte, einen illusorischen Pakt schloß: einen Fleischespakt, der mich für einen Augenblick symbolisch mit dem seiner Arbeiter beraubten Steinbruch verband; einen Hirnpakt, der mich mit der Wüstenlandschaft einte, die ich wie das Ebenbild meiner eigenen Lage oder wie die treffende Antwort der Außenwelt auf das empfand, was meinem Schicksal, diesem unerbittlichen Profil, blühte, damit es sich erfüllte. In dem einen wie anderen Fall berief ich mich dunkel auf eine Magie, die, gröber oder feiner, zumindest ein Glied, ein Mittel war, um mich unmittelbar mit der Außenwelt zu verbinden. In dem einen wie anderen Fall steckte hinter dieser Magie ein »Es war einmal . . .«, die bohrende Erinnerung an eine sehr ferne oder sehr nahe Vergangenheit, die mich ebenso zerfraß wie erregte. In dem einen wie anderen Fall stand ich unter dem Einfluß eines Bedürfnisses nach Verschmelzung oder Identifikation mit meiner Umgebung, ein um so brennenderes Bedürfnis, als ich, durch eine Kluft von Zeit oder Raum von einem Wesen getrennt, das ich einmal war, in der Unberührbarkeit der Dinge einen Halt finden und aus der anscheinend verschwörerischen und unbeweglichen Außenwelt den Eindruck einer Art Ewigkeit destillieren mußte, wenn ich wieder Boden unter die Füße bekommen und mich intensiv spüren wollte. In Nemours, nicht sehr weit vom alten Schloß (wo es ein undefinierbares Museum gab, das ich noch später besuchen sollte, um dort an den Mauern eines Saals des Donjon Eisenringe, jetzt ohne Gefangene, zu entdecken, dann ganz oben in einem anderen, kleinen Saal ein uraltes Veloziped? – ein würdiges Gegenstück zu dem großen, völlig verrosteten Dreirad, auf dem ich als Kind auf dem Speicher der Villa »les Gaules« herumkletterte), in Béni-Ounif, wo ich mir einbildete (angesichts der kriegerischen Zeitumstände, die mich dorthin geschickt hatten), ein ganz klein wenig an Geschichte heranzukommen, – zählte mehr als die universelle und historische Zeit die erlebte Zeit: das Kind, das ich einmal war und nie wieder sein würde (daher kam vielleicht die Melancholie, die mich zu diesem einsamen Spaziergang getrieben hatte), der Zivilist, der ich nicht mehr war und meine Ungewißheit, ob ich je wieder ins Zivilleben zurückkehren würde.

Die Stimmung der alten Kleinstadt, welche der Spaziergänger von Saint-Pierre-lès-Nemours hinter sich läßt, das Schweigen des Steinbruchs, in den er eindringt, und wo ruhende Arbeit und verlassene Förderwägelchen einen Riß im Zeitstrom bewirken, ein Verharren des Lebensflusses, gleich dem, das die Gäste im Schloß Dornröschens versteinerte; die Sicht auf ein Schloß, flankiert von runden Spitztürmen wie auf dem Deckel des Briefpapiers, das der Mobilgemachte im Südoran aufgestöbert hatte, wegen seiner militärischen Aufmachung (in erster Linie Vorwand für ein kokettes Spiel, ebenso eitel wie der kindische Spaß an Ritterrüstungen) von einem ganzen Ramschladen von Traditionen edlen und trivialen Stils umstellt; im Hintergrund der Szene die vom Solarprojektor ausgeleuchtete Präsenz einer Unmasse von Vergangenheit, an der nicht zu rütteln war trotz des fulminanten Samenstroms, der den Mann vom Steinbruch durchfuhr, und trotz der ätzenden Überspanntheit, die den afrikanischen Soldaten in seiner stolzen Einsamkeit entzückte; hier der Kanal des Loing (den der Schwager meiner Schwester, der während des Ersten Weltkriegs den Verstand verlor, in einem regnerischen Aquarell festgehalten hatte, das an einer der Eßzimmerwände hing), eine schnurgerade Route stehenden Wassers, auf jeder Seite von einer langen Reihe immergleicher Bäume gesäumt und bisweilen von Schleppkähnen belebt, die von Eseln getreidelt wurden, welche man an der Schleusendurchfahrt ausspannte; dort die endlose Steinfläche der Saharaplattform, die zwischen meinen Augen und dem Horizont ihr eintöniges und bröckliges Relief entfaltete – öffne ich mich solchen Bildern und fasse sie in Worte, dann spanne ich sie für etwas ein, das einer ausdrücklichen Anerkennung der Existenz einer weit hinter mir wurzelnden Zeit gleichkommt, der ich mich nach Kräften anzupassen habe; einer – vergangenen und, symmetrisch dazu, künftigen – Zeit, auf die sich ein Gutteil meiner Anstrengungen richtet, um einen gemeinsamen Nenner zwischen ihr und meinem Leben zu finden. Sei es, ich versuche, von mir eine weniger verwehende Gestalt zu entwerfen, als ich selbst sie bin, indem ich mich auf mein Gedächtnis stütze und von den Überresten der Augenblicke meines Lebens jene zusammenraffe, die mir am bedeutsamsten scheinen; sei es, ich bemühe mich um eine Umgestaltung der kleinen oder gravierenden Dinge, die mir widerfahren, und der großen menschlichen Ereignisse, die ich in unzähligen Spuren streifen kann und die meine Umrisse eines mythischen Helden oder Hauptdarstellers verschärfen, indem ich voller Ehrgeiz und in der Phantasie meine Person in eine Art Zeitlosigkeit projiziere; sei es ferner, ich komme zu guter Letzt zur *Tat* und wage mit der Hilfe dessen, was ich beherzt in meiner eigenen Zeit tue, zu ändern, was sich in der Zeit der anderen ereignet, indem ich jene Selbstbespiegelung aufgebe, die allzu sehr nach der wollüstigen Selbstgefälligkeit des Pubertierenden schmeckt, der sich berührt.

Wie die Gaukler von Lannion im Marktgängergewimmel ihre Papierblumengrazie aufblühen ließen, kann das Sprühen eines frohen Feuerwerks mir einen Augenblick lang die Illusion schenken, außerhalb von mir und außerhalb der Zeit zu sein. Doch alsbald kehren diese alten Familiengeschichten wieder, um mich vermöge meiner eigenen Vergangenheit an das undurchdringliche Dickicht der unpersönlichen und anonymen Vergangenheit zu ketten, in der jene alten Geschichten selbst eingeschlossen sind.

Die großen Überschwemmungen von 1910, der Übertritt der Seine, auf der sich in normalen Zeiten die kleinen Ausflugdampfer kreuzten, mit denen ich oft fahren durfte und wir uns dann auf der Landungsbrücke der Station »La Galiote« einschifften (einem ebenso triefenden Wort wie »les Gaules«, das an die *bouillotte,* die Wärmeröhre, welche die Zugwaggons beheizt, gar an das kleine Schiff selbst beim Ablegen erinnert, wenn die Bewegung der Maschine unter dicken Schaumblasen seitlich der Schiffsschraube die ganze Kogge erzittern läßt); eine öffentliche Katastrophe, die für mich in erster Linie – wie für viele andere, gleichgültig welchen Alters – eine riesige Attraktion war; ein Aufstand des Wassers, für mich untrennbar mit der Hochzeit meiner Schwester verbunden, zumal man von den ersten Besuchen des Freiers an meinen Brüdern und mir gesagt hatte, daß dieser Provinzler mit Kneifer und Spitzbart – auf den ich während der ganzen Verlobungszeit eifersüchtig war – ein »Überschwemmter« von Nemours sei, der auf eine Entschädigung klagen wolle, die zu fordern er (angeblich) ein Recht hatte, da ihn der über seine Ufer getretene Loing geschädigt hatte. Die boulangistische Krise, die ich nie erlebt habe, doch von der meine Mutter mir erzählte, daß sie ihrem Vater schlaflose Nächte bereitete, der als hoher Polizeifunktionär und Gegner der Diktatur voll Beunruhigung sah, wie sich die Sache des Generals bis in die Reihen seiner eigenen Untergebenen wie ein Ölteppich ausbreitete. Der berühmte Winter von 1871, als man die Seine zu Eis erstarrt sehen konnte. Die Unruhen, welche den Massenentlassungen aus den Staatsbetrieben folgten, Tage des Aufruhrs, an denen mein Großvater väterlicherseits teilnahm, ein kleiner Handelsangestellter, der sich dafür die Deportation nach Lambessa einhandelte, nach jenem Nordafrika, wo ich fast ein Jahrhundert später damit herumspielen sollte, mich ein bißchen für einen Zuchthäusler zu halten. Die Besetzung von Paris durch die alliierten Truppen nach dem Sturz Napoleons, eine denkwürdige Gelegenheit für weiß der Teufel welchen meiner Urgroßväter, einen Kosaken, den er beherbergte und der sich hinsichtlich seiner Frau allzu beflissen zeigte, aus dem Fenster – einer simplen Parterrewohnung allerdings – zu bugsieren. Die große französische Revolution, während der einer meiner Vorfahren väterlicherseits, von Beruf Zimmermann und als Konventsmitglied ein eingefleischter Königsmörder (ich entsinne mich, daß es im Haus eine Miniatur gab, die ihn mit seinem groben, bartlosen Gesicht und kahlen Nacken zeigte, der aus einem Kragen à la Danton herausragte), den größten Teil seiner Barschaft für die Ausrüstung eines Bataillons ausgab, das gegen die Vendeer kämpfen sollte; zur selben Zeit sah sich ein Urgroßonkel (oder etwas in der Art) meiner Mutter, der Priester war und seine Gelübde gebrochen hatte, gezwungen, sich in einem Wald nahe Paris zu verstecken, und eine Verwandte kam des Nachts zu diesem Schlupfwinkel, um seine leiblichen Bedürfnisse zu sichern. Am äußersten Saum unseres historischen Horizonts steht schließlich der Turm von Montlhéry, den mein Bruder Pierre und ich besuchten und wo wir uns einen Spaß daraus gemacht hatten, den Namen *Mons Leherici* mit unserem Familiennamen in Verbindung zu bringen, als wäre dieser Ort an der Pariser Peripherie, wo sich eine feudale Ruine erhebt, seine Wiege gewesen.

So wandere ich von meinem eigenen Leben zum Leben meiner Ahnen in diesem Paris, wo ich geboren wurde und das ich selbst über den Dolmetsch Erzählung ein wenig erlebte (im ganzen per Prokura), dann halte ich das Ganze in die Perspektive der eigentlichen Geschichte und habe somit meine eigene, eng abgezirkelte und von bestimmten Orten eingerahmte Zeit mit einer weit geräumigeren Dauer verknüpft, die in endloser Ferne beginnt und, anders als eine Flußquelle, sich nirgends orten läßt: ein riesiges und hallendes Kirchenschiff, das mich an das »leere Haus« erinnert. In der Zeit von Nemours hatten meine Brüder und ich diesen Namen einer Felsengruppe gegeben, die eine Art natürlichen Dolmen bildete: das »leere Haus«: dieser Name klingt, wie unsere Stimmen unter dem Granitgewölbe klangen, und gemahnt an die verlassene Wohnstatt eines Riesen, an einen Tempel mit imposanten Ausmaßen, in einen groben und harten Stein gehauen, dessen Rauheit sein ungeheures Alter zu beweisen schien; »das leere Haus«, ein alter Dickhäuter mit der verblaßten Farbe eines Mammuts, unter dessen Bauch meine Brüder und ich es uns wohl sein ließen.

Mittels halbfamiliärer, halbhistorischer Kettenglieder hänge ich also mein kleines Abenteuer an die allgemeine Kette der Zeiten und ordne mich – zu einiger Bescheidenheit gemahnt – in den Ablauf einer Gesamtheit ein. Doch zur Hölle mit dieser auswendig gelernten Zeit, die eine blasse Kulturfrucht ist und neben meiner persönlichen Zeit, die sich entschieden von dieser Prozession von Phantomen unterscheidet, denn nichts anderes ist die

Abfolge der Zeitalter, fast nichts besagt! Gleich welche Aufmerksamkeit – und wohl auch Respekt? – ich den Tatsachen der Geschichte zolle, praktisch sehe ich in ihnen nicht viel mehr als ein mitunter malerisches, doch meist farbloses Repertoire von Fakten, die keine wirkliche Beziehung zu mir eingehen. Um die Geschichte zu *spüren*, muß ich mich in der Phantasie in jene Zeit versetzen, als ich sie auf der Schulbank erlernte. Was ich letztlich als das *Älteste* empfinde, befindet sich nicht am Ende der chronologischen Skala; das ist schlicht und einfach meine früheste Erinnerung, das, was ich zuerst lernte oder erfuhr. So – die biblische Geschichte mal ganz beiseite – scheinen sich mir zumindest die Anfänge der Geschichte Frankreichs in einer ferneren Zeit als die Geschichte des Altertums abzuspielen, aus dem einfachen Grund, weil letztere sich mir erst später erschloß. Noch stärker gilt dies für bestimmte Erinnerungen, Quellen unsäglicher Süße, weil es um Dinge geht, die ich in frühester Jugend erlebte, und weil diese innige Verschmelzung von Aufknospendem und Verwelktem, von Sonnenaufgang und Dämmerung, von Frische und Frühe solchen Erinnerungen einen für mich unschätzbaren Wert verleiht und sie mit einem wunderbaren, fast *heiligen* Lichthof aus Ritterromanen oder Feenmärchen schmückt – Erinnerungen, die gleichzeitig äußerst gegenwärtig und doch von dem, was ich heute bin, durch ein undurchdringliches Dickicht getrennt sind. Ich will als Beispiel dafür nur folgende Erinnerung anführen, die von jenen, die ich bewahrt habe, sicher eine der ergreifendsten ist, vielleicht nur, weil sie von allen die am weitesten zurückliegende ist, zudem unbestimmt, auch zweifelhaft bleibt, als entnähme ich sie einer Art Vorgeschichte.

Ich muß dreieinhalb Jahre alt sein. Mein Kopf ist rund, meine Haare sind gelockt und ich muß noch ein Kleidchen tragen. (An all das *erinnere* ich mich natürlich nicht, doch sehe ich mich so.) Es ist Anfang Mai. Meine Mutter besichtigt (an einem Ort, den man über den Bahnhof

Saint-Lazare erreicht und der kein anderer als Viroflay ist) eine Villa, die sie für den Sommer mieten will oder gemietet hat. Sie trägt mich auf ihren Armen. Wir sind in einem Zimmer mit herabgelassenen Fensterläden, das vielleicht nach Insektenpulver riecht; Staubgeruch liegt in der Luft. Durch die waagerechten Schlitze der Jalousien fällt Sonne in großen, sanft gedämpften Lichtscheiben. Das Zimmer ist völlig ausgeräumt. Draußen muß es recht heiß sein und es müssen Insekten summen. Ich verspüre ein Gefühl von Milde, Wohlsein und Geborgenheit, während ich die Staubkörnchen betrachte.

Zweifellos verdanke ich es dieser Art von Alter, daß ich stets offenen Mundes vor jenen Dingen stand, die mir zu sagen schienen: »Es war einmal . . .«

Sonntag

»Sonntagsspazierfahrt im Auto zur Ile-de-France. Über Chantilly, Senlis, Compiègne, Pierrefond, Nanteuil, Mortefontaine, Ermenonville... Begegnete Sylvie in Gestalt einer sehr hübschen blonden Schäferin von ungefähr fünfzehn Jahren, groß, schlank, mit schönen blauen Augen und die Haare nach Jeanne-d'Arc-Art geschnitten. Sie trug einen langen schwarzen Kittel mit weißen Streifen und führte eine Ziege zur Weide.

Das Licht der Ile-de-France erinnert mich an das Griechenlands, besonders an das von Olympia. Derselbe leichte Nebel oder dasselbe diffuse Licht. Zahlreiche Baumarten, die jede Eintönigkeit von der Landschaft fernhalten, die kaum Unregelmäßigkeiten aufweist, aber leicht hügelig ist.

Gräßliche Autofahrer pflücken Maiglöckchen. Das Spießbürgertum mit all seinem Schrecken; die Welt der Krämer. Unmöglich, unter all diesen Gestalten eine einzige sympathische zu entdecken. In einer für ein Fest herausgeputzten Kleinstadt liest man auf einer Banderole: ›Wir ehren den Magistrat‹.

Die Fahrt durch Saint-Denis ist immer wieder bewegend. Man sieht majestätische Fabriken mit Schornsteinen, die eine andere Art von Bedrohung ausstrahlen als die Türme mittelalterlicher Schlösser. Auf der Seine fährt das Volk Boot oder badet und scheint sich um solche Dinge nicht zu kümmern. Möglich, daß die einzigen anständigen Leute, die es in Paris gibt, sich zu Haus eingeschlossen haben oder zur Demonstration an der Mauer der Föderierten gegangen sind.«

Unter dem Datum des 26. Mai 1929 (Tag der traditionellen Demonstration zum Gedenken an die erschossenen Kommunarden auf dem Friedhof Père-Lachaise) stoße ich auf diese Zeilen in dem karierten Heft mit blauem Kartondeckel, dem ich von einem Tag zum anderen – in Abständen, die ganze Monate, manchmal Jahre dauern können – für meinen eigenen Gebrauch Einzelheiten meines Lebens anvertraue, Träume einer soeben verstrichenen Nacht, Gedanken, die sich an einem äußeren Ereignis entzündeten oder von meiner Augenblickslage bestimmt wurden. Es ist eher ein Album von Erinnerungen, Keepsake, als ein Tagebuch oder eine Sammlung von Gedanken. Fast wie ein Ansichtskarten- oder Photoalbum. Tatsächlich kleben auf vielen Seiten Dokumente: zufällig bekritzelte und nach Belieben eingefügte Blätter, weil solche Originaldokumente für mich einen Fetischwert besitzen (in ihrer Stofflichkeit noch ganz durchtränkt von den Umständen, aus denen sie hervorgingen), oder weil ich einfach zu faul war, sie noch einmal abzuschreiben; Porträts von Schauspielerinnen, die irgendwann einmal einen Typus verkörperten, der mich besonders angesprochen oder berührt hatte (wie Adelaïde Hall, der schwarze Star der *Black-Birds*-Revue im Jahre 1929, oder Damia, die realistische Sängerin); Reklameprospekte, wie die Ankündigung der *Numantia* von Cervantes, inszeniert von Jean-Louis Barrault, mit Dekorationen und Kostümen von meinem Freund André Masson (eine Ankündigung, der einige Zeilen von Robert Desnos folgten), oder die meinem Buch *L'Afrique fantôme* (nichts anderes als das intime Tagebuch meiner Reise in Schwarzafrika, wo ich an einer ethnographischen Mission teilnahm) beigefügten Illustrationen; Photos eines Gemäldes von Masson mit dem Titel *Narziß und Echo,* dann von einem seiner frühesten Bilder, wo Männer zu sehen sind, die bei Brot, Rotwein und Granatäpfeln um einen Tisch sitzen und vespern; ein Briefpapierblatt mit einer Stierkampfszene, Federzeichnung und Werk eines Neffen von Picasso, das Picasso mir gab, der meine Vorliebe für Corridas kennt (und zwar er vor allem, denn mit ihm zusammen habe ich meinen ersten Stierkampf gesehen!); das Programmblatt des Films *Die Sturmhöhe* mit einem Doppelporträt von Merle Oberon in der Rolle der Catherine und von Laurence Olivier in der des Heathcliff; eine Drucksache in fahlgrüner Farbe, auf deren Kopfseite unter dem Titel »Der Flieder« ein Fliederzweig abgebildet ist, der zwei Kreisen als Hintergrund dient; der eine umgibt einen Widder und der andere eine Mondsichel mit nach rechts gekehrten Spitzen: ein Schundhoroskop, das mir ein verstümmelter Bettler überreichte, als ich einmal auf der Terrasse der Taverne du Palais mit einer Person am Tisch saß, die ich über Familienbande schon recht lange kenne, doch nur ganz selten sah, und die selbst fast eine Autorität in Sachen Okkultismus und Astrologie ist; ein weiteres Horoskop – ebenfalls auf grünem Untergrund –, anläßlich eines Kinobesuchs zufällig aufgelesen und all jene betreffend, die wie ich im Monat April geboren sind; ein großes kariertes Papier, auf dem eine Wahrsagerin (die ich einmal ohne großen Glauben aufsuchte, als ich noch zu den Surrealisten gehörte) in einer Reihe von Daten und Stichworten sowie in einem Schema, das die allgemeine Anordnung meiner Handlinien zeigte, zusammengefaßt hatte, was ihrer Meinung nach der Verlauf meines Lebens bis 1939 und darüber hinaus war und sein würde. Als Doppelseite am äußersten Ende dieses Hefts (auf dem Deckelrücken und der Rückseite des malvenfarbenen Schutzblatts) klebt schließlich eine Bleistiftzeichnung, die ich an irgendeinem Tag des Jahres 1928 spaßeshalber angefertigt und *Ma vie par moi-même* betitelt hatte: oben erscheint eine Pyramide, hinter der die Horizontlinie verläuft; dann, links von dieser Pyramide und sie anschauend, mein Profil; darunter ein Frauenauge, das von rechts nach links zu mir aufzublicken scheint, ein Auge, das mit dem Kreisbogen einer Augenbraue vergrößert ist und sich parallel zu einer schrägen Linie befindet, wo die Wellenlinien, die das Haar darstellen sollen, ihren Anfang nehmen. Was mir damals an dieser

Zeichnung bemerkenswert erschien, war einerseits die radikale Trennung zwischen meinem Selbstbild und der imposanten, doch geometrisch kalten Form, welche von diesem Bild starr fixiert zu werden schien, andererseits zwischen dem Frauenauge und meinem Bild selbst, zu dem dieses Auge von tief unten aufschaute, als ob der Blick dieses verbannten Wesens vergebens nach einer unmöglichen Vereinigung haschte, und als ob mein eigener starrer Blick nur die Entfernung – ohne sie auszufüllen – abzuschätzen vermöchte, die mich hinderte, die nahe, doch unerreichbare Pyramide zu erreichen.

Flankiert von dieser Bilderfolge oder anderen Zeugnissen verlaufen die Notizen, deren Grundton eher pessimistisch ist, und der gewiß nicht angebracht wäre bei einem Vorhaben wie dem Schreiben der eigenen Memoiren oder auch nur – in diesem Heft ohne andere Ordnung als die von der Chronologie diktierte – bei der Sammlung jener Elemente, die sich für die Herstellung eines Porträts eignen. Denn während meiner depressiven Phasen verstärkt sich mein Bedürfnis, einem künftigen Gesprächspartner (der fast ein Phantom ist) mein Herz auf diesen mit der Hand geschriebenen Seiten eines Tagebuchs auszuschütten, das zu meinen Lebzeiten weder veröffentlicht noch gelesen, sondern allein das letzte, posthume Zeichen sein wird, mit dem ich mich an die Meinen wende, die mich überleben werden.

Geht es mir nicht gut und fühle ich mich vor allem nicht fähig zu einer wirklichen literarischen Arbeit, greife ich gerne auf diese Art Notizen zurück, die sicher weniger zufriedenstellen als die Dinge, bei denen mir eine Formgebung gelingt, die aber ausreichen, mir die unentwegte Wachheit meines Geistes zu beweisen. In den langen Phasen, in denen ich mir meine Unfähigkeit zu schöpferischer Tätigkeit eingestehen muß (sei es, daß all meine Vorstöße in dieser Richtung ins Leere führen, sei es, daß mir aus Verzweiflung oder bloßer Faulheit alles zuwider ist), sind diese Notizen für mich eine Art taktischer Rückzug. Ich übersehe dabei sicherlich nicht, daß nur dann Befreiung beginnen kann, wenn das, was man loswerden möchte, mit Erfolg in eine Form gefaßt wurde, die andere fasziniert, und somit einen selbst als Hörer, der sich am Klang der eigenen Stimme berauscht, zu begeistern vermag. Doch wenn ich mir so den Ballast stoßweise von der Seele schaffe, ihn ohne Appretur aufs Papier werfe, finde ich unleugbar einen gewissen Trost, zumindest vorübergehend, solange meine Kehle von seiner Zuversicht feucht bleibt, das heißt alles in allem nicht viel länger, als die Tinte auf dem Weiß der Seite zum Trocknen braucht.

Der Sonntag, allwöchentlicher Ruhetag – oder »Ruhetag des Dromedars«[35], wie man in unserer Familie scherzhaft sagte –, ist ein leicht unseliger Tag, zumindest für jene, denen eine allzu undankbare Arbeit nicht alle Tage erschlägt, und für die ein solcher Tag vor allem und mehr als alle anderen eine Konfrontation mit dem eigenen Leben ist; dann wissen sie nicht mehr, was sie mit diesen Mußestunden anfangen sollen, die sie vielleicht herbeisehnten, doch jetzt, da sie sich ihnen in aller Freiheit widmen können, erscheinen alle Beschäftigungen gleich schal. Als Lücke (denn hier schließt die Woche und erstarrt in einer bewegungslosen Zeit, bevor sie aufs neue anhebt) und als Leerstelle (im gebräuchlichen wie im reinsten Sinn des Worts wesentlich eine »Vakanz« darstellend) führt der Sonntag – Tag des Herrn und siebte Phase der Genesis – weniger die fromme Gestalt des Schöpfers, der sich auf seinen Lorbeeren ausruht, ganz wie man sich ins Privatleben zurückzieht, nachdem man sein Glück gemacht hat, sondern eher eine Miniatur des Todes und des Nichts in den Kalender ein. So könnte das Spiel einer dunkel empfundenen allegorischen Entsprechung erklären, weshalb die Sonntage – und sämtliche

35 Wortspiel: »jour du repos hebdomadaire« – »repos du dromadaire«

kirchlichen Feiertage – so deprimierend wirken; sie sind eine in regelmäßigen Abständen auftauchende Mahnung an ein und dieselbe Bedrohung, die etwa den Gedanken unerträglich macht, daß es Leute gibt, die »in den Ruhestand treten« und Häuser kaufen oder bauen, um dort den schmalen Rest der ihnen noch verbleibenden Tage in aller Ruhe zu verbringen.

Heute ist Sonntag und Ostersonntag dazu; aber es wäre eine glatte Lüge zu behaupten, ich fühlte mich unwohl. Seit dem Krieg und der Niederlage, seit vor allem die feindliche Besatzung so drückend wurde, haben sich die Dinge für mich tatsächlich radikal gewandelt. Jetzt, da das Leben geknebelt, die Zukunft ein einziges schwarzes Loch ist und man nur noch Luftschlösser bauen kann (denn trotz allem besteht ein Bedarf an Geschichten), kapituliere ich weniger leicht vor diesen launischen Anfällen und depressiven Krisen. Die Gegenwart verliert sich nicht mehr wie früher in Unwirklichkeit, als alles schlaff und willfährig war, ich stehe ihr jetzt näher, und es fehlt nicht viel, daß ich sie genieße, solange da noch ein lebenswerter Rest bleibt. In dieser Zeit, in der derart scheußliche Dinge geschehen, daß es unmöglich wurde, sich nicht mehr oder weniger verantwortlich zu fühlen und zu erkennen, daß jede einzelne Geste bereits eine gewisse Tragweite hat, kann nichts von dem, was ich tun kann, mir länger sinnlos erscheinen.

Also höre ich die Glocken von Notre-Dame, und es ist mir kein Totengeläut; die Stille auf der Straße klingt mir auch nicht nach der, welche auf Friedhöfen herrscht; selbst der gerade einsetzende Regen ist mir eher sympathisch. Wenn ich mit der Klammer des Sonntags in diesen Jahren der Vernichtung besser zurande komme als zur Zeit, da die Welt noch zum Aushalten war, so liegt das vielleicht ebenfalls daran, daß alle oder fast alle Menschen – und alle Tage – entkräftet sind und der Feiertag nicht jene schreiende Absurdität besitzt, eben »feierlich« zu sein, das heißt ein Tag, an dem man feiert, nicht arbeitet, ausruht, sich nach besten Kräften unterhält oder freut, als wäre ein solcher Tag nicht wie jeder andere auch ein Schritt mehr auf jenen zu, an dem man nicht mehr da sein wird, um das Verstreichen der Tage zu verspüren. Während Europa, schlimmer noch als eine Fabrik, nichts als ein einziges großes Arbeitslager, ja Zuchthaus ist, tröstet allein schon der Gedanke, daß es trotz allem Tage gibt, an denen man dem Joch, das man uns aufzuhalsen sucht, dadurch entgeht, daß man nicht arbeitet. Die Klammer der Untätigkeit, weit davon entfernt jene Spalte zu sein, durch welche das Nichts eindringt, ist zu einer in die Zuchthausmauern gebrochenen Öffnung geworden, die uns vor dem Ersticken bewahrt.

Les Anglais le dimanche
S'en vont passer la Manche
Avec une chemise...[36]

und sicher mit einem Koffer, »valise«, wie der Reim auf »chemise« es verlangt, in dem ich noch immer das Rascheln und leise Reiben der gestärkten Manschetten meines Vaters höre, wenn er sie an- und ablegte, meines Vaters, der – was die wöchentliche Ruhe betrifft – für mich *der* Mann des Sonntags war, denn von jenseits des Kanals konnte er kaum sein. Es geht hier um den Anfang eines Lieds, das wieder ein wenig an Aktualität gewinnt, denn es ist das berühmte *Viens Poupoule,* ein Lied, das ich oft hörte, als ich klein war, und das aus der Zeit der Entente Cordiale stammt. Und auch dieses *Aoh, yes! Aoh do you do?,* das ein gewisser Stéphane Ferranti meinen Brüdern und mir vorsang; er war der Sohn eines Flötisten italienischer Abstammung, dessen Bekanntschaft mein Vater in seinem Künstlerzirkel gemacht hatte und der selbst Lodois hieß. Da jener Stéphane (auch *Sté* genannt), was ihn selbst anging, sich anschickte, eine Lauf-

36 »Am Sonntag überqueren die Engländer den Kanal mit einem Hemd . . .«

bahn als Geiger einzuschlagen, machten wir anderen Jungen uns einen Scherz daraus, seinen Vornamen auf *colophane* – Kolophonium – zu reimen, denn damals liebten wir wie alle Kinder unseres Alters diese Wortfaxereien und Spitznamen; zum Beispiel gefiel es uns lange, einen Jungen, der fast direkt gegenüber von uns wohnte, »Clown Paté« (statt »Claude Taté«, was sein richtiger Name war) zu rufen, wobei ich vergessen habe, ob eine besondere Korpulenz ihn zum Führen dieses Spitznamens berechtigte.

Späße kirchlicher Wohltätigkeitsveranstaltungen sind diese beiden franko-angelsächsischen Weisen, *Viens Poupoule* und das gekauderwelschte Lied, das Stéphane Ferranti mit dem Gebaren eines Professor Solfeggio oder Tanzmeisters, doch ohne Geigenbegleitung, vortrug. Betrachte ich diese Belustigungen aus der Ferne, dann haftet ihnen – wie Stärkemehl an verschlissener Wäsche – etwas dermaßen Fades, Vertrautes und Altmodisches an, daß ich sie nur mit Sonntagen in Verbindung bringen kann. Sie sind der Bodensatz von Augenblicken, die zu ihrer Zeit gewiß recht lustig waren, die aber, kommen sie mir nun wieder in den Sinn, sich kaum von gewissen alten Eindrücken unterscheiden, die heute fast gänzlich auf bloße Namen geschrumpft sind, denen ein besonderer Geruch oder Lichtton anhaftet; diese ursprünglich eher trostlosen Momente beschönigten sich unterwegs in einer Bewegung, die jener entgegengesetzt ist, welche die Erinnerung an einst fröhliche Augenblicke melancholisch macht.

Unter den Leuten, die wir an Sonntagen besuchten, war eine Schulfreundin meiner Mutter, eine runde, kleine Person mit ergrauenden Haaren über einem rotbäckigen Gesicht mit einem Anflug von Schnurrbart; ihre in ihrer Bekanntschaft als sprichwörtlich bezeichnete Sanftmut beeinträchtigte weder ihren Verstand noch ihre gute Laune. Sie war die Leiterin einer *École Maternelle* in irgendeinem häßlichen Viertel, wohnte in

Saint-Mandé, und um zu ihr zu gelangen, nahmen wir die Ringbahn, le chemin de fer de *Ceinture* (eine Linie, deren Name mir völlig gerechtfertigt schien wegen des breiten Lederriemens – einer Art Säbelkoppel, *ceinturon* –, mit dem man die Türfenstern öffnete und schloß). Eine Station dieser Linie – die letzte oder vorletzte vor Saint-Mandé – schien mir die Vorhalle eines besonders gottverlassenen Winkels dieses Paris der Peripherie zu sein, das fast immer etwas Düsteres hat; ich spreche von *Bel-Air-Ceinture,* einer Station, die ich nur im bleichen Schein Auerscher Glühstrümpfe sehen kann, obwohl ich in Wirklichkeit dort immer nur am Tag vorüberkam und auf jeden Fall zu einer Zeit, als man noch armseligere Mittel als Gas zur Beleuchtung der Stationen verwenden mußte. Mit diesem ungesunden, über die gelben *chez Allez Frères*-Bänke ausgekippten Morgengrauen- oder Dämmerlicht mischt sich ein muffiger Rauchgeruch, das Bild zweier Böschungen, die auf beiden Seiten ein ins Gelände schneidendes Gleis begrenzen, und des gähnenden schwarzen Lochs eines Tunneleingangs.

Ein anderer Bahnhofsname, auf den Anzeigetafeln der Métro gelesen, hatte eine noch beunruhigendere Wirkung auf mich, nicht allein wegen des verrufenen Viertels, in dem er sich befand, sondern auch wegen eines in der Nähe gelegenen Boulevards mit einem Namen, der geballte Vorort-Exotik verströmte: der Name der Station »Barbes-Rochechouart« auf dem Übertagestück der Linie Étoile-Nation entlang der äußeren Boulevards, nicht weit vom Boulevard ORNANO, der mit einem Chemiegeruch verbunden bleibt (des Desinfektionsmittels, das man damals, scheint mir, in der Métro benutzte) und nach Verbrechen stinkt, wie »Arcole« (des Pont d'Arcole oder von Napoleon in Arcole) angenehm nach Alkohol riecht. Gewöhnlich denke ich an diesen Namen ORNANO, wenn ich in den Zeitungen lese, daß ein Lebensmüder sich vor die Métro geworfen hat. Was den Geruch nach Desinfektionsmitteln angeht, so stelle ich mir immer vor, daß er den unzähligen kleinen glitzernden Körnchen entströmt, die man im Stein der Treppenstufen erblickt, wenn man zwischen den Stationen pendelt.

Besuche, die man Verwandten oder Freunden der Familie an Sonntagen oder nach dem Mittag- oder Abendessen abstattete, gehörten immer dem Lebensbereich an, den mein Vater beherrschte. Er verbrachte den ganzen Tag in seinem Büro und kam erst zum Abendessen nach Hause – noch später an den Tagen, wenn im Büro des Börsenmaklers, der ihn beschäftigte, »Abrechnung« war; in der übrigen Zeit von der Gestalt meiner Mutter verdeckt, gewann mein Vater in dem Augenblick wieder voll an Bedeutung, wenn er da war. Es genügte, daß er nach Feierabend nach Hause kam, seinen Zylinderhut an den Garderobenhaken hing und aus seiner Tasche *Le Temps* zog (seine gewohnte Zeitung neben *Le Matin* und dem Journal *Le Journal,* was amüsant klang, weil hier eine Redundanz das Allerweltswort *journal* mit dem Eigennamen *Journal* zusammenbrachte), es genügte, daß er in seine Pantoffeln schlüpfte und seinen grauen Moltonsakko anzog, damit alle Dinge im Haus ins rechte Lot kamen. Obwohl er der am wenigsten autoritäre Mann der Welt war, war mit seiner Rückkehr die Autorität anwesend, verkörpert in einer bloßen Geste wie die Handhabung der Suppenkeule oder im gesetzten Namen »Le Temps«, der auf dem leicht bläulichen Zeitungspapier seine gotischen Lettern verbreitete.

Mit demselben Druck im Magen, den mir die Erinnerung an die den Kanal überquerenden Engländer und an das *Aoh yes* bereiten, entsinne ich mich gewisser Späße – um dem Herzen eine Gänsehaut einzujagen –, die mein Vater sich voll Zärtlichkeit erlaubte. Etwa wenn er meine Brüder und mich statt »les enfants« (die Kinder) »les éfants« nannte oder uns mit dem Epitheton »Ostgoten« bedachte; ich habe mich immer gefragt, inwieweit dieser Ausdruck Eigenart meines Vaters oder der Gesellschaftsklasse war, der meine Familie angehörte. Des weiteren nannte er den Nachttopf »Bohnenvase von Soissons« und mich »Michenne« anstelle meines richtigen Vornamens.

Ich weiß nicht, ob ich hier unter einer Grobheit leide, die mich auf Anhieb beschämt, weil sie meinen Vater und auch mich, doch mehr auf Umwegen, beleidigt, oder ob nicht eher die Scham, entsinne ich mich jener ungeschliffenen Späße, einer Rührung weicht. Diese platten Verstöße gegen die Sprache scheinen nur den einen Zweck zu haben, einen Jargon zu schaffen, dessen privater Charakter zwischen einigen Leuten Solidaritätsgefühle zeitigen soll; es sind Wortspiele, die weniger aufs Lachen abzielen als – wie bei Eingeweihten – auf Verständigung zwischen den Mitgliedern einer Familie, rein konventionelle Redewendungen, welche die Übereinstimmung der Benutzer besiegeln, und zwar so fest, daß sie noch immer ungebrochen ist und ich heute nicht ohne Rührung (und Verwirrung über meine Emotion) an irgendeinen dieser erbärmlichen Späße denken kann und somit mit einem Schlag wieder in eine alte familiäre Freimaurerei verwikkelt werde.

Der zeitliche Abstand, der ausgefallene Charakter von Wörtern wie »Michenne« oder »les éfants« stimmen mich hier ein bißchen nachsichtig. Aber im allgemeinen verabscheue ich diese Familienspäße, die sich fast auf Tag und Stunde genau wiederholen. Zwischen Leuten, die sich täglich sehen, bilden sich zwangsläufig Gewohnheiten heraus, jeder erstarrt in einer bestimmten Haltung, deren Ursprung die Vorstellung ist, welche die anderen von einem haben; auch hat jeder seine Besonderheiten, seine »Nummern«. Das ist es, was ich unerträglich finde und was ich für ein Zeichen von Mumifizierung und Schwachsinn halte. Ich füge mich nur widerwillig in den Gebrauch von Jargons, mögen sie beruflicher, freundschaftlicher oder familiärer Art sein, denn ein Jargon – Mittel bequemer Komplizenschaft – ist eins der deutlichsten Merkmale des Herdengeistes.

Als sich mein Vater daran erbaute – nuancierte, zärtliche Neckerei oder reine Hänselei? –, mich »Michenne« zu nennen, hatte ich noch keine entschiedene Meinung über diese Spezialsprachen. Um die Wahrheit zu sagen, ich wußte nicht einmal, was ein Jargon ist. Was mir an der Veränderung meines Namens mißfiel, war, daß sie auf mich eher wie eine Verletzung meiner Person wirkte. Mehr noch als mit der Rue Michel-Ange war »Michel« mit »saint Michel archange«, dem Erzengel Michael, verbunden, und ich sah darin nicht nur mein eigenes Gut, sondern auch etwas recht Seltenes, auf das ich mit Recht stolz sein durfte (wie einige sich mit einem Adelstitel brüsten können). Nebem meinem anderen Vornamen »Julien« (der mich unangenehm an die *Julienne* erinnerte, eine Gemüsesuppe, die ich nicht mochte, weil sie so stark nach Karotten schmeckte) war »Michel« für mich ein privilegierter Vorname, der mit »Michel-Ange« ein wenig den Engel berührte und noch stärker den Erzengel mit »saint Michel archange«, eine Person, die ein noch größeres Ansehen genießt, insofern hier die Anomalie vorliegt, daß ein Heiliger kein Mensch, sondern ein Erzengel ist. Warum kommt im übrigen bei meinem Vornamen der Titel »archange« oder »ange« hinter dem Namen, während man doch »archange Raphael« oder »ange Gabriel« sagt und in diesem Fall »archange« oder »ange« vor den Namen setzt? Der himmlische Krieger, der die Dämonen vernichtet, der Pförtner mit dem Flammenschwert, der das irdische Paradies bewacht, nachdem Adam und Eva daraus vertrieben worden waren: dies war das übernatürliche Wesen, mit dem mich etwas zu verbinden schien, ein vornehmerer und mächtigerer Beschützer als all die anderen Schutzpatrone. Soviel Glanz mußte unweigerlich auf mich überspringen, da doch der Erzengel und ich Namensbrüder waren. Dieses Wort, das meine ureigene Substanz war, abzuwandeln, hieß nicht nur, mich in meinem tiefsten Inneren zu verändern, sondern mir auch einen Teil jenes Glanzes zu rauben, kurz, zu versuchen, mich auf ein fast ebenso niedriges Niveau wie das der Gemüsesuppe *Julienne* herabzuwürdigen.

Engel und Erzengel waren Angelegenheiten aller Tage, Sonntage inbegriffen, doch von der Messe abgesetzt, die ausschließlich etwas Sonntägliches war. Auch eine Angelegenheit meiner Mutter, wie im übrigen die Engel und Erzengel und alles, was zur Religion gehörte.

Für die Messe standen vor allem unser Herr Jesus, die heilige Jungfrau und der liebe Gott ein. Ihre Diener waren die Priester, die ich namentlich kannte, und einige von ihnen hatten mich im Katechismus unterwiesen; sie waren bloß Männer, ein wenig abseits der anderen, denen ich Respekt schuldete, ohne daß ihnen irgend etwas Wunderbares anhaftete. In der Messe war kaum die Rede von Engeln, und die einzigen Geschöpfe, die hier außer der göttlichen Familie spirituell vertreten waren, waren die Heiligen. Aber die Heiligen, gleichgültig wie ihre Legende lauten mag und gleichgültig, welche Wunderwerke man ihnen zuschreibt, sind noch halbe Menschen wie auch alle Toten; obwohl sie sich in der Nähe – näher als die Priester – des lieben Gottes aufhalten, unterscheiden sie sich weniger radikal von uns als die geflügelte Spezies der Engel. Die Messe bleibt also etwas Menschliches, eine zeremonielle Versammlung von Erwachsenen, die ihre Seelengüte ausdrücken, indem sie den Klingelbeutel bereichern, und ihre Frömmigkeit durch ihren gemessenen Ernst. Ist unter solchen Bedingungen die Kirche, in die man uns sonntags führt, feiner als wochentags angezogen, der wahre und auserwählte Ort mystischer Erfahrungen, oder ist es nicht wahrscheinlicher, daß man sich zu Hause in jenem Zimmer, wo man die Morgen- und Abendgebete verrichten muß und wo der Schutzengel am Fuß des Bettes anstandslos Wache hält, mit Glauben stärkt?

»Liebes Jesulein, ich geb' dir all mein Herz, und ich will immer artig sein«, ist das erste Gebet, das meine

Mutter mich beim Aufstehen sprechen ließ, als meine erste Pflicht noch der Gehorsam war. Die Formel, die sie mich jeden Abend, wenn sie mir ein langes Nachthemd übergezogen hatte, in dem ich fast wie in einem Sack steckte (denn dieses Hemd war unten mit einem Schnürchen zuknotbar, damit es durch die Bewegungen, die ich unweigerlich im Schlaf machen würde, nicht hochrutschen konnte), wiederholen ließ – vielleicht dieselbe? –, habe ich vergessen. Als ich etwas größer und imstande war, längere Texte auswendig zu lernen, ließ meine Mutter mich das »Vater unser« und »Gegrüßest seist du Maria« aufsagen. Eines Abends – und ich muß damals schon in einem vernünftigen Alter gewesen sein – fügte ich an mein übliches Gebet (aus freien Stücken oder auf Betreiben meiner Mutter?) folgenden Spruch: »Lieber Gott, ich danke dir, daß du meinem Vater Prokura erteilt hast.« Das war der Dank an den Schöpfer für die Beförderung, in deren Genuß mein Vater in jenem Büro des Börsenmaklers, wo seine Tage verstrichen, gekommen war; ein Dank, den ich mit glühendem Herzen abstattete, denn meine eigene Person schien um ein Gran an Bedeutung gewonnen zu haben, konnte ich mich doch nun eines Vaters rühmen, der mit Hilfe der Vorsehung, in Verbindung mit seiner Tüchtigkeit und seinem Arbeitseifer, seinem Vorgesetzten, diesem betuchten Großbürger, fast gleichgestellt war.

Die Engel waren Engel, weder reich noch arm, während das Jesuskind und noch klarer die heilige Jungfrau auf Erden das Leben armer Leute geführt hatten. Was die Heiligen betrifft, auch sie gehörten zu den Armen, denn die meisten gingen barfuß, hatten nicht einmal ein Paar Sandalen. Die Engel, ebenso barfüßig wie die Heiligen und die Jungfrau mit dem Jesuskind, gehen wenigstens nicht auf Straßen, denn sie können fliegen und sind außerdem unsichtbar. Wenngleich nackt, sind ihre Füße nicht die von Elenden, wie es auch meine nicht waren, wenn ich im Bett lag, auch ich in ein langes weißes Gewand gehüllt. In Ermangelung blauer Flecke, welche die Unebenheiten des Bodens ihren Fußsohlen schlagen, in Ermangelung auch einer Staubkruste sind diese Füße Luxusdinge, ebenso die glänzenden und gelockten Haare, die makellosen Gewänder, die ebenmäßig gefiederten Flügel, kurz, alles was zeigt, daß der Engel einer Welt angehört, in der das Brot nicht den Schweiß des Angesichts erheischt und das Bedürfnis zu essen gar nicht erst auftaucht.

»Brav wie ein Heiligenbildchen«, »niedlich wie ein Amor«, »sanft wie ein Engel«: ich weiß nicht, ob ich mir solche Epitheta oft verdiente. Aber in jener Zeit, als meine erste moralische Regel Folgsamkeit hieß, waren für mich die faden Figuren frommer Bildchen, pausbäkkige Amors, die mit Pfeil und Bogen spielten, Eierschnee-Engel mit jungen und ernsten Gesichtern etwas wie Musterbeispiele von Eifer, Fügsamkeit und Sanftmut ohnegleichen. Gut sein hieß sicherlich, die Nächstenliebe praktizieren, den Armen Almosen geben, wenn man welche auf der Straße sah, vielleicht den eigenen Besitz mit den kleinen Kameraden teilen, doch zuallererst hieß das, den eigenen Eltern Freude bereiten, liebenswürdig und anstellig sein, sich ihnen gegenüber wie Engel betragen, die nichts anderes im Sinn haben, als Gott zu dienen und zu lieben.

Neben der heiligen Jungfrau, der mystischen Gattin des Heiligen Geistes, gibt es noch Sankt Joseph, den Zimmermann, der die Rolle des Eindringlings in die göttliche Familie spielt und nicht viel mehr als ein braver und anständiger Mann ist, mit dem ein fast engelgleiches Geschöpf eine merkwürdige Mésalliance eingegangen ist. Genauso erschien mir mein Vater, dessen Leben – wie ich wußte – am Anfang recht bitter war, während meine Mutter in ihrer Jugend einen gewissen Wohlstand kannte und für ein Fräulein ihrer Zeit eine ziemlich erstklassige Bildung genossen hatte. Sie sprach fließend Englisch und war mit Sicherheit kultivierter als mein Vater, der mit dreizehn oder vierzehn Jahren die Schule verließ. Doch schulde ich ihr hier Genauigkeit, und ich muß sagen, daß sie nie auf diese Überlegenheit pochte und den Mann, den sie ausersehen hatte, um ihr Leben mit ihm zu verbringen, aus tiefster Seele liebte und in keiner Weise die Frau spielte, die sich unter ihrem Stand verheiratet hat.

Der Vorrang meines Vaters innerhalb der kleinen Gemeinschaft, deren doppelte Basis meine Mutter und er waren, zeigte sich in seiner Rolle als Ernährer der Familie. In seiner Bekanntschaft verglich man ihn gern scherzhaft mit dem Pelikan, und ich glaube wirklich, er wäre soweit gegangen, uns seine Eingeweide zu essen zu geben, wäre dies das einzige Mittel gewesen, meine Brüder und mich zu versorgen. Das Geld, das er verdiente, zählte in seinen Augen in erster Linie in Verbindung mit unserer »Zukunft«, und sein Traum war, aus uns junge Menschen zu machen, die imstande waren, eine Laufbahn ihrer Wahl zu ergreifen und ihren Geist besser zu bilden, als er es hatte tun können. Ich glaube, ich habe ihn nie unglücklicher gesehen als damals, als ich mit achtzehn Jahren den (übrigens erfolglosen) Versuch unternahm, kaufmännischer Angestellter zu werden, weil ich ein wenig mehr Geld für meine freie Zeit haben wollte. Er, der seine Chance versäumte und Börsenmakler wurde, um die Seinen zu ernähren (anstatt nach seinem Wunsch Opern- oder Operettensänger zu werden, was durchaus möglich gewesen wäre), hätte es lieber gesehen, wenn ich auf die eine oder andere Weise meine Studien fortgesetzt hätte, doch damals dachte ich nur an den greifbaren Gewinn und scherte mich herzlich wenig um den Widerspruch, der in der Ausübung eines Berufs lag, dem ich regelmäßig den größten Teil meiner Zeit hätte opfern müssen, während es mein einziges Ziel war, die nötigen Mittel aufzutreiben, um ein Leben zu führen, welches gerade dieses Opfer verhindert hätte.

Als wären sie ihre Insignien gewesen, schienen mir einige Gegenstände die ökonomische Macht meines

Vaters zu verkörpern. Da war seine goldene Uhr, die er an einer protzigen Kette trug, deren Enden in den Taschen auf beiden Seiten seiner Weste verschwanden. An dieser Kette hing seine Goldbörse, eine kleine runde Büchse, die auf beiden Seiten leicht gewölbt war und innen einen doppelten Boden besaß, wo eine Feder automatisch die Tiefe des Behälters regulierte, wenn man, den Deckel geöffnet und mit einer leichten Daumenbewegung unterstützt, die Goldtaler, die sich in diesem Geldschrank-Kleinod befanden, herausgleiten ließ. Diese beiden Gegenstände – Uhr und Geldbörse – erhielt ich in derselben Ausführung an meiner Erstkommunion als Geschenk. Ferner eine prächtige Kette aus, wie man mir zunächst sagte, Doublé (weil eine aus reinem Metall zu kostspielig gewesen wäre), dann aber offenbarte man mir – um mir eine Überraschung zu bereiten –, daß sie vollständig aus Gold war. All diese bereits erwarteten Gaben, seit langem ersehnt, weil wir in ihnen die Apanage des Vaters sahen, all diese Geschenke, für eine Zeremonie versprochen, welche die erste offizielle Schwelle darstellt, die man auf dem Weg zum Erwachsenenalter überschreitet, all diese Präsente, die man von allen Seiten wie für einen Brautkorb zusammenfließen sieht, vermögen es dennoch nicht (nicht einmal im Hinblick auf den vorgeschriebenen Festschmaus), aus der Erstkommunion den »schönsten Tag des Lebens« zu machen, den man uns derart leichtfertig verheißt, ohne an den enttäuschenden Effekt zu denken, den eine solche Vorhersage zwangsläufig nach sich zieht und der unweigerlich die Weichen für unsere künftige Frömmigkeit stellt. Nachdem ich mich an diesen Gegenständen einige Jahre lang ergötzt hatte (als stolzer Inhaber jener Güter, auf die allein jene Anrecht haben, die das Mannesalter erreicht haben), habe ich sie alle oder fast alle veräußert und je nach den Launen meiner Bedürfnisse mit Verlust verkauft; das war, als kein Tag verging, ohne daß ich mir die Hacken nach irgendwelchem Geld abgerannt hätte, damit ich die Snob-Bars besuchen konnte, wo ich – obwohl noch Gymnasiast, ja Erstkommunikant trotz Umgangs mit Frauen und Cocktails – wähnte, möglichst billig etwas führen zu können, was dem berauschenden Leben der Jeunesse dorée glich.

Vor fast zweieinhalb Stunden – und dies einen Tag, nachdem ich den vorangegangenen Absatz niedergeschrieben habe (der, ich werde es erst viel später bemerken und notiere es hier noch einmal zusätzlich, implizit auf einen Farbigen anspielt, den Saxophonisten Vance Lowry, einen der ersten Negermusiker, die gegen Ende des Ersten Weltkriegs nach Frankreich kamen, und jenen Mann, dem ich meine schöne Goldkette für läppische fünfzig Francs überließ) – verließ ich eine Bar, die »Rhumerie Martiniquaise«, mein unbestrittenes Lieblingscafé in diesem Viertel. Die Antillenbewohner sind dort jetzt seltener als früher, der Ort hat nichts Malerisches mehr, seitdem man seine Ausstattung aufpoliert hat, doch sitzt man in den mit rotem Samt bezogenen Sesseln recht bequem, und man kann einen Punsch trinken, der noch immer »martiniquais« heißt (doch ist er jetzt nicht mehr so gut wie früher, der Rum ist schlechter geworden, und es fehlen die Zitronenschale und der Muskat), dies trotz der Verknappungen zu jeder Tageszeit und die ganze Woche über, außer an Donnerstagen und Freitagen, an denen die »Rhumerie« geschlossen hat, den gültigen Verordnungen gehorchend, welche in dieser Zeit bis hin zu den kleinsten Dingen sehr engstirnig sind. Ich hatte gerade die Zeche beglichen und schritt mit meinen beiden Begleiterinnen zur Tür; für eine der beiden mit dem Namen Khadidja empfinde ich Sympathie, wegen ihres Namens (der Name der ersten Frau Mohammeds und außerdem eines Mädchens, das ich als Soldat in Nordafrika kennenlernte), auch weil sie sich für den Tanz (den sie als Professionelle ausgeübt hat) und das Schauspiel des Stierkampfs, die *Fiesta*, begeistert, zwei Künste, auf die ich, wie meine Freunde wissen, großen Wert lege, da sie so gewalttätig und primitiv sind; vor allem aber mag ich ihren körperlichen Zauber und, um ganz genau zu sein, weil sie, obschon in Saint-Germain-des-Prés lebend, eine echte Maurin aus Port-Étienne ist, einem trostlosen Wüstenkaff, wo mein Schiff auf dem Weg nach Dakar Station machte und ich mich darauf vorbereitete, mich zwei Jahre lang mit der tropischen Hitze herumzuschlagen. Wir traten alle drei aus dem Innern der Bar auf die Terrasse (eine Art Bretterestrade wie bei Strandlokalen) und von dort aufs Trottoir des Boulevard Saint-Germain, wo wir uns trennen mußten, als wir mit einem Polizisten oder vielmehr mit seinem Fahrrad zusammenstießen, das er vor sich hielt, quergestellt, um die Tür zu blockieren. Es war eine Razzia. Rasch telephonierte ich nach Hause, um meine Verspätung und ihre Ursache mitzuteilen. Nach einigen Minuten Wartezeit stiegen wir mit den anderen Kunden des Cafés in einen Omnibus mit gebührend vergitterten, doch glaslosen Fenstern. Der Maimonat war in diesem Jahr 44 ziemlich rauh, und als der Omnibus Fahrt gewann, froren wir ein wenig. Das Ganze endete im Hauptkommissariat an der Place Saint-Sulpice, wo man uns laufen ließ, nachdem man unsere Papiere überprüft und die Namen aller Leute in eine Liste eingetragen hatte, was in einer Zeit, in der man sich für die Behörden möglichst unsichtbar zu machen wünscht, verdrießlich genug ist. Insgesamt spielte sich alles (das muß anerkannt werden) ohne große Umstände ab. Das einzige, etwas Unerfreuliche, das wir hörten, war die Bemerkung eines Sekretärs, der einen Herrn, der es eilig hatte, wütend anfauchte, die Dinge gingen sicherlich rascher, wenn wir uns nicht »wie eine Schafherde« zusammendrängeln würden. Er meinte damit wohl, daß wir dafür verantwortlich waren, wenn wir uns wie Tiere drängten, nachdem man uns in einem Omnibus zusammengepfercht hatte.

Dieser kleine Zwischenfall – lächerlich, verglichen mit den so zahllosen und so ernsten Dingen, welche dieser Tage geschehen –, dieser unverhoffte, zum Glück flüchtige Kontakt mit der Wirklichkeit der Polizei taucht auf, als wollte er mich daran erinnern, daß die Erde sich weiterhin dreht und das Leben im Joch geht, während ich in meinen Erinnerungen krame und sie schlecht und recht zu Papier bringe.

Fast zu allen Zeiten fand ich die Lage jener Menschen grausam (falls ich mir hiervon überhaupt ein Bild machen kann), die überhaupt kein Geld haben und für die es nicht einmal mehr einen Unterschied zwischen Sonn- und Werktagen gibt, da sie auch noch den relativen Reichtum verloren haben, der eine Arbeit bedeutet, und für die alle Tage gleich leer und verheerend sind. Ohne gar von denen reden zu wollen, die Untätigkeit und Hunger verwüsten, gibt es einen Grad von Armut, jenseits dem selbst die Liebe nicht mehr möglich scheint. Jene Menschen sind in einer furchtbaren Lage, für die der Geschlechtsverkehr allen Luxus eingebüßt hat und nur noch notgedrungen ist; die sich nicht gegenseitig schön finden (da ihr schweres Leben sie verbraucht hat); die alle Hoffnung auf Glück verloren haben; die einfach miteinander schlafen, ohne Mythos sich lieben (denn es liegt in der Natur der Lebewesen, diesen Akt zu vollziehen), und ihre Müdigkeit miteinander teilen, indem sie sich aneinanderlehnen. So sah ich vor Jahren in Paris in einer Straße einen sehr elenden jungen Mann, der mit seiner Gefährtin auf einer Bank saß und im Schlaf den Kopf auf ihre Schulter gelegt hatte, während sie ihn mit einem Arm mütterlich umfing. Dinge, die allen zu denken geben müßten.

Bald nach meinem zwanzigsten Lebensjahr, zu einer Zeit, als ich mich entschieden der Literatur zuwandte, empfand ich dem Elend gegenüber eine gewisse romantische Anziehung; in ihm sah ich den unentbehrlichen Stempel des Genies; doch ging es hier weniger um echte Armut als um die gleißenden Lumpen der Bohème. Im übrigen muß ich bekennen, daß ich nie etwas tat, was mich um eine gewisse monetäre Bequemlichkeit hätte bringen können. Dennoch entsinne ich mich nicht, dem Geld als solchem jemals – außer in meiner frühen Kindheit – eine Wichtigkeit beigemessen zu haben, und tatsächlich bedeutet es mir nichts außer der Möglichkeit, es auszugeben.

Bis zu meiner Erstkommunion – und vielleicht noch etwas länger, solange ich keine einzige monatliche Zuwendung meiner Eltern anrührte – steckte ich alles, was mir Neujahrstage, Geburtstage oder Feste, gute Zeugnisse oder Zensuren bei den Klassenarbeiten einbrachten, in eine Sparbüchse. Ich weiß weder so recht, wozu mir dieses Geld diente, noch ob ich nicht dann und wann von der angehäuften Summe einen bestimmten Betrag für den Kauf eines von mir begehrten Gegenstandes wegnahm. Wenn ich es mir genau überlege, neige ich zu der Ansicht, daß ich nichts von alledem tat und ausschließlich hortete – die einzige Zeit meines Lebens, wo das Geld für mich wirklich einen Wert hatte, unabhängig von dem, worin es sich umsetzen läßt.

Louisdor, Zehnfrankenstücke (kleiner und dünner), große *thunes* zu hundert Sous, Silbermünzen kleineren Formats sowie ausländische Sorten (aus der Schweiz oder Belgien, wohin ich zuerst kam), funkelnagelneue Zweisousstücke, wegen ihres Glanzes aufgehoben, der an Gold erinnerte (hatte mir, als wir alle drei noch sehr jung waren, mein ältester Bruder doch einmal im Tausch gegen eines dieser schönen leuchtenden Sousstücke, das er eigens für mich auf Hochglanz gebracht hatte, ein Zehnfrankenstück abgenötigt): das waren die Münzen, die in meiner Sparbüchse versammelt waren und für mich einen Schatz darstellten, dessen Höhe selbst nach Neujahrstag (das heißt im Augenblick meines größten

Reichtums) ein halbes Hundert Franken kaum überstieg.

All diesen Geldstücken gegenüber benahm ich mich eher wie ein Numismatiker, der in einer Münze kein Tauschmittel sieht, sondern eine Medaille, die um ihrer selbst willen wertvoll ist, und nicht wie ein Geizhals, der in sein eigenes Geld verliebt ist. Darin glich ich den anderen Kindern, für die ein Geldstück so eindeutig ein *Gegenstand* ist, daß eins ihrer Lieblingsspiele darin besteht, ihre Bildseite auf einem Blatt Papier nachzubilden; das geht so, daß man zunächst die Metallscheibe unter die dünne, glatte Papierfläche legt; dann, während der Druck der Finger das Geldstück festhält, damit es mit dem Papier in engem Kontakt ist, fährt man mit der Bleistiftmine unter leichten Reibbewegungen über das Blatt; das ist ein fast ebenso anziehendes Spiel wie jenes, wo man umgekehrt mit dem Münzrand die scheinbar jungfräuliche Seite eines Blocks von besonderer Machart reibt, um auf dem Blatt eine Zeichnung erscheinen zu lassen, deren Bedeutung sich offenbart, wenn sich die Zeichnung Stück für Stück abzeichnet.

Ich wußte, daß es außer diesen greifbaren Sorten, die man in Geldbörsen oder Sparbüchsen steckt, andere Geldsorten gab. Bevor mein Vater Prokurist wurde – als wäre er zum Major oder Oberst befördert worden – war er in seinem Büro »Verwalter für Wertpapiere«. Ich hatte eine verschwommene Vorstellung von »Wertpapieren«: das waren große und feste Papierblätter, keine Banknoten (die immer noch Geld sind). Ich wußte sogar, daß meine Brüder und ich einige besaßen, die mein Vater für uns gekauft hatte und in seinem Büro, wo die Geldgeschäfte abgewickelt wurden, aufbewahrte. Monatelang verfolgten wir zum Spaß in der Zeitung *Le Temps* die Kursschwankungen der »Santa-Fé«, denn der Herr des Hauses hatte eines Tages verlauten lassen, daß er einige dieser Aktien auf unseren Namen eingetragen hatte. »An der Börse spekulieren« war allerdings eine Sache, von der wir oft mit klarer Mißbilligung reden hörten. Da nun einmal der Handel mit Werten sein Geschäft war, konnte es nicht ausbleiben, daß jener, der auf diese Weise unser tägliches Brot verdiente, ein bißchen spekulierte; aber die klugen Operationen des Familienvaters hatten, das ahnte ich, nicht das geringste mit den waghalsigen Manövern jener Spieler zu tun, die es fertigbrachten, innerhalb eines Tages ein Vermögen zu verlieren oder zu gewinnen, Leute, die ich mir reich gekleidet vorstellte (mit Angströhre und Cutaway, die Zigarre nicht zu vergessen), bis sie eines Tages im Ruin endeten und dann keinen anderen Ausweg mehr sahen, als Selbstmord zu begehen (wie jener Falschmünzerchef, der sich in einem der ersten Filme, die ich sah, mitten im Wald, wo die Polizei ihn eingekesselt hatte, das Hirn wegblies), es sei denn, sie endeten schlicht und einfach am Bettelstab (wie jener frühere Kollege meines Vaters, der, nachdem er es zu »Pferden und Automobil« gebracht hatte, sein gesamtes Vermögen bei den Pferderennen verlor und heute meinen Vater demütig bat, ihm hundert Sous zu leihen, wenn er ihm an der Börse begegnete).

Abscheu vor dem Spiel, das in verhängnisvolle Schulden stürzt, Freude am Wirtschaften und an emsiger Arbeit in Verbindung mit einer makellosen Ehrlichkeit, Mitleid gegenüber den vom Schicksal Benachteiligten, Vermeidung der Gier, Bescheidenheit in Kleidung und Lebensstil (was körperliche Sauberkeit und Hygiene nicht ausschloß): dies waren die großen moralischen Richtlinien, die unsere Eltern mit Hilfe mündlicher Belehrung und des guten Beispiels uns hinsichtlich des Geldes und dessen, was sich unmittelbar von ihm ableitet, einzupflanzen suchten. Dies alles ohne die leiseste Infragestellung der gerechten Verteilung der Reichtümer in der bestehenden gesellschaftlichen Form. Die Reichen sind reich, und die Armen arm. Wer das Glück hat, sich zu ersteren zählen zu können, hat sich lediglich wie ein *guter* Reicher zu verhalten, und da es offenbar *böse* Reiche gibt, gibt es höchstwahrscheinlich auch *böse* Arme. Jedem seine Pflicht, jedem sein Verdienst: der Reiche soll nicht geizen und Almosen geben; der Arme soll geduldig harren, bis man sein Elend lindert und sich durch seine würdige Haltung und strikteste Rechtschaffenheit verdienen, was man ihm nur allzu gern gewähren möchte; für alle gilt, notleidend oder nicht, sich *uneigennützig* zu zeigen.

Als Widersacher des freundlichen Blinden mit weißem Bart und Pudel wie auch des hungrigen Pechvogels, der ein Brot aus dem Korb des Bäckers stiehlt und sich auf frischer Tat ertappen läßt, ist der böse Arme ein Mensch, der voller Haß verlangt, was er für sein Recht ansieht, der irgendeinem Laster verfallen ist, dem Alkohol oder schlichtweg der Faulheit, der keine Anstalten macht, seine eigene Verwahrlosung und die seiner Kleider zu unterbinden. Böse Arme sind ferner die Mitglieder jener verderbten Unterwelt, die bisweilen jene Freundin meiner Mutter zu Gesicht bekam, die in Saint-Mandé wohnte und eine École Maternelle leitete; unter anderen Anekdoten, die zeigen sollten, welchem Milieu viele ihrer Schüler entstammten, erzählte sie – dabei ihrer Betroffenheit den Anschein spaßigen Erstaunens gebend – die Geschichte eines kleinen Mädchens, das ihre Mutter jeden Nachmittag am Ausgang der Schule von einem Mann abholen ließ, den die Kleine »Papa« nannte, ohne sich darüber zu verwundern, daß fast jeden Tag dieser »Papa« ein anderes Individuum war.

Ganz in der Nähe des bösen Armen – und auf der gesellschaftlichen Skala schwerlich höher als dieser einzustufen – treibt sich der böse Arbeiter herum, der seine Pflicht nur widerwillig erfüllt und nur deshalb streikt, um nicht arbeiten zu müssen, der seinen ganzen Lohn am Samstagabend oder Sonntag in den Kaschemmen läßt, anstatt ihn beisammen zu halten oder, noch besser, zu seinem und seiner Familie Besten ein Sparkassenbuch anzulegen. Das typische Beispiel eines bösen Arbeiters:

der Tagelöhner, der sich tierisch besäuft und, einmal betrunken, seine Frau mit den leeren Literflaschen zu Boden schlägt; für diese gibt es keinen wöchentlichen Ruhetag und keine unbeschwerte Freizeit, und ihre Sonntage oder freien Tage werden durch die Trunksucht des Mannes, welche das einzige Vergnügen dieses Handlangers ist, zur reinsten Hölle. »Tagelöhner«: eine Berufsbezeichnung, der ich keine Arbeiten zuordnen konnte; ebenso verhielt es sich bei den Frauen mit dem Beruf der »Glätterin«; doch kannte ich beide Berufsbezeichnungen als Namen für Personen, deren wohl deutlichste Beschäftigung darin bestand, für Schlägereien oder andere Gewalttätigkeiten, von denen die vermischten Nachrichten berichten, verantwortlich zu sein.

Noch ein Ereignis – aber eins von Format –, das zwischen zwei Sätzen an mein Fenster pocht: am Morgen des 6. Juni

Les Anglais ont passé la Manche

und das ist nun endlich die berühmte Landung!

Gewiß ist etwas Lächerliches (und manche würden sie ohne Zögern widerwärtig nennen) an meiner Hartnäkkigkeit, mit der ich diese Suche fortsetze, ohne mich unmittelbar mit der äußerst tragischen Krise zu befassen, welche die Welt heute durchmacht. Doch verspürt man nicht gerade in dem Moment, wenn alles in Frage gestellt wird, das dringendste Bedürfnis, mit sich selbst ins reine zu kommen? In der Tat muß ich jetzt oder nie Klarheit gewinnen über diese eine Sache, welche mich wirklich bestimmt, die mein Leben lebenswert macht und deren ich mich nicht unwürdig erweisen will, – mit anderen Worten: ich muß Klarheit gewinnen über dieses Bild meiner selbst, das ich anderen aufzudrängen suche, zumindest *gewissen* anderen, die ich liebe und schätze, und die meine auserwählten Zeugen sein sollen. Dieses Bild muß ähnlich sein, und um diese Ähnlichkeit herzustellen, tue ich alles, was in meinen Kräften steht. Denn wozu in aller Welt sollte ich im Kopf oder Herzen anderer Menschen anwesend sein, wenn ich in ihnen nur als Scheinbild zu existieren weiß? Gleich dem Geliebten, der nur »um seiner selbst willen« geliebt werden möchte, bin ich darauf aus, so wie ich bin – und nicht als irgendein Fremder – anerkannt zu werden. Nichts würde es nützen, für die Begleichung dieser Zeche Falschgeld zu verwenden, nichts würde es nützen, die Zeche zu prellen: ich muß buchstäblich *mit mir selbst zahlen,* wenn ich diesen Pakt geschlossen habe, der ebensosehr Handel mit mir selbst wie Transaktion mit anderen ist.

»Arbeit macht frei«, »Wer seine Schulden begleicht, wird reicher«: leere Axiome, Versuche, öde Fron durch Befreiung oder realen Erwerb zu kaschieren. Ich habe nie allzusehr daran geglaubt, selbst als Kind nicht, als mir fast alles, was die Älteren sagten, heilig war. Ich glaube, in Wahrheit wurden mir diese Maximen mit nur wenig Überzeugungskraft vorgetragen und flossen in die Unterhaltung nach Art jener Redensarten ein, die man eher mechanisch zitiert, ohne ihnen allzu großen Glauben zu schenken, vielleicht gar mit einer Prise Ironie und in Gänsefüßchen gesetzt, wie man es mit diesen Wahrheiten hält, deren einzige Gewähr die Überlieferung ist, und vor denen man, mögen sie noch so albern sein, sich verneigen (oder eine Verneigung vortäuschen) muß, und wehe, man erkühnt sich, sie anzuzweifeln, denn sie sind Ausflüsse der Völkerweisheit.

Dem bösen Armen stand der böse Reiche gegenüber, hartherzig, stumpf und taub gegenüber den Leiden der Entrechteten. Zum Beispiel einer der Hauptakteure im Büro meines Vaters, der, wenn er schon einmal seinem kleinen Sohn ein paar Sous herausrücken mußte, es nicht versäumte, ihm zu sagen: »Man muß *sparsam* sein«, und der es als seine einzige Erzieherpflicht ansah, den Geiz zu lehren. Auf einer höheren Sprosse der Einkommensleiter – und vielleicht auch auf der zur Schlechtigkeit – befand sich jener amerikanische Multimillionär, der in Frankreich lebte, ein Vanderbilt glaube ich; aus den Zeitungen war zu erfahren gewesen, daß er einen Autounfall hatte, bei dem sein Chauffeur tödlich verunglückt war. Für das Auto eines Privatmanns war eine Stundengeschwindigkeit von über hundert in der damaligen Zeit beachtlich. Und ich spürte ein Unbehagen, wenn ich an diesen Krösus dachte, eine Art unheilbringender Lebemann, den ich für den Tod seines Angestellten verantwortlich machte, denn nur er konnte befohlen haben, so verrückt mit dieser Limousine zu rasen, auf deren Polstersitzen er es sich bequem machte, frisch rasiert, mit Zylinderhut und eine voluminöse Havanna-Zigarre rauchend, die er sich wie ein kleines, braunes Luftschiff (oder genauer wie das, was meine Brüder und ich mit einer umgekehrten Metapher damals »Zigarrenballon« nannten) zwischen die Lippen geschoben hatte. Eine ganze Weile beschäftigte mich diese Sache vor dem Einschlafen, denn alle mir bekannten Unfälle machten mir ausnahmslos Angst, und dieser hier – das gestochen scharfe Bild einer Todesfahrt, in die Wege geleitet von einem kaltblütigen und banknotenschweren Mann – hatte in den äußeren Formen eines Dramas der vornehmen Welt mit weißen oder buttergelben Handschuhen, mit fetten, schwarzen Rändern wie bei einer Todesanzeige oder einer Schlagzeile, die auf der Titelseite einer Tageszeitung ein grauenhaftes Unglück meldet, wirklich alles zu bieten, was mich beunruhigen mußte.

Einmal hatte ich den Eindruck, daß auch meine Familie (obwohl ihre gesellschaftliche Stellung in Wahrheit sehr mittelmäßig war) ein klein wenig der Anklage, die in der Formel vom »bösen Reichen« enthalten ist, die Flanke bot. Seit einiger Zeit beschäftigten wir eine Dienstmagd mit Namen Marthe; sie war tüchtig, doch ohne Anmut, zwischen fünfunddreißig und vierzig Jahre alt, und stammte, glaube ich, aus der Region Sarthe. Obwohl sie sehr sauber und arbeitsam war, besaß sie unglücklicherweise einen extrem boshaften Charakter, was dazu geführt hatte, daß meine Mutter, eine der sanftmütigsten Frauen der Welt, ihr wiederholt die Entlassung angedroht hatte. Oft geschah es, daß sie ihrer schlechten Laune freien Lauf ließ und große Reden schwang über das, was sie hochtrabend »die neue Ära« nannte, eine Epoche, die, so prophezeite sie uns, bald anbräche und deren Kennzeichen eine vollständige Umwälzung der sozialen Verhältnisse sei, insbesondere was die Stellung der Herrschaften und Dienstboten betrifft. Meine Mutter ließ sie reden, wartete geduldig, daß dieser Redestrom voll verschwommener revolutionärer Ideen versiegte, es sei denn, der Vortrag drohte Ewigkeiten zu dauern; dann forderte sie unsere Dienstmagd auf, sie mit ihren Erklärungen zu verschonen und zurück an ihre Arbeit in Küche oder Kammer zu gehen. Ein anderes Thema, das Marthe in ihren Krisen zungenfertiger Überspanntheit gern entwickelte, war der Selbstmord, eine Tat, die sie scharf mißbilligte, und voller Entrüstung ergriff sie Partei gegen die Dummheit jener, die ihn begingen, wenn sie zufällig in der Rubrik *faits divers* irgendeines Blatts den Bericht über einen Freitod durch Gas oder ein anderes Mittel gelesen hatte. Eines Abends kam es zu Beginn des Abendessens mitten im Eßzimmer zu einer heftigeren Szene als gewöhnlich (wie man im guten journalistischen Stil sagt). Mein ältester Bruder hatte in seiner Suppe eine Haarnadel gefunden und Marthe darauf aufmerksam gemacht; diese beteuerte schnippisch ihre Unschuld, ein Wort gab das andere, und die Diskussion wurde giftig. Mein Bruder, rot vor Wut, stand augenblicklich vom Tisch auf, erklärte meinen Eltern, daß sie zu wählen hätten, denn entweder die Magd – diese Lügnerin – oder er werde gehen. Es ist völlig klar, daß, wäre sie geblieben, er klein beigegeben hätte. Gleichwohl wurde Marthe gekündigt (denn meine Mutter hatte ihr schon genug durchgehen lassen), und sie kehrte in ihre Heimat zurück, nachdem sie uns verlassen hatte. Doch schon bald bereute sie alles, denn es dauerte nicht lange, bis sie meiner Mutter mit der Bitte um Wiedereinstellung schrieb; meine Mutter antwortete, angesichts all der Entgleisungen, die sie sich geleistet habe, käme dies nicht mehr in Frage. Ein paar Tage verstrichen, ohne daß wir von Marthe, deren unverträglicher Charakter die Kündigung verursacht hatte, etwas hörten. Einige Wochen jedoch, nachdem sie den Dienst bei meiner Mutter quittiert hatte, erreichte uns eine Nachricht, die unsere ganze Familie in Verwirrung stürzte: Marthes Schwester teilte uns tatsächlich mit, daß unsere ehemalige Dienstmagd freiwillig ins Wasser gegangen war, zutiefst bekümmert, weil sie ihre Stellung verloren hatte und gleichzeitig auch noch das Scheitern von Plänen gefühlsmäßiger Art hinnehmen mußte. Von diesen beiden Motiven sah meine Mutter vor allem das erste, für das sie sich verantwortlich fühlen mußte, auch wenn sie es für legitim hielt, sich gegenüber einem derart zänkischen Wesen unbeugsam gezeigt zu haben, dessen Aufenthalt in unserem Haus von ständigem Geschrei und geschmacklosen Verlautbarungen geprägt war. Was mich betrifft, so spukte lange Zeit das Bild dieses unwirschen Geschöpfs in meinem Kopf herum, mit dem es nach monatelangem Aufenthalt unter unserem Dach so weit gekommen war, daß es seinen Tagen ein Ende setzte, indem es sich in einen Fluß stürzte; ich stellte mir das tote Gesicht vor – die Augen geschlossen, mit noch verkniffeneren Zügen als gewöhnlich –, mit stocksteifem Körper und nassen Kleidern, als man ihn aus dem Wasser fischte und wie er am Flußufer lag, so sauber, so reinlich, wie gestärkt und in Sonntagskleidern inmitten einer lachenden Landschaft und summender Hitze, Dinge, die in jener Zeit, als ich mit dem Landleben nur in den Sommerferien ein wenig in Berührung kam, zu meinem Bild vom Land gehörten. Hinter diesem Gesicht, bockiger denn je, verbarg sich etwas wie ein Vorwurf, etwas wie das beharrliche Aussprechen einer Beschwerde. War es die Rachsucht eines unglücklichen Wesens, einer niederen Klasse gegenüber jenen, die sie erniedrigt hatten, indem sie sie herumkommandierten und entlohnten, doch im entscheidenden Augenblick sich jedem Erbarmen verschlossen; oder die Feindseligkeit einer in ihrer Isolation eingemauerten Besessenen, um so isolierter als sie feindselig ist, und um so feindseliger als sie sich eingemauert fühlt, auf immer unfähig, diesen Teufelskreis zu durchbrechen? Was immer die genaue Bedeutung dessen sei, was ich auf dem Gesicht unserer toten Hausmagd las, wie ich sie mir in ihrem Selbstmörderinnenkleid vorstellte, gewiß ist, daß dieses Gesicht etwas Schreckliches hatte, versteinert war in dieser eigensinnigen Abweisung, die fast so wirkte, als habe sie die Reglosigkeit der leblosen Dinge einzig zu dem Zweck angenommen, um sich mit noch größerer Intensität Ausdruck zu verschaffen.

Die arithmetischen Probleme, wo es um Zinsen, Skonto und Prozente geht (umschrieben mit einer Ziffer, auf welche die Hieroglyphe »%« folgt, die ich jetzt mit Vergnügen auf der Tastatur der Schreibmaschine finde, denn dies erinnert mich an meine Schulaufgaben als Kind), der kaufmännische Unterricht, wo man von Kontoauszügen, Zinsscheinen, Tratten, Effekten, Kreditbriefen oder Wechseln spricht, änderten für mich nichts an der Vagheit, ja Unwirklichkeit des Geldes. Wie hätten derartige Probleme dies auch fertigbringen sollen? Denn es waren reine Zahlenspiele, die mit Francs und Centimes hantierten (welche wenigstens den Vorteil besaßen, unmittelbar Geld darzustellen), kaum konkreter, als wenn sie auf Einheiten des Dezimalsystems beruht hätten. Und was hätte dieser Unterricht mir erklären können? Denn der behandelte Stoff war kaum mehr als ein Zeremoniell, eine Etikette für komplizierte Dinge, die eine schwindelerregende Zirkulation regelte, wo der Blick sich trübte und man vergebens nach dem Geld Ausschau hielt, wie man auch bei jenem Glücksspiel, von dem sich so viele Leute am Rand der Rennplätze rupfen lassen, den Verschiebungen der Karte allein anhand ihrer Farbe zu folgen versucht.

Abgesehen von der recht dürftigen Illustration, die mir jene Stücke boten, welche ich in meiner Sparbüchse aufbewahrte, ferner die kleinen Summen, die man mir jeden schulfreien Donnerstag gab, oder die Wertpapiere, die ich im Büro meines Vaters verwahrt wußte, war für mich das Geld etwas Lebensnotwendiges, wie (oder wenig fehlte daran) die Luft, welche unsere Lungen atmen, doch blieb es von fast derselben Unstofflichkeit. Gewiß wußte ich, daß die einen viel und die anderen wenig Geld besaßen. Aber dieses viele Geld war eine Art Wesenszug, eins mit jenen, die man als reich bezeichnet, wie man von anderen sagt, daß sie sich einer guten Gesundheit erfreuen oder daß sie Glück *haben.* Vermögen war in meinen Augen weniger eine aufzählbare Summe von Gütern, unabhängig von dem Mann oder der Frau, die sie besaßen, als vielmehr ein Merkmal, das den Individuen anhaftete, welche in eine bestimmte Kategorie gehören: in jene der reichen Leute, wie es jene der berühmten Leute gibt (katalogisiert in der Photosammlung *Les Célébrités contemporaines,* vom Verlag Félix Potin herausgegeben), jene der großen Männer (deren Merkmal der Ruhm ist), und zu guter Letzt jene der Heiligen (die an ihrem Heiligenschein zu erkennen sind).

Ein eigenes Stadthaus besitzen, von einem oder mehreren männlichen Angestellten bedient werden, im eigenen Wagen fahren: mehrere Jahre lang waren das für mich die offenkundigsten Zeichen von Reichtum. Ja, ich kann sogar sagen, daß sie der Reichtum *waren,* die sichtbaren Insignien des Reichen, Inkarnationen seines Ansehens, wie der Thron, das Szepter und die Krone die Inkarnationen der königlichen Macht sind; dennoch ungewisse

Zeichen, denn ich wußte wohl, was weiter nichts als ein Hochstapler ist, und daß es Leute gibt, die auf großem Fuß leben, ohne die sogenannten »Mittel« zu haben. Hinter den äußeren Zeichen stand also doch die Vorstellung von festen Einkünften, die den wahren Reichen vom Blender unterscheiden, wie der rechtmäßige Souverän sich vom Usurpator unterscheidet. Aber gab es im Auftreten des Hochstaplers, in seiner Aufmachung mit seinem übertriebenen Geschmeide und seiner ganzen Person (mit geschniegelten oder allzu pomadisierten Haaren und allzu olivgrünem Teint) nicht genügend Indizien, die seinen Reichtum als Trug entlarvten, wie die Eleganz einer Kokotte keine echte Eleganz ist und die übernatürlichen Kräfte von Simon dem Magier nur Hokuspokus sind verglichen mit denen von Simon Petrus, dem einzigen, den Gott ermächtigte, Wunder zu wirken? Also sah ich im Geld die notwendige Bedingung, eine ehrenwerte Figur zu machen oder, wie man sagt, eine gewisse Fassade zu haben. Daher kommt zweifellos meine ewige Angst, mittellos dazustehen, als ob ein solcher Mangel nicht allein eine ungemütliche Lage, sondern eine tiefe Herabsetzung verursachte.

Es gibt einen Augenblick in meinem Leben, wo ich mich im Vergleich zu meiner Umgebung, die in der Mehrzahl aus reicheren Jungen als ich bestand, in einer Position ziemlich eindeutiger Unterlegenheit befand, so daß ich mich an diese Zeit als an eine einzige und fortwährende Erniedrigung erinnere; das war, als ich mit zwölf Jahren aufs Gymnasium Janson kam und in die fünfte Klasse ging. Ich hatte dort Kinder als Mitschüler, die zum größten Teil Familien aus Passy, einem vornehmeren Viertel als Auteuil, entstammten (auch dieses in der Nähe des Bois de Boulogne gelegen, doch auf einer Seite an das schreckliche Point-du-jour angrenzend). Unter anderen Sticheleien, mit denen man den »Neuen« überhäufte, nahmen einige meiner Kameraden – ob unbewußt, aus Eitelkeit junger Emporkömmlinge oder schlicht und einfach aus Bosheit – alles aufs Korn, was an mir und meiner Umgebung verriet, daß ich, was Geld betraf, weniger als sie zu bieten hatte. Eines Tages, als ich mich auf dem Schulhof aufhielt, mit einem sehr schäbigen und verschossenen, am Ärmelrand völlig abgewetzten Überzieher bekleidet, der mir übrigens nicht einmal gut stand, als er noch neu war (gesetzt den Fall, daß ich ihn nicht von einem meiner älteren Brüder geerbt hatte), hatte einer meiner Kameraden versucht, einige andere Schüler, die in meiner Nähe standen, aufzuwiegeln: »Schaut bloß Leiris! Er sieht aus wie Lazarus ...« Ein anderes Mal kam meine Mutter mich abholen, wie stets sehr schlicht gekleidet (ganz vom Haushalt in Anspruch genommen, den sie meinte so führen zu müssen, daß meine und meiner Brüder »Zukunft« gesichert war), und einer meiner Peiniger fragte mich am folgenden Tag mit der harmlosesten Miene der Welt, ob es meine Mutter oder meine Hauslehrerin gewesen sei, die mich an der Pforte des Gymnasiums erwartete; feige hatte ich erwidert: »Das ist meine Hauslehrerin ...«, damit – und ich hatte deswegen zeitlebens Gewissensbisse – jene verleugnend, die mich während meiner frühen Kindheit ihren »Schatz« genannt und in dieses Wort alles hineingelegt hatte, was die extreme Liebe, die in ihrem Herzen wohnte, ihr Einzigartiges und beinahe Wunderbares in der Tatsache offenbaren konnte, daß sie mich nicht nur ausgetragen, sondern auch gestillt hatte, was bei ihren beiden anderen Söhnen nicht der Fall gewesen war.

Ich vermute, daß als eine Art Vergeltungsimpuls für diese im Lauf meiner Adoleszenz erduldeten Schikanen in mir der Wunsch aufkam, gut gekleidet zu sein, ein Wunsch, den ich schon seit langem und beständig nach besten Kräften zu befriedigen trachte. Aber dieser ständig brodelnde und mit dem Gefühl eines Mißerfolgs verbundene Wunsch, mich zum Beispiel am liebsten beim *besten* Schneider der Welt (natürlich einem englischen) einzukleiden, um mir sagen zu können, daß keine Erfolgschance ausgelassen wurde und ich in diesem Bereich bis zu den äußersten Grenzen des Möglichen ging, dieser Wunsch wird sicher verständlicher, wenn ich nach seiner Wurzel suche und ihn über diese Hänseleien von Gymnasiasten hinaustreibe, die mich nur insofern so tief kränken konnten, als das Problem der Kleidung für mich bereits brennender Boden war. Diese Spötteleien über die Mittelmäßigkeit meiner Garderobe, ferner über einen meiner Tics, der darin bestand, andauernd zu blinzeln oder mit den Augenlidern zu schlagen, als litte ich unter Augenschmerzen (eine Lächerlichkeit, die noch mehr als die andere unmittelbar meinen Körper berührte), diese niederschmetternde Geringschätzung aufgrund meiner äußeren Erscheinung und der meiner Mutter ertrug ich gewiß schlechter als die anderen Schikanen, die man mir keineswegs während meines ersten Jahres auf dem Gymnasium ersparte. Für diese besondere Empfindlichkeit (ziemlich genau das, was man die »Empfindlichkeit eines Enthäuteten« nennen könnte) kann ich keine tiefere Ursache finden als einen gewissen Zwist zwischen mir und meinem Körper (der mir noch heute den Eindruck vermittelt, eine Art Kostüm zu sein, in dem ich eingezwängt bin), eine Uneinigkeit, die um so größer ist, wenn ich im Blickfang der anderen Menschen bin oder, gleichgültig auf welche Weise, wenn ich anderen gegenübertrete, die mich beurteilen und messen.

Wenn ich schon in ganz jungen Jahren eine Szene zu machen pflegte, sobald ich einen neuen Anzug einweihen sollte, weil ich mich derart aufgedonnert grotesk fand, wenn umgekehrt allzu abgetragene Kleider mich beschämten, als ich älter war, und wenn ich mich heute an Sonntagen gern etwas nachlässiger als während der Woche anziehe, damit keiner argwöhnen kann, ich hätte mir diesen Tag eigens ausgesucht, um mich in Schale zu werfen, kurz, wenn mich zu allen Zeiten das Bild, das man sich über die Kleidung von mir machen kann, verfolgte, so könnte dies möglicherweise daher kommen, daß ich, allzu sehr um meinen Körper besorgt, um ihn für unverwundbar zu halten, und allzu wenig auf gutem Fuß mit ihm, um nicht von diesem deutlich sichtbaren Defizit zermürbt zu werden, stets anfällig dafür war, mich von anderen beherrscht zu fühlen, und daß ein Blick, der sich ohne Wohlwollen auf mich richtete, stets wie ein direkter Angriff auf mich wirkte? So erinnere ich mich an einen anderen Schüler von Janson, den ich im zweiten Jahr kennenlernte und der ebenfalls die fremden Blicke wie Verbrennungen spüren mußte, obwohl er immer recht hübsch gekleidet und nichts an seiner Physiognomie so geartet war, daß sie Aufmerksamkeit erregte; erlebte ich nicht mehrmals, wie er über den einen oder anderen von uns ohne den geringsten Anlaß herfiel und ihn wutentbrannt fragte, was es an seinen Schuhen zu besehen gäbe? Aber dieser Junge war Israelit, und in Janson, wo die Antisemiten nicht fehlten (ich kann ein Lied davon singen, denn eine Zeitlang behandelte man mich dort als *youdi*[37], ich glaube wegen einer Zweideutigkeit, deren Ursache vielleicht mein Name war), konnte dies Grund genug sein, eine solch rasende Reizbarkeit zu entwickeln. Was mich betrifft, ich hatte ein anderes Motiv: dieser lästige Körper, der in jener Zeit, als ich diese Beleidigungen erdulden mußte, ein wenig zu dick war (daß ein Bekannter meines Vaters mit diesem einmal über mich sprach und mich bei dieser Gelegenheit das »Dickerchen« nannte, um mich von meinen Brüdern zu unterscheiden, was mich tief verletzte, als ich hörte, wie man es erzählte), dieser unbeholfene Körper, dessen Rundheit und Weichheit womöglich durch die heimlichen Freuden, denen ich mich abends auf der Toilette hingab, vergrößert wurde, brachte mich in die Lage eines Angeklagten, und ich hatte das Gefühl, daß ich das vernichtendste aller Beweisstücke überall mit mir herumschleppen mußte.

Im Szenarium der beiden Kränkungen, welche ich von

37 Schimpfname für Juden

jenen, die ich während meines ersten Jahres auf dem Gymnasium erduldete, als die blutigsten betrachte, spielte die Kleidung gewissermaßen die Rolle eines Merkmals: sie ordnete mich hinsichtlich des Reichtums ein, der selbst wiederum Maßstab für eine bestimmte gesellschaftliche Stellung ist, das heißt, hinsichtlich der Position, die ich innerhalb der Gesamtheit der anderen Menschen einnahm. Ich litt darunter, daß die fehlende Anmut in meiner und meiner Mutter Kleidung erkennen ließ, daß diese gesellschaftliche Stellung keine der ersten war, denn damals konnte ich mir nicht vorstellen, daß es allein auf mich ankam, diese Scharte auszuwetzen, indem ich mir eine Überlegenheit auf weniger grobschlächtigen Gebieten erwarb (unabhängig von Vermögen und Rang, von denen ich heute weiß, wie wenig sie besagen); auch konnte ich nicht begreifen, daß die Eleganz der Kleidung, mindestens ebenso sehr eine Geschmackssache wie Sache des Geldes, alles in allem nur als objektiver Ausdruck einer Art von moralischer Eleganz von Interesse sein kann. Doch in einem anderen, viel unmittelbareren Sinn war die Kleidung, in der ich steckte, als man mich »Lazarus« nannte, buchstäblich *mein eigenes Gesicht, das ich den anderen darbot:* Brandmauer, Berührungsfläche, Schutzschirm, der für meine Ansprüche viel schöner hätte sein müssen, damit der Blick der anderen sich dort hätte brechen und in Wohlgefallen auflösen können, anstatt meiner Herr zu werden und tief in mein Herz zu stoßen, wie eine Lanze, die einen schlecht gearbeiteten Brustpanzer durchdringt.

Einige Jahre später, an der École des Baccalauréats, einer stinkenden Schule in der Rue de Passy, in der Unterprima, war meine Position etwas glänzender. In sich und an sich; vor allem, weil ich dort in einem schäbigen Rahmen steckte, den ich mühelos überschauen konnte: auf allen Stockwerken Abortgeruch, lepröse Mauern, wo man sich Krankheiten holen konnte, ein Schulhof, den man unmöglich erwähnen kann, ohne seine glänzende Abwesenheit zu vermerken, ein ungewöhnlich lebloser Direktor mit der groben Gewöhnlichkeit eines Suppenverkäufers, Lehrer, von denen mir nur ein einziges Exemplar in Erinnerung blieb, doch kann ich ohne Umschweife versichern, daß sie alle durch die Bank schmierig waren, blasse Schüler bunt zusammengewürfelter Provenienz, unter anderen ein Rumäne (mit einem in dem zu jungen Gesicht deplaziert wirkenden Anthrazitschnurrbart, mit Leichenbittermiene unter der Melone, die überhaupt nicht zu dem völlig verschlissenen Anzug paßte), ein Rotschopf, der sich mit Zyperngras parfümierte und immer versuchte, mich am Hintern zu fassen, wenn wir nebeneinander saßen, um einen Vortrag zu hören, einige Faulenzer klassisch-harmlosen Stils, schließlich ein Trio von Internatsschülern, Großmäuler, die sich den lieben langen Tag lang mit wechselseitigen Foppereien brüsteten, denen sie sich nächtens unterm Dach hingaben, wahre oder falsche Heldentaten, die zwei von ihnen – die, um wie Soldaten auszusehen (denn es war mitten im Krieg), die Uniform der »Féderation« trugen, einer Einrichtung, die aufs Kriegshandwerk vorbereitete – noch um jene ergänzten, den Frauen nachzusteigen, indem sie mit ihren in abgewetztem Khaki stekkenden und mit Leggins bewehrten Beinen die Trottoirs der Rue de Passy hinabpreschten, wo es gestern wie heute vor überfüllten Geschäften und Händlern der vier Jahreszeiten nur so wimmelt, die um ihre Karren eine für dieses sonst fast überall so ruhige und steife Viertel erstaunlich lebendige Menschenmenge scharen. In diesem Milieu, wo ich hätte pervers sein müssen, um mich unterlegen und als der geringste der Menschen zu fühlen, hatte ich nur mit zwei Jungen Umgang. Der eine hatte einen polnischen Namen und war ohne Zweifel Israelit (ein Detail, an das ich nur aus der Retrospektive dachte, als die scheußliche antisemitische Treibjagd, die in Europa ausbrach, unter anderen traurigen Resultaten jenes gezeitigt hatte, selbst die feuerfestesten Geister daran zu gewöhnen, die Zugehörigkeit zu dieser oder jener Religion in die Sammlung jener Merkmale aufzunehmen, die *grosso modo* dazu dienen, Menschen in Schubladen zu stecken). Er war ein sehr wohlerzogener Junge, dessen stille und freundliche Manieren sich von der Grobschlächtigkeit vieler unserer Kameraden abhoben; ich entsinne mich, einmal zum Tee bei ihm gewesen zu sein, in einer recht gemütlichen Wohnung an der Place d'Iéna und, vier oder fünf Jahre später, ihn auf der Schwelle eines Geschäfts im Viertel Poissonnière getroffen zu haben, wo er Kürschner geworden war, während ich Chemie studierte, nachdem ich mich erfolglos im Geschäftsleben versucht hatte. Der andere war ein ziemlicher Lotterbruder, der mir aus Gründen aufgefallen war, die jenen, welche mich die Gesellschaft des ersteren genießen ließen, diametral entgegengesetzt waren. Selbstsicher, abgebrüht und unbekümmert, mit den Allüren eines Frauenkenners sagte dieser mir, daß er Chansons und Theaterstücke schreibe, erzählte von Tourneen, an denen er teilgenommen hatte, von den Chansonniers auf Montmartre oder sonstwo, die er als seinesgleichen betrachtete. Solche Beziehungen machten mir Eindruck, denn ich entdeckte gerade die Nachtclubs wie *La Pie qui chante*, *La Lune rousse* oder *Le Perchoir* und schwärmte für sie, damals noch mitten in den Flegeljahren; ich liebte die billigsten Zoten und übertriebensten Anzüglichkeiten wie so viele Gymnasiasten, für die das Wissen um diese jämmerlichen Späße ein Privileg darstellt, das jenen von der Masse der profanen Geister trennt, dessen Geist helle und dessen Sprache geschliffen genug ist, um ihre volle Würze auszukosten.

An derselben Schule gab es noch zwei andere Schüler, mit denen ich zwar kaum Umgang hatte, weil sie etwas jünger waren als ich, und, abgesehen von diesem Altersunterschied, der ein Wissensgefälle schuf, weil ich sie unsympathisch fand. Da wir aber nicht weit auseinander wohnten, gingen wir manchmal auf dem Nachhauseweg zusammen. Diese Spaziergänge bereiteten mir kein Vergnügen, doch sie suchten meine Gesellschaft, erwiesen sich gar als ziemlich klebrig, denn vermutlich behandelte ich sie herablassend, was andere wiederum bei mir tun konnten. In der Tat entdeckte ich ungefähr in jener Zeit die amerikanischen Bars, wo man Cocktails schlürft, und mit Stolz konnte ich zum Beispiel vom *New York* in der Rue Daunou erzählen, wo Flieger verkehrten, und das mir als Ort eleganter Trunksucht und Ausschweifung das Feinste vom Feinen zu sein schien. Da ich nie Geschmack an Lügen hatte noch Geschick dazu besaß, brüstete ich mich nicht, was Frauen betraf, und tat nichts, was den Anschein hätte erwecken können, daß mein Leben sich irgendwo befand, wo es in Wirklichkeit gar nicht war, das heißt bereits in jenem Stadium, wo die vollzogene Liebe, auf die einsamen Vergnügungen folgend, die Illusion speist, daß man nun ein vollständiger Mann sei. Doch hinsichtlich der alkoholischen Mixturen verhielt es sich anders; sicherlich noch zu jung, um ein veritabler Trinker zu sein, hatte ich zumindest in diesem Punkt meine Unschuld verloren, und ich konnte ohne zu lügen die sahnige Süße des *Porto-Flip,* die scharfe Klarheit des *Manhattan* oder das Tonische an einem Grog mit Whisky loben, mit einer Zitronenscheibe serviert, in der vier Gewürznelken stecken. Es brauchte nicht mehr, damit ich in den Augen dieser beiden Narren an Ansehen gewann; meine Reden, die vom Hundertsten zum Tausendsten kamen und ohne rechte Absicht darauf hinausliefen, sie zu blenden, brachten sie auf den Gedanken, daß ich ein Luxusleben führte, das ausgefallen genug war, um ihren Neid zu erregen, denn sie hatten ihren Fuß nie an solche Orte gesetzt, und ihre schlimmsten Orgien waren dergestalt, daß sie einige typisch französische Apéritifs schlürften, etwa Vermouth-cassis oder Picon-grenadine (ich zitiere hier aufs Geratewohl), falls sie nicht schlicht und einfach einen gummierten Weißwein zu kippen geruhten, wie wir es einmal in einer Art Wirtshaus zusammen taten, das damals in der Nähe des Bahnhofs von Auteuil unterhalb vom Boulevard Suchet lag.

Diese beiden Burschen – die ich blöde, geschwätzig und vulgär fand – ödeten mich nicht nur mit ihren Reden an; auch ihre äußere Erscheinung bereitete mir Unbehagen. Der ältere der beiden war geradezu bucklig und sah mit dem Hut auf dem Ohr und dem höhnisch grinsenden Mund in einem bleichen Gesicht zugleich verschlagen und selbstgefällig aus. Ebenfalls sehr blaß und von schmächtigem Körperbau, weniger schwatzhaft als der ältere, sogar verschlossen, folgte ihm der jüngere wie ein Schatten mit seiner traurigen Gestalt unter dem mit breiter Krempe herabhängenden Filzhut, schleppenden Schritts, mit etwas nach vorn geneigtem Oberkörper, im Gegensatz zur prahlerischen Haltung des Behinderten, der auch nicht eine Daumenbreite seines kleinen Wuchses einzubüßen trachtete und sich gemächlich, schwer mit den Schultern rollend, über den Bürgersteig schob, alles und jeden mit unverschämter Aufgeblasenheit musterte, die sich auf seinem knochigen Gesicht breitmachte. Was mir vielleicht am meisten bei meinen beiden Nachbarn auf die Nerven fiel, war, verbunden mit dem trüben Schick und der aufgesetzten Jovialität des ersten, die knechtische Bewunderung des zweiten, der ihm auf Schritt und Tritt folgte und hingebungsvoll den blind ergebenen Gefolgsmann oder die sich aufopfernde Seele zu spielen schien. Mich erfüllte die gute Meinung, die sie offenbar von mir hatten, keineswegs mit Stolz, und immer wenn ich es konnte, ohne eine allzu flagrante Feindseligkeit zu zeigen, schaffte ich mir die beiden vom Hals.

Nachdem ich die École des Baccalauréats verlassen hatte – wo ich nur ein Jahr blieb, gerade so lange, um mein Abitur im lateinsprachlichen Zweig zu machen (einem Zweig, der damals als der leichteste angesehen und mit Vorliebe von Faulenzern gewählt wurde) – verlor ich den Buckligen und seinen Spießgesellen völlig aus den Augen. Ich hätte sie zweifellos bald vergessen, wenn nicht eine gewisse Zeit nach meinem Schulabgang etwas geschehen wäre, was mich zutiefst betroffen machte und dem stets unerfreulichen Element im Umgang mit den beiden Kumpanen vielleicht den Rang einer Vorahnung gab: eines Morgens berichteten die Zeitungen, daß zwei Jungen aus Auteuil einen Juwelier bestohlen und ermordet hatten, als sie am hellichten Tag in seinen Laden eindrangen und ihn mit einem Gummiknüppel totschlugen; die Namen der beiden Urheber dieses Verbrechens, das, wie es sich gehört, als »scheußlich« bezeichnet wurde, waren ungekürzt abgedruckt, und alsbald erkannte ich in ihnen die meiner beiden Quälgeister.

Ein Gummiknüppel: die Waffe eines Behinderten, falls es etwas derartiges überhaupt gibt. Warum keine Krükke, das Holzbein eines Einbeinigen, ein Gehstock mit Gummikappe für Rückenmarksleidende oder Hinkende? Ich sehe den Buckligen mit dem mörderischen Schlagstock in seiner Tasche, ihn betastend und liebkosend als wäre er ein orthopädisches Teil seiner selbst, ein falsches Glied, aufgestiegen zur Würde eines Zubehörs für eine Tragödie, nachdem er zuvor bloß ein medizinisches Gerät war. Ein Revolver – ich glaube das heute – wäre weniger schrecklich gewesen; in einem Drama, in dem statt der schweigenden Abschlachtung Schüsse gefallen wären, hätten zwei Hauptelemente gefehlt: einmal diese fast hautnahe Berührung zwischen der Faust des Mörders und dem Schädel des Opfers (ist ein Totschläger nicht eine Art Verdinglichung des Schlags?), zweitens diese verblüffende Übereinstimmung zwischen dem todbringenden Werkzeug und der körperlichen Besonderheit seines Benutzers. Verglichen mit dem Gummiknüppel, geprägt von einer völlig vorgeschichtlichen Brutalität, ist der Revolver unbestritten eine bürgerliche Waffe. Ist nicht noch immer ein Musterbeispiel für diese Art von Instrumenten (bei denen die Umgangssprache vor allem die Höllenmaschine notiert, wenn sie als »Feuerwaffen« bezeichnet werden) der Revolver meines Vaters, der ihn für mich symbolisiert, ein Smith & Wesson Trommelrevolver Kaliber 6/35 mit vernickeltem Metall, der in einem Wildleder- oder grauen Gemslederhalfter steckte und sorgfältig in einem der Schubfächer des Sekretärs, in dem unsere Familienpapiere verwahrt wurden, oder im Nachttischschränkchen neben dem elterlichen Bett unter Verschluß gehalten wurde? Ein Sicherheitsgarant für das Haus und das Merkmal schlechthin des Hausherrn, an das niemand anderes als er rühren durfte. Man hatte mir erzählt, daß eines Abends, als sie noch jung waren, mein Vater auf dem Nachhauseweg mit meiner Mutter im Licht einer Gaslaterne so getan hatte, als überprüfe er, ob der Revolver schußbereit sei, um zwei Herumtreiber einzuschüchtern, deren Machenschaften seinen Verdacht erregt hatten. Dies hatte sich am Boulevard Richard-Lenoir zugetragen, wo meine Eltern in der ersten Zeit ihrer Ehe gewohnt hatten, und wenn meine Mutter mir von diesem Viertel erzählte, schien sie fast nur schmerzliche oder unangenehme Erinnerungen mit ihm in Verbindung zu bringen: dort starb in frühem Alter das kleine Mädchen, das meinen Brüdern und mir die älteste Schwester hätte sein sollen; dort war es auch, wo es meiner Mutter passierte (ein Vorfall, den sie oft erwähnte, um zu zeigen, wie unsicher dieser Teil von Paris war, wo ihre Schwiegereltern wohnten), daß sie eines Tages, als sie allein ausgegangen war, von einem Schuft angefallen und mitten auf den Mund geküßt wurde. Sie hat mir erst kürzlich erzählt, daß der Tod ihrer kleinen Tochter den Anstoß gab, nach Auteuil überzusiedeln, ein Viertel zu wählen, welches von jenem schon immer ungeliebten, aber nun, da ihre Trauer ständig neue Nahrung erhalten mußte, grausam unerträglich gewordenen Viertel sehr weit entfernt lag und einen ganz anderen Charakter besaß.

Neben dem Entsetzen, das mir die Tatsache bereitete, mit den Urhebern einer Tat, die um so unverzeihlicher war, als sie, zumindest dem Anschein nach, ohne jede dringende Notwendigkeit begangen wurde, täglichen

Umgang gehabt zu haben, empfand ich bei dem Gedanken an das, was meine beiden ehemaligen Kameraden angerichtet hatten, etwas Peinliches. Hatte ich nicht, ihnen gedankenlos von meinen Vergnügungen erzählend – nicht sehr luxuriösen Vergnügungen, doch immer noch zu kostspielig, um für sie erschwinglich zu sein –, in ihre Herzen einen Samen gepflanzt, der schon bald keimte und diese weiche und trübe Masse zu einer Habsucht aufblähte, die ihr zum Verbrechen riet? Charakterschwach, von beschränkter Intelligenz, angestachelt von schnödem Neid, Dummköpfe, Esel, gar echte Galgenvögel vielleicht, waren die beiden ehemaligen Schüler der École des Baccalauréats. Dennoch hatte ich ihnen, nicht ohne Selbstgefälligkeit, den »Sohn reicher Eltern« vorgespielt, und mein Benehmen ihnen gegenüber – selbst in dem, was es an Ablehnendem und Unnahbarem hatte – mußte ihnen nur das schärfere Gefühl ihrer kläglichen Mittelmäßigkeit vermitteln und konnte wie ein stechender Schmerz in ihnen den Wunsch geweckt haben, eine glänzendere Figur abzugeben. Selbst wenn sie zur Überwindung ihrer Lage ein ebenso rohes wie absurdes Mittel wählten, und diese niedrige Schandtat von einer Perversität zeugte, die vielleicht sogar angeboren war: indem ich ihnen durch meine Reden feinere Orte als die Allerweltscafés von Auteuil schmackhaft machte, wohin sie gingen, um ihre verschwommenen Apéritifs zu schlürfen, habe ich, ihren Snobismus anstachelnd, nicht wenig dazu beigetragen, ihre Geldgier zu vergrößern, und ich mußte also letztlich erkennen, daß ich keineswegs an ihrem unheilvollen Entschluß unbeteiligt war.

Kaum einige Tage und ohne ihr je die Titelseite einzuräumen, sprachen die Zeitungen von dieser Affäre, dann herrschte Schweigen; entweder hatten die beschämten Familien erreicht, daß man die Sache vertuschte, oder ein Mord mit Begleitumständen, die nichts Prickelndes zu bieten hatten, wurde von den Redakteuren der Kriminalnachrichten als uninteressant eingestuft. So habe ich nie erfahren, was aus meinen beiden traurigen Kameraden wurde. Da sie minderjährig waren, schickte man sie sicher in eine Besserungsanstalt; danach, zumindest für den, der nicht behindert war, kamen vielleicht die *Bat' d'Af,* die afrikanischen Strafbataillone, dann vielleicht erneut das Gefängnis, wohin, wie man sich vorstellen kann, ihr schlechter Stern sie nur aus dem einzigen Grund zog, um sie ins Zuchthaus zu bringen. Im Laufe der Jahre trat an die Stelle der heftigen Abneigung, mit der ich anfangs reagiert hatte, ein Gefühl des Mitleids, verbunden mit dem schärferen Bewußtsein des Einflusses, den ich unwillentlich, doch aus einem unbestreitbaren Mangel an Takt, auf das Schicksal meiner beiden in allen Punkten benachteiligten und unglückseligen Mitschüler genommen hatte. Ich bin heute soweit, mich gegenüber dem Buckligen und dem unscheinbaren Kerlchen, das sein unzertrennlicher Freund war, einwandfrei schuldig zu fühlen, ebenso wie jeder Mensch, der sich in aller Ruhe eines gewissen Wohlstands erfreut, gleichgültig, was er macht, gegenüber einem Ärmeren schuldig ist.

Unter den Gestalten, die ich im Lauf des einzigen Schuljahres, das ich an der École des Baccalauréats verbrachte, flüchtig wahrnahm, gibt es noch eine, die ich nicht vergessen habe und gern so weit zur Geltung bringen möchte, bis sie jenes Eigenleben von Statuen oder Porträts erreicht: ich spreche von meinem Literaturlehrer, einem großen, hageren und braunen Mann, den ich seit dieser Zeit in die Familie der Edgar-Allan-Poe-Typen aufgenommen habe, sicher wegen seines erleuchteten Gesichts mit den unordentlichen Haaren; später stellte ich mir den Zigeuner Heathcliff mit seinen Zügen vor, als ich *Die Sturmhöhe* las. Sehr vernachlässigt in seinem Äußeren, verpestete er mit seinen Schweißfüßen (in großen, ausgetretenen Schuhen) und seinen ewigen Zigarren die Klassenzimmer. An einem Gymnasium wie Janson hätte er mit seinem abgezehrten Gesicht, seiner Schmuddligkeit, seinen mergel- oder olivfarbenen abgetragenen Anzügen, dem in seinen Augen schwelenden Feuer und allem, was an seiner Person romantisch und verwüstet zu sein schien, eine unmögliche Figur abgegeben; aber innerhalb der schäbigen Kulisse der Schule in der Rue de Passy schien er einen für ihn wie geschaffenen Rahmen gefunden zu haben. Ganz offensichtlich war er dort in seinem Element, hielt gewissenhaft seinen Unterricht, auf klare Art und Weise und ohne die strengen Grenzen des Lehrplans zu überschreiten. Doch erzählte er uns manchmal – mit den nachlässigen Gesten eines Mannes, für den seine Tätigkeit nur einen Wert als Brotverdienst hat, wobei bei diesen Anlässen aber ein Hauch Enthusiasmus spürbar wurde – von Dichtern, die im offiziellen Unterricht gewöhnlich nicht oder kaum zur Sprache kommen. Durch ihn lernte ich Rutebeuf kennen (ich entsinne mich, während eines seiner Diktate die beiden berühmten Verse aufgeschrieben zu haben:

Ce sont amis que vent emporte
Et il ventait devant ma porte),[38]

Théophile de Viau (dessen einzigartige *Ode* er uns vortrug, wo ohne irgendwelche lyrische Umwälzung ungewöhnliche Annäherungen stattfinden:

Un corbeau devant moi croasse,
Une ombre offusque mes regards...[39]

eines der ersten klaren Beispiele surrealistischer Poesie in Frankreich); vielleicht war es ebenfalls durch ihn, doch bin ich mir hier nicht sicher, daß ich zum ersten Mal von

38 in etwa: »Freunde sind's, die Wind verweht
Und er bewehte meine Pforte«
39 in etwa: »Vor mir ein Rabe krächzt,
Ein Schatten umschattet meinen Blick ...«

Maurice Scève reden hörte. Ich habe von Masclaux' – so hieß mein Lehrer – Literaturgeschichte-Kurs eine sehr ungenaue Erinnerung bewahrt, deren Verlöschen ich nicht verhindern kann, denn nach bestandenem Abitur entledigte ich mich der Hefte, worin sich meine Aufzeichnungen befanden. Doch entsinne ich mich, mit welchem Interesse ich seinen Ausführungen lauschte – vor allem jenen, welche die lyrische Poesie betrafen –, und wie sehr ich es genoß, daß er uns auf Autoren aufmerksam machen wollte, die ich bis dahin nicht einmal dem Namen nach kannte. Es sind jetzt bereits nicht wenige Jahre verstrichen, als ich bei zufälliger Lektüre seine Todesanzeige erblickte, bemüht, die Augen fast ebensosehr wie den Geist mit den *Nouvelles Littéraires* zu beschäftigen; ich glaube, bei dieser Gelegenheit erfuhr ich, daß er eine Studie über die Symbolik von *Faust II.* veröffentlicht hatte. Dies scheint mir genau mit dem Bild übereinzustimmen, das ich von ihm hatte, wenn er sich bemühte, uns abseits der allzu bekannten Pfade der Literatur zu führen: etwas von Phantasmagorie, von feinem Miasma mischte sich mit den Ausdünstungen seiner Füße und dem Geruch der alten Zigarre, der in seinen Kleidern hing, wie in einer Soutane oder im Meßgewand eines Priesters der Geruch erkalteten Weihrauchs hängt.

Ein nachlässig gekleideter Erzieher, ein schimärischer Geist, ein Versager, wie es sie zu Tausenden gibt, das ist's, was mit Fug und Recht ein leidenschaftsloser Zeuge von meinem Lehrer denken könnte. Dennoch weigere ich mich einzuräumen, daß dies alles war, und ohnehin glaube ich nicht, daß man jemanden als »Versager« bezeichnen kann, dessen Ziele man nicht kennt, denn vielleicht war es ja von Anfang an seine Absicht, exakt dies zu sein, was er nun offensichtlich auch ist. Sind die schlimmsten sozialen Wracks nicht oft die Frucht einer Art Berufung, und was ist schon ein Mensch, den man »arriviert« nennt, wenn nicht jemand, dessen Ehrgeiz, was immer er anstrebt, sich allenfalls in den Grenzen angängiger Mittelmäßigkeit hält?

Während der merkwürdigen Woche von Berg-und-Tal-Fahrten, welche die Pariser im Moment erleben – in der die Stadt und ihre Umgebung die Unterdrückung (die gerade begann, als ich mit der Abfassung des vorliegenden Buchs anfing) abschüttelte –, ist mir die eingeweckte Miene jener Leute – Bewohner des XVI. Arrondissements oder sonstwo –, die sich als »arriviert« betrachten, weil sie etwas Geld haben oder einen sogenannten »freien« Beruf ausüben, lächerlicher denn je erschienen; in diesen Tagen, da jeder spürte, wie sein persönliches Schicksal mit der Zukunft einer Rebellion verschmolz, zählte einzig das Gären der revoltierenden Viertel, und alles schien leblos, sobald man die Orte verlassen hatte, wo ein offener Kampf gegen den Rest der Besatzungsarmeen stattfand.

Von den Dingen, welche ich in dieser denkwürdigen Zeit zu registrieren hätte, stimmt mich die Art am nachdenklichsten, mit welcher die sich auf der Straße kreuzenden Gestalten von dem Zeitpunkt an, wo der Sieg zwar noch nicht errungen, man sich jedoch relativ sicher fühlen konnte, die Tendenz entwickelten, ein steifes Aussehen anzunehmen. Aufständische im Sonntagsstaat fielen mir auf, wenn ich am Nachmittag des ersten, etwas friedlichen Sonntags von meinem Fenster aus die Menge der Spaziergänger betrachtete. Viele Männer trugen noch immer das Gewehr, hatten noch nicht in ihre normale Kleidung zurückgefunden und bewahrten so eine Spur ihrer jüngsten Vergangenheit als Insurgenten; aber das wirkte stilisiert, geschniegelt, schien erstarren zu wollen, als ob eine Mode oder Uniform vorgeführt werden sollte: saubere Hemdsärmel und scharf gebügelte Hosenfalten, die Feldmütze auf dem Kopf, ein eindeutig militärisches Symbol neben der Trikoloren-Armbinde, die während der letzten Tage das rein staatsbürgerliche Kennzeichen der Freischärler war. Gewiß gab es an der

Aufmachung dieser Männer, die nach einer außergewöhnlichen Woche, in der sie die Helden waren, allmählich zu einem geregelten Leben zurückkehrten, etwas Rührendes, doch auch etwas leicht Tristes. Die meisten müssen nun erneut Gefangene ihrer alltäglichen Beschäftigungen werden, obwohl andere sich gründlich auf den Kriegspfad begeben haben. Obwohl diese der Barrikaden-Romantik abgeschworen haben, kann es für sie weder Sicherheit noch Alltagssorgen geben; dennoch stellt ihre Militarisierung den Übergang zu einer Norm dar, und man kann im Hinblick auch auf sie nur bedauern, daß das Rad der Geschichte nicht in dieser Phase verharrte, als die Straßenkämpfe noch einen unmittelbar spürbaren revolutionären Charakter besaßen. Ich habe wahrhaftig gut reden, denn ich habe mich nicht geschlagen, sondern mich damit begnügt, meinen Arbeitsplatz – im Musée de l'Homme – in jenem XVI. Arrondissement einzunehmen, das mir immer völlig außerhalb der Schußlinie zu liegen schien, wenn ich es verließ, um in der brodelnden Atmosphäre im Umkreis der Rue Dauphine, in dem Viertel, wo ich wohne, neue Kraft zu schöpfen.

Picasso stellt im Salon d'Automne aus (zum ersten Mal, seit er in Paris lebt, gibt er Gemälde zu einer Kollektiv-Ausstellung), und die *Humanité* verkündet am Vorabend der Vernissage, er habe der »Füsiliertenpartei« angehört (wie um zu unterstreichen, daß er wohl, weil er Kommunist geworden, damit einverstanden war, daß seine Kunst auf die Straße ging); die Demonstration an der Mauer der Föderierten zum Gedenken an die von den Deutschen füsilierten Widerstandskämpfer (ich war dort am Sonntag des 8. Oktober als Mitglied des Schriftsteller-Verbands und ging einige Schritte von Picasso entfernt und nicht weit von Maurice Chevalier, den die zwischen den Grabsteinen versammelte Menge mit Applaus und Rufen »Vive Maurice!« empfing, entzückt, den großen Star, den sich die Nationale Front gerade einverleibt hatte, in ihrer Mitte zu sehen); die Ankunft meiner Eltern in Paris und ihr Einzug in Nr. 53 *bis* quai des Grands-Augustins, auf deren Betreiben hin (um dort ihre Möbel zu verwahren, die von antisemitischen Maßnahmen bedroht waren) ich diese Wohnung gemietet hatte (die mich seit ihrer Ankunft nicht mehr mit ihren allzu geräumigen Dimensionen in Verlegenheit bringen kann); die Einweihung einer Rue Danielle-Casanova (eine in Schlesien ermordete Patriotin und Frau eines Mannes, der mich tief beeindruckt hatte, als er sich während der Okkupation anderthalb Monate bei mir versteckt hielt, ohne daß ich damals wußte, wer er war); Vorbereitungsarbeiten für die Herausgabe einer Zeitschrift: einer ihrer Direktoren soll Jean-Paul Sartre sein (dessen *L'Etre et le Néant* mir viel Stoff zum Nachdenken gab, seit ich in das Labyrinth dieses Werks eindrang und tastend nach einem zweifelhaften Ausgang suche), ferner Albert Camus (Chefredakteur der Tageszeitung *Combat*), André Malraux (im Augenblick Leutnant im Osten) und noch einige andere, darunter ich selbst; Textauswahl und Schlußarbeiten für eine Matinée, die das Théâtre des Mathurins Max Jacob widmet (der im Lager von Drancy umkam, und dem ich diese Hommage wirklich schuldig bin, nicht nur im allgemeinen, sondern weil er es war, der mir half, meine ersten Schritte in der literarischen Laufbahn zu machen); das Erwachen des republikanischen Spanien, das sich zu rühren beginnt, und man kann nur hoffen, daß es mit dem Diktator Franco, diesem blutigen Emporkömmling, bald ein Ende hat: dies sind – in chronologischer Ordnung, so gut es eben geht – einige Fakten, kurze oder längere Tätigkeiten, persönliche oder historisch bedeutsame Ereignisse, die sich als opake Fensterläden zwischen mich und die Aufgabe geschoben haben, die mir von jenen, welche ich anpacken möchte, die dringendste zu sein scheint: die Ausarbeitung (seit langem schon in der Schwebe) des Abschnitts, in dem ich das Problem der *Laufbahn* behandeln will, an jene Erinnerungen anknüpfend, die ich aufzufrischen begann, als der Aufstand ausbrach, und die sich auf jene Zeit beziehen, als ich mein Abitur bestanden hatte, ohne daß sich bei mir irgendwelche Anzeichen einer Berufung, was immer das sei, bemerkbar gemacht hätten (ebensowenig wie der Gedanke aufgetaucht wäre, mich vielleicht darauf gefaßt machen zu müssen, Graubrot zu kauen oder am Hungertuch zu nagen).

Wie man einen Beruf wählt: es gab im Haus ein Buch mit diesem Titel, und dieses Werk, im Hinblick auf ein ganz bestimmtes Interesse verfaßt, offenbarte ungeschminkt seinen Charakter durch die Verwendung des Wortes »wie«, dem ein Satzglied folgte, das darauf hinwies, welchen genauen Gewinn (nämlich eine vernünftige und nützliche Wahl) man aus seiner Lektüre ziehen konnte; ich sehe dieses Buch wieder vor mir mit seinem beigen Stoffeinband, in Format und Dicke etwas schmaler als ein kleines Larousse-Lexikon, mit seinen Seiten aus dünnem Papier und mit ziemlich gedrängten und in zwei Kolonnen aufgeteilten Zeilen, wo man Auskünfte über alle gediegenen Berufe einholen konnte, die Söhne oder Töchter aus mittleren oder bescheideneren Verhältnissen unter Umständen ergreifen möchten. *Wie man einen Beruf wählt:* eine Gebrauchsanweisung für junge Leute, deren Eltern Wert darauf legen, daß sie sich nicht unbesonnen auf etwas einlassen und mit allen nur wünschenswerten narrensicheren Hilfsmitteln ausrüsten, um eine Entscheidung treffen zu können, die gewiß immer noch zu ändern ist, doch von der letzten Endes zumindest in der Theorie der ökonomische Kurs ihres gesamten Lebens abhängt.

Was meinen allgemeinen Lebensverlauf betrifft, so scheint er keineswegs von den freien (oder angeblich freien) Berufswahlen, die ich als junger Mann traf, beeinflußt worden zu sein, es sei denn auf Umwegen und ohne daß eine solche Verkettung von Ursachen und Wirkungen im geringsten vorhersehbar war. Noch weniger scheint mir das Werk *Wie man einen Beruf wählt* auch nur die kleinste Hilfe gewesen zu sein, und ich räume gern ein, daß jene, die einen Bedarf an Ratgebern dieser Art haben, um einen Beruf ausfindig zu machen, ein wenig den Leuten ähneln, die sich einen Ehepartner mit Hilfe von Annoncen suchen, wie man sie seinerzeit im *Chasseur Français* fand, und die, glaubt man den Kennern, eine der treuesten Rubriken dieses Periodikums darstellten, das von der Waffen- und Räderfabrik von Saint-Étienne herausgegeben wurde, die außerdem noch Herausgeber eines Katalogwälzers war, in dem unzählige Gebrauchs- oder Luxusartikel abgebildet und beschrieben waren.

Unter den verschiedenen Berufen, die ich hätte wählen können, als ich das Alter erreicht hatte, in dem man an die Zukunft zu denken beginnt, schieden einige von Anfang an stillschweigend aus. Zum Beispiel der des Geistlichen, den mir ein Vikar meiner Gemeinde kurz nach meiner Erstkommunion schmackhaft machen wollte, als ich noch mit einigem Eifer die »freiwilligen« Katechismusstunden besuchte. Eines Tages hatte er mich beim Verlassen des Beichtstuhls beiseite genommen und aufgefordert, in einer zu dieser Stunde menschenleeren Kapelle (die der heiligen Jungfrau, glaube ich, und nahe der Nische, wo ich soeben meine Sünden bekannt hatte) neben ihm Platz zu nehmen. Besagter Vikar – mit einem feisten, gutmütigen, rotbäckigen Gesicht und etwas bärbeißiger Miene –, der mein Beichtvater war, hielt mir in liebevollem und eindringlichem Ton eine kleine Ansprache, die sich im wesentlichen auf folgendes beschränkte: »Mein kleiner Michel, ich habe dich genau beobachtet: ich sehe, daß du die Zeichen des Berufenen trägst, und ich bin sicher, daß aus dir ein sehr guter Priester wird.« Dieser Schritt schmeichelte mir, denn ich bildete mir ein, eine Art Erwählter zu sein, zumindest ein Junge, den ein Kirchenmann auszeichnen und wertschätzen konnte. Aber darin war ich sehr gutgläubig, was ich erst später entdeckte. Ich hatte die Sache jemandem erzählt, von dem ich annahm, er fände es anziehend, daß ein Priester sich mit dem Gedanken trug, mich anzuwerben, und ich erfuhr von diesem Vertrauten – einem überzeugten Christen und zudem versiert in den Sitten und Gebräuchen des katholischen Klerus –, daß mein Seelsorger sich ohne jeden Zweifel darauf beschränkt hatte, seine Pflicht als verantwortungsbewußter Propagandist zu erfüllen, und wenn er sich an mich gewandt hatte, so nicht dank einer geheimen Komplizenschaft, sondern vermutlich in derselben Weise, wie er es bei vielen meiner Kameraden hatte tun müssen, mochten diese in der Ausübung ihrer alltäglichen religiösen Pflichten auch noch so wenig Beflissenheit gezeigt haben.

Wenn Gott in jener Zeit für mich noch etwas Lebendiges darstellte, würdig, mit einem Namen bedacht zu werden, den der fehlende Artikel[40] in die Reihe der Eigennamen aufnahm, während ich heute kaum mehr in ihm sehe als das Kernstück einer Anzahl von Flüchen, fand ich es doch keineswegs verlockend, ihm meinen Körper und meine Seele – und dies alle Tage der Woche – zu weihen. Ohne daß es mir gänzlich an Inbrunst gebrach, reichte diese bei weitem nicht aus, um mich mit dem Gedanken anzufreunden, einer jener Leute zu werden, welche die meiste Zeit ihres Lebens im Gebet verbringen und eine Soutane tragen, wie um bis in die Kleidung hinein auszudrücken, daß sie der Welt entsagt haben. Vor allem galt für jene, die in Orden eintraten, das Gelübde der Keuschheit und somit das Verbot zu heiraten. Ich war bereits imstande, halb zu ahnen (gemessen an den kindlichen Ausschweifungen, die ich kannte),

40 Im Original: »Si Dieu représentait encore pour moi à cette époque quelque chose de vivant, digne d'être désigné par un nom que sa majuscule initiale classait parmi les noms de personnes . . .«: im Deutschen, das ohnehin viel groß schreibt, ist es nicht die Großschreibung, sondern der fehlende Artikel, der Gott zu einer Person mit eigenem Namen macht.

welches Maß an Intensität die Fleischeslüste erreichen können, und wie hätte ich da nicht allein diesen Freuden entsagen können, die ich bis zur Stunde nur in sehr unvollkommener Weise genossen hatte, sondern auch jener mir gänzlich unbekannten Form der Kommunion, welche die Ehe zu sein schien, Siegel dessen, was ich für das natürlichste Lebensziel hielt: eine erwiderte Liebe?

Die Militärkarriere: eine andere Laufbahn, die ich nie einzuschlagen gedachte. Wie die meisten Kinder bewunderte ich Galonen, Medaillen, Achselschnüre, Ärmelstreifen und Lametta, Uniformkordeln, Federbüsche, Litzen, kurz, alles, was zur Uniform gehört. Als ich noch sehr jung war, hatten mich die Größe und martialische Miene des Kolonialsergeanten Prosper beeindruckt, ein Soldat reinsten Wassers, aber der einzige, den es in meiner Familie gab und (das muß auch gesagt werden) mit seiner Schwäche für die Schnäpschen ein wenig ermutigendes Beispiel, das als Vorbild für mich nicht in Frage kam. Auch ist ein weiterdienender Sergeant kaum etwas Glänzendes und genaugenommen überhaupt keine »Karriere«, eher eine Art Parkwächter, Schutzmann, Bahnhofsvorsteher oder Kaufhausbote. Nehme man noch meine wenig ausgeprägte Kampflust, meine Abneigung gegen jede körperliche Ertüchtigung hinzu, und man kann sich mühelos vorstellen, daß ich mich als Heranwachsender vielleicht noch weniger vom Waffenhandwerk angezogen fühlte als von dem, das unter anderen Pflichten, die man übernehmen muß, darin besteht, den Leuten die Beichte abzunehmen und den Gottesdienst zu zelebrieren.

Zwar gab es in meiner Familie noch einen anderen Militär, doch diesen kannte ich nicht. Das war ein Vetter meiner Mutter, den sie nur äußerst selten sah und der Admiral war. Von ihm wußte ich kaum etwas: zu Beginn jeder Fahrt schloß er sich einige Tage lang in seiner Kajüte ein und zeigte sich seinen Untergebenen nicht, denn er litt unter der Seekrankheit, einer Schwäche, von der all seine Gewöhnung an die Seefahrt ihn nicht zu befreien vermochte; später glaubte ich zu wissen, daß er opiumsüchtig, im Orient oder in Toulon der Droge verfallen war, was bei Männern seines Berufs keine Seltenheit ist. Einen Seemann, und mehr noch, einen Seemann im Admiralsrang als Verwandten zu haben, ist schmeichelhafter als einen Kolonial-Unteroffizier, Liebhaber nicht des Opiums, sondern des Pernods und Don Juan bei kleinen Dienstmädchen. Hätte ich diesen Vetter gekannt, wer weiß, vielleicht wäre es mein Traum geworden, zur See zu fahren. Aber Tatsache ist, daß ich diesem Vetter erst später begegnete, als für mich die Würfel schon – oder fast schon – gefallen waren. Die Marinelaufbahn hat mir ohnehin nie etwas bedeutet: sicher bringen einen die weiten Fahrten in fremde Länder, und das ist nicht übel, doch dauert das lange, und während dieser ganzen Zeit ist man von der geliebten Frau getrennt; auch muß sich ein Seemann aufs Schwimmen verstehen, und ich habe stets einen großen Abscheu vor dem Schwimmsport verspürt, unfähig wie ich bin, soviel Vertrauen in das flüssige Element zu setzen, um mich mit den Füßen fast auf dieselbe Höhe wie die meines Kopfes auszustrecken und mich treiben zu lassen, ohne schwindlig zu werden. Endlich gibt es diese verwünschte Seekrankheit, die mich stets abschreckte, bis ich bemerkte, als die Umstände mich auf eine Seereise führten, daß ich für sie nicht anfällig war. Nun, exotischer Zauber, der zu einem anderen Zeitpunkt eine große Rolle in meinem Leben spielen sollte, hatte zunächst, um meine Entscheidung zu beeinflussen, nicht mehr Gewicht als der Zauber der Galonen. Ebensowenig wie ich Priester oder Soldat werden wollte, dachte ich daran, Seemann zu werden, und nur viel später, auf verschlungenen Wegen und in einer Weise, die mir fast Angst machte, kam ich zum Reisen.

Nach dem Vizeadmiral kommt der Konteradmiral (wie Contrexéville ein weniger bedeutender Kurort als Vittel ist). Zu diesem Rang des Konteradmirals war der

Vetter meiner Mutter aufgestiegen, nachdem er vermutlich als Offiziersaspirant begonnen hatte, um der Reihe nach Oberstleutnant, dann Kapitänleutnant und schließlich Kapitän zur See zu werden. Ich möchte wetten, daß er nie jene beiden bizarren Ränge durchlief, von denen meine Brüder und ich glaubten, daß sie ihren anerkannten Platz in der hierarchischen Nomenklatur einnähmen und sich irgendwo, doch wußten wir nicht allzu sicher wo, in der Umgebung des Kapitänleutnant befänden: den Rang des Fregattenkapitäns, capitaine de *frégate* (Schiff und Meeresvogel gleichzeitig und sich auf den Strand von Houlgate und die Krawatten *régates* reimend) und des Korvettenkapitäns, capitaine de *corvette* (ein kleiner Kreuzer, welcher der *crevette* nur in seiner Kleinheit gleicht). Ebenfalls nie, das ist gewiß, hatte er derart niedrige Ränge wie den des Quartiermeisters bekleidet (ein Mensch mit Quastenbarett, das es in den Warenhäusern *Trois Quartiers* gibt). Man sieht, für ihn war die Marine durchaus eine »Karriere«, eine freie, doch bürgerliche Wahl, und man kann aus dem bourgeoisen (denn aus dieser Klasse stammten sowohl meine Mutter als auch ihr Vetter) Charakter dieser Wahl den Schluß ziehen, daß er die École Navale absolviert hatte.

An erster Stelle der bedeutenden Schulen, für die ich mich hätte entscheiden können, kamen die Polytechnique und die Centrale. Aber die Perspektive einer Ingenieurslaufbahn war für mich *a priori* erledigt, da ich in Mathematik eine völlige Null war (ein Status, mit dem ich kokettierte, wie nicht wenige Jungen meines Alters und Milieus in dieser Hinsicht oft und auf törichte Weise von der Familie unterstützt, als ob, was Literatur und Naturwissenschaft betrifft, erstere eine größere Auszeichnung gewesen wäre). Mediziner zu werden kam schon gar nicht in Frage; natürlich sind Arzt und Chirurg angesehene Berufe, doch wenn man Medizin studiert, muß man Leichen sezieren, und mein Entsetzen angesichts toter Körper ließ mich verzagen. Eine weitere schöne Schule war die sogenannte »freie« Schule der Politischen Wissenschaften; sie wird besucht von jenen jungen Leuten, welche sich auf die Karriere schlechthin vorbereiten, wo das Wort »Karriere« bereits alles sagt (als gäbe es überhaupt keine andere): die Diplomatenlaufbahn. Diesen Weg, der mich übrigens nur vage lockte, obwohl ich dort Luxus und Glanz erspäht hatte, verbauten mir die bescheidenen finanziellen Mittel meiner Eltern. In der Familie fragte man sich einige Zeit lang, ob ich nicht Agronom werden sollte; aber das hätte für mich Landleben bedeutet, und ich war seit je ein eingefleischter Städter, mag ich mich noch so sehr zur Natur hingezogen fühlen. Handel, ein simples Mittel, um Geld zu verdienen, und Bankwesen, das mein Vater als die Bürde seines Lebens betrachtete (bei seinem Tod hatte er gemurmelt: »Ich habe dreißig Rio, die mich bei den Füßen ziehen«, einer der wenigen deliranten Sätze, die ihm in seinem Todeskampf entschlüpften), kamen für mich – obwohl theoretisch dieser Wahl nichts im Weg gestanden hätte – ebensowenig in Frage wie für einen Mann des Ancien Régime ein Beruf, den er als ehrabschneidend erachtet hätte. Blieb natürlich noch die Möglichkeit, Angestellter in irgendeinem Ministerium zu werden.

Dies haben sowohl meine Eltern wie ich selbst immer nur als den letzten Ausweg gesehen. Und doch, wie das Schicksal so spielt, praktisch bin ich ein Beamter geworden. Gewiß, ein Beamter besonderer Art, und kein Mann des Ministeriums, sondern ein Mann des Museums. Doch muß ich sagen, daß es hinsichtlich dessen, was ich schließlich als meine wirkliche Berufung erkannte, alles in allem keinen großen Unterschied macht, in einem Ministerium oder in einem Museum zu arbeiten. Ob man einem der Organe des Staatskörpers selbst oder einer seiner kulturellen Einrichtungen angehört, die eher sein Putzwerk sind, ob man Verwaltungsberichte schreibt oder gelehrte Studien verfaßt, in beiden Fällen ist es dasselbe Stubenhocker- und Büroleben, über dem der Kalender regiert; es ist dieselbe Sprachverwendung, die ganz andere Ziele als die Inszenierung des Imaginären verfolgt und die Sprache einem pragmatischen Zweck unterwirft, der dazu zwingt, die Phantasie am Gängelband zu führen, und es ist dieselbe steife Ausübung der menschlichen Ausdrucksfähigkeit. Im ganzen eine Domestizierung des Lebens, die Hand in Hand geht mit einer Entmannung der Rede, ähnlich wie es dem Löwen ergeht, der zum Pudel mit der Bettelschale wird und den Lesern von Kinderzeitschriften bestens bekannt ist.

In der Familie gab es noch einen anderen Vetter meiner Mutter, ein etwas näherer Verwandter diesmal, den wir recht oft sahen und welcher der Inbegriff eines Ministeriumsangestellten war. Mit einem Klumpfuß geschlagen, der ihn zwang, Krücken zu benutzen, dazu noch mit einer merkwürdigen Geschwulst, die sich eines schönen Tages auf seiner Glatze entwickelt hatte, besaß Ludwig der Behinderte eine blühende Gesichtsfarbe und einen breiten, fächerförmigen Bart. Als lebenslustigen Menschen und gelegentliches Pumpgenie ließ ihn die Armut, in der er mit Frau und drei Kindern dahinvegetierte, ziemlich ungerührt, und er dilettierte – mit kaum gesichertem Lebensunterhalt durch irgendeine Stelle im Finanzministerium – ein wenig in Malerei und Kunstkritik. Einige seiner Werke (sehr biedere Landschaften, kaum von einem Tupfer Impressionismus berührt) waren ständig in seinem Büro ausgestellt und hingen zusammen mit anderen Erwerbungen, Reproduktionen oder Geschenken von Freunden, zwischen den klassischen gelben Pappordnern, die verhinderten, daß man die administrative Natur des Orts vergaß. Er war ein guter Katholik und erklärte sich außerstande, sich in der Kirche andächtig sammeln zu können, wenn er nicht einen »hübschen lieben Gott« vor sich hatte. Im übrigen felsenfest davon überzeugt, ein Künstler zu sein, war er unter seiner offensichtlichen Gutmütigkeit ziemlich selbstgefällig, so daß man zu Hause von ihm kaum anders als von dem »Meister« sprach, ein ihm vom Bruder meiner Mutter verliehener Spitzname, der manchmal den Spaß übertrieb und ihn mit dem Superlativ *maître cinquante*[41] bedachte. Sein Hang zum Nichtstun und seine Vorliebe, sich im Café herumzutreiben, hatten ihm einmal das Leben gerettet. Eines Tages, als er zum Abendessen bei uns war, hatte sich die ganze Familie an den Saint-Honorés eines Konditors vergiftet, eine Sache, die an diesem Abend im Viertel mehrere Tote forderte. An diese Vergiftung, der ich selbst entging (denn ich war noch zu klein, um an der Mahlzeit teilzunehmen), erinnerte sich mein Bruder Pierre sehr genau: tagelang hatte er, wie er sagte, das Gefühl verspürt, »Zähne aus Watte« zu haben. Ludwig der Behinderte war der einzige unter den Tischgästen, der nichts spürte, höchstens eine leichte Kolik; daher vermuteten meine Eltern, daß das Bier, dem er reichlich zugesprochen, bei ihm eine heilsame Abführwirkung hatte, als sie erfuhren, daß er, nachdem er uns verlassen, sich mit Freunden im Café getroffen und mit ihnen zahlreiche Humpen geleert hatte. So war im Licht seiner Verkrüppelung, seiner satten Faulheit und zuversichtlichen Ergebenheit dieser andere Vetter meiner Mutter ein Spießer, der entweder mit einer Künstlerschleife oder einem breitkrempigen Filzhut herumlief. Sein Beispiel hatte für mich nicht den geringsten Propagandawert, weder von Amts wegen noch von seiten der schönen Künste.

So verschmähte ich die militärische wie die kirchliche Laufbahn, den Säbel wie den Weihwasserwedel, und wollte weder Seemann (auch nicht Kolonist, ein anderes Metier der Ferne) noch Mediziner (Leichenschieber), weder Börsenmakler noch Kaufmann, weder Ingenieur noch Viehzüchter oder Landwirt werden; die »Karriere«

41 ein spöttischer Superlativ: »un maître cinquante«, ein Meister, der »un mètre cinquante«, ein Meter fünfzig groß ist

schien mir versperrt und Ministeriumsangestellter zu werden, war das allerletzte; den Beruf des Lehrers zu ergreifen, habe ich nie erwogen (keine Ahnung weshalb), und im übrigen besaß ich keins jener Talente, die es zum Beispiel meinem ältesten Bruder ermöglichten, Bühnenbildnerei zu studieren und meinem anderen Bruder, an einer Karriere als Geigenvirtuose zu arbeiten; so begann ich mich in Übereinstimmung mit den Meinen mit dem Gedanken anzufreunden, Jura zu studieren, um Anwalt oder Notar zu werden. Aber die Dinge entwickelten sich schließlich doch anders. Wie gesagt, als ich mein Abitur hatte, bekam ich Lust, ein wenig Geld zu verdienen, und ich wollte mein Glück auf die Probe stellen: zunächst im Pariser Einkaufsbüro der Warenhäuser Peter Robinson aus London, dann bei einem Kommissionär der Cité Paradis – Max Rosenberg, bald in »Rosambert« umgeformt, was dem Geist der Jahre, die dem Waffenstillstand von 1918 folgten, besser entsprach –, einem Haus, dem mich ein Verwandter unseres Admiralscousins empfohlen hatte (genauer gesagt, der Schwager seines Bruders, ein Arzt, mit dem wir mehr als mit dem Seemann verkehrten und den wir manchmal aus medizinischen Gründen konsultierten). Nun, das funktionierte nicht, denn es war aufreibend, stupide und demütigend für den angehenden jungen Snob, der ich war (als kaufmännischer Lehrling auf die subalternste Position herabgewürdigt); ohnehin zahlte es sich kaum aus. Einer meiner unzertrennlichen Freunde von damals, der Chemie studierte, hatte mir erzählt, man könnte, wenn man an den Kursen des Instituts für angewandte Chemie teilnahm, nebenbei mit Analysen Geld verdienen (doch frage ich mich heute, wer ihm diesen Bären aufgebunden hatte), und so entschloß ich mich, dieses Studienfach zu belegen und ich begann, mich auf die Aufnahmeprüfung zum Institut für Chemie, dann auf das Examen in allgemeiner Chemie vorzubereiten. Ich erlitt Fehlschlag auf Fehlschlag, wenig begabt für diese Art Studien (das gleiche gilt für alle exakten Wissenschaften, obwohl mich einmal die *leçons des choses* angezogen hatten), und da ich zu sehr an meiner wöchentlichen und sonntäglichen Freizeit hing, viel zu gleichgültig solchen Examen gegenüber, die zwar nicht die schwierigsten sind, doch eine gewisse Ernsthaftigkeit verlangen. Was mich ohnehin am meisten an diesem Kapitel des Wissens interessierte, waren die alten Theorien, die aus der Mode gekommenen Lehrsätze, welche die Phantasie ansprechen, und nicht die modernen Konzeptionen; zum Beispiel bevorzugte ich die Idee des *Phlogistons,* der Entzündungssubstanz, vor der neuen Theorie, die Lavoisier nach seinem berühmten Verbrennungsexperiment aufgestellt hatte. Die neuen Thesen über die Radioaktivität und die Struktur der Materie (die so beschaffen ist, daß sich jedes Element ohne weiteres in ein anderes verwandeln kann, denn alle sind sie letztlich nur Anhäufungen von Teilchen in Bewegung) reizten mich nur im Hinblick auf eine Verbindung zur Alchimie und zu den Transmutationen; vernagelt wie ich für die Mathematik war und unfähig, jene Anstrengung zu unternehmen, die es mir vielleicht ermöglicht hätte, einen neuen Anfang zu machen, betrachtete ich diese Wissenschaften ausschließlich unter qualitativen Gesichtspunkten, als ob es sich in diesem Bereich nicht im wesentlichen um Maß und Menge gedreht hätte.

Diese Studien, die gut drei oder vier Jahre dauerten und ohne allen Fleiß absolviert wurden, haben wenig Spuren bei mir hinterlassen. Auf der Ebene der theoretischen Kenntnisse habe ich nur Unwichtiges behalten und die Arbeit im Labor, welche sie implizierten, hat meine Gesten weder genauer noch geschickter gemacht. Dennoch hatten sie objektiv einen großen Einfluß auf mein Leben.

Weil ich Chemiestudent war, konnte ich, als für mich der Zeitpunkt des Militärdienstes gekommen war, ihn unter unverhofft bequemen Bedingungen leisten. Was ich in Kriegszeiten nicht zu tun gewagt hätte, scheute ich mich nicht, in Friedenszeiten zu tun: nachdem ich zunächst in den Genuß einer Zurückstellung gekommen war, trat ich dank der Bemühungen eines Bekannten meines Vaters in die Kompanie der Chemiker des 13. Artillerieregiments ein, eine Kompanie, die in der Folge dem 22. B.O.A.[42] integriert wurde, als man die Einheiten der Artilleriearbeiter aufstellte. Nach einem Aufenthalt von mehreren Monaten in der Festung von Aubervilliers (wo man an der Verwertung der alten Gasmasken und der Vernichtung der Giftgasvorräte arbeitete, die vom großen Krieg noch übriggeblieben waren) wurde ich auf Empfehlung eines Mitglieds meiner Familie zum Institut Pasteur abkommandiert, wo ich meine zwei Jahre beendete, ein Zivilistenleben führte und eigentlich das Examen in Biochemie vorbereitete. Diese Scheinrechtfertigung endete mit einem Verzicht; ich verschmähte es, mich zum Examen zu melden, denn in diesem Jahr 1923 hatte ich ganz andere Ideen im Kopf (den Ehrgeiz, Dichter zu werden) und sträubte mich gegen das Opfer von einigen Wochen, das ich hätte bringen müssen, um diese Sache abzuschließen.

Dieser Rückgriff auf die berüchtigten Beziehungen – der mir in jenem Augenblick ganz natürlich schien – wurde in der Folge für mich eine Art Erbsünde. Ich sehe jetzt klarer, als ich es mit zwanzig tat, habe gelernt, mich selbst zu beurteilen und die Vorteile, welche ich meiner bürgerlichen Herkunft verdanke, für das zu halten, was sie sind, und ich kann jetzt abschätzen, wie sehr meine soziale Existenz – ja mein ganzes Leben – durch diese anfängliche Ungerechtigkeit verfälscht wurde. Zu Beginn des gegenwärtigen Krieges wurde ich als Chemiker und nicht als Gemeiner, sondern als Unteroffizier mobilgemacht, profitierte von dem Galonenzipfel, den ich mir verdiente, indem ich den Kapseln, Glaskolben, Pipetten,

42 B. O. A. = (B)ataillons, d'(O)uvriers d'(A)rtillerie

Reagenzgläsern und anderen Porzellan- oder Glasinstrumenten, derer ich mich am Institut Pasteur bediente, übel mitgespielt hatte. Gewiß, als man mich in Béni-Ounif (wohin ich mit einer Abteilung von Chemikern geschickt wurde) nach meinen Fähigkeiten fragte, versuchte ich keinen Augenblick, den Leuten etwas weiszumachen; aber die Würfel waren gefallen, und meine Erklärungen, weder ein Diplom zu haben noch Berufschemiker zu sein, führten dahin, da man aus mir keinen Artilleristen machen konnte (denn meine militärische Ausbildung war strenggenommen gleich Null), und da ich unbestreitbar (aufgrund meiner Zugehörigkeit zum Musée de l'Homme, *alias* Laboratorium der Völkerkunde heutiger und fossiler Menschen) wenn nicht in die Kategorie der Chemiker, dann zumindest in die der Intellektuellen oder gar Labormenschen gehörte – als wollte das Schicksal zu meinen Gunsten Wortspiele machen –, daß ich Schreiberling wurde und als Sekretär beim Stab blieb, bevor man mich beauftragte, die – kaum weniger bürokratischen – Funktionen eines Munitionsverwalters wahrzunehmen. So daß mein Betrug, mittlerweile älter als zwanzig Jahre, nie wiedergutgemacht wurde.

Zwar unternahm ich eine undeutliche Anstrengung und schrieb aus Afrika meinem Museumsdirektor nach Paris, um ihm meine peinliche Lage darzustellen, von dem Betrug, den ich beginge, verlängerte ich ein Mißverständnis, dem ich stillschweigend nur allzu lange zugestimmt hatte, und bekundete den Wunsch, in einer Weise eingesetzt zu werden, die meinen Fähigkeiten etwas gerechter wurde, selbst wenn ich zu diesem Zweck nach Paris zurückkehren müßte (eine Aussicht, der ich ohne Scham ins Auge schauen konnte, war doch Paris in jeder Hinsicht näher am Schauplatz der Geschehnisse als der Südoran). Ferner, als ich nach einer Mission, mit der wir beauftragt worden waren, wieder zurück in Béni-Ounif war und im Lager meiner Kompanie ein Papier auszufüllen hatte, wo man uns unter anderem fragte, wohin wir geschickt werden möchten, wählte ich die Levante in dem Glauben, damit zumindest ein wenig Aufrichtigkeit hinsichtlich dieses Schicksals zu zeigen, das Anstalten machte, mich den Krieg in einer exotischen Kulisse erleben zu lassen. Aber all dies führte praktisch zu nichts, und der Waffenstillstand brachte mich wieder in den Wald der Landes mit seinen Fichten und Farnkräutern zurück, wo sich das Munitionsdepot befand, dem ich als Chemiker gerade zugeteilt worden war, als der Zusammenbruch kam. Zweifellos wäre eine mannhafte Lösung möglich gewesen: zu verlangen, trotz meiner fehlenden Kenntnisse im Kriegshandwerk zu irgendeiner kämpfenden Einheit verlegt zu werden. Doch begnügte ich mich mit einem halben Schritt und machte weiter Winkelzüge: sich um einen Einsatz bewerben, der nicht schlichtweg übertrieben und absurd war, hieß noch immer, die Vorrechte des Intellektuellen und des Bourgeois auszunutzen, sich zu weigern, den Stier bei den Hörnern zu packen und wie jeder erstbeste in den Krieg zu ziehen. Kurz, mein Chemiestudium zeitigte das Ergebnis, mich auf einem Umweg den beiden Haupterfahrungen meines Manneslebens zu entziehen: einmal, einem unter den üblichen unangenehmen Bedingungen abgeleisteten Militärdienst; dann, einem Krieg, der mich – logische Folge dieser ersten Pflichterfüllung – als Strohhalm unter anderen Strohhalmen mit sich riß.

Ich wende in meiner Suche die natürliche Ordnung der Chronologie an und tauche in den Strom der Jahre, als ginge es darum, in ihm eine Genesis zu entdecken. Da ich wissen will, wie ich zu dem wurde, was ich heute, beruflich gesehen, bin, versetze ich mich in meine Adoleszenz und versuche zu sehen, welche Zukunftspläne ich damals wohl geschmiedet haben könnte. Und wahrhaftig, ich stelle fest, daß ich keine geschmiedet habe. Dennoch bin ich jetzt von Beruf Ethnograph, und die Tätigkeit, die mir am meisten bedeutet, ist meine Schriftstellerei. Kann es sein, daß das, was heute das wichtigste in meinem Leben ist, überhaupt keine augenscheinlichen Wurzeln und keinerlei sichtbare Verbindung mit irgendeinem, selbst diffusen Traum von einem Werdegang hat, in dem ich als Heranwachsender schwelgte? Wenn ich in die umgekehrte Richtung aufbreche – von der Gegenwart zurück in die Vergangenheit –, habe ich vielleicht größere Chancen, das Gelenk oder Scharnier zu entdecken, das meine Beschäftigungen von heute mit den mehr oder weniger ausdrücklich formulierten Wünschen von damals verbindet. Da es nun einmal an expliziten Berufsvorstellungen bei mir mangelt und eine definierbare Berufung gänzlich fehlt, kann ich vielleicht wenigstens einen tieferen Grund oder Beweis dafür finden, daß mein Leben nicht völlig der Spielball von Zufällen ist.

Betrachtet man die Sache oberflächlich, dann hat ein Zufall aus mir einen Spezialisten für die Soziologie Schwarzafrikas gemacht. Einer meiner Kollegen bei der Zeitschrift *Documents* – von Beruf Ethnograph, der dort arbeitete, um nach einer Äthiopienreise seinen Lebensunterhalt zu verdienen – schlug mir vor, an einer neuen und von ihm bereits geplanten Forschungsreise nach Afrika teilzunehmen, was mir in meiner damaligen Situation wie gerufen kam, denn ich war derart nervös und niedergeschlagen, daß ich einen Arzt konsultieren mußte, um mich aus einer Lage zu befreien, die sich als krankhaft erwies, und im übrigen peinigte mich ein rasendes Bedürfnis nach Luftveränderung. Zurück von dieser Forschungsreise, die mich von 1931 bis 1933 in Anspruch nahm und für die das Musée de l'Homme (damals Musée d'Éthnographie) der Anlegehafen war, fand ich ganz natürlich meinen Platz in dieser Institution und machte es mir zur Pflicht, jene Diplome zu erwerben, die geeignet waren, das zu legitimieren, was in der Tat mein Beruf geworden war. War ich also doch in allem der Spielball eines Zusammentreffens von Ereignissen? Nach reiflicher Überlegung antworte ich: Nein. Eine Möglichkeit bot sich mir, und ich habe sie genutzt, doch diese Möglichkeit kam wie gerufen, um in mir etwas Elementares zu befriedigen: den seit langem gehegten Wunsch, meinen Horizont zu sprengen, einen Ausbruchsversuch zu wagen, für dessen Durchführung ich die Poesie nun für kläglich untauglich hielt, nachdem sie jahrelang für mich das Befreiungsinstrument schlechthin war. Später – und das ist genau das Stadium, in dem ich mich jetzt befinde – kehrte ich zur Literatur zurück, nachdem ich diesen Hohn endlich verdaut hatte: daß die Ethnographie nur einen Bürokraten aus mir gemacht hatte; daß ihr wissenschaftlicher Charakter, der Objektivität und Geduld verlangt, sich letztlich meinen Hoffnungen widersetzt (daß meine logische Struktur durch den Kontakt mit Menschen, die anderen Normen folgen, aufgebrochen werde); endlich daß die Reise, wie ich sie mir ausgemalt hatte (als einsame Distanzaufnahme), weit entfernt, eine Methode zu sein, aus sich etwas anderes zu machen als das, was man ist, indem man die Kulissen wechselt, nichts als die Verlagerung einer stets mit sich selbst identischen, nur im Raum nomadisierenden Person ist, die ihre wegen der relativen Einsamkeit eher noch stärker denn schwächer werdenden Sorgen, Eigensüchte und Manien hinter sich her schleppt. Auch stellte sich der Wunsch, nicht mehr davonzulaufen, in dem Maße ein, wie ich über die Jahre Alter und Tod näherrücken fühlte und mir wer? was? wertvoller wurde, ich sträube mich, es zu sagen, ob aus Diskretion oder Scham, noch immer aus dieser dummen menschlichen Rücksicht, die von allen Geständnissen, die ich auf der Spitze meiner Feder oder auf den Lippen habe, statt der skandalösesten jene hemmt, die mir am ehesten die Gestalt eines gewöhnlichen Menschen gäben, anders gesagt, die Aspekte von mir enthüllten, welche ich lieber verheimlichen möchte, weil ihre Plattheit für mich erniedrigend ist oder weil diese Banalität besser als irgendein anderer Charakterzug, den ich eingestehen könnte, mein wahres Wesen darstellt.

Die Tätigkeit, mit der ich heute offiziell mein Brot verdiene, betrachte ich als indirekte Folge meiner zeitweiligen Zugehörigkeit zum Redaktionsstab einer Kunstzeitschrift. Einmal abgesehen von dieser Verkettung materieller Ursachen und Wirkungen scheint dieser andere Beruf eine natürliche Folge meiner Schrifstellerei zu sein und ist vielleicht nicht mein existentieller, doch zumindest mein sozialer Status geworden, etwas, das durchaus auf dem weißen Rechteck meiner Visitenkarte vermerkt werden kann: wenn ich in einem bestimmten Augenblick meines Lebens eine lange und aller Voraussicht nach beschwerliche Reise unternahm, von der ich, in romantischer Weise dem Verlangen nach Exotik erliegend, mir goldene Berge versprach, so ist dies das Ergebnis einer inneren Entwicklung, bei der auch kulturelle Faktoren eine Rolle spielten: nach der Lektüre von Lévy-Bruhl meine Neugierde auf das »primitive Denken«, das Interesse an Negerkunst (wie bei vielen meiner Generation, die sich, der klassischen Kunst überdrüssig, darüberhinaus den Kinderzeichnungen, der Volks- und Verrücktenkunst zuwandten), die Bewunderung der Poesie Rimbauds und mehr noch seiner Person mit der Aura des Schweigens, das er den Steinbrüchen Zyperns und der äthiopischen Barbarei entrang. Bleibt zu wissen, da alles von hier seinen Anfang nahm, wie es zugeht, daß ich, ein Un-Berufener, mich eines schönen Tages als Schriftsteller vorfand, und welches wohl die Laufgräben sind, durch welche diese Tätigkeit mich, mehr als ich sie, ereilte.

Es geht aus der Art selbst hervor, mit der ich diese Schrift führe, daß ich allem, was Sprache berührt, stets große Bedeutung beigemessen habe. Bewußt oder unbewußt habe ich einen Pakt mit der Welt der Wörter geschlossen, die mir schon sehr früh wie ein Buch offenstand, in dem es von grundlegenden Wahrheiten und verschrobenen Sprüchen nur so wimmelte. Sucht man nach den frühesten Zeichen für meinen allmählich sich abzeichnenden Verkehr mit der Literatur, muß man sich mehr als auf die Liebe zum Lesen, wonach ich mich nie sehr verzehrte, meines Erachtens auf dieses konfuse Hingezogensein zur Sprache als solcher berufen. Und der gänzlich zerstreute Bereich, den es in der Sprache gibt und mit dem unser ganzes geistiges Leben verlötet ist, erklärt, warum dieser Verkehr so lange brauchte, um sich herauszubilden: während es relativ leicht ist, jene Anlagen dingfest zu machen, die man für irgendeine festumschriebene Tätigkeit haben kann, wird die Diagnose schwieriger, wenn es sich um etwas derart Universelles wie die Sprache dreht; wenn man einen Hang zum Lesen und Schreiben entwickelt, hält man dies in der Regel für die Berufung zum Schriftsteller; doch wenn man die Sprache in ihrer unermeßlichen, abrupten Nacktheit vor sich hat, steht die Wette eins zu hundert, daß keine Berufung weit und breit zu sehen ist. Das war bei mir der Fall, und also wandte ich mich, blind tastend, schrittweise andere mögliche Tätigkeiten eliminierend (im ganzen durch eine Folge von Verneinungen) der Literatur zu, noch bevor ich begriffen hatte (was erst nach langer Zeit und endlosem Hin und Her geschah), daß ich gar nichts anderes tun konnte.

Abgesehen von diesen zahlreichen Erinnerungen an das Experimentier- und Erfahrungsfeld Sprache, kann ich ohne Druck meinem Gedächtnis eine kleine Anzahl von Fakten entnehmen, die nicht im geringsten frisiert zu werden brauchen, damit man in ihnen Anwandlungen – die einen bestimmt, die anderen vage und zudem früheren Datums – literarischer Schöpfung erkennen kann.

In der letzten Periode meiner Adoleszenz, als ich jenes erste Alter der Reife erlangte, das der zumindest augenscheinlichen Auflösung der Kindheit entspricht, schrieb ich einige wenige und kurze Gedichte, die mir in erster Linie ein großes Bedürfnis, mein Herz auszuschütten, diktierte. Armselige Schriften, die trotz des Schwungs, der sie beflügelte, vor Albernheit und Kurzatmigkeit strotzen und vom plattesten Ästhetizismus verdorben sind; denn wahr ist, daß man eine gewisse Technik anwenden muß (eine Retorte, worin der Stoff sich reinigt und anreichert), um zum wirklichen *Herzensschrei* vorzudringen, zur Quelle, die den unterirdischsten Tiefen entspringt. Auch erinnere ich mich, ein Gedicht von Whitman übersetzt zu haben, ein Loblied auf den Geschäftstumult von Manhattan – ein in einem Englischbuch entdecktes Gedicht –, und an zwei oder drei Prosatexte, darunter eine harsche Kritik an Victor Hugo, dem ich damals unter dem Einfluß meines ältesten Bruders Leconte de Lisle und seinen in Alexandrinern sich ergießenden Pessimismus vorzog, dessen Entsprechung ich heute in der skulpturalen Glätte seines Schädels (kahl und doch grasartig) und seines bartlosen Gesichts sehe.

Mitten in tiefster Kindheit, in jener Zeit, als mein anderer Bruder und ich jeden Abend gemeinsam auf das WC gingen, um unsere großen Bedürfnisse zu verrichten, gibt es ferner jene Geschichten, die wir uns von einem zum anderen Tag erzählten, etwas wie Feuilletons mit Tiergestalten, die wir abwechselnd erfanden. An diesem Ort, an dem wir uns immer wieder wie in einer Räuberhöhle oder im Schlupfwinkel einer Geheimgesellschaft einfanden, spürten wir unsere Komplizenschaft am besten. Mein Bruder saß auf dem großen Sitz wie ein Initiierter höherer Weihe, ich, der jüngste, auf einem banalen Nachttopf, der die Rolle eines Neophyten-Taburetts spielte, beide in der Pose von Erleuchteten, als ob der Geist der Tiefen uns durch das runde Loch hindurch erreichen müßte, das ein uraltes Klappensystem verschloß. Unermüdlich suchten wir nach Antworten auf die unterschiedlichen Rätsel, die uns im sexuellen Bereich quälten, und unerschöpflich spannen wir eine ganze Mythologie zusammen, mit allabendlicher Neuauflage, bisweilen in Heften ins reine geschrieben, Nahrung für den innigsten imaginativen Teil unseres Lebens. Tiere als Soldaten, Jockeys, militärische oder zivile Flieger in kriegerische oder sportliche Wettkämpfe oder Polizeiintrigen verwickelt. Finstere politische Machenschaften mit Putschversuchen, Morden, Entführungen. Verfassungsentwürfe für ideale Regierungen. Liebesintrigen von absoluter Dürftigkeit, die meist in eine glückliche Heirat mündeten, gefolgt vom Zurweltkommen zahlreicher Kinder, doch war eine abschließende Witwenschaft nicht unbedingt ausgeschlossen. Erfindung von Kriegsmaschinen, unterirdischen Gängen, Falltüren und Fallgruben (manchmal bloß von einem Graben gebildet, mit Laubwerk getarnt, die Seitenwände mit haarscharfen Klingen und der Boden mit Pfählen bespickt, um den, der da hineinfiel, in Stücke zu schneiden und zu durchbohren). Viele Gefechte, erbitterte Kämpfe (auf Schlachtfeldern oder Aschenbahnen). Nach jeder Schlacht detaillierte Statistiken mit der genauen Zahl der Gefangenen, Verwundeten und Gefallenen für jede der feindlichen Parteien, die zum Beispiel Katzen und Hunde waren, erstere Royalisten, letztere Republikaner. All dies gebührend in unseren Heften in Form von Berichten, Listen, Plänen, Skizzen protokolliert, die zusammenfassenden Tafeln und Stammbäume nicht zu vergessen.

Mit dieser Art von Epen, zwischen vier Wänden wie ein Komplott geboren, das wir angezettelt hatten, taten mein Bruder und ich weiter nichts als uns zu amüsieren, indem wir unsere Fabulierkünste ins Spiel brachten und nicht einen Moment daran dachten, ein literarisches Werk zu vollbringen. Ehrgeiziger waren die erwähnten Gedichte, mehr oder weniger Imitationen des Wenigen, was ich von Verlaine und Baudelaire kannte. Allerdings glaube ich nicht, daß man selbst in diesen letzten Produkten etwas anderes sehen kann als unklare Versuche, denen sich mehr oder weniger erfolgreich die meisten Heranwachsenden hingeben, verbale Auseiterungen der Begierden des Fleisches und der Zärtlichkeit, die zu Plagegeistern werden. Es hat also nicht den Anschein, als könnte ich diese Versuche anders einschätzen als jenen alten Plunder und Trödel ohne direkten Bezug zur Gegenwart, absurde und vorsintflutliche Gegenstände, die man in Schubladen verwahrt, weil man glaubt, man bräche mit der eigenen Geschichte, überließe man diese einst lebendigen Dinge dem Feuer, die jetzt genaugenommen nur noch den einen Sinn haben, nämlich »Souvenirs« zu sein.

Was ich, gehe ich in meine frühen Jahre zurück, an Vorzeichen für das sammeln kann, was mir heute eine ausreichende Rechtfertigung meiner Kulturmensch-Existenz zu sein scheint, hat also keinerlei Beweiskraft: es ist zu unpersönlich und zu schwach, um einer Ableitung, was immer das sei, als Fundament zu dienen. Doch kann mich vielleicht ein Element auf die richtige Fährte bringen: der *negative* Aspekt dieser Berufung (oder genauer: der negative Aspekt dieser Abwesenheit einer Berufung), die mir weder das winzigste noch flüchtigste Omen ankündigte. Als einziger mir offenstehender Ausweg, als einziges Mittel, meine Zeit zu nutzen (die ich gern auf möglichst vollständige Weise den Söldnerdiensten entzogen hätte, doch wollte ich mich auch nicht damit bescheiden, sie in müßiggängerischen Vergnügungen zu vergeuden) wird also die Literatur für mich praktisch das einzige Ziel gewesen sein, das nach der Negierung des Rests meine uneingeschränkte Aufmerksamkeit verdiente.

Die verschiedenen Tätigkeiten, unter denen ich nur hätte zu wählen brauchen, verwerfend, verworfen bereits zu Beginn von einer ganz bestimmten, die mich ohnehin nicht besonders reizte (für die man den hochtrabenden Titel »Karriere« reserviert hat), war es eine Art Schlußstrich unter diese Reihe von Ablehnungen und Verweigerungen, wo mein Wille nur teilweise mit im Spiel war, als der Gedanke, die Literatur zum offiziellen Lebensinhalt zu machen, mir schließlich hart zu Leibe rückte. Weniger als aktives denn passives Ergebnis eines Schritts, zu dem bald Zufall, bald Laune mich verleitet hatten, bedeutete die Selbsterkenntnis, Schriftsteller zu sein – meine Befähigung als mein Schicksal anzunehmen und jenem Gebiet, auf dem ich nur ein Taugenichts war, mit heiterer Gelassenheit den Rücken zu kehren –, einmal die Bejahung eines konkreten Wunsches, dann eine Art, allem, was mein Mißfallen erregte, den Laufpaß zu geben, und zwar was meine soziale Fassade als auch mein innerstes Wesen betraf. Ebenso wie ich in meinen Schriften, als sie ein wenig Schliff bekamen, vor allem ein lebhaftes Bedürfnis an den Tag legte, die logische Architektur zu ruinieren, mich vom Gewicht der Welt zu befreien, indem ich die Naturgesetze für falsch erklärte (als wünschte ich, meinem Fleisch zu entfliehen und diesen Körper zu negieren, mit dem ich schon seit langem haderte, so sehr ich auch mit ihm verschweißt und darauf bedacht war, ihm durch die Kleidung ein brillantes Äußeres zu geben), kann ich auch in der Poesie, wenn sie als gesellschaftlicher Status erscheint, eine Möglichkeit sehen, mich zum Außenseiter zu machen, zu fliehen, was meinen Platz unter den anderen Menschen unmittelbar festlegt, den bedrohlichen Rahmen der normalen Berufe zu sprengen, ja selbst die Klassenschranken zu leugnen oder in diesem Feld Tabula rasa zu machen, indem ich mich außerhalb oder gar über sie stelle, vielleicht um vergessen zu machen, daß ich durch Geburt und Vermögen alles andere als der obersten Klasse angehörte. (So können für die Individuen der armen Schichten Sport, Verbrechen und Prostitution Mittel sein, eine donnernde Himmelfahrt zu machen, zum Rang von Göttern oder Helden aufzusteigen. Wäre ich ein reicher und schöner Junge gewesen, hätte ich das Zeug gehabt, ein großer Sportsmann, Frauenheld oder Mann von Welt zu werden, vielleicht hätte ich dann weniger auf die Literatur als auf eine dieser Karten gesetzt, um mich außerhalb des Gewöhnlichen zu stellen?)

Die Poesie war also für mich im wesentlichen eine *Abweichung,* sowohl auf geistiger Ebene als auch auf der des sozialen Lebens, denn sie ist ein Abrücken von und ein Ausbruch aus den Normen (was mir eine Zeitlang auch das Reisen zu sein schien). Der abgeschiedene Gott: dies ist mein Selbstbild, das ich in meinem Willen, Dichter zu sein, zu formen suchte, das ist ferner die Gestalt, die ich mir zu geben gedachte, als ich jene Zeichnung anfertigte, die mich zeigt, das Auge auf eine Pyramide wie auf ein Ziel außerhalb meiner Reichweite gerichtet, und ein Frauenauge, das mich starr betrachtet, wo von vornherein jede Möglichkeit einer Begegnung der beiden Blicke ausgeschlossen ist.

Sich verschanzen. Sich absondern. Sich absetzen von der Ordnung der Dinge. Keinen dieser allzu biederen Berufe ausüben, die den zur Zwangsarbeit Verurteilten durch eine Nummer kennzeichnen, die er bis ans Ende seiner Tage tragen wird. Den Lauf der Zeit zerbrechen, um wieder zur Freiheit der Kindheit zu gelangen, ein Gefühl, das der Erwachsene mitunter auf Reisen wiederfindet, in den Ferien außerhalb oder in anderen Parenthesen, die sich in die Einförmigkeit der Dauer graben, ein Gefühl, das sich vor allem mit dem Eindruck verbindet, daß man damals über eine unbegrenzte Zeit verfügte, die eine Gegenwart umschloß, wo es nur dies gab: sich dem Leben hinzugeben (ohne von einer dringend zu erledigenden Aufgabe gehetzt zu werden), und eine Zukunft, die sich endlos weit vor einem erstreckte. Als ich, der zunächst erwogen hatte, ein »Sonntagsschriftsteller« zu werden (in Augenblicken der Muße schreibend, die mir irgendein Beruf ließe), der in der Tat dieser »Sonntagsschriftsteller« wurde (denn wohl oder übel mußte ich eine Lohnarbeit annehmen und für die mir wichtige Arbeit auf die Sonn- und Feiertage und andere freie Intervalle setzen), als ich mich entschloß, nur noch zu schreiben, brachte mich dies wieder einmal gegen eines jener Dinge auf, die mich am schwersten zu verletzen schienen: die Zerstückelung meiner Tage in Arbeits- und Freizeit. Da ich von der Poesie verlangte, daß sie mir ein von 2 und 2 gleich 4 (gerade gut für Buchhalter) und von der

Tyrannei der Uhr befreites Land erschloß, und da ich im Dichter eine Art Erzengel sah (Erinnerung an den Erzengel Michael, dessen Name ich trage?), versteht es sich von selbst, daß es eine schreiende Absurdität gewesen wäre, wenn ich nur einen Teil meines Wachseins dieser Kunst hätte widmen und mit meiner Zeit hätte knausern sollen, wo doch gerade einer der triftigsten Gründe für meine Hingabe an diese Kunst war, daß sie mich (im Geiste) von der Kategorie der Zeit befreite. Da ich von der Poesie etwas Absolutes forderte, konnte Feilschen für mich nicht in Frage kommen. Die Anwendung einer Technik, von der ich die Umgestaltung der gesamten Existenz erwartete, war mit einem geregelten Leben unvereinbar.

Tatsache ist allerdings, daß ich nun dieses geregelte Leben führe. Ohne ein Arbeitspferd zu sein, widme ich einen großen Teil meiner Zeit der Tätigkeit, für die man mich bezahlt. Wenn ich schreibe, dann im allgemeinen abends (falls ich nicht ausgehe oder eine Verabredung habe) oder am Sonntag (einem Tag, den ich so lange abscheulich fand) oder in den Ferien. Ich bin weit von der Zeit entfernt, da ich im Akt des Schreibens etwas Heiliges sah: eine Order, die zu jeder Tageszeit ergehen konnte, für die man immer bereit sein mußte, also keine Aufgabe akzeptierte, die den Geist von seiner prophetischen Rolle abbringen und daran hindern konnte, reine Rede zu sein, deren Wahrheit – ohne daß es einer weiteren Garantie bedurfte – in ihrem Ausdruck liegt.

Da ich in die breite Fahrspur geriet, der ich zu entrinnen suchte, habe ich schließlich resigniert und einen sogenannten Zweitberuf ergriffen: zunächst war ich Buchhandlungsvertreter, als meine Verheiratung mich zwang, das Existenzminimum zu sichern, dann Redaktionssekretär der Zeitschrift *Documents* und einer weiteren Kunstzeitschrift; dann Forscher (falls man heutzutage ohne zu lachen einen solchen Begriff für Afrika verwenden kann) und nun Museograph. Mehr und mehr beschämt mich dieses Leben, wo ich täglich gegen meine angeborene Faulheit ankämpfen muß. Ich schreibe fast keine Gedichte und überhaupt nichts Erfundenes mehr, sondern versuche, mir die autobiographische Prosa als einziges Ausdrucksmittel anzueignen. Ich weiß nicht, ob ich diese relative Sterilität meiner allzu aufgeräumten Lebensweise oder der Tatsache anlasten muß, nicht mehr meine *ganze* Zeit zur Verfügung zu haben (was für die Poesie darauf hinauslaufen könnte, daß ich gar keine mehr habe), oder ob es nicht eher so ist, da die poetische Ader schon mehr als zur Hälfte ausgetrocknet und meine Zuversicht abgestumpft war, daß ich zur selben Zeit, als ich mich in meinem jetzigen Beruf festlegte, die Gewohnheit annahm, von der Literatur einen fast wissenschaftlichen Gebrauch zu machen. Wie dem auch sei, und alle Budgeterwägungen beiseite, es ist nun soweit gekommen, daß ich mich einer solchen Beschäftigung nicht mehr entledigen kann: sie ist ein Lückenbüßer, der meine Tage grau macht, sie aber davor bewahrt, gänzlich leer zu sein, der sie einer Untätigkeit entreißt, die mir Angst bereitet, da ich weiß, welche schaurigen und verquälten Wiederholungen sie mir bescherte, selbst wenn ich ihr vom Gesichtspunkt der Schöpfung vielleicht etwas abgewinnen konnte. Ohne diese geregelte Arbeit, deren Fesseln mir reichlich Spielraum lassen, und die zumindest eine Stütze ist, da sie mich einige Stunden lang vor mir selbst bewahrt, lebte ich in einem fortwährenden Sonntag ohne irgendeine Schranke, die mich vor dem Gedanken an den Tod schützt, als ob die Tatsache, frei zu sein und völlig über meine Zeit verfügen zu können, weit offen und vakant zu sein, mir den Eindruck einer »Spielkarte ohne Bild« vermitteln und mich dem Wahnsinn des *Nichts* ausliefern würde. So fern bin ich heute vom Eden meiner Kindheit und seiner glücklichen Unbekümmertheit...

Ich bin stromaufwärts im Fluß der Zeit gegangen. Zu meiner eigenen Orientierung habe ich eine Zusammenfassung verfertigt, wie es Schüler am Trimesterende tun. Ich habe nach Gründen geforscht und sie aufgereiht, wie man etwa im Krieg von 1870 unterschiedlich gelagerte Gründe erkennen kann, dessen unmittelbarer Vorwand sicher die Emser Depesche war (»das rote Tuch vor den Augen des gallischen Stiers«, ein Wort Bismarcks), wo man indes tiefer bohren muß, um auf die eigentlichen Gründe zu stoßen. So gut es geht habe ich wiederzufinden versucht, wie ich wurde, was ich gegenwärtig bin, wie mich Arbeiten bestimmen, wo ich leugne, daß allein der Zufall zu ihnen führte. Die Anziehung, die Reisen und das Studium der als wild eingestuften Völker auf mich ausübten, habe ich mit der Literatur in Verbindung gebracht, zumindest mit dem früher einmal verspürten Wunsch, mit ihrer Hilfe meinen Horizont zu erweitern. Was meinen Geschmack am Schreiben betrifft, so gab ich ihm als Grundlage ein Bedürfnis nach Negation, als wäre es mein Hauptziel, mich zu entziehen, unerreichbar zu machen, indem ich eine Welt erfinde, in der alle natürlichen und menschlichen Gesetze außer Kraft gesetzt und die Bindungen an die sozialen Klassen gekappt sind; desgleichen der Strick, den der Zivilstand sorgfältig um die Hälse schlingt, ein Kanzleischreiber, gar Henker für alle Belange, die eine erzeugbare, unterwerfbare und auf Gnade verscharrbare Menschheit betreffen. Kurz, ich habe gezeigt, infolge welcher Ausdörrung oder welchen Verzichts – als wäre die Poesie (oder was ich von ihr wußte) von diesem *Nein* angenagt worden, dessen Paraphrase sie war – ich schließlich kaum noch anders schreiben konnte, als um mir die Hölle heiß zu machen, erbittert, meinen einzigen, leidlich festen Boden in dem Entwurf eines Selbstporträts zu finden. Ich habe bereits außer dem sozialen Vorurteil, das mich dazu trieb, einen scheinbar nicht umschriebenen Zustand in der kleinbürgerlichen Mittelmäßigkeit zu umhalsen, die Bedeutung des niederschmetternden Eindrucks erwähnt, den ich der Tatsache verdanke, einen Körper zu besitzen, dem ich es nicht verzieh – abgesehen von der mediokren Stellung, die er mir unter den anderen Menschen zuwies –, daß er den Naturgesetzen und somit dem Tod unterworfen war.

Unterminiert von der fixen Idee der Zeit und der Verrottung, was mich selbst (bestimmt, zu verfallen und zu verschwinden) und gleichzeitig die Meinung der anderen betrifft (die in Bälde die Zuschauer meines Verfalls sein werden), suchte ich das Mittel, um all dem vorzubeugen, was man im Lauf des Lebens verliert, zunächst in einer Art summarischer Weigerung, die Ordnung unseres Universums als gültig hinzunehmen, dann in dem Plan, durch intellektuelle Tätigkeit, die ich möglichst bestechend zu gestalten trachtete, den unausweichlichen altersbedingten Abbau zu kompensieren, insbesondere auf sexuellem Gebiet, jenem Bereich des Manneslebens, der einen seiner kostbarsten und am ehesten gefährdeten Schätze darstellt. Wenn diese Furcht vor dem Verwelken letztlich das ist, was mich leitet, wie sollte es dann verwundern, daß die Errichtung meiner eigenen Statue das bewußte (und hier sogar eingestandene) Ziel meiner literarischen Bemühungen geworden ist? In dem Maße, wie man verwelkt, wird Abwehr dringlicher; und die unmittelbarste ist zweifellos, sich mit einem schönen Kleid zu behängen.

Der Trost, den ich – ungeachtet meines Argwohns – in der Literatur zu finden vermag, verträgt sich demnach im Prinzip mit der allgemein verbreiteten Vorstellung, daß man für das Altern eine Entschädigung braucht: Vergrößerung des materiellen Wohlstands, von dem der Eigennützige selbst oder seine Erben zehren: da hätten wir die Krönung eines normalen Lebens nach der Meinung der Mehrzahl; Bildung eines geistigen Kapitals, das mir – wenn nicht den Ruhm – wenigstens die Chance gibt, etwas zu bedeuten und nicht nach dem Tod völligem Vergessen anheimzufallen: das ist das Palliativ, das ich für mein Ende ins Auge fasse. Es versteht sich von selbst, daß ich den Gedanken nicht zurückweise, am Abend meiner Tage ein gewisses Vermögen zu besitzen, damit mein Alter nur von einem Mindestmaß an Schmerzen begleitet wird (es klaffen Welten zwischen dem Ende des Großbürgers und dem Menschen, dem das Hospital auflauert); doch liegt hierin nicht mein Herzenswunsch und meine Bekanntheit ohnehin nicht. Es graut mir davor, nach Geld zu riechen, als ob es wie die Runzeln ein Zeichen des Alters wäre, wie ein reicher oder bedeutender Mann auszusehen.

Diese Statue, die ich errichten will (und die ich nur in Umrissen zeichnen konnte, als ich dieses Bruchstück einer Gestalt zu Papier brachte, die sich zwischen einem Frauenblick und den Seitenkanten eines Monuments befindet), ist also nicht einfach dazu bestimmt, anderen einen Beweis meiner Geschicklichkeit zu geben und auch nicht, um mich jenen, die mich von außen sehen, in einem Licht zu präsentieren, das mir am günstigsten scheint. Ebensowenig nimmt sie nur die Stelle eines Grabdenkmals ein. Wenn ich diese Gestalt modellieren will (die vielleicht nichts als ein lächerlicher Götze sein wird, den selbst ein Wachsfigurenkabinett verschmäht), so auch deshalb, weil ich in dieser Tätigkeit ein wenig mich selbst modelliere und auch festige. Hier gelange ich wieder zur Sprache, zu ihren enthüllenden und exaltierenden Kräften, zum Gebrauch der Schrift als Instrument der Bewußtwerdung und mithin der Selbsteinwirkung und Schöpfung.

Seit Beginn dieses Kapitels – einer etwas flauen Phase meines dickköpfigen Versuchs der Selbst-Herstellung – sind eine Reihe von Dingen geschehen. Einige öffentlichen Charakters und andere streng privater Natur. Ich erwähnte die Landung der alliierten Truppen, dann die Befreiung (die, nachdem die Erregung der ersten Tage abgeklungen, mich wie viele angesichts der wiedergewonnenen Freiheit ziemlich ratlos zurückließ: *alle* Probleme stellen sich erneut, während es unter der Besatzung, da der Feind nah und seine Bedrohung deutlich war, nur noch Platz für die unmittelbaren Probleme gab, und gleichzeitig Gut und Böse leicht zu unterscheiden waren). Ich erwähnte noch nicht eine zweite Reise, die mich nach Afrika (Elfenbeinküste und Gold Coast) führte, und auch nicht einen Trauerfall, der mir sehr nahegeht, und es tut mir jetzt leid, etwas ironisch geschrieben zu haben, daß ich mich nun nicht mehr über die allzu geräumigen Dimensionen meiner Wohnung am Quai des Grands-Augustins zu beklagen bräuchte. Camus und Malraux, an die ich im Lauf einer Reise, die ich soeben unternahm, sehr intensiv dachte (an den ersten bei der Zwischenlandung in Algier, wo er geboren wurde; an den zweiten, als das Flugzeug die Küsten jenes Spaniens entlangflog, das für ihn wie für viele von uns ein auserwähltes Land darstellt) gehören nicht mehr dem Komitee der Zeitschrift *Les Temps Modernes* an, weil diese Tätigkeit ihnen zuviel Zeit wegnahm und die Zeit kein Ding ist, das man vergeuden kann. Ich habe die Mauretanierin namens Khadidja völlig aus den Augen verloren, mit der ich in der »Rhumerie Martiniquaise« war, als wir in der Zeit, wo die Deutschen noch in Paris waren, in eine Razzia gerieten. Endlich applaudierte ich kürzlich dem Schauspieler Laurence Olivier, der *Richard III.* spielte, wie nur Engländer Shakespeare spielen können (ohne nach einer stilisierten oder naturalistischen Spielweise zu trachten, sondern als *Inkarnation,* und mit dem undefinierbaren Humor, den man genausowenig wie einen Akzent nachahmen kann), dessen Photographie ich aufbewahrt hatte, auf der er zusammen mit Merle Oberon in ihren Rollen als Heathcliff und Catherine im Film *Die Sturmhöhe* zu sehen ist. Kurz, alles trägt sich so zu, als ob ich in dem Wettlauf, der im Laufe dieses Kapitels zwischen mir und der Zeit entbrannte, fortwährend überholt worden wäre, und als ob meine Feder vergebens sich abmühte, eine mir entfliehende Aktualität einzufangen. Der Fehler liegt an der Langsamkeit dieser Feder, die immer dann, wenn ich sie möglichst fließend haben möchte, sich abrackert, als ginge es darum, Berge zu versetzen.

Es könnte bei genauer Betrachtung der Eindruck entstehen, daß ich, wenn ich schreibe, in erster Linie mit der Zeit selbst eine Rechnung zu begleichen habe, sei es, daß ich versuche, mir darüber klar zu werden, was sich im gegenwärtigen Augenblick in mir abspielt, sei es, daß ich Erinnerungen wachrufe, sei es, daß ich in eine Welt entweiche, in der Zeit und Raum sich auflösen, sei es, daß ich eine Art Festigkeit – oder Unsterblichkeit – erreichen möchte, indem ich meine Statue forme (eine wahre Sisyphos-Arbeit, immer wieder von vorn zu beginnen). Ob es die Zeit meines eigenen Lebens oder des Kalenders (von Sonn- und Feiertagen interpunktiert), ein historisches Fresko oder die Galerie meines Privatlebens ist, stets habe ich mit der Zeit ein Hühnchen zu rupfen, niedergedrückt wie ich bin von Todesfurcht, unfähig, sie unter jenem wohltuenden Blickwinkel zu sehen, den trotz der Verwüstungen, die sie bei ihnen ebenso wie bei allen anrichtet, ihr jene zugestehen, die glauben, daß die Welt dem Gesetz des Fortschritts unterworfen sei, anders gesagt, die glauben, daß die Zeit mit der Zeit besser werde und wie ein Schüler im Lauf seines Schuljahres »Fortschritte mache«. (Ein solcher Glaube müßte jedoch, wenn es mit Vernunft zuginge, allmählich aussterben, da die Zeiten keineswegs zuversichtlich stimmen.)

Degré, Barèges, liège: das sind jetzt die Karten, die ich vor mir ausbreite, wenn ich vom Fortschritt, *progrès,* spreche. *Degré,* Grad, weil der Begriff des Fortschritts – das heißt, eines reibungslos verlaufenden Vorgehens oder Aufstiegs – notwendigerweise den Begriff der Stufe oder des Grads einschließt (der Zentigrad, bisweilen ein ganzer Grad, selten aber eine Treppenstufe ist). *Barèges,* wegen des Bads von Barèges, dessen Schwefelgeruch meines Erachtens das Wort *progrès* durchtränkt, da beide durch eine zweite Assonanz fest verkettet sind und es in einem heißen Bad stets ein Thermometer gibt, wo man die Temperatur ablesen kann, was auf einem anderen Weg wieder zum Begriff des Grads führt. *Liège*, Kork, da *Barèges* es wie ein verschwommenes Echo hervorruft und es an der Oberfläche des Bads in den Wannen der Anstalt, wohin man mich als Kind mitnahm, jenes Thermometer gab, dessen Schwimmer, wie mir scheint, aus Kork war (falls es nicht der Abflußstöpsel war). Somit würde sich der Fortschritt in der aufweichenden Atmosphäre eines Schwitzbads entwickeln, er würde nach faulen Eiern riechen und weniger dem Sandstein der Freitreppen oder Bordsteine gleichen als dem Kork, woraus man nicht allein Stöpsel fertigt, sondern auch Rettungsgürtel und jene Schutzhelme, auf welche nur ganz wenige Kolonisten verzichten können.

Progrès gehört für mich wie so viele Wörter vernünftigen und beruhigenden Inhalts (*honnète*, redlich, was etwas einfältiges, *benèt*, hat, wie diese Pfefferkuchensorte, die man *nonnettes*, Nönnchen, nennt; *pudeur*, Scham, dessen übler Anfang fast irgendeine Abstammung von *puer*, stinken, nahelegt, was weder bei *pureté*, Reinheit, nicht einmal bei *public*, öffentlich, aber vielleicht bei *puberté*, Pubertät, der Fall ist) zu jenen Wörtern, die auf die Idee, welche sie ausdrücken, einen Schimmer von Mißkredit werfen, falls nicht umgekehrt diese Idee ihnen in meinen Ohren einen undankbaren Klang verleiht.

Zum Beispiel war meine Hoffnung – sieht man die unaufhörlichen Verbesserungen der medizinischen und chirurgischen Techniken –, nicht ebensosehr wie mein Vater während der wenigen Monate, die seinem Tod vorausgingen, zu leiden, der konkrete Sinn, den ich eine Weile dem Wort »Fortschritt« gab und den jeder lesen könnte, der imstande wäre, in dem individuellen Wörterbuch zu blättern, das ich in meinem Kopf trage (wie jedes sprechende Wesen eins im eigenen Kopf trägt). Was, allgemeiner gefaßt, bewirkte, daß mein Leben glücklicher als das meiner Eltern werden konnte, wurde der Inhalt, mit dem ich, ohne überhaupt darauf zu achten, dieses Wort füllte, obwohl ich im »Fortschritt« durchaus etwas sah, das mich überstieg, aber fast nie, dachte ich ganz konkret daran, über die engen Grenzen persönlicher Erwägungen hinauskam.

Vielleicht erliege ich hier einer Koketterie (oder einer Politik des Geständnisses, jener vergleichbar, die darin besteht, sein Alter zu proklamieren, denn dies macht einen forschen Eindruck und hat Chancen, daß man ein jugendliches Aussehen bescheinigt bekommt), wenn ich auf dem egozentrischen Gesichtspunkt meiner Vorstellung vom Fortschritt beharre. Mit einem zwiespältigen Gefühl, bei dem man nur schwer sagen kann, ob es herablassende Befriedigung ist, die ich aus diesem zurschaugestellten Ich-Menschentum ziehe, Vergnügen, von mir selbst zu sprechen, selbst zum Preis, schlecht von mir zu sprechen, relative Zufriedenheit, den Urteilen, denen ich ausgesetzt sein könnte, zuvorzukommen, oder auch ein bißchen bittere Freude, mit Klarsicht die Selbstanklage zu betreiben, stelle ich fest, daß ein Begriff von mittlerweile so universeller Reichweite wie der des *Fortschritts* mich durch die Hintertür erreichte, die Geheimtreppe der Befürchtungen, die ich stets hegte, was die Summe des Glücks betrifft, die ich vom Leben erwarten kann.

Aber ist es wirklich anders für jene, die eine altersschwache Religion durch den Fortschrittsglauben ersetzt haben? Enthält die selige Erwartung einer fast automatischen Verbesserung der Lebensbedingungen dank der allmählichen Ausbreitung der Aufklärung durch die Schulpflicht und das ständige Wachstum unseres wunderbaren Vorrats an »Erfindungen« nicht eine Charakterschwäche, die der meinen gleicht, wenn ich in Begriffen von Behaglichkeit eine Idee denke, die nur in dem Maße Adel erwerben kann, wie sie eine Chance formuliert und, weit davon entfernt, eine schnurgerade vorgezeichnete Bahn darzustellen, auf der man am liebsten die gesamte Menschheit voranschreiten sehen möchte, einfach anzeigt, daß es eine Richtung gibt, die man vernünftigerweise anstreben sollte?

Betrachte ich den gegenwärtigen Stand der Dinge und sehe, welche schrecklichen Schläge in den letzten Jahren dieses blinde Vertrauen in eine Verbesserung erhalten hat, welche die natürliche Konsequenz der wissenschaftlichen Errungenschaften wäre, würden sie vom Menschen (einem vernunftbegabten Tier, selbst wenn man mit der Reinheit seiner Absichten nicht rechnen kann) und seiner Industrie in vernünftiger Weise zunutze gemacht, dann weiß ich ohnehin nicht, welche Fortschrittsvorstellung ein einsichtiges Individuum haben könnte, wenn nicht eben die eines steinigen Pfads, auf dem wir, koste es was es wolle, voranzukommen versuchen müssen. Genausowenig wie ich in mir eine Berufung für irgendeine Tätigkeit fand, ist der Mensch für die schweren und oft gefährlichen Arbeiten berufen, die er übernehmen muß, will er wirklich einen Fortschritt bewirken. Daher rührt das Versagen so vieler Menschen, die sich darauf beschränken, den alten faulen Optimismus, in dem so viele andere sich gefielen, durch ein vages »Wozu?« zu ersetzen (genauso faul, da es von vornherein jedes mögliche Handlungsmotiv ausschließt). Was mich selbst betrifft, ich muß hier sehr scharf aufpassen, denn ich neige nur allzu sehr dazu, die Verzweiflung zum Kopfkissen zu nehmen und zu beschließen, daß ich mich auf der Stelle hinlege und nicht mehr rühre; auch besteht bei mir die Gefahr – nachdem mich zunächst alles »Moderne« angezogen hatte (das begann damit, daß ich den Jazz liebte und mich für die Modetänze begeisterte, dann folgte mein Interesse für die neuen Kunstformen, deren Aufblühen die Jahre nach dem Ersten Weltkrieg erlebten: zunächst als Mobiliar, an dem ich sowohl als Lebenskulisse wie als Appendix der Kleidung Geschmack fand, ferner meine Liebe zur Musik der »Avantgarde«, weil Konzerte und Ballette zu einer solchen Kulisse gehören, endlich zur Malerei und Literatur); all dies reizte mich, weil es mir auf der Höhe der Zeit zu sein schien und weil es für mich, wilder Rebell gegen die Vorstellung, eines Tages nicht mehr jung zu sein, eine Art Notwendigkeit war, mit den neuesten Schöpfungen der Zeit Schritt zu halten –, in romantischer Weise ins goldene Zeitalter zu flüchten, das die vergangenen Lebensformen darstellen, entweder die Kindheit (jene vor dem »vernünftig« genannten Alter) oder der Zustand der Unschuld, den man – ohne die Nase allzu weit hineingesteckt zu haben – den von unserer Zivilisation noch nicht verdorbenen Primitiven zuschreibt, ja gar allen, die unsere mechanische Frenesie nicht mitgemacht haben. Könnte ich nur die Leere und Untätigkeit eines ewigen Sonntags ertragen, vielleicht gäbe ich mich damit zufrieden. Aber die Unbeweglichkeit – selbst die des Glücks – ist für mich gleichbedeutend mit Monotonie, dem Verrinnen einer gleichförmigen Zeit, ohne Ereignis, das sich meinem Blick in den Weg stellt (wie die Soutane des Priesters dem Todeskandidaten den Blick auf das Schafott der Guillotine verstellt), ohne irgend etwas Buntes, das mich blenden, zumindest meine Augen anziehen und verhindern könnte, daß sie sich unmittelbar auf den Tod richten, der mir am Ende der Straße auflauert.

Während der letzten zehn Jahre spielte der heutige Krieg, der sich anbahnte und den ich nicht allein als kollektive Katastrophe ungemein fürchtete, sondern auch weil er durchaus mein eigenes Verschwinden mit sich bringen konnte, die trotz allem schmerzstillende Rolle eines künftigen Ereignisses, das als Schutzwand diente, die sich zwischen den gegenwärtigen Augenblick und den meines möglichen Endes schob. Später gab es die Hoffnung der Befreiung, auf die meine Blicke starr gerichtet waren. Dennoch sah ich voraus, daß ich, wäre diese Klippe überwunden, erneut in den Fängen meiner täglichen Ungeheuer wäre. Heute, wo der Krieg auf unserem Kontinent ausgerottet und die Okkupation zu Ende ist, gibt es nichts mehr vor mir, keine Feuermauer, die ich überwinden, keine dunkle Pforte, die ich einrennen könnte, nichts, was sich mir in den Weg stellt und verhindert, daß er schnurgerade auf den Graben zusteuert; so daß ich mich vielleicht nie zerschossener fühlte.

Zuweilen machte ich den Versuch, meinem Leben einen großen Ruck zu geben. Weniger um global zu ändern, was mir leer schien, um einen bestimmten Wunsch oder eine moralische Forderung zu befriedigen, sondern mehr aus Lust an einer Umgestaltung, aus dem Bedürfnis heraus, als noch unbeschriebenes Blatt eine Art Neubeginn zu unternehmen, oder einfach, damit noch vor meinem endgültigen Fall etwas Herausragendes geschieht. Die Taktik indes, die ich in meinem Kampf mit der Zeit anzuwenden pflege, erschöpfte sich eher in der Durchführung einer Reihe winziger Unterfangen, die gewissermaßen Zerstreuungen, Zeitvertreib waren (denn ich leide unter einer beschämenden Unfähigkeit, mit mir etwas anzufangen, was unter keinen Umständen Untätigkeit ist), doch auch Aufnahme von Garantien für die nächste Zukunft, als fürchtete ich in jedem Augenblick, daß die Zeit unter meinen Füßen versinkt, und als ob ich sie bezwingen, ihr einen rigiden Weg aufnötigen wollte, um sie zu veranlassen, ihren Lauf fortzusetzen, und somit die Gewähr für meine eigene Fortdauer zu erhalten. Ich spinne ein Netz kleinster Projekte, wie Treffen mit Freunden, Verabredungen, Aufführungen, die zu besuchen man sich für dieses oder jenes Wochenende vornimmt, und so geschieht es – dermaßen bin ich von der Idee besessen, den kommenden Tag vorauszuplanen, wie man eine Lebensversicherung abschließt, um sich sicherer zu fühlen –, daß ich immer mir selbst *voraus* lebe, unfähig, die Gegenwart zu genießen und den Staub von Projekten auf den Staub von Projekten häufend, ohne je in nennenswerter Weise von einem zu profitieren, als ob ich letztendlich nicht so sehr mit Wesen oder sinnlichen

Genüssen als mit der Zeit selbst eine Verabredung hätte. So tyrannisch ist diese Notwendigkeit, meine Tage zurechtzulegen, zumindest die nächsten (aus Furcht, etwas zu versäumen, und weil, ist die Zukunft so belastet, mir die Gefahr der Vernichtung vorläufig beseitigt scheint), so absurd meine Sucht, was meine gewöhnlichsten Freuden angeht, stets einige bereits vorgeplante vorrätig zu haben (wie ein Gelddepot auf der Bank), daß, habe ich mich zu einem Treffen mit mir angenehmen Gefährten verabredet, es mir passieren kann, noch bevor das Datum unserer Begegnung gekommen ist, voll Bangigkeit zu denken, ob ich, abgesehen von dieser Verabredung, wohl noch einmal die Möglichkeit habe, eine spätere in einer nicht allzu fernen Zukunft zu treffen; meine unruhige Erwartung übertrifft jedes andere Gefühl, und ich kann selbst noch im Lauf der Begegnung von ihr besessen sein und mich befangen, wenig gesprächig, abwesend zeigen, so daß die von mir heißersehnte vollkommene Verständigung auf ärgerliche Weise verfälscht und alle Freude, die ich aus diesen Stunden gegenseitiger Ungezwungenheit schöpfen wollte, verdorben wird. So quälend ist dieser Gedanke (bei dem einerseits Erlebnishunger und die Furcht, unbeschäftigt zu sein, andererseits wirkliche Herzensangst mitspielen, die mich zu fortwährender Vorwegnahme treibt), so manisch und verheerend, daß ein Ereignis wie mein eigener Tod oder eines mir nahestehenden Menschen, mein oder sein Abstieg in die Hölle einer schweren Krankheit in bestimmten Augenblicken der Niedergeschlagenheit mir am Ende wie der Stock erscheint, der sich eines schönen Morgens in die Räder schiebt und mich daran hindert, mein Programm zu erfüllen, ein Programm, das indessen gar nicht so sehr wegen der erwarteten Annehmlichkeiten oder was weiß ich welcher merkwürdigen Dringlichkeit, die solche belanglosen Vorhaben entwickeln könnten, aufgestellt wurde, sondern um meinen Bestrebungen gerecht zu werden, die Zukunft in ein möglichst engmaschiges Netz zu sperren, damit das Unheil keine Ritze findet, durch die es eindringen kann. So benutze ich winzige Projekte, um mir die Illusion zu geben, daß ich vor der Todesbedrohung und, allgemeiner, vor dem Unglück geschützt bin, und ich beginne, Tod und Unglück als Dinge zu betrachten, welche die Ausführung dieser winzigen Vorhaben zu verhindern drohen. Was also zu Beginn nur eine List war, die mir ein Ausweichen gestatten sollte, hat nun alle anderen Aktivitäten angehalten, überschattet alle Dinge und duldet selbst keinerlei Ausweichmanöver. Mangels eines weiten Denkens, eines wirklichen Ehrgeizes, angesichts dessen der Preis des Todes nur wenig wiegen würde, verschanze ich mich hinter einem geballten Haufen kleiner Dinge, einem armseligen Wall, dessen Wirkung gleich Null ist, da zu der Angst, von der ich mich mit seiner Hilfe zu befreien hoffte, noch die Furcht vor seiner Ruine hinzukommt, jetzt, wo die banale Ausflucht vor der Gewißheit, daß ein Tag kommen wird, an dem ich nicht mehr leben werde, praktisch zum wichtigsten Lebensinhalt geworden ist. Ein mißglückter Taschenspielertrick, eine kindische List hat die Situation vollständig auf den Kopf gestellt, denn das Mittel ist jetzt Ziel, das Zubehör Hauptstück, der Strebepfeiler Eckstein, die Schutzhandlung schutzbedürftig. All dies wegen des Grauens, das ich vor dem Tod empfinde, als ob dieser Tod, bevor er mich selbst tötet, in mir jede Fähigkeit zu töten begänne, meine Handlungen auf vernünftige Weise zu lenken.

Mir selbst voraus. Ich lebe nicht im Indikativ Präsens, sondern (wenn ich nicht gerade der Vergangenheit einen Besuch abstatte) in jenem absoluten Futur, in das einen die Todesfurcht stürzt. Ich klammere mich an das relative Futur jener Entwürfe, die in der doppelten Absicht geplant wurden, eine Zukunft einzuführen und quer über meinen Weg eine Reihe von Barrieren zu errichten, die ich überwinden muß, bevor ich jenen Punkt erreiche, von dem an es weder ein *Voraus* noch ein *Zurück* mehr gibt. Ich halte mich an eine Art Magie, die das unmittelbar Bevorstehende in Beruhigungspillen verwandelt, um zu verhindern, daß mich der Gedanke an das, was dort hinten ganz am Ende lauert, niederschmettert. Mir selbst voraus. Ich lebe meinen Tod oder klebe an irgendeinem Ereignis, das zwar Zukunft ist, doch weder der Tod noch seine Vorboten.

Ich soll von den Deutschen erschossen werden (eines Nachts während der Okkupation hatte ich diesen Traum). Ich nehme die Sache couragiert bis zu dem Moment, wo ich begreife, daß man am frühen Nachmittag kommen wird, um mich zu rasieren, die letzte und übliche Toilette vor der Exekution. Mit Bestimmtheit zu wissen, in welchem nächsten Augenblick ich durch nichts mehr von der Hinrichtung getrennt bin (während die letzte Toilette, ein Ereignis, auf das sich meine ganze Aufmerksamkeit richtete, mir bis zu dieser Minute das entscheidende Ereignis der Exekution verstellt hatte), dem drohenden Verschwinden dieser letzten, zwischen dem Tod und mir stehenden Wand – die Zeremonie der Rasur – entgegenzusehen, läßt meinen Mut in scheußliche Panik umkippen. Ich spüre, daß ich den Schuß nicht ertragen, daß ich heulen und brüllen werde, wenn man mich zur Mauer führt.

Unmöglich kann ich dem Tod ins Auge sehen, keinem ungewissen Tod (irgendwo hinter den Kulissen), sondern einem eintreffenden Tod, als stände ich schon zu Füßen der Mauer, als trennte mich nichts mehr von ihr. Unverantwortlich ist mein Hang, mich auf Bagatellen zu fixieren (einst ein Anzug, den ich mir schneidern ließ, heute alles, was mir erlaubt, die Tragik des Lebens durch eine seichte Komödie zu ersetzen). Doch treu bleibe ich der Idee einer Revolution, denn eine Umgestaltung unseres Lebens ist dringend nötig, und kein wirklicher Fortschritt – in unserer Welt, wo Arbeit und Geld so schwer wiegen – ist ohne eine vollständige Umwälzung der ökonomischen Bedingungen denkbar, jener Bedingungen, von denen ich endlich einsah, daß sie auf meinen eigenen Lebensweg einen Einfluß hatten, den ich nur, wenn ich böswillig bin, außer acht lassen kann. Gern riefe ich die »neue Ära« an, von der Marthe-die-Selbstmörderin träumte, eine Ära, die ich sicher nicht mit dem goldenen Zeitalter verwechsle (das wahre goldene Zeitalter wäre notwendigerweise das, wo sich die Frage nach dem Tod nicht mehr stellt), doch wenigstens ein weniger verrückter Zustand der Dinge als der, in dem ich mich in der Rolle des Hanswurst oder betrunkenen Heloten gefalle. In dem Traum, den ich erzählte, sollte ich, als ein schlechter Schlaf ihn mir eingab, von den Menschen erschossen werden, die sich all jenen Dingen entgegenstellten, die zu einer solchen »neuen Ära« führen konnten.

Morgen ist Sonntag – ein Sonntag in der Auvergne, wo ich augenblicklich meine Ferien verbringe –, und ich weiß fast alles, was ich tun werde. Mein Tagesablauf ist von vornherein fast ebenso genau geregelt wie der eines Schülers durch seinen Stundenplan. Nichts, was zuviel, nichts, was zu wenig wäre. Doch weiß ich nicht, ob ich lieben werde.

Unter den Gewohnheiten, die ich in meinem Pariser Leben angenommen habe, nach und nach in ihren Netzen gefangen, ohne genau sagen zu können, wie dies geschah, gibt es jene, am Sonntagmorgen der »Venus zu opfern« – wie die ordinäre Umschreibung lautet. Dies, weil der Sonntagvormittag praktisch der einzige Morgen ist, über den ich in voller Freiheit verfüge, und ich die Liebe am Tag am meisten liebe, zweifellos weil es den asozialen Charakter der Erotik unterstreicht, wenn man sich der Lust hingibt, während die Sonne scheint (vor allem am Nachmittag, wo man sich eigens hinlegt, um auf das Treiben der Außenwelt zu pfeifen); abends, wenn die Büros geschlossen sind und die meisten Maschinen stillstehen, gehe ich zu Bett, um zu schlafen. Morgen ist Sonntag – ein Tag auf dem Land, für den man auf schönes Wetter hoffen kann –, und für mich wird es nicht

Sonntag, sondern ein Tag wie alle anderen sein, denn ich bin in Ferien; und vielleicht ist dies der Grund, warum ich nicht weiß, ob ich lieben werde? Da keine Arbeit mir einen faulen Vormittag oder die Siesta eines Wochentags verbietet, wird aus diesem Sonntag, was meine Laune und mein körperliches Befinden aus ihm machen werden. Ich werde ein wenig Englisch lernen, was mir seit Anfang des letzten Monats zur täglichen Gewohnheit wurde. Ich werde eine Weile an den Korrekturfahnen einer ethnologischen Arbeit über Afrika arbeiten, die ich schon seit langem abgeschlossen habe, doch die erst jetzt kurz vor der Veröffentlichung steht. Ich werde vielleicht dieses Kapitel beenden und spazierengehen. Mit mir wird jemand sein, den ich nicht nennen will, doch kann ich von ihm soviel sagen, daß es jemand ist, den ich keineswegs verlassen möchte, um mich irgendwo andershin abzusetzen.

Durch eine gestern eingetroffene Zeitung wurde uns eine Tatsache bestätigt, die alle geschmacklosen Scherze unterbindet und Schweigen gebietet, will man nicht einen anderen Ton als den der Komödie anschlagen: der Tod von Robert Desnos, den man nach Deutschland deportiert hatte und der schon – oder fast schon – auf dem Heimweg war. Sicher werden wir von ihm sprechen als von einem unserer Freunde und einem der drei herausragenden Dichter, die im Verlauf dieser Periode entsetzlicher Regression den Höchstpreis bezahlten. Wenn ich mich an Desnos erinnere, werde ich mich meiner Tics und Koketterien schämen können; vielleicht gibt es mir ein wenig von seinem Mut. Ich werde die Wiesen und Bäume betrachten und versuchen, die Augen nicht allzusehr auf mich zu richten. Schleunigst, und ohne unnötige Gedanken daran zu verlieren, werde ich – wie um eine Klammer zu schließen oder eine Vertrautheit wiederherzustellen, die im Lauf der Unterhaltung verlorenging – mich an die Reinschrift dieser Passage machen, die ich an einem Sonntag in das Heft mit dem blauen Pappdeckel schrieb, in dem ich mein Tagebuch führe, derselbe Sonntag, an dem ich von einer Autofahrt in die Gegend von Senlis erzählte, ein Sonntag, der aus jener Zeit stammt, als ich noch felsenfest davon überzeugt war, ein höheres Wesen oder jedenfalls von den anderen Menschen sehr verschieden zu sein.

Dann – morgen ist inzwischen heute geworden – stelle ich fest, daß es sehr schönes Wetter ist (und wegen der Höhe von über tausend Metern wie gewöhnlich etwas frisch). Ich verließ mein Zimmer, um zur Toilette zu gehen, und fand dort zufällig ein zerfleddertes Stück einer Illustrierten mit Photographien von englischen Theateraufführungen, die vor kaum mehr als einem Monat an der Comédie Française stattfanden; damals sah ich *Richard III.*, und dies war der Anlaß für meinen Entschluß, wieder ein wenig Englisch zu lernen (woran ich ohnehin schon seit geraumer Zeit dachte, da ich Minderwertigkeitskomplexe bekam, weil ich es so schlecht sprach, als ich an der Gold Coast war). Da sich unter diesen Photos eines von dem Schauspieler Olivier in der Rolle des König Richard befand, erinnerte ich mich natürlich an *Die Sturmhöhe,* für mich wie für viele andere ein wunderbares Werk, dessen Suggestivkraft man in zwei Worten ausdrücken kann: der Mythos einer Liebe, die nicht nur mit den sozialen Vorurteilen spielt, sondern mit Leben und Tod, denn sie währt über das Grab hinaus, und der wilde Haß, den sie nach sich zieht, reicht über die Jahre hinaus bis zur Generation, die auf jene der beiden Liebenden folgt, welche die Helden der Geschichte sind. In ähnlicher Weise fasziniert im Drama Shakespeares das imposante Bildnis eines unzähmbar leidenschaftlichen Mannes, der vom Ehrgeiz und von dem Drang, sich über alles lustig zu machen, verzehrt wird.

Endlich – und zweifelsohne hatte ich bereits die Entscheidung gefällt, als ich noch Unentschlossenheit vorgab – hat das Liebesfest zu zweit stattgefunden, während die meisten Sommergäste des halb dörflichen

Hotels, in dem wir wohnen, sich für den Kirchgang fein machten.

Der Morgen geht zur Neige. Ein leichter Wolkenschleier ist aufgetaucht, geometrisch über einen Teil des Himmels gezogen, so daß es vielleicht ein ganz klein bißchen weniger schön ist. Doch stimmt das Wetter trotzdem versöhnlich.

Mit dem Eversharp-Füllfederhalter, den Sartre mir von einer Reise aus den Vereinigten Staaten mitbrachte (einem Füllfederhalter, dessen Körper in einer Art abgeschliffener Kappe ausläuft, welche die Feder fast bis zur Spitze bedeckt, einem vollkommenen Füllfederhalter, eines ausgenommen: er faßt nur sehr wenig Tinte, aber für mich, der immer nur sehr wenig schreibt, ist der Nachteil gering), mache ich mich an die Reinschrift besagten Tagebuchfragments, wie um einen Kreis zu schließen, die Dinge an der Stelle wieder aufzunehmen, wo ich sie begann, oder vielmehr um die Tür hinter mir zu schließen, und woandershin zu gehen, denn in den eigenen Schritten zurückzugehen, ist, selbst wenn man schreibt, nicht menschenmöglich. Bei einem Ausflug ins Gebirge liebt man es ja auch, den zurückgelegten Weg zu schätzen, wenn man ein wenig an Höhe gewonnen hat, indem man ein Haus oder eine Erhebung betrachtet, die jetzt viel tiefer liegt, doch entdeckt man mit Erstaunen, daß sie nach diesem langen Marsch von der Stelle, an der man sich gerade befindet, nicht weiter entfernt ist.

»In diesem Augenblick bin ich in meinem Zimmer. Ich höre Musik vom Phonographen und Leute, die schallend lachen; auch kreischende Frauen, die man kitzelt. Dieser Schweiß ist die vollkommenste Schande und noch ekelhafter, wenn er vom Trubel anstatt von der Arbeit kommt. All diese Leute bringen mich auf mit ihrer Gemütsruhe und Gleichgültigkeit, ihrer vollständigen Bewußtlosigkeit. Ich sah heute nachmittag eine Ortschaft namens Survilliers, in deren Nähe es eine Siedlung gibt. Kleinbürgerliche Familien haben sich dort in Scharen niedergelassen. Die Frauen stricken, die Männer werken im Garten oder daran, die schmutzige kleine Bude aus Brettern oder Mörtel aufzubauen. Die Kleinen sind kaum sympathischer; man ahnt nur zu sehr, was aus diesem Kinderschwarm einmal werden wird. Nicht genug, daß sie die ganze Woche über arbeiten, müssen diese Leute auch noch an den wenigen Tagen arbeiten, die man ihnen zur Erholung gewährt. Sie wollen nur werken, in der Erde buddeln, sich einen Bau bauen, um in ihm innerhalb von ein paar Jahren die Strapaze eines ganzen Lebens unheilbaren Schwachsinns verrauchen zu lassen. Ich begreife nicht, daß diese Leute nicht wenigstens in ihrem »Glück« beunruhigt sind durch die Aussicht auf Krankheiten, die sie früher oder später anfallen werden und mehr als tausend Tode leiden lassen, bevor sie endgültig verenden. Ich verlange nicht von ihnen, daß sie die Beute intellektueller Sorgen werden, über die ich dann spotte, aber mich erstaunt diese tierische Ruhe, die nicht einmal körperliche Angst stört. Ich kann nicht begreifen, daß diese Leute überhaupt kein Wissen von ihrer Verurteilung zum Tod oder jedenfalls sich ihm unterworfen zu haben scheinen. Das halte ich für den Gipfel des Stumpfsinns und der Unterwürfigkeit.«

Die letzte Nachricht, welche hier zu verzeichnen ist: Der Krieg ist zu Ende, denn Japan hat kapituliert.

TROMPETENTROMMEL

Die Wörter mit der Endsilbe . . . *lan* sind oft lustige Wörter. So *brelan,* Kleeblatt oder Trio, *ortolan,* Fettammer, *cerf-volant,* Papierdrache (in sehr spitz zulaufender Herzform, mit einer aus einem jener Blätter von Épinal, die reihenweise Militärs in Uniform abbilden, ausgeschnittenen Soldatenfigur, die in der Mitte des weißen Papiers klebt); so diese andere Flugmaschine, die mein ältester Bruder besaß, mit Namen *Aigloplan* (in der Form an einen Adler erinnernd und aus brauner Leinwand); so *Roland* (dessen Heldenfanfare noch immer in Roncesvalles erklingt), *Coriolan* (der ebenfalls ein Horn, *cor*, ansetzt und es im Triumphzug inmitten eines Tumults von Oriflammen erschallen läßt). Aus demselben Metall wie diese Namen – von denen die beiden letzten ein heiteres Licht auf das allerdings tragische Schicksal der zwei Männer werfen – ist auch *bataclan,* Plunder (mit seinem burlesken Aufeinanderprallen von Küchengeschirr, wo die Kasserollen den Ton angeben) und ferner *mirobolant,* fabelhaft (höchst heiter, mit Clownssprüngen, die in einer Serie von Purzelbäumen oder Saltos inmitten eines Geprassels von Maulschellen und einem Hagel von Arschtritten losgehen).

Neben dem Lichtblitz eines von Freude besonnten Blicks oder dem Luxus von Seide findet man in der Gestaltung solcher Wörter einen makellosen Wohlklang (die trockene Trommelhaut, auf der die Stöcke ihr *planrata-plan* schlagen), der etwas Kühnes und Siegreiches herausfordert. Als ich noch sehr klein war, vibrierte jedes dieser Wörter mit einem prunkvollen Ton; und heute schätze ich, daß sie es dem *jour de l'an,* Neujahrstag, verdankten, einem vom Funkeln der Rüstungen, Spielsachen, Bücher mit grellen Farbeinbänden und all der anderen Geschenke überstrahlten Tag, die wie aus allem, was mir diesen Namen ins Gedächtnis rief, aus dieser Jahreszeit eine glitzernde Flitterwelt machten, dem umliegenden Schatten durch ein erlesenes Feuerwerk entrissen.

Eine Verbindung von Trompete und Trommel, der einzige Gegenstand, welcher diese beiden Töne gleichzeitig produzieren kann, die Trommel der Schlacht von Arcole, die im Gleichtakt der Stöcke gemeinsam mit der rhythmischen Kaskade der Schüsse ein Trompetensignal hochfliegen läßt, dem Hornstoß Rolands ähnlich, doch höher und heiterer, ein Überraschungsspielzeug, dessen Eingeweide insgeheim mit einem raffinierten Mechanismus ausgestattet schienen, der diesen zylindrischen Körper, der dem aller anderen Trommeln glich, zu einem Sammelbecken machte, woraus die scharfe Stimme eines Blechinstruments schoß: derart war die *Trompetentrommel* beschaffen, nach der es mich recht lange verlangte, daß ich vielleicht gar soweit ging, sie (ohne den geringsten Erfolg) in den Neujahrskatalogen zu suchen. Dies, weil ich eines schönen Tages beim Spaziergang diese musikalische Mixtur auf der Basis von Puste und Schlag gehört hatte und weil ich glaubte, sie wäre der anscheinend ganz gewöhnlichen Trommel entsprungen, mit der zwei Kinder sich vergnügten, ohne daß ich bemerkte (und mich erst späteres Nachdenken eines Besseren belehrte), daß einer der beiden Schlingel, der seinen Trommlerkameraden begleitete, eine Trompete dabeihatte, in die er aus Leibeskräften blies.

Noch andere Spielzeuge entzückten mich: Uhren ohne Mechanik, deren beide Zeiger aber, stieß man sie sacht mit dem Finger oder verstellte sie mit Hilfe eines Rädchens, jede gewünschte Zeit anzeigen konnten; ausgeschnittene und bunt bemalte Tiere, Blumen oder Menschen; Abziehbildchen mit feinlackierten Figuren, die einen stets zum Staunen brachten, sah man, wie sie von ihrer Unterseite abgezogen wurden und unversehrt wieder auf einem Blatt Papier erschienen, gegen das man sie preßte, nachdem man sie angefeuchtet hatte; Kompasse mit dieser faszinierenden schmalen Metallraute, allzeit bereit, auf ihrer Spindel zu zittern; kleine Schildkröten mit beweglichen Füßen, die in Kartonschachteln mit einem Deckel aus Mika oder einem anderen durchsichtigen Stoff verwahrt wurden; Postkarten (aber vielleicht träume ich dies?), die gleichzeitig Schallplatten waren. Außer dem letzten blieben alle diese Spielzeuge artig in den Grenzen dessen, was mir ohne große Suchaktion beschafft werden konnte, und in jedem Fall, ohne daß es zu übermäßigen Ausgaben kam. Doch fest steht, daß mein Verlangen nach der Postkarten-Schallplatte – vielleicht wegen ihrer kuriosen und reizvollen Doppelnatur (wie bei der *Trompetentrommel*), vielleicht weil die bloße Tatsache, sie mir ersonnen, doch nie gesehen zu haben (oder sie nur vom Hörensagen zu kennen) ihr einen Wert verlieh, den kein einmal ins Feld meiner Sinne geratener Gegenstand hätte jemals erreichen können; oder ich hatte sie mir gerade deswegen ausgedacht, weil ich mehrere Dinge gerne in einem bündeln will, damit ich das Gefühl habe, über alle Arten von Möglichkeiten zu gebieten, um je nach Laune in diese oder jene Richtung abzubiegen, oder es verhielt sich am Ende so, daß ich, weil ich kein einziges ganz gewöhnliches Spielzeug besaß, sie mir nur länger gewünscht habe und somit heute ganz zu Unrecht in ihr eine Art starrsinnig begehrten Gral sehe – einer fixen Idee am nächsten kam.

Einer der beharrlichsten Träume meiner Kindheit – ich habe ihn wiederholt notiert, nachdem die Aussicht auf eine immer kürzer werdende Zukunft mich zu veranlassen begann, in der hinter mir sich auftürmenden Vergangenheit herumzustochern – beruhte auf diesem sehr einfachen Thema: die Suche nach einem bekannten Gegenstand, den ich verlegt habe und sehnlichst wiederfinden möchte. Diesen Traum reinen Begehrens träume ich heute noch manchmal in den verschiedensten Formen, und fast immer ist der wiederzufindende Gegenstand eine Schallplatte, eine wunderbare Platte (meist Jazz), die gehört zu haben ich mich entsinne, ohne daß es mir jedoch gelingen wollte, sie in einem Stapel ebenfalls erst kürzlich gehörter Platten herauszufinden; eine wirkliche, doch unauffindbare Platte (obwohl ich, solange ich träume, nicht daran zweifle, daß sie in der Nähe ist); ein einzigartiges Stück, verloren inmitten einer Sammlung, die etliche bemerkenswerte Exemplare enthält, die aber alle nicht im entferntesten an jene Platte heranreichen, deren Fehlen ernstlich verhindert, daß ich – wenn auch nicht für lange, doch zumindest für Augenblicke – überglücklich bin.

So erscheint mir im Defilieren von Trugbildern, die bisweilen noch immer mit ihren Karnevalskostümen und bunten Fackelzuglichtern meinen Schlaf beschicken, ein Gegenstand, der jener rätselhaften Postkarte fast gleicht, als das begehrenswerteste aller Dinge. Nicht, als ob ein derart kindliches Verlangen nach einem wertlosen Gegenstand mir wie ein Splitter in die Haut gedrungen wäre, um im reifen Alter wieder hervorzutreten (das wäre ein merkwürdiges Überbleibsel, mit dem, um meine Träume zu möblieren, genügend andere frühe Wünsche wetteifern könnten, die jenem Wunsch gleichen und ebenso wie er unerfüllt blieben). Nicht, als ob ich, träume ich diesen Traum, eine alte Unbefriedigtheit exhumierte, die seit Anbeginn unversehrt ist und wie eingegossen im selben Gefäß steckt: ein fester Körper ohne Dicke, der Wohlklänge in Potenz birgt, obwohl sein Format nicht zu groß sein darf, damit er durch den Briefkastenschlitz paßt. In meinem heutigen Traum zählt die Platte an sich nicht und verdankt keiner weiteren, über die übliche hinausgehenden Verwendungsmöglichkeit ihre Vorrangstellung. Damit dieses (in seiner Eigenschaft als solches übrigens glanzlose) Instrument ein geballtes Wunder wird, braucht es auch keine andere Bedeutung als die von Musik zu haben.

Pendel meines Lebens: ein jedes melodischen Reizes beraubter und in seiner Isolation fast sinnloser Satzfetzen, der mich indes seit Tagen heimsucht. Ich kaue ihn wie Chewing-gum, warte, daß andere Wörter oder Sätze hinzukommen, damit es ein Gedicht wird, das sich auf den Strom der vom Pendelschlag gemessenen Zeit, auf mein fortwährendes Hin und Her oder auf ein Prinzip beziehen könnte, das meinen Seiltänzergang sicherer und stetiger zu machen vermag. *Pendel meines Lebens.* Nach und nach verwerfe ich die verschiedensten Wörter, die man diesem Satzfetzen als Epitheton anheften könnte (*Liebe, Langeweile, Faulheit,* und was konkretere Wörter betrifft, *Afrika,* ein Land, in das mich die Wirklichkeit in periodischen Abständen wirft), totgeboren ist das Feuer, das ich aus dem Zusammenprall zweier Silbenkiesel zu schlagen hoffte (eine Zahl, von jenen Kadenzen gefordert, die man sich schmiedet, wenn man eine Wortmontage versucht, und die anschließend kaum mehr loszuwerden sind, haben sie sich erst einmal heimtückisch aufgedrängt), und jetzt scheint es mir, als könnte ich, ohne die Dinge zu sehr zu vergewaltigen, diesem Satzfetzen das Substantiv *Musik* voranstellen.

Obwohl letztere nicht gerade ein Pendel ist (das heißt, ein Regulator), hat sie zumindest immer einen so großen Einfluß auf mich gehabt, daß ich mich an bestimmte Augenblicke meines Lebens in erster Linie vermittels bestimmter Melodien erinnere, dank derer, scheint mir, ein verhältnismäßiger Einklang zwischen mir und der Welt entstehen konnte. Meist Tanzmelodien, mit anderen Worten: Melodien, die sich mit Verlassenheit und Freude verbinden und mit einem zu organischen und zu tiefen inneren Atem abgestimmt sind, daß ihre Abwesenheit, träume ich davon, nicht gleichbedeutend mit ihrem Verlust ist, den ich um jeden Preis wieder wettmachen muß.

Hindustan, Pfaue und Karawanen (die Pfaue entfalten ihre Schwänze wie Fächer, *fans* auf Englisch, während in den Karawansereien oder Palmenhainen die erschöpften Tiere sich ausruhen), *Hindustan,* der Stand einer Kolonialausstellung oder von Tausendundeiner Nacht, das ist die Melodie von 1920 und der *surprise parties*. Ich erinnere mich fast mit der Deutlichkeit eines Farbdrucks, in welche Stimmung ich bei einem der unzähligen Male, als ich sie hörte, geriet – oder versetzt wurde: eines Tages im Frühling oder Sommer – an einem schönen Tag wie heute, Mittfasten-Donnerstag, wo ich Urlaub habe – ging ich am Spätnachmittag im Bois spazieren, vermutlich in Begleitung einer Freundin, der ich den größten Teil meines damaligen Lebens widmete, ohne mich viel um andere Dinge zu kümmern. Zweifellos handelte es sich um eine gut beleumdete Straße, wie etwa die Allée des Acacias. Von einem gläsernen Freilichtpavillon schallten uns zu dieser Tanzteestunde die Klänge eines Orchesters entgegen, das *Hindustan* spielte, eines jener transatlantischen Erzeugnisse, die damals am meisten Furore machten. Dies weckte in mir ein unbändiges Verlangen nach Gefühlsfülle, leichtem und elegantem Leben mit der nötigen Dosis Exotik und Nostalgie, damit das Ganze sich in einer vagen Emotion auflöste, die ich gern poetisch nennen würde. Eingestreut (meinem Geist bereits während dieses Spaziergangs im Blättertreiben präsent, oder erst jetzt meinen Erinnerungen, die sich wie ein Schneeball verdicken?) das weiter zurückliegende Bild einer meiner »Tänzerinnen«, eines brünetten, eher runden und stets lustigen Mädchens, mit dem mich lediglich die *surprise-parties* verbanden (ich als einer ihrer »Tänzer« und sie als eine meiner »Tänzerinnen«, was nicht hieß, daß es zwischen einem solchen Paar mehr gab als einen technischen Kontakt, Einvernehmen von Partnern und die Lust, sich gemeinsam – als ein Paar in ihrem Dialog aufeinander abgestimmter Instrumente – einem Vergnügen, ja vielleicht einer Kunst hinzugeben, die beide begeisterte). Ein Mädchen mit recht durchschnittlicher Figur, dunklen, lebhaften Augen, flinken Bewegungen und

Mary mit Namen (englisch ausgesprochen). An ihr war nichts Geheimnisumwobenes und kein Jota ferne Prinzessin; ganz im Gegenteil, nüchtern, nervös, doch trotz allem für das alte Ammenweib meines Gedächtnisses mit diesem weichen orientalischen Foxtrott untrennbar verbunden, obwohl ich nicht einmal sicher bin, ob wir ihn je zusammen tanzten. Wie so viele andere Melodien, die mich, immer wenn ich sie höre, bewegen, lieferte mir der gleißende Name *Hindustan* im großen und ganzen das Bild – ja das Porträt – meines Verlangens, beschworen von diesem wollüstigen und fernen Foxtrott, Perlenstrauß einer Bajadere oder Diamant am Turban eines Radschas. Warum also sollte es mich verwundern, ihn für alle Zeiten mit dieser Gestalt in rosa oder blaßblauem Kleid verknüpft zu sehen, die nicht mehr Wirklichkeit besaß als eine mechanische Puppe? Diese Gestalt taucht aus einer Zeit auf, als der alltägliche Sog des Tanzes nur die sinnlichen Gewitterstürme, denen ich, von Schüchternheit behindert, mich hingeben zu können hoffte, in eine vernünftige und geregelte Darbietung verwandelte. Die Gestalt einer Erwartung und schon bald eines Bedauerns. Der Charme dieser Musik, in deren Rhythmus sich mein Körper noch einmal bewegen möchte, hält sich in den Grenzen dieser beiden Wörter – Formeln heimtückischer Säuren, die an jenem Tag ein dünnes Band lebendiger Farbe zerfraßen: die Anwesenheit einer Freundin an meiner Seite –: Erwartung, Bedauern. Der Glaube an die Zukunft noch immer wie eine offene Tür auf die Möglichkeit einer neuen Empfindung; gleichzeitig ein Rückzug in die (damals noch kaum überschrittene) Zeit, als mein Leben noch immer nichts als tastende Erwartung war, auf der Schwelle zu Sälen, deren Licht um so blendender schien, als es aus dem Halbschatten des Vestibüls wahrgenommen wurde, wo ich antichambrierte.

Andere Tanzmelodien begleiten Ereignisse – oder Phasen – jüngeren Datums: der *Liebestraum* von Liszt mit einem synkopischen Arrangement als Klangkulisse eines Ausflugs, den ich vor achtzehn Jahren nach Nantes machte, als Vorspiel zu einigen Regentagen auf der Halbinsel Quiberon, als sich die Eindrücke eines Besuchs in dieser Stadt, in der nach den Sklavenhändlern, für die man die schönen Häuser aus grauem Stein gebaut hatte, viele Irreguläre geboren wurden, in Gedichten niederschlugen; *Love for sale* gehört zu der unruhigen Zeit, als ich bei der Zeitschrift *Documents* arbeitete und am Rande dieser bezahlten Tätigkeit eine peinliche Talfahrt in die Niederungen der Leidenschaft machte, heimgesucht von halb süßen, halb schrecklichen mütterlichen Furien; *Some of these days,* das aus einem Lautsprecher auf der *Cairo City* während des Ablegens dieses Passagierdampfers erklang, der mich am Vorabend des letzten Krieges nach Griechenland brachte, einem gerade beginnenden Liebesabenteuer den Rücken kehrend, das inmitten des großen Chaos der kommenden Ereignisse aufblühen und rasch wieder verwelken sollte. Andere amerikanische Musik im *Straight*-Stil, die rechtzeitig kam, um das Pathos einer überaus rührseligen Szene eines Liebesfilms, in dem ich mitgespielt hätte, zu untermalen: im Innern eines Taxis, das ich allein bestiegen, nachdem ich, wobei ich mir selbst ein wenig ins eigene Fleisch geschnitten, das Band wieder getrennt hatte, das mich mit einem welken Blaustrumpf zu liieren drohte, für den ich – nachdem mir nach einer kurzen Phase der Zuneigung die Augen geöffnet wurden – nichts anderes mehr als Zorn empfand (wie ein tragischer Held, angewidert vom Schrecken des Inzests), eine unverhoffte und äußerst heftige Trennung in der Art von *Ris donc, Paillasse . . .,* begleitet vom Fallen des Vorhangs und einer Jazz-Melodie aus dem Radio meines Fahrzeugs; an der Gare d'Orsay, wo ich eine Freundin zum Zug brachte, für die ich – durch ein Labyrinth gesuchter Sätze hindurch, welche meine ständige Angst, zur Sache zu kommen, an die Stelle von Taten setzte – Liebe empfand, die von diesem Gefallen am Mißerfolg durchkreuzt wurde, den ich immer nur mit großer Mühe unterdrücken konnte: sehr zärtliche und melancholische Blues-Töne ergossen sich über das Stimmengewirr der Bahnhofshalle, als ob ein auf die richtige Atmosphäre bedachter Regisseur Wert darauf gelegt hätte, auf diese Weise die wohlbekannte Schwermut von Abschiedsszenen zu erläutern und gleichzeitig meiner melancholischen Ergötzung eine Delikatesse zu bieten. Auf einer ganz anderen Ebene, der von Unbeschwertheit und Heiterkeit, in der Nähe der Opera buffa, ein altes Lied – schottischen oder kanadischen Ursprungs, glaube ich –, das ein Amerikaner auf seinem Banjo in den Straßen von Montmartre spielte, wo wir ihm fast jede Nacht begegneten; eskortiert von einem Schwarm von Herumtreibern seiner Sorte, lebte er (zumindest dem Anschein nach) in den Tag hinein, führte eine Existenz ohne Plan, eine Sache, der ich damals einen hohen Wert beimaß; dies war zu der Zeit, als ich der Gruppe der Surrealisten beitrat und zusammen mit einigen neuen Freunden ein entschlossener Nachtschwärmer war und in den Kabaretts etwas der Säulenhalle des Zeno oder jenen Höhlen Vergleichbares sah, die, wie uns Geschichte und Ethnologie zeigen, oft als Initiationsstätten gewählt wurden. Wenn ich versuche, mir dieses Lied wieder ins Gedächtnis zu rufen, die Hymne eines Zeitabschnitts, den ich unter seiner frivolen Maske tiefgründig haben wollte, kommt mir stets ein französisches Lied in den Sinn, das Chanson *Ah! la fraise, la framboise,* von dem ich nie mehr als einige Brocken kannte, eine Verwirrung, die auf diese Zeit zurückgeht, als meine Gefährten und ich mit Vergnügen dem Amateur-Banjospieler lauschten, der an der Spitze seiner fröhlichen Mannschaft von Irrwischen beider Geschlechter marschierte.

Jazzmusik also, in der ich heute eine Art von persönlicher Folklore finde, und mehr oder weniger volkstümliche Lieder begleiteten mich an Punkten meines Lebens, von denen ich nur schwer sagen kann, ob sie eine wirkliche Bedeutung besaßen – unabhängig von der Tatsache,

Musik als Untermalung zu haben –, oder ob ich von ihnen nur aufgrund dieses Zufalls, der sie mit Musik verband, eine scharfe Erinnerung bewahrte, eine Botschaft der Vorsehung, welche die Außenwelt mir übermittelte. Ist diese Musikalität, die plötzlich von den Dingen auszugehen schien, so daß zwischen ihnen und mir ein Akkord aufklang, nicht das Symbol meiner seit langem gehegten Sehnsucht: nicht mehr ein Fremder in dieser Welt zu sein, wo ich abwechselnd vor mich hinbrüte und aufschrecke? Und vielleicht war es ein Wunder dieser Art (ein plötzliches Geschenk von außen, daß man glauben konnte, unsichtbare Feenpatinnen hatten ihre Hand im Spiel), worauf ich bereits als Kind hoffte, wenn ich mich nach der klingenden Postkarte, der *Trompetentrommel* oder anderen außergewöhnlichen Spielsachen sehnte? Begehrte ich damals diese Instrumente mit doppelter Verwendungsmöglichkeit nicht ganz einfach deswegen, weil sie mehr als andere Gegenstände das Wunderbare bezeichneten, die Entdeckung, nach der ich in Gestalt von Produkten dürstete, die eine fast übernatürliche Industrie geschaffen hatte? Heute bin ich realistischer, doch vielleicht strenger in meinen Forderungen, und ich erwarte nicht mehr, von der Welt unmittelbar phantastische Geschenke zu erhalten; eher erwarte ich, daß zwischen den Dingen und mir eine – rasche und flüchtige – Komplizenschaft entsteht, als wäre nun nicht mehr die Entdeckung ein »Geschenk des Himmels«, sondern die bloße Tatsache meiner kurzen Begegnung mit einer Welt, die, für Augenblicke ein Mittäter, in meinen Augen zu einer zauberhaften Eroberung wird.

Wenn ich von dieser verlorenen Schallplatte träume, die ich wiederfinden möchte, wenn ich ferner (wie ich vor fast dreizehn Jahren notierte) von einem außerordentlich wichtigen Buch träume, das ich vergebens suche, bei seinem Verleger die Holzregale eines Zimmers durchstöbernd, wo es zwischen anderen Werken, Reiseberichten oder Abhandlungen über Magie, stehen muß, so suche ich immer nur dies eine: ein Unterpfand der Übereinstimmung, ein Zeichen von Dauer, auf das ich mich immer berufen kann, die Versteinerung eines kurzen Glücksmoments, wie auch die gerillte Wachsfläche, die man in Händen halten kann, versteinerte Musik ist, die man sich, wann immer man möchte, unzählige Male vorspielen kann.

Der Stein der Weisen oder das Fläschchen mit dem Elixier der ewigen Jugend. Das Bildnis mit dem zwiespältigen Lächeln, die *Mona Lisa,* deren Raub aus dem Louvre lange durch die Presse geisterte. Der Helm des Mambrin, den der einfaltsreiche Hidalgo Don Quixote de la Mancha in Gestalt einer Barbierschüssel eroberte (einer Art Vollmond oder Heiligenschein mit leicht ausgefranstem Rand, einem Brotkuchen ähnlich, den eine mit all ihren Hauern zubeißende Kinnlade mit einem einzigen Biß in einen Halbkreis verwandelt). Der *Zaimph,* ein heiliger Schleier, der die Statue der Göttin Tanit verhüllt (vermutlich aus Taft oder Musselin, ähnlich dem ein wenig glänzenden und gummiartig aussehenden Stoff, der die Kronleuchter schützt, wenn während der Sommerferien die Herrschaften in Ferien sind), der unantastbare Schleier, in den sich der libysche Söldner Mathô hüllt, nach Flauberts Salammbô und in der lyrischen Oper, welche der Musiker Reyer zu demselben Thema vertonte. Alle Arten von Geheimdokumenten, die von Spionen (Doppelagenten oder auch nicht) entwendet werden. Die zahllosen noch zu bergenden legendären Schätze, auszugraben zwischen den Wurzeln ebenso mächtiger Bäume wie die Eiche, unter der der heilige Ludwig Platz nahm, um Gericht zu halten. Die ernsten oder leichtsinnigen Bücher mit Stichen, halbnackte Frauen zeigend oder andere, entblößt in reinster Wildheit, Bücher, die ich aus der Bibliothek meines Vaters borgte (aus der großen, hohen, breiten und schwarzen oder aus der kleinen mit hellerem Holz), als ich mitten im Flegelalter war und das Schnüffeln in diesen beiden

Schränken des Salons einen großen Teil meiner Zeit verschlang, wenn ich einen Nachmittag müßig im Haus verbrachte. Der Füllfederhalter mit Reservebehälter von unbestritten vollkommener Machart, um den einen die ganze Klasse auf dem Gymnasium beneidet und für den manch anderer begehrenswerter Schatz zum Tausch angeboten wird. Der mit den Namensinitialen verzierte silberne Trinkbecher, von dem das Kind weiß, daß es *sein* Trinkbecher ist, den es bei seiner Taufe erhielt und den es schreiend »wie ein Verbrannter« fordert, geschieht es einmal, daß sich ein anderer, aus Versehen oder Hänselei, seiner bedient. Irgendeine der zahllosen Bagatellen oder kostbaren Möbel, deren Besitz mir heute nicht mehr die geringste Freude bereiten würde, so sehr bin ich vom Gedanken an das rasche Verrinnen der Zeit beherrscht: was also ist dieser seltene Vogel, den ich in meiner Hand halte, dieser Hand mit so flüchtigem Fleisch? (Und was die unbelebten Dinge angeht, ich liebe nur noch die flüchtigsten, jene, deren Zerbrechlichkeit meine eigene Zerbrechlichkeit durchzupausen vermag: Kleidungsstücke oder alltägliche Utensilien, die kein dauerhaftes *Haben* darstellen, sondern eine zeitweilige Instrumentensammlung, deren fortschreitende Abnutzung mit meinem eigenen Körper Schritt zu halten scheint, eine Ausgabe auf Nimmerwiedersehen, ohne Gegenleistung in Form von Dauer, was den Geizigen zufriedenstellen würde ... Und wenn es so ist, zum Henker also mit Sammlungen, Museumsstücken, Nippessachen und Kunstgegenständen, unauffindbaren Büchern oder Luxusausgaben für Bibliophile, kurz: mit all diesen Erwerbungen, deren Beständigkeit mich im Kontrast nur an mein vergängliches Leben zu erinnern vermag, wie auch die Betrachtung der feststehenden Marke des Horizonts jene Bewegung spürbarer macht, die den Magen des seekranken Passagiers zum Revoltieren bringt ...)

Ich zwinge mich hier, gewissermaßen wie Blätter eines Herbariums und trotz meines mäßigen Geschmacks für alles, was in Reliquienschränkchen oder Kuriositätenkabinette paßt, jene Beispiele zu fixieren, die ich für eifersüchtig gehütete oder glühend begehrte Gegenstände finden kann, Proben aus dem Feld meiner unmittelbaren Erfahrung oder aus dem jener Dinge, welche ich nur auf imaginäre Weise erfaßte (denn das Wissen um sie ist nur aus zweiter Hand, und sie existieren für mich nur auf die Art von mit Wappen bestickten Fahnen, die für Augenblicke in meinem Kopf gehißt werden), und zwangsläufig muß ich zugeben – wie einer, der wirklich Pflanzen sammelt –, daß ich nichts zu fassen bekomme, aus dem ich mehr machen könnte als einen verdorrten Blumenstengel, bestenfalls eine schon bald zu Staub zerfallende Blüte. Und wenn ich zu jener Jagd aufbreche, die nur zu enttäuschenden Fängen führt (bleiche Phantome von Wirklichkeiten, ewige Nachzügler meines Lebens, die schon jetzt, im Augenblick, wo ich schreibe, zwischen Ruinen umherstreichen), ahme ich auf einer abstrakten Ebene die Suche nach, die in meinen Träumen wie in meinem alltäglichen Leben so oft einem *Gegenstand* gilt.

Besonders vor einigen Jahren befiel mich ziemlich regelmäßig ein Unbehagen, sobald ich eine gewisse Zeit mit mir allein war. Meist unfähig, mich mit irgend etwas zu beschäftigen, außerstande selbst zu lesen, so groß war mein Überdruß – jener Überdruß, in dessen Schlamm ich auf noch ekelhaftere Weise steckte, wenn mich die Tage zuvor kein nennenswerter Ausgang zerstreut und die Rolle eines Ereignisses gespielt hatte –, tobte ich innerlich, weil ich wie zum Spaß die wenigen Stunden meiner freien Zeit vergeudete, die ich hätte zum Schreiben nutzen können, ließe ich mich nicht von Mutlosigkeit überrollen. Um dieser Untätigkeit zu entkommen, die in mir die schwärzesten Gedanken wuchern ließ – soweit, daß ich an Selbstmord dachte, den auszuführen ich letztlich nicht einmal den kleinen Finger zu rühren wagte (was wiederum dem Marasmus Auftrieb gab und jedesmal zu neuen Demütigungen führte) –, mußte ich mich auf die

Suche nach einem Gegenstand machen, allgemeiner: nach irgendeinem Punkt der mich umgebenden Welt, an dem mein Interesse sich festbeißen oder dem ich meine Aufmerksamkeit widmen konnte – wobei es sich um eine Frau aus meiner Bekanntschaft handeln konnte, die ich besuchte, um einen Freund, den ich anrief, um eine Verabredung zu treffen, oder zu dem ich mich aufmachte, um ihm etwas Wesentliches mitzuteilen, das in unsere Beziehung (so wähnte ich) ein neues Element einbringen würde –, wobei es sich auch als letzten und seichten Ausweg um ein Besäufnis oder eine fleischliche Ausschweifung handeln konnte, der ich mich außer Haus und in unbekannter Gesellschaft hingab – wobei es sich sogar um eine simple Erkundung meiner Küchenschränke handeln konnte, um irgend etwas Trink- oder Eßbares oder überhaupt etwas aufzutreiben –, dies in der weiter zurückliegenden Zeit, als diese Augenblicke von Einsamkeit und Bedrückung fast auf fatale Weise zu erotischen Hirngespinsten führten (mit der verstiegenen Verlockung, meinen eigenen Körper als Spielzeug zu nehmen, um die Zeit totzuschlagen, einer Verlockung, der ich zuweilen erlag, um mir anschließend Vorwürfe zu machen, weil ich mich idiotisch überanstrengt hatte) – wobei es sich um einen wirklichen und materiellen Gegenstand handeln konnte, von dem ich einen fetischistischen Gebrauch machte, obwohl ich nie auch nur die geringste Anziehung für diese Leidenschaft spürte, die auf dem prickelnden Kontrast zwischen dem hochzivilisierten Charakter eines Kleidungsstücks, in dem die gesamte soziale Außenwelt sich ballt, und dem Naturzustand beruht, dessen Symbole die Nacktheit oder der Liebesakt sind. Bei Ausflügen mit mehr oder weniger verfügbaren Freunden und Frauen (im Notfall, Adressenbuch in Händen), bei mentalen Erkundungsreisen durch alles, was mir das Ensemble der Utensilien der Behaglichkeit oder Annehmlichkeit, versammelt zwischen den vier Wänden meiner Wohnung, an Reizvollem hätte bieten können, entdeckte ich nichts. Also machte ich mich in der Regel daran – zunächst guten Glaubens das Buch suchend, dessen Lektüre mich in diesem Moment befriedigen könnte –, Bücher oder notfalls fast alles zu betasten (Briefe, Erinnerungsstücke, Papiere, alle Dinge, die man einsehen und ordnen kann), unter dem albernen Vorwand aufzuräumen: Gegenstände handzuhaben, weil ich den *Gegenstand* nicht gefunden hatte. Oder, da ich wußte, daß in diesen Phasen an wirkliche literarische Arbeit nicht zu denken war, zog ich aus einem Schubfach des scheußlichen amerikanischen Schreibtischs, der in jener Zeit mein Arbeitsplatz war, das dicke karierte Heft, in dem ich mein Tagebuch führe, und schrieb etwas hinein – bloß um etwas Papier bekritzelt zu haben, auch um mir meine Lage klarzumachen, als hätte ich einen Offenbarungseid zu leisten, ganz wie ich mich gerade zuvor oder zu einem anderen Zeitpunkt daran gemacht hatte aufzuräumen, Ordnung zu schaffen, um die Abwesenheit dessen, was ich ursprünglich suchte, so gut wie möglich zu vertuschen.

Nun, es kam vor, daß ich diese Innenweltkrisen, diese schädlichen Fruchtentwicklungen der einsamen Stube auch unter freiem Himmel zu erdulden hatte. War ich allein auf der Straße und fand mich unbeschäftigt (zum Beispiel, wenn ich meinen Arbeitsplatz im Museum verlassen hatte und mich auf dem Heimweg zu meiner Wohnung befand, oder nach einem Einkaufsgang zu Fuß, wenig eilig, wieder zwischen den bekannten vier Wänden eingesperrt zu sein), drängte es mich in einer ersten Anwandlung, jene Augenblicke der Freiheit dazu zu benutzen, mich in aller Einfachheit einmal umzuschauen, die Leute, die Dinge und alles, was sich je nach den Launen des Trottoirs oder der Fahrbahn zeigt, zu genießen. Doch nach wenigen Schritten – als hätte mich die perverse Lust befallen, meine Blicke zu neutralisieren, sie in Scheuklappen zu legen, und als hätte ich es darauf abgesehen, jeden Anflug von Ausbruch im Keim zu erstikken und meinen intellektuellen Halfter möglichst eng zu schnallen, um auch draußen das wiederzufinden, was einer verbrauchten Stubenluft am nächsten kam – verwandelte ich meinen Spaziergang (wo auf den ersten Blick einem luftigen Flanieren nichts im Wege stand) in ein scheeläugiges Herumtrödeln vor den Ständen der Bouquinisten oder den Fenstern von Buchhandlungen, spielte den Liebhaber auf der Suche nach Nippes und Neuheiten, und schloß manchmal mit einem Kauf, weniger um mir einen Wunsch zu erfüllen oder ein konkretes Bedürfnis zu befriedigen, sondern weil mein Vagabundieren von einem solchen Kauf per definitionem abhängig war, der im übrigen, noch kaum getätigt, schon wieder bereut wurde. Zwar habe ich eine unleugbare Freude am Besitz von Büchern und zweifellos befriedigt es mich, aus ihnen bisweilen etwas zu erhalten, indem ich ein verwandtes Denken begleite oder in irgendeinem Presseerzeugnis auf einen Unbekannten stoße (dieselbe Befriedigung empfinde ich, wenn mehrere Briefe im Brieffach liegen, daktylographierte Rundschreiben, Zeitschriften oder Einladungen: das Gefühl, nicht verlassen zu sein, mischt sich mit der kindischen Freude, eine Art *Berechtigter* zu sein), doch gesellt sich zu dieser Befriedigung immer ein Teil Verdruß, ja Traurigkeit. Da ich sehr langsam und folglich sehr wenig lese, weiß ich, daß ich nicht alles lesen kann (einmal vorausgesetzt, daß mich alles interessiert), und ich überschlage, wie viele nicht gelesene, kaum angeschnittene und durchblätterte Bücher mit ihren Reihen von in durchsichtiges Papier gehüllten Rücken und selten einem Einband meine Verschläge in dem Augenblick tapezieren werden, wo ich, falls ich dann noch alle fünf Sinne beisammen habe, eigentlich bemerken müßte, daß ich mich als Handwerker der Sprache, mag die Macht der Wörter noch so wunderbar sein, keineswegs dem allen Sterblichen gemeinsamen Los entzogen habe. Auch muß ich, immer wenn ich der Lust erliege, meine Bibliothek durch einen Kauf zu erweitern, unweigerlich denken, daß diese Erwerbung nur eine sterile Gebärde ist, deren sicherstes und klarstes Ergebnis in der Vermehrung jener Dinge besteht, die zu lesen ich einen Augenblick lang versucht war, doch die ich, am Ende meiner Zeit angelangt, zweifellos nicht gelesen haben werde.

Die Gebärde eines Kindes, raffgieriges Haschen meiner Hand, die sich eines Gegenstands bemächtigen und nicht sich seiner auf konventionelle Weise bedienen möchte; symmetrisch dazu das Glück, das ich in der Veräußerung einer gewissen Geldsumme zu finden vermag, als ob die Gebärde des Ausgebens das abstrakte Äquivalent einer Ausschweifung wäre (passierte es mir nicht wiederholt, wenn ich so von Straße zu Straße zog und mich machtlos fühlte wie in den Tagen, als ich im traulichen Beisammensein mit meiner Feder, meinen Heften und meinem Schreibtisch Trübsal blies, ein Buch zu kaufen, nachdem mich zunächst der Gedanke, ein Bordell zu betreten, um einen eindeutig käuflichen Kontakt einzugehen, gequält hatte?), und als ob es mir in erster Linie darum ginge, daß zwischen der Welt und mir *Verkehr* herrscht: ich gebe ein bißchen von mir selbst in einer direkten Umarmung oder in der algebraischen Form einer Bezahlung; ich erhalte ein Unterpfand, indem ich für eine kleine Weile einen lebendigen Körper halte oder ein kleines Stück unbelebter Welt besitze, das ich in Ermangelung einer kostbareren Beute entschlossen nach Hause trage. Dem entgegengesetzt, doch von derselben Natur (wie die Ebbe zur Flut gehört) ist der Akt, ein Buch zu schreiben und zu veröffentlichen: mich auszuliefern, zu entblößen, zu erniedrigen – kurz, mich zu prostituieren, mich selbst feilzubieten – im doppelten Sinn dieses Wortes, das seiner merkantilen Bedeutung die umfassendere eines Beziehungsverkehrs hinzufügt –, aus meinem eigenen Körper Kapital zu schlagen und jenen Gegenstand herzustellen, der meine Lebensversicherung sein wird, weil es diesmal sein Schicksal ist, mir zu entgehen (da er gegen klingende Münze in Umlauf gebracht wird) und seine Laufbahn in anderen Händen fortzusetzen.

Eßgelüste, die sich nicht unterdrücken ließen (wie jene, die mich während des ersten Besatzungsjahres, als die Verknappungen für jene Pariser am härtesten waren, die noch keine Verbindungen zum Land geknüpft hatten, dazu trieben – gleich einem unglücklichen Spieler, der in der jedesmal enttäuschten Hoffnung seiner Chance hinterherhetzt, daß der nächste Wurf erfolgreicher als der vorherige ist –, nicht mehr nur eine, sondern gleich eine ganze Reihe von Konditoreien zu betreten, um Kuchen auf Kuchen zu essen, ein Impuls, dem ich in diesem Augenblick fast ohne Scham nachgab, was ich früher, als die Kuchen für Gaumen und Zähne sogar noch zarter waren, nie über mich gebracht hätte), lustlose, griesgrämige Begierden (weit entfernt von jenem Heißhunger, wo man sich freudig zu Tisch begibt), brennender Durst ohne die geringste körperliche Not oder einen Anlaß zu feiern (jener Brand, der bewirkt, daß viele Alkoholiker freudlos und allein trinken), diese Gefräßigkeiten, *avidités* – die ich ebensogut Ausdörrungen, *aridités,* oder Witwenstände, *viduités,* nennen könnte –, die sich in der Form wenig unterschieden, obwohl sie es auf verschiedene Dinge abgesehen hatten, brachten mich mit stets dem gleichen Stolpergang, dem stets das gleiche Scheitern folgte, in einen Zustand, von dem ich hoffte, daß er die mich außen umgebende Gummihaut provisorisch aufpumpen oder umgekehrt, daß er mir Hautfetzen abreißen würde. Im ganzen ging es darum, der Verwirrung Herr zu werden, indem ich irgend etwas auftrieb, woran ich mich festhalten konnte und was, für mein beim Anblick einer derartigen Aussicht pochendes Herz, eine reiche und harte Verdickung war, die aus einem unhaltbaren Boden hervorstach. Auch pflege ich mich an eindeutigen und konkreten Bodenunebenheiten (eine genaue Erinnerung an meine Kindheit oder an später) festzukrallen, wenn ich, blockiert oder irregegangen in der Abfassung selbst dieses Textes, ein Mittel suche, das mir aus der Klemme oder von der falschen Fährte wegzukommen hilft, auf der ich mich, wie ich spüre, befinde: eine Taktik, die ich hochtrabend mit der des Antäus vergleichen könnte, der wieder zu Kräften kommt, wenn er die Erde berührt und somit jedesmal, wenn er sich ungeschickterweise zu Boden strecken ließ, neue Ressourcen erschließt.

(Jedoch scheint mir ein solches Bild bei näherer Betrachtung völlig schief zu sein. Denn was mich zu Boden streckt, ist genau meine Schwierigkeit, zu diesen wirklichen Berührungen vorzudringen, so daß es aufrichtiger wäre, hier von einem schlichten Teufelskreis zu sprechen: allein das Gefühl, mit etwas greifbar Wunderbarem zu kommunizieren, kann mich aus der Verwirrung befreien. Nun führt mich dieses aus dem Zerwürfnis zwischen mir und dem Konkreten erwachsene Unbehagen durch die Schlaffheit, die es mitbringt, genau dahin, meinen Griff zu lockern oder meine Finger nur um Beutestücke zu schließen, die leicht zu fangen, doch von lächerlicher Dichte sind. All dies läuft letzten Endes wieder auf den elementaren Begriff des Exils hinaus, oder eines Risses, einer Kluft, die zwischen mir und meiner Wahrnehmung klafft, eines Grabens, den ich – meinen Mut in beide Hände nehmend – aufzufüllen versuchen müßte, es sei denn, es gelänge mir, ihn mit einem verzweifelten Satz zu überspringen. Doch noch immer befinde ich mich dann auf gleicher Höhe mit dem Erdboden, was man brutal Mangel oder Not heißen könnte, ja Hungersnot, die einen dazu treibt, an den eigenen Fäusten zu nagen oder gar Holzstücke zu kauen, indem man sich notfalls an rein idealen Gerichten mästet, wenn man sich keine handfestere Nahrung verschaffen kann).

Da ich dermaßen vom Konkreten besessen bin und rasend vor Wut sehe, wie es mir ständig entgleitet oder sich auflöst, muß ich wohl ohne Säumen ein mich seit langem quälendes Problem anschneiden, um es so gut wie ich es vermag zu lösen. Ist diese Bahn, auf der ich mich befinde, ihren Linien wie Führern vertrauend, die mich in ein Land bringen sollen, wo alle Wesen mir lebendiger erscheinen, wirklich die richtige? Oder ist sie ein trügerisches Garn, das sich zusammenrollt und verwickelt und mich letztlich vom Mark des Lebens entfernt, das ich erreichen möchte, anstatt in unvermeidliche Schlingen gelotst zu werden? Ich möchte von dem, was die verschiedensten Menschen meiner Umgebung mir über meine literarische Arbeit sagten und was in Briefen und Zeitungsausschnitten stand, die ich anläßlich der Veröffentlichung einiger Fragmente erhielt (die bei weitem noch nicht den Punkt erreicht haben, um jene horizontale Linie zu ziehen, welche die Seite von einem Ende zum anderen verriegelt, oder daß in großen zufriedenen Buchstaben das Wort ENDE erscheint, was noch immer nicht heißt, daß alles tatsächlich zu Ende ist, denn man muß noch einmal überlesen, dann streichen und noch einmal streichen), einige Bemerkungen oder Kritiken herausgreifen, die gerade rechtzeitig kommen, um die Rolle von Warnsignalen zu spielen, so daß ich mich fragen muß, ob ich mich bisher nicht als schlechter Stratege erwiesen habe und es nicht angebracht wäre, meine Methode zu ändern.

An erster Stelle einen Brief, den ich von meiner Schwester aus Nemours erhielt. Neugierig auf jede Historiographie unserer Familie und mindestens ebensosehr wie ich geneigt, Souvenirs zu sammeln, meinte diese Schwester – auf deren besonderen Kenntnisreichtum ich schon oft zurückgriff – mir freundlich signalisieren zu müssen, daß ich mich hinsichtlich dieser Tante Firmin geirrt habe, deren Gatte, welcher an »Atemnöten« litt, mich als Kind an einen großen und dicken Hund gemahnte. Nach dem, was meine Schwester schreibt, war die Tante Firmin nicht die Tochter eines Kammerdieners des Vaters meiner Mutter: sie war nichts Geringeres als die Nichte meines Vaters. Doch hatte ihr Gatte sie kennengelernt, als er eine Art Majordomus und sie selbst Gesellschafterin oder Gouvernante war, und die Tatsache, daß beide, wie man sagt, »in Diensten standen«, ist die Ursache meines Irrtums. Die Haushälterin, die mehrere Jahre lang bei meinem Großvater diente, ist eine andere Person, die ich ebenfalls kannte: gewiß stand sie der Familie recht nahe, doch wurde sie in keinem Augenblick zur Verwandtschaft gezählt. Dies wäre also der erste, nicht zu vernachlässigende Punkt: die Ungenauigkeiten, welche die etwas weiter zurückliegenden Ereignisse, auf die ich mich beziehe, verfälschen und in eine trügerische Richtung lenken können. Ich gebe zu, daß im vorliegenden Fall der Irrtum bezüglich eines realen und nicht, wie ich glaubte, fiktiven Verwandtschaftsbandes wenig Gewicht hat: tatsächlich handelt es sich um keine persönliche und direkte Erinnerung, sondern um eine Sache, die ich nur vom Hörensagen kannte. Das heißt allerdings, daß jenen Ereignissen eine Spur von Unsicherheit anhaftet, während ich vorgebe, sie in ihrer Unversehrtheit wiederherzustellen und mich beständig auf sie wie auf eine solide Basis beziehe.

Neben den Schmeicheleien verschiedener Personen, die in Auteuil-Passy wohnen oder wohnten (vermutlich Leute, und dies ist etwas, was mich beunruhigt, die in meiner Literatur nach eventuellen Eigenheiten des »seizième arrondissement« suchen), neben einigem Lob von Freunden (vor allem wegen der wissenschaftlichen Strenge, mit der diese Schrift abgefaßt scheint, die in der Tat nichts »retuschieren, korrigieren, verbiegen« wollte, was immer auch die unbeabsichtigten Umwege sein mögen), will ich einige schwerer wiegende Kritiken zitieren.

Ein Freund – selbst Schriftsteller und Lektor in einem Verlag, dem ich selbst nur in meiner Eigenschaft als Autor angehöre –, dem ich vor mehr als einem Jahr die ersten sechs Kapitel meines Manuskripts zu lesen gab, wies mich nach der Lektüre liebenswürdigerweise darauf hin, daß man nicht mehr allzu genau sähe, worauf ich ab dem Kapitel, das mit dem Bericht über meinen Einzug in Nr. 53 *bis* quai des Grands-Augustins beginnt, hinaus will. Ich gebe zu, dieser Vorwurf ist berechtigt, doch ist nicht eins meiner Ziele, die ich verfolge, gerade zu wissen, wohin ich – in Wirklichkeit – gehe? (Ein Ziel: diese äußerliche Sache zu finden, diesen zärtlichen und unauffindbaren Gegenstand, der zu definieren wäre – und ihn definieren hieße vielleicht, ihn finden? –, und dessen Abwesenheit erklärt, weshalb mein Leben in Angst und Nichtstun verstreicht, in einem Verlangen, das kaum über Spinnerei hinausgeht, nach diesem schier unmöglich zu entdeckenden Gegenstand, in einem ängstlichen und süchtigen Verlangen, das sich mit meiner Angst vor dem Tod verbindet, nach jenem Gegenstand, mit dem ich eins werden und in dem ich mich vergessen könnte. Ein Ziel: das ans Tageslicht zu bringen, was mein Leben lebenswert macht – kondensiert in der metaphysischen Wahnidee, einen Gegenstand zu finden, der wie Musik begeistert –, wäre dies nicht die Richtung, in die ich hier wie in der Wirklichkeit gehe? Ein Ziel, das meine langwierigen und mühseligen Anstrengungen seinem Nebel entreißen möchten, damit ich es endlich ins Visier nehmen kann.) Wie könnte ich in diesem Versuch, mir über meine Wegrichtung klarzuwerden, meinen Bericht mit einer ausreichenden Geradlinigkeit führen, damit sich noch vor dem Schlußpunkt die Leitmotive deutlich abzeichnen?

Die Frau desselben Freundes hat mir eines Abends, als wir mit einer ganzen Schar in einer antillesischen Bar zum Trinken und Tanzen waren, vorgeworfen, daß ich in jener Passage, wo ich von meinem einstigen Geschmack an einsamen Reisen spreche, auf etwas, oder genauer, auf jemanden angespielt habe, der der Grund ist, warum mir die Lust verging, mich davonzumachen; doch würde ich mich weigern, klar herauszubringen, wer dieser *Jemand* ist, dem zuliebe ich einen meiner wichtigsten Zeitvertreibe (wenn nicht gar Lebensinhalte) aufgab, dieser *Jemand,* dessen Identität für alle meine Bekannten ohnehin kein Geheimnis sei. Ein solcher Vorwurf ist ganz dazu angetan, mich zu treffen, denn was er angreift ist nichts Geringeres als jene meiner (wirklichen oder eingebildeten) Eigenschaften, auf die ich vielleicht den größten Wert lege: eine gewisse Sorgfalt, das Höchstmaß mitzuteilen, ohne die Wahrheit zu entstellen oder zu verstümmeln. Ein Vorwurf indes, der mir unverdient scheint: wenn ich in der Art eines Physikers mit dem arbeite, was man den »einkalkulierten Irrtum« nennt, habe ich dann nicht deutlich genug gemacht, aus welchen – guten oder schlechten – Gründen ich mir in diesem Punkt Zurückhaltung gebot, während ich mich in vielen anderen Punkten der Gefahr aussetzte, der Schamlosigkeit bezichtigt zu werden?

Einen vor einigen Monaten im *Figaro* erschienenen Artikel habe ich ebenfalls notiert, dessen Verfasser erklärt – indem er sich beiläufig auf Bruchstücke des Kapitels »Sonntag« bezieht, die in der Zeitschrift *Les Temps Modernes* abgedruckt waren –, daß die Verleugnung meiner Mutter (eine Episode, die ich im Zusammenhang mit meinen Erinnerungen an die Zeit auf dem Gymnasium erzählte) »die größte Schandtat« sei, »die ein Kind begehen kann«. Ich werde mich hüten, hier zu widersprechen, denn hätte ich nicht das Gefühl, mich damals einer Schandtat schuldig gemacht zu haben, hätte ich dann je das Bedürfnis verspürt, sie zu beichten?

Aus *France libre*, der Nummer vom 15. Mai 1946 (ein Auszug, den ich von *Argus* erhalte, das ich abonniert habe, seit zum ersten Mal ein Buch von mir erschien, das keine Luxusausgabe war oder eine begrenzte Auflage hatte):

MICHEL LEIRIS. *Sonntag.* Endlose Variationen zum Thema Sonntag. Der Autor, dessen Humor Aufmerksamkeit erregen konnte, verbreitet hier nur Schlaffheit und Langeweile. Wird Leiris ein Léautaud, ohne dessen Stil und Leichtigkeit zu haben? Wieviel mehr uns doch *Mannesalter* bewegte!

Aus den *Cahiers du Livre,* 18. Faszikel (ein Auszug, den mir dieselbe Agentur zugesandt hat, die man für ein Organ für Erpressungsaffären oder eine Ermittlungsstelle der Polizei halten könnte, liest man ihren vielversprechenden Namen mit dem allgegenwärtigen Auge):

Dies ist nun, hélas! keine gesunde Atmosphäre mehr, die uns hier von *Les Temps Modernes,* dem Organ der Existentialisten und den würdigen Nachfahren der *Nouvelle Revue Française,* angetragen wird. Texte wie »Sonntag« von M. Michel Leiris können wie die meisten Werke der Phantasie (?), die in derselben Zeitschrift erschienen sind, nichts als schulische Zoten und höchst geschmacklose Asphalt- und Modebar-Abenteuer beschwören. Dieser »Sonntag« gleicht merkwürdigerweise einem menschlichen Zuchthaus.

Schließlich fand ich vor einigen Monaten in dem Fach im Sekretariat meines Arbeitsplatzes, wo meine Post und die für mich bestimmten Papiere abgelegt werden, einen kurzen Brief von einer Person, die ich heute nicht mehr sehe, mit der ich jedoch eine Beziehung begann, als ich zum zweiten Mal nach Griechenland aufbrach und den Blues *Some of these days* hörte, heftige Hornstöße, die mir steil ins Herz schnitten, einen Brief, von dem ich diese beiden Sätze behalten habe: »Wann wirst du von deiner Kindheit ablassen? Du verdienst Prügel, wenn du solches Zeug schreibst.«

Diese drei feindseligen Wertungen haben mich natürlich geärgert; ohne daß meine Ohren mehr klingeln würden, wenn es einmal geschieht, daß mir Lob zuteil wird, bin ich in diesem Punkt wie jedermann empfindlich, und vor allem brauche ich Ansporn. Eitelkeit beiseite, eine Kritik beunruhigt mich immer und öffnet Tür und Tor den Fragezeichen.

Hatte ich, als ich *Mannesalter* schrieb, die äußerste Grenze meiner Möglichkeiten erreicht? Seither ist ein Jahrzehnt vergangen, in dem ich nichts Nennenswertes geleistet habe, und nichts beweist, daß ich mich nicht bereits weitgehend – literarisch wie für alles Übrige – auf dem Weg des Niedergangs befinde. Ist das Werk, das ich jetzt schreibe, nur ein flauerer und verdünnter Abklatsch der Beichte, an der ich mich früher versucht hatte, ein Versuch, den man vielleicht nur einmal im Leben machen kann, da es an neuen und ausreichend bedeutsamen Abenteuern gebricht, um einem zweiten Mémorial, das unter einem leicht abweichenden Blickwinkel nicht die Wiederholung des ersten ist, den Stoff zu liefern? Da ich meinem Gedächtnis nur noch Erinnerungen entnehmen kann, die außerdem von Mal zu Mal weniger fesselnd bleiben (denn jene, die mir am meisten am Herz lagen, habe ich bereits in einem anderen Buch versammelt), wäre ich heute in einer Lage, die dem geistigen Bankrott nahekäme, worin jener »Mann mit dem Goldhirn« versinkt, dessen Geschichte mich stark beeindruckte, als ich sie als Kind, vermutlich in den *Lettres de mon Moulin,* las? In jener Erzählung wird von einem Mann berichtet, dessen Gehirn aus reinem Gold ist und der, von diesem Schatz lebend, ihn mehr und mehr erschöpft, bis man ihn eines Tages tot auffindet, mit leerem Schädel und einigen letzten Abschabseln unter den Nägeln seiner verkrampften Finger. Oder hätte ich in Wahrheit nichts mehr zu sagen, beharrte jedoch halsstarrig, als habe man mir eine Aufgabe gestellt, gliche jenem Schüler, der vor seinem Aufsatzthema brütet, an seinem Federhalter kaut und »Mir fällt nichts ein ... Mir fällt nichts ein ...« quengelt, wie es in einer ähnlichen Situation mein Bruder tat und seiner Umgebung eine Komödie vorspielte, die zu wiederholen ich selbst nur allzu oft verleitet bin, ohne von einem Lehrer oder Elternteil unter Druck gesetzt zu werden?

Abgesehen von meiner Angst, den Punkt überschritten zu haben, nach dem ein Schriftsteller nichts anderes mehr als Aufgewärmtes oder Seichtes zustande bringt, quält mich noch eine andere Frage, die aus jener zweiten Kritik entsteht, welche meinen Reminiszenzen und Reflexionen hinsichtlich des Sonntags gilt, und der ich mich nicht entziehen kann. Würden »schulische Zoten«,

»Asphalt- und Modebar-Abenteuer« – zusammen mit der zu den Schriften Paul Léautauds an anderer Stelle aufgestellten Parallele – nicht bedeuten, daß die von mir erzählten Geschichten (ob nun geschmacklos oder nicht) nur einen anekdotischen Wert haben? Während ich Erinnerungen formulieren möchte, um das Wissen, das ich um mich haben kann, zu erweitern, wäre ich – aus Selbstgefälligkeit oder Verblendung – in jene Falle gegangen, sie nicht mehr meinen Absichten entsprechend zu verwenden, sondern sie als Selbstzwecke zu betrachten, sie aufzubauschen und in ihnen nur noch Erzählstoff zu sehen?

Noch irritierender ist die in jenem Brief enthaltene Aufforderung mit der Frage, *wann ich von meiner Kindheit ablasse.* Wäre ich, immer mehr nach meiner fernen Vergangenheit gewandt, nicht nur ein Spezialist (geschickt oder tölpelhaft, das Problem liegt nicht hier) in der Beschwörung der Jugendjahre, sondern auch eine Art altes Kind geworden, der Gefangene einer verflossenen Zeit und nun für jede Handlung, ja jedes Denken verschlossen, welche die Zukunft miteinbeziehen? Spiegelten diese Seiten, denen ich mich verschreibe, bei weitem noch nicht auf dem Weg zu einer Botschaft, aus der andere und ich selbst Nutzen ziehen könnten, nur meine Bereitwilligkeit wider, in meiner Vergangenheit zu versinken, und liefen sie letztlich darauf hinaus, mich an alte Spielsachen oder verstaubte Fetische zu ketten – anstatt mich von ihnen zu befreien und mir eine mannhaftere Zukunft zu weisen –, die ich ein für allemal wegwerfen müßte, um endlich etwas anderes als Erinnerungen zu erleben?

Als Fazit dieser Vorhaltungen bleibt festzuhalten, daß sich in meine Vorgehensweise etwas Zweifelhaftes und Trügerisches einschleicht: mögliche Irrtümer im Spiel meines Gedächtnisses, Unentschlossenheit über die Richtung, die mein gesamtes Projekt nehmen soll, Zurückhaltung in gewissen Punkten, wo ich das Schweigen vorziehe oder mich nur mit verhüllenden Worten erkläre, ein Gleiten ins Nichtauthentische, wenn es stimmt, daß ich wirklich weiter nichts als ein Geschichtchenerzähler bin. Was für ein schreiender Widerspruch, im Ausguck sitzen zu wollen – die Augen stets auf den Bug gerichtet –, um am Ende als Einbalsamierer toter Dinge dazustehen!

Was die Ungenauigkeiten betrifft, welche die von mir angeführten Tatsachen infizieren können, so liegt klar auf der Hand, daß ich hier machtlos bin und mich folglich auch nicht zu beunruhigen brauche: sie stellen ein Opfer dar, das ich notgedrungen bringen muß, eine meiner Menschennatur eigene Unvollkommenheit, gegen die zu rebellieren aussichtslos ist.

Heikler ist schon, was an meine Verschweigungen rührt: absichtlich Schweigen zu wahren oder mich über gewisse Punkte nur halb auszulassen, will das nicht heißen, daß es in mir Dinge gibt, vor denen ich kneife, die ich nicht scharf ins Auge fassen will, um sie klar zu erkennen, da ich mich weigere, sie zu Papier zu bringen und somit öffentlich zu machen? Ich muß mir also dieser Lücken zumindest ständig bewußt sein, um den Schaden in Grenzen zu halten und zu vermeiden, daß ich glaube, Dinge vernachlässigen zu können, die auf eine Art von Nichtexistenz geschrumpft sind, weil sie mehr oder weniger unausgesprochen blieben.

Doch bei weitem am schwerwiegendsten scheint mir jener Impuls zu sein – und es steht zu befürchten, daß ich ihm erlag –, der eine ursprünglich vor allem als Talisman oder Katalysator wertvolle Sache im Handumdrehen in ein Objekt der persönlichen Anschauung oder in ein Spielzeug zum Gebrauch für die anderen verwandelt. Als Lebensbruchstücke, die nicht allein als gelebtes Leben, sondern auch als möglicher Keim für etwas Aktives und Lebendiges auf der Bildfläche erscheinen, entwickeln die winzigen Fakten, die ich mühsam sammle, eine Neigung, sich im Laufe meiner Nachforschungen zu versteinern.

Mehr und mehr werden sie zu Endstationen, statt Startbasen zu sein, und mein Tauchsprung in die eigene Vergangenheit wird unmerklich zum Zufluchtsort und Abstellgleis, nachdem er eine einfache Inspektion meines Untergrunds war, um einen schwungvolleren Anlauf zu nehmen. Hier wird ein Kurswechsel fällig – denn der ganze Sinn meines Unternehmens wird Stück für Stück gefährdet –, und das wirksamste Mittel, ihn auszuführen, ist zweifellos, alles noch einmal von vorn zu beginnen und zu prüfen, welches mein ursprüngliches Ziel war und wie dieses Ziel sich unterwegs in kaum wahrnehmbaren Abweichungen änderte, die jedoch genügen, damit ich mir die Frage stellen kann, ob diese verschiedenen Metamorphosen trotz aller absichtlichen Kurskorrekturen oder unwillentlichen Umleitungen ein einziges und beständiges Gelände abdecken.

Vor langer Zeit hatte ich den Gedanken, auf literarischem Bereich etwas durchzuführen, was ich einmal in dem Versuch, einen damals völlig vagen Begriff schärfer zu fassen, *Corpus-Sorten von nach einer natürlichen Identität gruppierten Fakten* nannte. Ich hatte bereits etwas in dieser Art versucht, indem ich als Rohstoff keine Fakten, sondern Wörter nahm: Substantive, Adjektive oder Verben, die ich am meisten liebte und die für mich das reichste Aroma oder den reinsten Klang besaßen, aus denen ich bloß Sätze zu bilden brauchte – nachdem ich sie wahllos auf ein Blatt Papier geschrieben und nur soweit verändert hatte, um grammatikalisch korrekte Sätze zu erhalten –, denen ich nur die nötigsten Bindeglieder hinzuzufügen und diese miteinander zu verbinden brauchte, dabei allein auf die Ströme vertrauend, die sie aus sich selbst heraus zu bilden und welche die verschiedenen, aufs Weiß des Papiers geworfenen Inselchen miteinander in Kommunikation zu bringen schienen –, deren Verbindung und Verknüpfung je nach den Launen ihrer Affinitäten ich also nur zuzulassen brauchte, damit jedes von diesem Sprachsamen aufs Geratewohl besäte Blatt ein Gedicht gebar. So entstand (bis ich das ohnehin begrenzte Vokabular erschöpft hatte, das mir die Wörter lieferten, welche für mich den erlesenen Zauber jener Dinge haben, die im wahrsten Sinne *poetisch* sind) eine Anzahl von Texten, die ich unter dem globalen Titel *Simulacre* vereinte, der selbst wiederum unter diesen Wörtern ausgewählt worden war. In der Tat schien mir meine Vorgehensweise – die Würfel der Sprache in einem Becher zu schütteln, damit Entwürfe heraussprangen, statt mit ihnen schon vorhandene Gedanken auszudrücken – nichts anderes als ein »Simulakrum« zu sein, eine geistige Pantomime von derselben Art wie die Symbole, die vielfältigen Mienenspiele und Trugbilder, welche man in der schwarzen und weißen Magie zu verwenden pflegt, eine Pantomime, die mir das Unaussprechliche – Bild des Absoluten – offenbaren sollte, indem ich auf lexikalischer Ebene die greifbare Tat eines Demiurgen nachahmte. Als ich diesen Versuch allein im Feld des Wortschatzes (dessen Umwälzung direkt zum Unsagbaren zu führen schien), unternahm, überkam mich das großartige Gefühl einer *Offenbarung;* und so kam ich auf den Gedanken – zunächst als reine Richtlinie –, ihn zu wiederholen, doch nicht mehr in derselben Weise (denn wenn man dasselbe macht, was man bereits getan hat, entdeckt man nichts Neues, und außerdem war mein Vorrat an Schlüsselwörtern verbraucht), also nicht mehr von einem einfachen Wortpuzzle, sondern von einem Faktenpuzzle auszugehen.

Ebenfalls schon seit langem konnte ich beobachten, daß ich mich in meinen Stunden fruchtloser Arbeit meist so verhielt, als ob ich mir folgendes Denken zur Regel machte: daß nämlich ein gewisses *Ritual* (eine gewisse Inszenierung) – Liturgie oder Ballett? – die Schwäche einer nachlassenden Einbildungskraft ersetzen kann. Fühlte ich mich unfähig, aus mir selbst irgend etwas Positives zu gewinnen, das zu Papier gebracht zu werden verdiente, schrieb ich meist Texte ab, klebte auf leere Heft- oder Notizbuchseiten aus Zeitschriften ausgeschnittene Artikel oder Bilder, nahm Zuflucht zu diesen mechanischen Arbeiten und erledigte sie – obwohl ich mir über derartige Praktiken keine großen Illusionen machte – mit jener peinlichen Genauigkeit, die man vorzugsweise Gebärden widmet, die eine Tradition streng vorschreibt und denen man weit über ihre unmittelbare Reichweite hinausgehende Wirkungen zutraut. Das Photo eines riesigen Menschenaffen mit einem äußerst brutalen Gesichtsausdruck; eine Reihe allgemeinverständlicher Abhandlungen über den dialektischen Materialismus; eine Notiz zu dem Theorieansatz des sowjetischen Linguisten Marr, der die ersten bekannten Menschheitssprachen zu jener Gruppe zählt, die er »japhetisch« nennt; ein Artikel, der eine Entdeckung im Zusammenhang mit dem *Sonnet des Voyelles* kommentiert, illustriert durch eine Zeichnung, die einen schnurrbärtigen Rimbaud zeigt (den Gipfel des *féroce infirme retour des pays chauds*); unveröffentlichte Texte von Stéphane Mallarmé (des Mannes mit dem Schottenrock und karierten Schal, dessen Schachbrettmuster gut zu dem mathematischen Bild des *coup de dés* paßt); andere Artikel über die merkwürdigen Träume, welche Descartes heimsuchten, als er sich an die Abfassung des *Discours de la Méthode* machte, über Restif de la Bretonne und seine Beziehungen zu den Illuminaten, über die apokalyptischen Visionen des russischen Schriftstellers N. Feodorow (den ich nie gelesen habe) über die Wiederauferstehung der Toten; über Stierkämpfe oder andere Stierspiele, die vor einigen tausend Jahren von den Kretern veranstaltet wurden; die Reproduktion eines Gemäldes von Goya, das eine Hexe zeigt, die einen Zahn aus der Kinnlade eines Gehenkten bricht; der Planetenmensch, einer Abhandlung über Hermetismus oder Astrologie entnommen: dies sind – im zufälligen Spiel der Reminiszenzen – einige Stücke, die unter dem Deckel dieser Register versammelt sind, gewissermaßen die Entwürfe zu einem goldenen Buch meiner Neugier, in dem ich manchmal blättre, auch wenn ich ihm seit vielen Jahren nichts mehr hinzufügte. Entgegen dem gewiß wenig vernünftigen, doch tief in mir verwurzelten Glauben, daß die körperliche Nähe von zwei (oder mehreren) Texten ganz unterschiedlicher Herkunft eine Art Stichflamme entzünden kann, auch wenn der Wert der einzelnen Texte in sich ziemlich beschränkt ist, fand zwischen den so miteinander konfrontierten verschiedenen Dokumenten keinerlei Reaktion statt, und kein neues Licht ging von ihnen aus. Bleibt jedoch die Mechanik dieser Gebärden, die trotzdem Spaß zu machen beginnen, selbst wenn man mit keinen praktischen Ergebnissen rechnet: mit der Schere hantieren, zurechtschneiden, bepinseln, eine Fläche im richtigen Winkel auf eine andere legen. Genaue Gebärden, die man macht, als wollte man, die vorgeschriebenen Formen beachtend und jeder ihren Ort gebend, den ihre Natur ihnen anweist, die verschiedenen Ingredienzen zubereiten, deren (in angemessener Weise ausgeführte) Gegenüberstellung das *Sine qua non* ihrer magischen Wirkung ist. Offen gesagt, Schaugebärden, die mich dennoch anziehen, denn führe ich sie aus, finde ich etwas Beständiges wieder, das bis in die Kindheit zurückreicht: als Kind mein Hang, mir Alben oder Hefte anzulegen, was mir gefiel oder was mich interessierte in kleinen Packen oder Blättern oder unter einigen Pappdeckeln (oder auch in Schachteln oder Schubladen) zu versammeln, als wollte ich die verschiedensten Dinge, die mir gefielen, in einem *Kompendium* einschließen, das mir jederzeit zur Verfügung stand. Als ich nur für meinen eigenen Gebrauch in kurzen Fragmenten, die kaum mehr als Gedächtnisstützen waren, eine Art Dossier anlegte, in dem, zunächst auf fliegenden Blättern, dann in einem Umschlag verwahrt, jene Kindheits- oder Jugenderinnerungen aufgezeichnet waren, die ich nicht vergessen wollte, gehorchte ich einem Impuls eben dieser Art. Desgleichen, als ich viel später auf den Gedanken kam, die hier verwendeten Materialien systematisch auf Karteikarten zu übertragen (eingeordnet in eine Kartothek aus gelbem Holz und mittels dickerer und orangefarbener Kartonstücke, die jeweils einer Kapitelüberschrift entsprachen, in mehrere Blöcke unterteilt), um – nach bürokratischem Vorbild, jedoch einer Spur folgend, die weit tiefer reichte als meine (relativ neue) Gewöhnung an administrative und wissenschaftliche Methoden – dieses »Faktenpuzzle« zu verwirklichen, das ich als Sprungbrett nehmen wollte, um richtig in Schwung zu kommen.

Zwischen meinem Wunsch, auf einer mehr irdischen Basis das zunächst mit Wörtern versuchte Unternehmen zu erneuern, und dem empirischen Sammeln von kurzen Notizen über Dinge meines Lebens, die ich festhalten wollte und den unterschiedlichsten Lebensbereichen entnahm, gab es zu Beginn keinerlei Verbindung, ausgenommen vielleicht das diffuse, schon immer verspürte Bedürfnis, verschiedene Elemente zu konfrontieren, zu gruppieren und zu vereinen, als hätte ich eine obskure Lust an Nebeneinanderstellungen oder Kombinationen, eine Lust, welche zweifellos mit jener verwandt ist, die mir in meiner frühen Kindheit einen zusammengesetzten Gegenstand wie die »Trompetentrommel« so anziehend machte. Damit sich eine Gewohnheit, der ich schon seit langem ohne bestimmte Absicht viel Zeit opferte (dabei vor allem dem Wunsch erliegend, mir ein Archiv über mich selbst einzurichten), eines Tages in ein konzertiertes Verfahren verwandeln konnte, das literarische Zielsetzungen hatte und, noch genauer, auf dieses schon seit Jahren sehnlichst gewünschte Vorhaben ausgerichtet war, mußte mich die Faszinationskraft der Sprache erneut zur Erforschung ihrer Arkana führen, indem ich diesmal gewisse Fakten aufgriff, die in meinen Augen aus der Masse der anderen gerade deswegen herausragten, weil sie *sprachliche Fakten* waren und als Motor Wörter hatten.

Mißverständnisse, Irrtümer in der Textgestalt selbst oder in der Bedeutung einer Vokabel, Lautähnlichkeiten, die von Wort zu Wort ein Netz seltsamer Verbindungen weben (zum Beispiel von *idole,* Götze, über *idolâtre,* abgöttisch, das etwas vom steinernen Weiß der Statuen hat, zu *plâtre,* Gips, oder von *plot,* Klemme, zu *complot,* Komplott, beide geheimnisvoll und filzig), die Erinnerungen wachrufende Kraft gewisser Elemente des Wortschatzes, der Reiz, der von den Namen historischer oder legendärer Gestalten ausgeht (wie dieser griechischen Helden: Epaminondas, Leonidas, Ulysses, die an Blumenschmuck gemahnen), das doppelte Gesicht von Wörtern, deren Bedeutung, die sie für uns besitzen, sich nicht unbedingt mit der Definition des Wörterbuchs deckt, verschiedene Typen sprachlicher Unebenheiten, vergleichbar mit den natürlichen »Unebenheiten«, die den Zauber einer Landschaft ausmachen, oder mit solch winzigen Unregelmäßigkeiten wie Sommersprossen, Grübchen, Muttermale, in denen die Anziehungskraft eines begehrten Körpers gipfelt: dies ist das Ensemble zerbrechlicher, doch intensiv erfahrener Wirklichkeiten (vor allem in der Kindheit, wo die Fähigkeit zu staunen am größten ist), das zum Gegenstand meiner Sammlung wurde und den Urkern bildete, um den sich – ohne daß ich zunächst dieses sprachliche Feld verließ, das für mich immer eine privilegierte Sphäre blieb – allmählich alles andere verdichtete.

Als mein Projekt in dieser noch in der Luft hängenden Form Gestalt annahm – und (einige Seiten früheren Datums nicht mitgerechnet, auf denen etliche dieser Fakten bereits in Umrissen beschrieben waren) seit jenem Tag Boden unter die Füße bekam, als ich, nach dem *drôle de guerre* demobilisiert, eine langwierige Arbeit plante, in die ich mich in der Hoffnung stürzen wollte, daß mein krankes Leben gesunde –, verfiel ich, in ihm zunächst nur ein verführerisches Wort sehend, auf den Ausdruck *bifur*[43], um in meinem privaten Jargon die äußerst schwer zu etikettierenden Stoffe zu bezeichnen, die ich anhäufen und mischen wollte: auskeilendes, stolperndes oder ausgleitendes Denken als Folge eines Risses, eines Aufblitzens (wie der Lichtstrahl, der einen blendet, wenn eine schelmische Hand den kleinen Taschenspiegel hübsch schief hält) oder irgendeiner anderen holprigen oder entfliehenden Eigentümlichkeit, die sich in die Rede einmischt – wegrutschender oder absackender Boden, wo der Mensch, dem dies widerfährt, sich in eine extreme Lage geschleudert fühlt, daß alle vertrauten Rahmen splittern und der Horizont aufreißt –, von Strudeln, Wirbeln, Schaumbildungen oder anderen Veränderungen der (gewöhnlich glatten) Sprachoberfläche, die eine ganz besondere Poesie erzeugen; solche datierbaren, mit derartigen Phänomenen gemachten Erfahrungen wollte ich festhalten, um den Tropfen Wahrheit, den sie zu enthalten schienen, zu isolieren und zu verhindern, daß die so freigelegte Ader versiegte.

Unter *bifurs* – als ich in jenem Stadium war – verstand ich nicht so sehr die Möglichkeiten der Weichenstellung und Gabelung, die sich zwischen den Wörtern ergeben und schließlich ein währendes Beziehungssystem bilden, eine Garbe erstarrter Kommunikationen, vergleichbar mit den Eisenbahnschienen, die ohne jeden Zweifel im Boden verankert sind, doch wenn man im fahrenden Zug sitzt, sieht man, wie die Schienen sich spreizen und annähern (Scheren mit sich öffnenden und schließenden Schenkeln), wie die Telegraphendrähte auf- und absteigen, ein vergnügliches Schauspiel, aus dem man sich ein Spiel macht, die scheinbare Belebung von Dingen beob-

43 *Bifur* gibt es im Französischen nicht; Leiris hat sich hier wohl die ersten beiden Silben von *bifurcation* (= Gabelung, Abzweigung, lateinisch: bi-furcus = zweispurig, gegabelt) ausgeliehen, um besser zwischen *bifurcation* und *biffure* »shiften« zu können.

achtend, von denen man weiß, daß sie unbeweglich sind. (Auch hört man manchmal im Geist eine Melodie, die vom Getöse der Räder erzeugt zu sein scheint; ich erinnere mich in diesem Zusammenhang nicht an eine Schallplatte, sondern an eine Walze mit dem Titel *Orient-Express,* ein Stück, das mich als Kind entzückte und das weiter nichts tat, als diese Süchtigkeit zu übersetzen, die so vielen Benutzern des Transportmittels Eisenbahn eigen ist; ein nicht minder angenehmer Zeitvertreib war es für mich, wenn die Lokomotive überland raste, mir ein *steeple-chase* vorzustellen, dessen Wettkämpfer springend und bisweilen Purzelbäume schlagend Straßen, Zäune, Wasserarme und alle möglichen Hindernisse überwanden, welche die Landschaft aufbot, die ich hinter der Scheibe des Waggons vorbeisausen sah.)

Wenn ich mich auf den Ausdruck *bifur* bezog – der mir einmal aufgefallen war, als ich ihn groß gedruckt auf einer Tafel am Rand eines Bahndamms las –, wollte ich den Akzent auf den eigentlichen Akt des Abzweigens und Abweichens setzen, wie ihn der Zug ausführt, der seine Richtung ändert, wenn die Weiche es ihm befiehlt, und wie ihn das Denken ausführt, das bisweilen von den Schienen der Sprache in einen schwindelerregenden oder blindmachenden Wirbel gezogen und in eine Bewegung gerissen wird, die man ebensogut *biffure* [44] nennen könn-

44 *Biffures* = Streichungen. Titel des Bandes. Das Wort ist komplex: es bezeichnet sowohl den Strich, mit dem man ausstreicht, korrigiert, als auch den Akt des Streichens selbst. *Biffe* ist 1) ein »falscher Diamant«, ein Betrug, betrügerischer Akt, *biffer* ist auch »betrügen« (vom Lateinischen *bifidus* = zweigeteilt), *biffe* ist 2) ein leichtes Wolltuch, ein gestreifter Stoff. Im Französischen gibt es für biffer = streichen, aus-, durchstreichen, zahlreiche Synonyme: barrer = durchkreuzen, bâtonner = ausbalken, raturer = radieren, sabrer = zusammenstreichen, effacer = tilgen, auswischen, enlever = entfernen, retrancher = wegstreichen, supprimer = aufheben, rückgängig machen. *Biffer* ist im Vergleich zu diesen Synonymen vor allem ein *wütender* oder *energischer* Akt des Durchstreichens.

te, denn man erkennt hier eine Doppelsinnigkeit, einen Irrtum, den man zurücknimmt, wie dies im Fall eines Versprechers geschieht (sobald unterlaufen, sofort wieder getilgt), wenn man sich sagt: »meine Zunge hat das aufgegabelt«, meine Zunge ist an einer Weichengabelung oder Wegkreuzung auf Abwege geraten.

Das Festhalten an meiner ursprünglichen Definition von *bifur* hätte mir – den Beweis dafür bekam ich schnell – nur einen kleinen Schatz beschert. Derartige Erfahrungen (und deswegen waren sie auch so wertvoll) blieben äußerst selten: ein winziges Grüppchen komplizierter Ausnahmen, vereint zu einem wägbaren Ganzen, Staub kostbarer und zerbrechlicher Absonderlichkeiten, am Boden ihrer Schachtel glänzend wie aufgespießte Schmetterlinge, mit aufgespannten Flügeln im Flug erstarrt. Außerdem schien sich der Begriff *bifur*, sobald ich ihn etwas schärfer zu fassen versuchte, in Nichts aufzulösen und wurde reine Wortklauberei, willkürliches Konstrukt, einem Namen entsprungen, der bestenfalls einen einzigen Aspekt darstellte: den der Verbiegung oder Krümmung, zwei andere Bilder, die mich stets faszinierten. (So vor vielen Jahren eine Postkarte, die den Doppeldecker des Kapitäns Ferber zeigte, der – nach den Erläuterungen am Rand, welche die wichtigsten Daten des Flugzeugs aufzählten – mit einer Vorrichtung ausgerüstet war, die das »Schieflegen der Flügel« erlaubte; von derselben Art und in vollkommener Übereinstimmung mit dem Wort *bifurcation* laut Wörterbuch: ein Punkt, wo eine Sache sich zweiteilt, war jene Unterscheidung, die mein Bruder und ich mit einem haarspalterischen Vergnügen zwischen den beiden Typen »geradlinig« und »krummlinig« trafen, nach denen wir die Segelflieger

Das Phänomen des »shiftens« zwischen *Bifurs* und *Biffures* könnte man graphisch vielleicht durch folgende Buchstaben darstellen:
Bifurs: Y
Biffures: X

einordneten, die wir aus Papierblättern bauten und welche, im Eßzimmer fliegend, wo sie auf dem spiegelglatten Fußboden landeten, um Entfernungsrekorde wetteiferten, die wir als »offiziell« oder »offiziös« einstuften, je nachdem ob die Leistung erbracht wurde, wenn wir beide oder nur einer von uns sie bezeugen konnten, wobei uns das dünne Wachsband eines Metermaßes für Schneiderinnen zur genauen Messung diente.)

Meine Angst, für die Errichtung meines Gebäudes zu dünne Fundamente gewählt zu haben, das Bedürfnis, meinen Schatz um stofflichere Elemente als diese Sprachaffären zu bereichern, die Notwendigkeit, unter anderen Blickwinkeln einen Begriff zu betrachten, der sich meinen Einkreisungsversuchen entschieden widersetzte, brachten mich dahin, an meinem ursprünglichen Plan einschneidende Änderungen vorzunehmen. Als *bifurs* – anstatt mich darauf zu beschränken, die ungewöhnlichen Verschiebungen als solche zu betrachten, die Wörter und Wortverbindungen in unserem Geist verursachen – ließ ich also auch jene Wahrnehmungen gelten, die durch gewisse Annäherungen oder Scheidungen bewirkt werden, die man in einem ganz bestimmten Augenblick tatsächlich in den Dingen selbst zu erblicken glaubt. (So – eine mysteriöse Verdopplung, die selbst die Grundlagen der Identität in Frage stellte – sah ich als Kind anläßlich eines Spaziergangs im Bois, wo wir auf dem Hin- oder Rückweg durch die Rue Géricault, oder Jéricho, kamen, eine Reklame für die Kunststopferei beschädigter Kleider, die, glaube ich, im Geschäft einer Reinigung ausgestellt war und zwei Stoffrechtecke Seite an Seite zeigte, Gegenstände, die offensichtlich *ein und derselbe* Gegenstand waren, den man – auf seltsam simultane Weise – als Doppelstücke zeigte, die zwei verschiedenen Zeiten entsprachen: als noch ein Riß sichtbar und als dieser Riß dank des geschickten Eingreifens der Fachleute wie weggezaubert war. So – umgekehrt – die faszinierende Vereinigung zweier Dinge in einem, was

Instrumente wie die Trompetentrommel und die Schallplatten-Postkarte fertigbrachten, die erste im Bereich rein auditiver Wahrnehmungen, die zweite vor allem wegen ihres postalischen Zwecks ein verwirrender Gegenstand, eine Verbindung aus Hören und Sehen, wenngleich ich mich nicht entsinne, ob die Karte mehr zu bieten hatte als langweilige Verzierungen, die den gravierten Teil umrahmten, so daß also nicht unbedingt zu den in undurchsichtigem Karton eingelassenen Klängen ein Bild gehörte.)

Parallel dazu – meinem Wunsch folgend, Verbindungen miteinander zu konfrontieren, sie anzunähern und herzustellen – lenkte ich meine Aufmerksamkeit in immer stärkerem Maße von diesen privilegierten Erfahrungen weg, die zu analysieren ich mir vornahm, und auf die verschiedenen Verästelungen, die von ihnen abzweigen konnten, Fahrtlinien, wo ich nur aufzuspringen brauchte, und die in zahllosen Überschneidungen endlich eine Art Netzwerk spannen mußten, jenem ähnlich, das alle Regionen eines Landes miteinander in Kommunikation bringt. Zu Knoten von Fakten, Gefühlen und Begriffen, die sich um lebhafter gefärbte Erfahrungen scharten und die Rolle von Zeichen oder überraschenden Illustrationen spielten, überraschend genug, um mir als Bezugspunkte dienen zu können, wurden schon bald die *bifurs*, während ich andererseits versuchte, die nachträglich ausgearbeiteten statischen Exposés durch etwas Beweglicheres, Ungebundeneres zu ersetzen, das in sich selbst eine Fortführung von *bifurcations* oder *bifurs* wäre, anstatt nur eine Beschreibung jener Dinge zu sein, denen ich zu Beginn diesen Namen gegeben hatte. Das Gros meiner Arbeit bestand also letztlich weniger in der Entdeckung, als vielmehr in der *Erfindung*, dann in der Prüfung dieser Knoten, ferner in einer Meditation, die am Faden der Schrift im Zickzack lief und, *bifur* nach *bifur*, von Thema zu Thema wanderte (letztere wurden allmählich in mehr oder weniger voneinander geschiedene Bündel gefaßt, doch in Kapiteln aneinander gereiht, die in ihrer Verkettung Etappen eines überspannten Querfeldeinrennens bildeten, das mich über Hecken, Bäche, Äcker und andere Unebenheiten hinweg in eines der absonderlichsten Gefilde führen sollte).

Wenn ich in der bereits erwähnten papierbedeckenden Weise verfahre – mit Hilfe von Karteikarten, deren Masse bei jeder sich bietenden Gelegenheit allerdings immer mehr zunimmt (indem ich bald auf dieselben, bald auf andere Karten neue Zeilen schreibe, die an das bereits Gesammelte anschließen oder Zusätze sind, bedingt durch Reflexionen oder aktuelle Ereignisse, durch frühere Fakten oder Verhältnisse, wo man plötzlich erkennt, daß sie in den Stromkreis passen) –, kann ich nur dann einer erstickenden und verstaubten Gelehrtenarbeit entgehen, wenn ich meine Dokumente wie Wegweiser benutze, welche die Strecke eines Hindernisrennens oder einer Rallye bezeichnen: einfache Markierungen, die mir den groben Verlauf der Route zeigen, die ich nehmen muß (wo sogar Umstellungen möglich sind, wie es auch geschieht, wenn ich meine Kartei einsehe und leichte Veränderungen vornehme, weil mir ein Element plötzlich besser zur Geltung zu kommen scheint, wenn es im Einflußbereich eines anderen Knotens steht, was nicht der Fall war, solange es von dem alten Knoten abhing). Auch – während ich die noch unbearbeiteten Teile meiner Kartei ein wenig wie ein Vorratsbecken an Karten benutze, in dem ich auf gut Glück herumfischen kann, wenn es mich dünkt, den Einsatz nicht wagen zu können, bevor ich mein Spiel, das sich zwischen meinen Händen wie ein gerupfter Fächer öffnet, nicht durch neue Karten verstärkt habe – muß ich in erster Linie die Beziehungen ins Auge zu fassen, die vielleicht im Innern dieses vielfältig gefächerten Bündels zu entdecken sind, und nicht so sehr auf das starren, was jetzt nach leichenbitterer Lebenserfahrung aussieht, sondern an die Verzahnungen denken, die es mir erlauben, von einer Karteikarte zur anderen zu gleiten, so daß Freiheit und Leben in meine Arbeit kommt, die im ganzen eine Angelegenheit von Verbindungen und Übergängen wird, die, je mehr ich vorankomme, sich verfestigen, bis sie die wahren *Erfahrungen* darstellen, zum Schaden derer, die in meinem Karteikasten stecken und nicht mehr sind als Pflöcke, in großen Abständen in die Erde gerammt, um die Umwege meines Kurses zu leiten.

So, gespalten von unendlich feinen Rissen, die meinen Geist (Symbol meiner Dauer) noch immer durchziehen und betäubende Dünste ausschicken (vielleicht weil sie von diesen Brüchen oder Abweichungen stammen, in denen sich eine Unterbrechung manifestiert und somit ein unerklärlicher Geruch von Tod oder Ende der Welt – eines Sprungs hinter die Relativität – frei wird?), betrachte ich nun diese *bifurs* oder *biffures* (die ich *fourbis,* Krempel[45] zu nennen versucht bin, ein dermaßen banales Wort, daß man sich jedes weitere schenken kann) nur noch als einfache Knoten – während sie einmal den Glanz von Offenbarungen besaßen –, deren Enden alle mit einem Thema verbunden sind, welche die zum Rang artikulierter Urteilskraft aufgestiegenen Zahnräder meiner Schrift mir schleifen helfen, indem sie es unter tausend Lichtern rotieren lassen und mit anderen Themen vergleichen, wobei das Ganze sich wie eine bis dahin übersehene Form immer deutlicher abzeichnet, die man jetzt aber aus einem üppigen Gespinst von Strichen, im vorliegenden Fall von Gabelungen, Mäandern und Abschweifungen, hervortreten sieht. (Einige Bruchstücke dieser Form: der Vorrang der Sprache, die Rückwendung in eine mit Notwendigkeit legendäre Vergangenheit, die eine Art von uranfänglichem Tuffstein bildet, mein Besessensein vom Mineralreich und vom Pulsschlag des Lebens, mein mir von der Wüste übergroß zu-

45 *Fourbis* = Krempel, Kleinkram, Plunder; Titel des 2. Bandes der »Spielregel«.

rückgeworfenes Bild, die Kleidung als Schutzpanzer, die Schuld des Geldbesitzes, Literatur als Mittel, sich selbst zu deklassieren und dem Zugriff der Zeit zu entschlüpfen, das Bedürfnis, mehrere Dinge in einem zusammenzufassen, der Drang nach Teilhabe an der Welt, in der ich mich stets mehr oder weniger fremd fühle.) Wenn es also noch *bifurs* oder *biffures* gibt, so haben sie für mich keine andere Berechtigung mehr als jene, seltsame und im wahrsten Sinne des Wortes ziemlich irreführende Erscheinungen zu sein, die den Geist aus der Bahn bringen und ihn verleiten, sein Glück »abseits der gebahnten Pfade« zu suchen, oder die ihn »entgleisen« lassen, je nachdem ob, um das Ergebnis solcher Erfahrungen und Spekulationen zu bestimmen, die Einschätzung ihres Werts es nahelegt, die erste oder zweite dieser gebräuchlichen Redewendungen zu wählen.

Mag mein Ausgangspunkt noch so willkürlich und zufällig gewesen sein, ich muß jetzt die Aufdeckung und Erhellung jener Themen vorantreiben, die bereits in meinem Liniengewirr durchscheinen und an manchen Stellen das Gebälk zum Knarren bringen, als wäre es unbedingt notwendig gewesen, dieses *Corpus* zu bilden (in das jetzt die banalsten Fakten eingehen, bloße Bebilderungen meiner verschiedenen Seinsweisen) und ihm Stück für Stück neue Elemente einzuverleiben, nachdem ich mühselig ein Mindestmaß an Ordnung in das Ganze gebracht hatte (zunächst als summarische Chronologie jener Fakten, die ich »Ur-Sachen« nennen könnte, jene also, um die sich, diesmal ohne das Datum zu berücksichtigen, die anderen unterwegs scharten), ferner all diese Fakten durch verwickelte Fäden miteinander zu verbinden – zu denen außerdem noch (Hornsignale der lebenden Welt) bestimmte Ereignisse hinzukommen, die dazwischentreten, während ich schreibe – und sie gemeinsam mit den Gestalten, die sich so allmählich abzeichnen, schließlich als *Leitmotive* einer musikalischen Komposition zu verwenden, damit aus all dem etwas herausspringt, was sicherlich noch auf sehr wackligen Beinen steht, doch von dem ich erwarten kann, daß es nach Abschluß meiner Arbeit ein wenig Licht wirft auf das Wesen, das ich in Wirklichkeit bin, und auf das, was es zu Recht als die Grundlage seines Tuns ansehen darf. Mit anderen Worten: um – am Ende dieser *bifurs* (oder so ziemlich in alle Richtungen versuchter Schürfungen) und nach zahllosen *biffures* (oder sukzessivem Ausscheiden illusionärer Werte) – über meine Natur und mein Ziel, über meine tiefsten Wünsche und über das Wertvollste und Tauglichste, das ich in meinem Leben verwirklichen kann, Aufklärung zu erhalten. (Zum Beispiel: Dichter zu sein, mit allem, was in einer solchen Ambition enthalten ist, die sich nicht mit dem Wunsch bescheidet, poetisch tätig zu sein, sondern unerbittlich verlangt, daß der Dichter sich mit allen die Wahl einer solchen Tätigkeit enthaltenden Konsequenzen buchstäblich zum *Wortträger* macht.)

Entscheidende Abzweigungen, die mein Leben nimmt, Begradigungen, die ich an ihm vornehmen müßte, damit es zum *Schicksal* werde: dies sind die letzten Inhalte (der eine noch ganz verstrickt in der Suche nach alten Fährten, der andere zukunftsgerichtet, denn ihm geht es darum, einer Umgestaltung Schneisen zu schlagen), die ich *bifurs* einerseits und *biffures* andererseits zu geben gedachte, sie wie liturgische Formeln behandelnd, deren Bedeutung sich über Nacht ändern kann, ohne daß man sie deswegen in ihrem Buchstaben ändern muß, oder wie uralte Gebäude, deren immergleiche Fassaden die unterschiedlichsten Schicksale und Bestimmungen erlebten (Kloster, Krankenhaus, Gefängnis und endlich vielleicht Museum, als ob nur ihre offizielle Indienstnahme durch die Geschichte ihrer bewegten Geschichte einen Ruhepunkt geben könnte).

Wenn ich sehe, wie sich mit jedem Tag der Abstand zwischen meinen ursprünglichen Intentionen und jenen Dingen vergrößert, die ich – aus Routine? Aberglaube?

oder aus dem Unvermögen, mich eines Wortes zu entledigen, das ein Bild ergibt? – dem magischen Kreis der *bifurs* einzuverleiben suche, stelle ich fest, daß ich mir einer einzigen Absicht stets bewußt war: eine *Gegenüberstellung* vorzunehmen, durch Elemente miteinander verbundene Fährten zu ziehen. Es befriedigte mich, Anschlüsse, Zementierungen, Verkopplungen, Konvergenzen zu bewerkstelligen, als ob es darum gegangen wäre – unabhängig von der Art, in der meine Anstrengungen sich äußerten und unabhängig von meinen ursprünglichen Materialien –, in einem einzigen Gemälde alle Sorten von Daten unterschiedlichster Herkunft über meine Person zu vereinen, um ein Buch zu erhalten, das am Ende ein Abriß über mich in einer Enzyklopädie sein könnte, die jenen Almanachen ähnelt, in denen das Inventar der Welt, in der wir leben, gesammelt ist (beispielsweise jenem von Hachette: eine Fundgrube breitgefächerter Auskünfte, auf dem Deckel ein ernst dreinschauendes Profil mit lorbeerumkränzter Stirn), oder jenem *Memento* in Taschenbuchform, von Larousse herausgegeben, das die Schüler benutzen, um sich auf die schulischen Abschlußprüfungen vorzubereiten, ein dünner Band (gewiß viel dünner als jener zu werden droht, der hier viel Anlaß für Reflexionen gibt), der – so sah ich es als Kind – auf wenigen Seiten die wichtigsten menschlichen Kenntnisse zusammenfaßte.

Noch einmal ertappe ich mich dabei, nach einer Sache Ausschau zu halten, die mir als Nécessaire dienen könnte, nach einer Gerätesammlung in einem nicht zu großen Behälter. Einst war es der Farbkasten oder die Kompaßbüchse, heute meine Bibliothek, die ich immer auf das Wesentlichste zu beschränken versuchte (um in Form von Büchern, die ich nicht einmal unbedingt lesen muß, die Gesamtheit des Wissens als Konserve zur Hand zu haben; und ich hasse es, Bücher zu verleihen, wenn auf diese Weise eine vollständige Reihe zerrissen wird; so konnte es mir passieren, daß ich es vorzog, die ganze

Serie zu verleihen oder gar zu verschenken, anstatt ein einzelnes Element wegzugeben; denn immer handelt es sich um etwas Ganzes, das man nicht mehr antasten darf, hat man es einmal geschaffen und sich dabei auf das Notwendigste beschränkt; unter solchen Umständen ist es besser, einen Teil des Ganzen vollständig zu opfern, anstatt ihn durch den Verleih aufs Spiel zu setzen oder zeitweilig zu entbehren: dies ist das armselige Bild einer geduldig zu schaffenden und dann zu bewahrenden Integrität, denn so große Angst habe ich, auch nur die kleinste Parzelle ins Spiel zu bringen, daß auf sie von vornherein zu verzichten – mehr noch, sie notfalls abzuschreiben –, verglichen mit der Gefahr, ihrer durch Zufall beraubt zu werden, mir das kleinere Übel zu sein scheint).

Immer ein geiziges Vergnügen am Hamstern, Zusammenraffen, Ergänzen, als ob das auf diese Weise zusammengeleimte Ganze unveräußerlich würde, unzählige Kettenglieder, die unzählige Beweise sind, daß keines abhanden kommen darf. Immer eine närrische Freude am Manipulieren oder, um es besser zu sagen, am mit den Händen Festhalten und Modellieren, wie ich mich als Kind mit der Eisenbahn vergnügte, die einem meiner Cousins gehörte, der sie im Garten seines Elternhauses in Viroflay aufgebaut hatte: es machte mir Freude, zwischen und um die Geleise herum Sand anzuhäufen und alles »schön eben« zu machen, damit nur noch die doppelte Metallinie hervorschaute, gerade ausreichend, daß der Zug rollen konnte; ein herrliches Gefühl, den geglätteten Sand zu spüren, wenn man ihn mit der Handfläche planiert; auch gewann diese Spielzeugeisenbahn eine Art übernatürlicher Wirklichkeit, wie sie mitten im Freien gleich einem mit der Natur verquickten Produkt aufgebaut war.

Was also wird an dem Punkt, wo ich mich jetzt befinde, aus meinem Willen nach Austausch, meinem Wunsch, schlicht und einfach eine Garantie zu erhalten, die ein Zeichen meiner Übereinstimmung mit der

Außenwelt und kein Wert ist, den man besitzen kann? Als ich dieses Buch begann, tastete ich mich einer Entdekkung entgegen, bis allmählich und gemeinsam mit meinem wachsenden Bedürfnis, Elemente zu sammeln, die miteinander in Beziehung treten konnten, immer deutlicher wurde, daß ich ein *Buch* machte, es zusammensetzte, aufbaute, Stück für Stück adjustierte (wie es sich für einen von Hand gefertigten Artikel und nicht für einen Traumgegenstand ziemt). Aus dem begeisterten Entdekker wurde nach und nach ein fiebrig erregter Antiquitätensammler, der sieht, wie sein Möbelvorrat zunimmt. Als das Buch mit jeder Seite schwerer wurde, ohne Überraschungen von Karteikarte zu Karteikarte wanderte, die mir im Augenblick ihrer Verwendung meist wertlos erschienen (denn es waren bekannte Dinge, die bereits in Rubriken steckten), verlor sich der anfängliche Schwung; fast ist von den *bifurs* nur noch das Wort geblieben, wie die großmäulige Leere einer Schlagzeile, und aus der »Gegenüberstellung« ist auch nicht viel geworden. Versunken im Treibsand meiner Schwerarbeit, Karteikarten aneinanderzureihen, finde ich einen zunehmend bitterer werdenden Gefallen an diesem ewigen Widerkäuen von Beobachtungen und Ereignissen, die alle zur gänzlich toten Vergangenheit gehören. Keine poetische Flamme flackert hoch, ich verliere mein letztes Ziel aus den Augen, das von der Übermacht der Einzelheiten erstickt wird, statt mir zu helfen, es zu erreichen, und ich mummele mich mit jedem Schritt mehr in meinen grauenhaften kleinen Alltagstrott des Sammlers ein.

So habe ich vor einigen Wochen entschieden, ohne Säumen alles stehen und liegen zu lassen. Da sich die literarische Arbeit, der ich mich mit peinlicher Sorgfalt widme, in meinen Augen immer schlaffer gestaltet und mir nicht länger notwendig scheint (nichts bringt sie mir mehr, außer daß ich mich selbst mehr oder weniger freiwillig in sie einbringe), ist es ratsam, von ihr abzulassen und auf bessere Tage zu warten. Und tatsächlich ist dies im Augenblick das, was ich mir von einem Kurswechsel verspreche: alles einzuschläfern, bis meine anekdotische Krankheit – die wenigstens einer meiner Kritiker so treffend diagnostizierte – ausgewütet hat und ich mit einem durch die Zeit der Ruhe gereinigten Gehirn die Haut wechseln kann. Eine neue Haut, nachdem ich lange von der Bildfläche verschwunden war; eine neue Haut, wie für eine Trommel, die man allzu erbittert schlug, und selbst wenn das Gehäuse noch einigermaßen brauchbar aussieht, muß schleunigst ein frisches Trommelfell her.

Mein Buch – wie auch mein Leben, das sich jetzt ganz dem Müßiggang verschrieben hat – ist am äußersten Rand der Leere angelangt und führt als beinahe wesenlose Silhouette fast ein Schattendasein. Eine wirkliche Euphorie – bislang verdorben von einem leichten Schwindelgefühl, das sich mit ihr mischte – geht mit dieser Untätigkeit einher. Körperlich fühle ich mich leichter, entspannter: wie jene, die keine Aufgabe bindet, die sich um das Morgen nicht zu sorgen und nur dem Leben zu überlassen und vom Augenblick zu profitieren brauchen, die ohne Fußfesseln durch die weite Welt streifen und nur noch (zu Unrecht allerdings) Vergnügen erwarten. In moralischer Hinsicht genieße ich einen seltsamen Stillstand: als ob ich niemals sterben müßte oder bereits gestorben wäre; ein Saum von großen Ferien, ohne Reise, auf dem toten Punkt, das heißt in jenem doppelschneidigen Augenblick, wo alles zum banalen Spiel wird. Zwar gehe ich noch immer täglich zu meinem Museum, doch vergeude ich zumindest meine freie Zeit ohne Gewissensbisse; wenn ich mit jemandem am Spätnachmittag ein Glas trinke, mit Freunden zu Abend esse oder den Abend außer Haus verbringe, gibt es nicht mehr diesen nachträglichen und bedrückenden Gedanken, daß ich davon abgehalten werde, etwas zu *tun,* und daß ich meine Zeit wahrhaftig besser nutzen könnte. Vor allem glaube ich nicht mehr, daß ich mich schwäche, wenn ich nichts schaffe (oder ausschließlich diese paar Zeilen schreibe, in denen ich feststelle, daß die Maschine leerläuft). Und da ich in der Arbeit an diesem Buch keine lebendige Nahrung mehr finde, kann mich mein Entschluß, alles hinzuwerfen, offenbar nicht ernstlich schädigen: wenn ich in die Anonymität der Nichtschreibenden zurücktrete – falls diese Verfinsterung endgültig sein sollte –, riskiere ich nicht viel; wenn ich eine Tätigkeit abschüttle, die schon seit langem Entblößung war, riskiere ich höchstens eine Trübung des schwachen Glanzes, den mir die Veröffentlichung meiner anderen Schriften beschert hatte. Und auf der Ebene der elenden Eitelkeit kann ich diesem Wechsel vielleicht sogar etwas abgewinnen, wenn ich die Gepflogenheiten des armseligen Schreiberlings gegen eine Haltung gleichgültiger Entsagung eintausche und lieber das Schweigen wähle, statt mich weiterhin für müßiges Geschwätz abzuschinden?

Doch ist an einem derartigen Verzicht etwas Unzulängliches und Beschämendes. Ich stelle passiv mein Scheitern fest, ohne Selbstbesinnung, die ein anderes Ziel weisen könnte. Ich lege meine Feder nieder, wie man am Vorabend des Bankrotts Konkurs anmeldet. Der durchschaubare Trick besteht darin, eine Trägheit, die ich ertragen muß, weil mir keine andere Wahl blieb (denn dann hätte ich die Laufbahn eines Schattenkönigs gewählt), auf souveräne Lässigkeit zu schminken. Auch muß ich gestehen, daß es mir nicht gelingt, zumindest einen Teil der Spuren, die dieses Kapitel durchziehen, miteinander zu verbinden, daß ich in heilloser Verwirrung den Rückzug antrete, wenn ich die verschiedenen Stengel, die ich mit Engelsgeduld eigenhändig ausriß, nicht einmal mehr zu einem Bündel zusammenkriege, das mit einem Blumenstrauß Ähnlichkeit hat.

Was immer es nun mit der Hast auf sich hat, jetzt an ein Ende zu kommen, ich kann es nicht vermeiden – der letzte Streich, den ich versuche, bevor ich meine Notizen in ihrem Holzkästchen ruhen lasse? –, die wahren Motive, die mich zum Schweigen bringen, einer unnachsichtigen Prüfung zu unterziehen.

Weil ich keine Hoffnung sah, anders als nach einer langen Pause Verbogenes wieder geradezubiegen, habe ich mich zum Schweigen entschlossen. Nun sanktioniert dieser Entschluß (Signal zu einem wirklicheren Schweigen als das vorübergehende Ausruhen zwischen zwei Bänden) – der ohnehin mit dem lange gehegten Wunsch übereinstimmt, eine Schrift zu unterbrechen, die mich, wie ich bald begriff, eine ganze Reihe von Jahren, wenn nicht sogar bis zu meinem Lebensende, beschäftigen würde – nur eine große Verlegenheit. Auf keinen Fall ist diese Entscheidung ein von meiner Einwilligung abhängiger Akt oder eine abgemachte Abwesenheit, vergleichbar mit der eines Schauspielers, der die Bühne verläßt, sondern ist das Eingeständnis einer Enttäuschung und Ermüdung, eines Weichens angesichts zu vieler Schwierigkeiten, die mich zwingen, eine Weile, deren Ende ich unmöglich voraussehen kann, dem Spiel fernzubleiben.

Ich würde der literarischen Tätigkeit gewiß ein recht verkrüppeltes Interesse entgegenbringen, dächte ich sie nicht auf die eine oder andere Weise als Begleiterin des Lebens, glaubte ich, sie wäre vom Leben abgesondert, abgesetzt, wie um im geschlossenen Gefäß die nicht zu ermessende *performance* eines Sterns zu verwirklichen, der seiner eigenen Bahn folgt. Jede von einer Feder gezogene Linie, mag sie noch so kastriert sein, muß mehr oder weniger ein chiromantisches Element sein, und in jeder Bewegung einer Hand, die Papier urbar macht, kann man vermutlich lesen, was in seiner Gesamtheit jener Mensch ist, der sich auf diese Weise von der ruhigen oder bewegten Oberfläche einer Gebärde sein Schicksal spiegeln läßt. Ich übersehe mithin nicht, daß die Fußfallen, denen ich schreibend begegne, Nachstellungen entsprechen, mit denen ich in meinem alltäglichen Leben rechnen muß, und daß das genaueste Selbstporträt, das ich entwerfen kann, vielleicht jenes ist – mehr als irgendeine der

Schriften, in denen ich den Versuch einer Selbstbeschreibung machte –, das ich unbewußt zeichne, wenn ich gleichgültig welchen Gedanken zu formulieren suche, mag er meinen Alltagsbeschäftigungen auch noch so fremd sein. All mein Eifern, Zögern, sprachliches Straucheln, alle sich in jedem meiner Sätze ansammelnden Streichungen oder Überfrachtungen, die ich gewöhnlich auf die Ungeschicklichkeit des Ausdrucks schiebe, übersetzen in der Tat die Unschlüssigkeiten meines Denkens und die Mängel meines Charakters, (vor allem) diese fundamentale Furcht, die mir nur über Aufbäumungen, Umwege und Rückwege hinweg Dinge vorzubringen erlaubt, als ob ich, jedesmal wenn es um Bestätigung oder Selbstbestätigung geht, zurückscheuen müßte wie ein Pferd, das vor dem Hindernis strauchelt und das sein Reiter nur mit Hilfe zorniger Sporentritte zum Springen bringt. Es gibt in mir einen Hang auszuweichen, der paradoxerweise seine Befriedigung in der ständigen Verwendung der ersten Person findet: während es den Anschein erweckt, daß ich mit gesenktem Kopf angreife, ist von jenem Augenblick an, wo ich *ich* sage, alles, was ich vorbringe, ungefährlicher; denn die Tragweite meiner Ausführungen verringert sich beträchtlich, wenn ich ihre subjektive Natur betone und sie zu Eigenheiten abschwäche, die ich bekenne, oder zu Meinungen, die ich nicht als allgemeine, sondern einzig persönliche Wahrheiten unterbreite. Dieser Hang, der teilweise durch meine Ungeschicklichkeit, mit Gedanken umzugehen und durch meinen peinlichen Mangel an Dialektik gerechtfertigt ist, wird aber (wenn ich mich gehenlasse) zu einem wirklichen Versagen und hindert mich zum Beispiel daran, meinen Standpunkt in einer etwas schärferen Unterhaltung zu behaupten, so daß es oft vorkommt – da ich nichts oder fast nichts finde, was ich meinem Gesprächspartner erwidern könnte –, daß ich beinahe vom Anfang bis zum Ende seiner Ansicht beipflichte, auch wenn ich weiterhin das Gegenteil denke und höchstens einige prinzipielle Einwände mache, um das Gesicht wahren zu können, wenn das Zwiegespräch beendet ist.

In all diesen Fällen, in denen ich nur mühselig mein Denken ordnen kann und meine Fähigkeit, den richtigen Ausdruck zu finden, pessimistisch beurteile, ist das Schweigen offenbar die leichteste Lösung. Wie oft habe ich mich so aus Debatten herausgehalten, obwohl ich genau wußte, daß Widerspruch, selbst ohne Brillanz, doch mit gerade soviel nötiger Überzeugung vorgetragen, um Zustimmung zu finden, nicht vergeblich gewesen wäre! Aber ohne Zweifel fehlte es mir gerade an dieser Überzeugung, und stets fand ich ausgezeichnete Gründe für mein Schweigen; im übrigen spürte ich, daß meine Überzeugung dahinschwand, sobald ich Anstalten machte, sie zu äußern. Wirklich, es graut mir davor, zu sprechen und die Intelligenz vermissen zu lassen, ganz wie ich im literarischen Bereich lieber nichts (oder fast nichts) schreibe, weil ich meist dieses Nichts der Gefahr vorziehe, schlecht zu schreiben und mich – getreu meiner Manie, die mir oft zu einem radikalen Verzicht rät, um einen nur teilweisen Verlust zu vermeiden – im ganzen mit einer Art von Frieden abfinde, der nur Abwesenheit von Angst ist, der ich, würde ich mich aussetzen, ausgeliefert wäre. (So passierte es mir einst in einem anderen Bereich, daß ich darauf verzichtete, einem Mädchen oder einer Frau den Hof zu machen, wenn ich sah, daß es Konkurrenz gab, um so der möglichen Beschämung vorzubeugen, von einem anderen überflügelt zu werden; und gibt es in der Literatur nicht auch ein wenig eine ähnliche Angst vor Konkurrenz, die mich veranlaßte, von den Werken der Phantasie Abstand zu nehmen und mich in dieser autobiographischen Form zu verkapseln, wo ich selbst das Thema bin und mir mühelos einreden kann, daß ich der einzige bin, der es kompetent abhandeln kann?)

Da ich schon von früher Kindheit an zwischen völliger Trägheit und jener anderen Form der Entsagung pendelte, welche der Rückzug in die subjektive Sphäre darstellt, wollte ich natürlich, als ich in dieser Schrift nur noch Enttäuschung fand (denn die ewigen Selbstanalysen, Zustandsbeschreibungen, das Wägen und Sezieren der Wörter, ohne mich von ihren Dünsten berauschen oder vom Feuer der Dinge versengen zu lassen, ist gewiß das sicherste Mittel, nichts zu entdecken) meinen Mund halten, und ich gewöhnte mir die zunächst unbewußte negative Haltung an, dem Problem den Rücken zu kehren, statt tüchtig Zunder zu geben, um eine Lösung zu versuchen, und trieb parallel zu dieser Haltung jenen Hang auf die Spitze, der mir immer überaus sympathisch war: mich in der wattierten Gleichgültigkeit einer egoistischen Einsamkeit einzuwickeln. Bei meiner Suche nach einem Unterpfand der Übereinstimmung nützt es mir gar nichts, meine Feder hinzuwerfen, wenn der Übergang von einem geschwätzigen zu einem schweigsamen Verhalten weiter nichts ist als eine gewisse schwatzhafte Art, im eigenen Existenzbrei herumzurühren, durch eine andere, ebenso selbstgefällige und sogar noch beschränktere Art zu ersetzen, da sie nicht einmal mehr das Scheinergebnis des Selbstgesprächs vorweisen kann. Doch welche Berge sind zu versetzen, damit ich, ebenso fern vom unerschöpflich seinen Monolog abspulenden wie vom hermetisch verriegelten Mund (König der Eingeschnapptheit), dahin gelange, einen Gesang zu formulieren, der seinen Weg außerhalb meiner selbst nimmt und wie jene Melodien ist, die bestimmte kreuzwichtige Augenblicke meines Lebens begleiteten!

Hand in Hand mit meiner Charakterschwäche geht mein Kleinmut im Gebrauch der Sprache: zwei Aspekte desselben Makels, die auf der Ebene banaler beruflicher Tätigkeiten meine unausrottbare Abneigung erklären, eine Vorlesung zu halten oder eine Konferenz zu geben (diese Angst, angesichts des Publikums, vor dem begonnenen Satz, der plötzlich in der Luft hängt, ohne daß man wüßte, wie ihn beenden, enthirnt, und das Herz ist in einer endlosen Leere verloren), eine Abneigung, der sich in diesen beiden Fällen ein Grauen beigesellt, das ich empfinde – ich, der ich mich kaum auf ein Thema konzentrieren kann –, wenn ich den Lehrmeister spielen soll (den »Wissenden«, und dem sein Wissen die Wichtigkeit eines reifen oder reichen Mannes verleiht; noch schlimmer ist es, derjenige zu sein, der sich den Anschein des Wissens gibt, derjenige zu sein, der so tut *als ob*); Aspekte, die ferner das Unbehagen erklären, das mich jedesmal befällt, wenn ich mich in einer Fremdsprache ausdrücken muß (wenn man einen Satz schmieden soll, der fast mit Sicherheit schlecht gebaut ist und den man belächeln wird, eine Art Sprung in eine orale Welt machen muß, wo die Wörter nicht mehr dieses zärtliche Polster der Erinnerung haben, das Geleit und Beistand ist, wenn man eine vertraute Sprache spricht); die endlich erklären, warum ich selbst im Französischen oft wortkarg bin (unfähig, den Schrecken zu überwinden, nichts zu sagen zu haben oder etwas nur schlecht sagen zu können). Wenn ich gezwungen bin, mich auszudrücken, habe ich das Gefühl, mit dem Rücken an der Wand zu stehen. Panische Angst, Wörter aneinanderzureihen und auszusprechen. Ewiges Herumschleichen um den heißen Brei. Zaudern. Lavieren. Winkelzüge machen. Wie kann man all dies niederreißen? Wie kann man diese Mauern Jerichos zum Einsturz bringen? Durch welchen Trommelschlag oder Trompetenstoß kann man die Barrieren aus Zwang und Verwirrung beseitigen, die meine Stimme erdrosseln?

Ohne bisher in der Lage gewesen zu sein, bis ans Ende eines solchen Widerspruchs zu gehen, begreife ich wohl, daß, je stärker mein Wunsch ist, alle Hindernisse auszuräumen, die sich einer uneingeschränkten Kommunikation (dem anderen durch meine Worte behilflich sein, mir selbst helfen, indem ich mich ihm mitteile) in den Weg stellen, alsbald die Forderungen härter, grausamer und komplizierter werden, in die ich einwillige, um einerseits zu einer ansprechenden oder faszinierenden Rede zu gelangen, und andererseits eine Darstellung meines Denkens zu erhalten, die ihm annähernd gleicht und außerdem mit einer Maßregel übereinstimmt, die ich mit der ganzen Strenge einer logischen Beweisführung vorantreiben möchte. Und zweifellos entpuppt sich hier meine Absicht als Perpetuum mobile, Stein der Weisen oder Quadratur des Kreises: wie kann ich mein Gefallen an Bildern, mein Bemühen um eine authentische Formulierung, endlich meinen Wunsch, mir ein System zu konstruieren, das nicht bloß für mich, sondern für alle gültig ist, miteinander versöhnen? Wie kann ich diese drei Elemente, ohne daß sie sich gegenseitig aufheben, in einer Schrift vereinen, die ich so gerne funkeln sehen möchte, während ich nichts anderes vermag, als sie Brocken für Brocken und nicht ohne endlose Vorsichtsmaßnahmen aus der Spreu meiner Karteikarten zu ziehen? Diese Arbeit ist nicht die eines erleuchteten Alchimisten, sondern die Tätigkeit eines Laboranten, ein Beruf, den ich beinahe ausgeübt hätte (denn zeitweilig studierte ich, um eben diesen Beruf zu ergreifen) und der trotz der geringen Lust, die ich damals an den Tag legte, zweifellos einem wirklichen Aspekt meiner Person entspricht, was, abgesehen von meinem früheren Vergnügen an dergleichen Beschäftigungen, meine gegenwärtige Arbeit des Zerkauens, Filterns, Dosierens und Manipulierens bestens bezeugen kann.

Es kann mir also nicht verborgen bleiben, daß die Begriffe, zwischen denen ich zapple, miteinander unvereinbar sind; und so, derart zerfleischt, ist es kein Wunder, daß ich in der Tinte zu sitzen glaube. Seltsam ist, daß ein Versuch, den ich aus freien Stücken unternahm, und bei dem ich überwiegend nur meinem Vergnügen folgte, für mich ebenso erdrückend werden konnte wie eine Aufgabe, die mir andere aufgezwungen hätten und der ich mich nicht entziehen könnte, ohne mir die schärfsten Vorwürfe, ja sehr schmerzhafte Bestrafungen einzuhandeln. Ich befinde mich in der absurden Lage des Literaten, der sieht, wie sich sein aus freiem Antrieb gewähltes Spielzeug oder Instrument seiner Befreiung in einen Hemmschuh verwandelt. Und dies ist, offen gesagt, der klassische Fall einer Sache, die in ihr Gegenteil umschlägt, wie die Buchdruckerkunst durch die Massenpresse eher zum Werkzeug der Verdummung wurde, statt die Ideen der Aufklärung zu verbreiten, da die Mechanisierung der Apparate nur die Sklaverei perfektioniert und alle Wissenschaft im allgemeinen zum Mittel wird, Zwang und Zerstörung auf den Gipfel zu treiben.

Wenn es mich drängt, auf einigermaßen befriedigende Weise die Girlanden einer Kalligraphie zu zeichnen (einer Schrift mit tieferen Grund- und Aufstrichen als bei jener, für die der Ausdruck »Korporal« geläufig ist), so selbstverständlich deshalb, weil mir dies – für meine eigenen Augen – als Schmuck oder Maske für mein Leben dient, als eine Schminke, auf die ich nicht verzichten kann, solange sie mir strenggenommen tragbar ist. Doch ebenso selbstverständlich läßt mich diese kalligraphische Fertigkeit genau in dem Moment im Stich, wenn ich sie am dringendsten bräuchte, das heißt, wenn ich zu verzweifelt bin, um noch die Kraft zu haben, mir eine Schönheitspaste herzustellen, die mich vor dem Grauen schützt, am Leben zu sein. Hier also explodiert meine unhaltbare Lage: als Rettungsplanke ein Brett zu nehmen, von dem ich genau weiß, daß es verfault ist, tauglich vielleicht bei ruhiger See, doch todsicher keinerlei Hilfe, wenn ich wirklich zu ertrinken drohe. Dies ist ein noch radikalerer Widerspruch als der erwähnte, denn diesmal ist er in meinen Gründen, weshalb ich schreibe, enthalten, und nicht bloß in der Art, wie ich schreibe.

Da mich nun viele Gründe zum Schweigen auffordern, scheint es das Klügste – oder vielleicht elementare Aufrichtigkeit – zu sein, nachzugeben, es dabei bewenden zu lassen und kein weiteres Wort mehr dem Eingeständnis meines Scheiterns hinzuzufügen. Doch da »Schweigen« für mich fast gleichbedeutend mit »Tod« ist (mein Tod: das, was ich weder erinnern noch erzählen kann; der Pinselstrich, der diesem Gemälde immer fehlen wird, damit es vollendet wäre; mein Tod: eine weitere entscheidende Erfahrung, die gute Aussichten hat, mein moralischer Bankrott zu werden, denn ich werde Angst, und nicht nur körperliche, haben), kann ich mich nicht zum Schweigen entschließen, und ich wähle statt dessen eine Lösung, die das absolute Gegenteil dessen ist, was mir eine vielleicht löbliche, doch unbeständige Klarsicht diktiert hatte: wenn ich weiterhin ins Blaue hinein schwatze, müßte es mir gelingen, den Bannkreis zu durchbrechen, in dem mich die vernünftelnde Vernunft, die geschwätzige Rede und die schriftelnde Schrift eingesperrt haben; ich muß also einen Satz machen, falls ich wirklich in meiner inneren Entwicklung ein Stadium erreicht hatte, das man folgendermaßen beschreiben könnte: wo der Akt des Schreibens – bei weitem nicht das Mittel, einem Menschen jenes künstliche Leben einzuflößen, ohne das er sich nicht vollkommen lebendig fühlen kann – nicht einmal mehr die Illusion gibt, in irgendeiner Weise das klaffende Loch des Mangels zu verstopfen. Ist nicht genau dies meine in negativer Form erscheinende Absicht, dieses Loch zu verschließen (oder etwas Leeres zu füllen), wenn ich davon spreche, einen Gegenstand, das heißt eine Fülle zu finden, etwas wie Lebensmark oder konzentrierte Würze? Die poetische Rede ist die einzige Rede, die man *fruchtig* nennen könnte, und gewiß der einzige Weg, der zu etwas führt, was diesem Ziel gleicht. Setze ich vielleicht, mit einer gewissen Aussicht auf Erfolg, gerade auf meine Verzweiflung, um plötzlich in eine Art Raserei zu geraten, oder ist diese Verzweiflung so vollständig, daß nichts als Sterilität zu erwarten ist und kein Zauberstab eine extreme Verdorrung in Glut verwandeln kann? Da ich mich auf etwas eingelassen habe, was der »Straße ohne Wiederkehr« entspricht, von der die alten Alchimisten oder hermetischen Philosophen sprachen, gibt es nur noch einen Ausweg für mich, und der liegt vor mir.

In der Liste der Wörter auf *lan*, die ich als Beispiele für lustige Wörter gab – explodierend wie jene Blechmusikfanfaren, die ich überaus liebte, als ich auf dem Phonographen Stücke wie den berühmten Marsch aus *Aida* oder des *Propheten* hörte (den laut schmetternden und pompösen »Weihemarsch«, in dem ich damals das wahre Bild von Größe sah) –, ist ein Wort vergessen worden: ich habe doch tatsächlich versäumt, *gondolant*, urkomisch, zu zitieren, obwohl es eines der besten Beispiele für diese Art von Wörtern ist. Selbst die Umgangssprache gibt ihm einen komischen Sinn, und es ist schwierig, ein pausbäckigeres, runderes, röteres und durch die bevorstehende Lachexplosion aufgeblaseneres Adjektiv zu finden, wenn fast schmerzhafte Wellen den Bauch durchlaufen und der gequälte Mensch mit dem wachsenden Aufblühen seiner Gesichtszüge und seinem sich umnachtenden Blick zu erkennen gibt, daß er allmählich das Opfer eines Phänomens gleichsam kosmischer Ordnung wird. Was für eine schöne Art, auf einem Weg, der nicht nur die Schranken der Schicklichkeit, sondern auch die des menschlichen Dünkels niederreißt, in Heiterkeit miteinander zu verschmelzen! Wie seltsam ist doch das Lachen, Eigentum des Menschen und gleichzeitig Beseitigung der Mauern, die seine Besonderheit schützen sollen!

Nur meine schlechte Laune und keine lächerliche Sorge um meine Unversehrtheit und Besonderheit hindert mich daran, an dieser Stelle mit einem Gelächter zu schließen. Lieber nehme ich einige von euch, Luxusspielzeuge, die ich in Händen halten – und zerbrechen – durfte, begeisternde Melodien, denen ich so oft mit zwiespältiger Freude lauschte, aus meinem Karteikasten, um dieses Finale zu orchestrieren, gleich einem Opernkomponisten, der, wenn seine Ouvertüre ausklingt, die zu Beginn entfalteten Hauptthemen wieder aufnimmt und miteinander verbindet.

Dünne, durchsichtige und milchige Kugeln, so zerbrechlich, daß ich sie alle – oder fast alle – noch am gleichen Tag zerbrach, als ich das Spielzeug erhielt, waren die Lampen in jenem Zug, der einen wunderschönen Bahnhof und vielleicht sogar ein Stellwerk hatte, womit man *bifurs* machen oder mit Katastrophen spielen konnte, indem man Lokomotiven zusammenstoßen ließ. Diese zarten Sphären aus mattem Glas, die, obwohl auf einer Unterlage befestigt, kaum länger hielten als Seifenblasen, waren die kostbarste Zierde eines großartigen Geschenks, das mir anläßlich eines Besuchs in Frankreich jene Person, die man in der Familie die »Tante aus England« nannte, und die reiche alte Dame, die sie als Gesellschafterin beschäftigte, gemacht hatten; diese alte Dame, von der wir wußten, daß sie ein großes Schloß in Wales bewohnte, nannten wir gewöhnlich »la Lady«. Diese »Tante aus England«, die in ihren jungen Jahren eine echte Stimmungskanone war, ist heute eine steife Achtzigjährige und würdige Alkoholikerin (denn im Laufe ihrer Inseljahre hatte sie sich mit den geistigen Getränken angefreundet); sie lebt jetzt in Saint-Pierre-lès-Nemours in jenem Haus, wo auch meine Mutter wohnte, und wegen ihres hohen Alters und weil sie den Titel einer »Großmutter« tatsächlich verdient, nennt man sie nur noch *Granny*. Diese Verwandte, die sich in einem fremden Land niedergelassen hatte und die wir, wenn sie in Paris war, nur in den Salons der großen Hotels zu Gesicht bekamen (Continental, Ile et Albion, oder andere ehrwürdige Orte in der Rue de Rivoli, dieser Straße, die – abgesehen von jeder wirklichen Ähnlichkeit – mich wegen ihrer Piranesi-Arkaden, die eine Reihe von Geschäften stützen, immer an London erinnerte), war für meine Brüder und mich mit einem Geheimnis umgeben, denn eine Zeitlang hatten wir nicht gewußt, daß das einzige Kind dieser halb englischen Tante – deren Heiterkeit, dicke finnigen Wangen und stets etwas zu feierlichen Garderoben wir liebten – jenes Mädchen war, das wir lange Zeit für unsere ältere Schwester hielten, eine Einschätzung, an der sich, was mich betrifft, nie etwas geändert hat. Eine leibliche Kusine, wie gesagt, die meine Eltern angenommen hatten, um sie gemeinsam mit uns aufzuziehen, als die Mutter nach England ging, nachdem sie ihren Gatten verloren hatte, einen jüngeren Bruder unseres Vaters, einen (so scheint es) begabten Graveur und – traut man den Erinnerungsbildern, die Frau und Tochter von ihm bewahrt haben – einen ziemlich sympathischen und schönen Mann, der unglücklicherweise während einer Kahnfahrt ertrunken war.

Nahe eines Bahndamms und gegenüber einer Kirche, wie man sie ein wenig in ganz Frankreich findet, liegt das Grundstück, wo jetzt Winter wie Sommer meine Pseudo-Schwester, schon seit Jahren Witwe, lebt. Einige Schritte von der Freitreppe entfernt erhebt sich in einem sehr verwahrlosten und verwilderten Garten ein kurioses Häuschen aus Holz und Blech, das nichts anderes als das Simulakrum einer Sänfte ist. Dorthin zieht sich meine »Tante aus England« an schönen Tagen und wenn es nicht zu heiß ist gerne zum Lesen oder Stricken zurück – vielleicht auch, um gar nichts zu tun und einfach vor sich hinzudösen? Dieses schöne Spielzeug beglückt den Lebensabend eines senilen Geschöpfs, das aus der Zeit, wo es am Saum der Aristokratie lebte, den Geschmack an höfischen Falbeln und an all jenen Dinge bewahrt hat, die in irgendeiner Weise an den Prunk einer Monarchie erinnern. Im Haus meiner Schwester selbst und in dem Zimmer, das ihre Tochter bewohnt, wenn sie nach Nemours kommt, findet man – inmitten antiker Möbel und Nippessachen, die mit jedem Jahr zahlreicher werden und eine wahre Rumpelkammer bilden – einige Gegenstände, aus denen man leicht Spielzeuge machen könnte, doch werden sie dort aufbewahrt, weil man diese Antiquitäten liebt: eine alte Spieldose, die noch ziemlich gut läuft, ein mechanisches Klavier, das man schon oft reparieren lassen wollte, doch zu meinem großen Bedauern hörte ich nie, daß es funktionierte. Vielleicht noch stärker als die gewöhnlichen Instrumente, die man mit Hilfe der Finger oder des menschlichen Atems spielt, bezaubern und rühren mich solche Klangmühlen gerade wegen ihres Automatismus, der ihnen etwas Tragisches gibt und die Illusion schürt, man stehe vor Bruchstücken der Außenwelt, die plötzlich zu sprechen beginnen und sich zu diesem Zweck einer Melodiesprache bedienen.

Mechanische Klaviere in den Straßen Londons und Barcelonas – erstere von einer namenlosen Verzweiflung (wegen ihrem frivolen Gehabe unter einer wegbröckelnden Fassade aus Tand), die zweiten ungestümer Rausch mit leidenschaftlichen Ozellen; Klaviere, wie ich eins als Kind an einem flämischen Strand hörte, wo es den ganzen Tag lang von zwei als Zigeunerinnen oder italienische Bäuerinnen verkleideten Frauen spazierengefahren wurde (beide Frauen mit roten Kopftüchern und, vielleicht, goldenen Ohrringen), die eine Geld sammelnd, die andere die Kurbel drehend, damit ein Lied hervorsprudelte, das mich lange verfolgte und dessen Titel mir – unverständlicherweise – *Les Chados* zu sein schien, doch erfuhr ich erst kürzlich, daß es sich um nichts anderes als um den berühmten Walzer *Ma Jolie* handelte (und ich die beiden ersten Wörter »O Manon ...« verformt hatte, bis ich diesen rätselhaften Titel erhielt, der als Legende über dem lachenden Bild jener beiden Pseudo-Vagabundinnen steht, Sonnenträgerinnen an den Ufern der Nordsee); belgische Orchestrions, wie man sie in Brüssel in den *bistrots* der Rue Haute antrifft; doch vor allem denke ich an die fahrbaren Klaviere in London, deren aufdringliche Melancholie weit stärker ist als die Melancholie der Leierkästen (selbst wenn sie ein Stück der *Traviata* oder einer anderen Oper von Verdi spielen), und ich bedauerte es sehr, daß ich keins von ihnen zu Gesicht bekam, als ich zu Beginn dieses Sommers zum fünften Mal in jene Stadt reiste, die fast nur aus Brücken und Stegen zu bestehen scheint (wie Rom eine Stadt der Terrassen und Treppen ist); dieses Klavier, dem ich zuletzt lauschte, wurde von zwei Männern mit Zylinderhüten und schäbigen Fracks bedient, Regengestalten, wie die beiden graziösen Brünetten Sonnengestalten waren, die ich als Kind in einem Kostüm erblickt hatte, das dem der Maddalena glich, der Schwester des Meuchelmörders im letzten Akt von *Rigoletto,* und deren Theatertracht, obwohl dazu bestimmt, am hellichten Tag getragen zu werden, ich wohl deshalb aufregend fand, weil sie eine Verkleidung war, wie ein Jahr vorher in der Schweiz die Tracht jener Bierhauskellnerinnen von Interlaken, die mit flachen Hölzern Gläser überschäumenden Biers abstrichen und in einem engen Mieder aus schwarzem Samt steckten, das über der weißen Bluse zugeschnürt war.

Der Walzer *Ma Jolie,* dessen Titel auf manchen kubistischen Stilleben Picassos zu finden ist, als Musikinstrumente – auch Tabakpäckchen und andere Wahrzeichen eines mit Elend verbundenen Luxus – zu Picassos bevorzugten Motiven gehörten. Bettlerklaviere, in der Form nicht so schön wie Geigen und Gitarren, an die ich mich nur zu gerne erinnere, um wie zum Vergnügen eine Sehnsucht zu schüren, bei der man sich fragen kann, ob sie mehr ist als kindische Traurigkeit, verursacht von Wachstumskrisen und Unausgefülltheit, verzeihlich, wenn man zu jung ist, um über die geeigneten Mittel zur Befriedigung zu gebieten – ja gar um zu diagnostizieren und zu erkennen, was man eigentlich will –, unverzeihlich, wenn man alt genug ist und Zeit genug hatte, sich selbst kennenzulernen und sich über die eigenen Wünsche klarzuwerden, nun, da die einzigen vernünftigen Gründe für Kummer die konkreten Widrigkeiten des Lebens sind, das heißt alles, was unsere Pläne durchkreuzt. In der Tat begleitet eine besondere Traurigkeit das Alter der Reife, vergleichbar mit jener Traurigkeit in der Kindheit nach der Vier-Uhr-Vesper, wenn man allmählich jene Stunde näherrücken fühlt, da man zu Bett gehen muß (um zehn Uhr abends, als ich zwölf war, weshalb diese Stunde des Tages Sommer wie Winter stets gezeichnet ist – wie eine Klippe, die ich noch immer täglich umschiffen müßte), ein zu früher, von den Eltern erzwungener Rückzug, der einen Vorgeschmack des Todes vermittelt, denn man selbst muß abtreten, während die anderen weitermachen. Mir bangt vor diesem Augenblick, wenn ich mich zurückziehen muß, denn ich sehe nur schwer ein, daß es an der Zeit ist, nach Hause zu gehen, wenn ein Fest zu Ende ist, und noch schwerer kann ich mich zum Aufbruch entschließen, wenn andere noch weiterfeiern!

Perspektiven von Piranesi – riesige Gewölbe mit Seilzügen und Treppen –, Harmonien, die jäh aus den mechanischen Klavieren Londons hochsteigen (im gedämpften Straßenlärm oder im Schweigen von Plätzen wie Brompton Square, wo Mallarmé wohnte): auf diese Bilder kann ich mich stützen, die in ihrer Gegenüberstellung auf beredte Weise ausdrücken, was ich heute wieder empfinde: außer einer gewissen Sehnsucht nach Schönheit und einem unbestimmten Hunger nach Größe (nach jener Schönheit und Größe, die man bewundernd anschaut und womit man sich auch nach Möglichkeit schmücken sollte, zum Beispiel in der Liebe, die verlangt, daß man sich schön und großartig findet angesichts dessen, worin Schönheit und Größe gipfeln) eine gewisse Verzweiflung, die mich, den Einwohner einer Straßenecke der industrialisierten Welt, verhext; gegensätzliche Pole, zwischen denen ich ständig schwanke: einmal versuche ich einen Anlauf zu nehmen, um aus der Höhe das Feld zu beherrschen (wobei der Gedanke an eine radikale Vergeblichkeit schnell dafür sorgt, daß ich wieder auf der Erde lande); dann wieder scheint mir die scharfe Wahrnehmung dessen, was am Menschen – und vor allem am zivilisierten Menschen – lächerlich ist, der eigentliche Motor der Poesie zu sein (und somit das Medium, jene Schönheit und Größe zu erreichen, mit denen eins zu werden ich mir sehnlichst wünsche).

Schwarze und weiße Stiche, die Ruinen oder verrückte

Bauten zeigen, die stufenweise in einen unbestimmten Raum aufsteigen, gleich jenem, der sich vom Boden bis zur Decke eines Theaters erstreckt. Klaviere, auch sie mit schwarzen und weißen Tasten, die von Leuten mit einer bürgerlichen, doch seltsam trüben und verwüsteten Fassade herumgeschleppt werden, lebendigen, steifen Wracks unter ihren Fetzen von Vogelscheuchen oder Schaufensterpuppen der Kleiderverleiher. Rom, eine eher goldene als schwarze und weiße Stadt (Farben, die zu London gehören, wo in den zentralen Vierteln der blasse, rußbedeckte Stein zu dominieren scheint, ein Material, das recht kostbar aussieht und den Backstein, obwohl er reichlich vorhanden ist, in den Hintergrund drängt); Rom, das ich lange Zeit (abgesehen davon, was ich in der Schule und aus den Romanen erfuhr, die von der Entstehung des Christentums oder den dekadenten Sitten erzählten) nur über die *Altertümer* und *Kerker* von Piranesi kannte, doch das ich vor kurzem auf müßigen Spaziergängen sinnlich wahrnahm, zunächst ängstlich (jene Vereinsamung, die ich immer stärker in den großen Städten fühle), dann voll Freude angesichts eines solchen Überflusses an Schönheiten (dieser in einer erstaunlichen Unordnung geschichteten Blöcke verschiedener Kulturen, ein Block über dem andern, Wucherungen, wie ich meine Phantasie wuchern sehen möchte). London, eine zu schattenreiche Stadt und Brennpunkt zu vieler Gegensätze, um nicht eine mythologische Stadt zu sein: Symbol einer – bereits veralteten, doch architektonisch brillanten – Zivilisationsform, wie Rom die Königin der antiken Welt war und jetzt mit seinen Schwärmen von Schwarzröcken der Hauptstützpunkt der Christenheit ist; doch London fühle ich mich näher als Rom, und ganz sicher liebe ich es am meisten, wie ich alles in allem der nackten Schönheit einen romantischen Pulsschlag vorziehe, der die Blasiertheit der modernen abendländischen Welt zum Leben braucht.

Zwar sah ich in Rom ein Volk hehrer Erzengel (antike

oder barocke Statuen wie jene, welche die Brücke vor der Engelsburg flankieren und jedesmal in den Tiber hinabzutauchen scheinen, wenn ein Schwimmer der nahegelegenen Badestelle sich ins Wasser stürzt, ohne daß, damit die Täuschung Gestalt annimmt, der so in ein mutmaßlich göttliches Wesen verwandelte Schwimmer den sogenannten »Engelssprung« machen müßte), zwar hörte ich unter dem freien Himmel der Sommeroper menschliche Stimmen, die sich zu Klangkaryatiden von Erwartung und Bedauern aufschwangen, während das künstliche Bühnenlicht in den Block der Nacht eine Alveole des Tages grub, so daß die Menschen und Dinge in einem unvermutet scharfen Relief hervortraten, doch nur in der Tristesse der grauen, großen und kleinen Geschäftsstraßen der Londoner City – in der Nachbarschaft von Alkoholausschänken, Kleiderläden für Männer, Club- oder Hotelhallen, öffentlichen Parks, der Docks und nicht sehr weit von Hampton Court entfernt, wo es riesige karmesinrote Baldachinbetten gibt, unter deren schwindelerregend hohen Himmeln Könige oder Jack the Ripper Blut vergießen – erscheinen, verführerische Gestalten mit verblassenden Gesichtszügen inmitten von Bruchstücken einer Kulisse, die mich berühren, ohne daß ich ihnen sonderlich Glauben schenke, meine wahren Erzengel: die mir, von Dreigroschenmusik untermalt, ins Ohr flüstern, die in einem unergründlichen Licht vor meinen Augen tanzen und auf unsichtbare Weise jenen Bereich in mir beleben, der mein Trostpreis und Trumpf, mein Schild und Geschmeide ist, und wenn dieses letzte – das Geschmeide – fehlt, bin ich nichts weiter als ein Nichts; die ferner jene einzige Sache beleben, in der ich einen Anflug von Größe und die Illusion finden kann, ein wenig »gottgleich« zu sein, denn dies ist im Hebräischen die buchstäbliche Bedeutung meines Vornamens: *Michel.* Ich muß sagen, eine völlig kindische Illusion, die vielleicht den Tagträumereien meiner »Tante aus England« gleicht, wenn sie starr und steif in ihrer falschen

Sänfte sitzt, eine Illusion, die nicht nur auf dem Papier Gestalt annehmen müßte, wie auch mein Leben in (so scheint mir) wesentlichen Bereichen aufhören müßte, nur Rauch zu sein, der ab und zu dem Kopf entsteigt.

Doch es ist höchste Zeit, daß ich schweige und, mag es noch so kränkend sein, ein Buch beende, ohne wirklich irgendwo angekommen zu sein (bei einer anfangs unauffindbaren, nun gefundenen Wahrheit), stehenbleibe wie eine Lokomotive, die die Strecke gesperrt findet und mitten im Gelände anhält, nachdem sie eine Serie von Pfiffen losließ. Bestenfalls – wenn ich diesem erzwungenen Halt den Anschein einer Rast geben will – darf ich mir sagen, daß ich die Sorge, auf all diese Dinge zurückzukommen, dem »bald« – *tantôt* – überlasse, bewaffnet mit anderen Bildern, die ich wie mehr oder weniger starke und bunte Vergrößerungsgläser benutzen werde. *Tantôt,* ein Wort, das unendlich viel zu versprechen schien, als es, um den Nachmittag zu bezeichnen, an meine Kinderohren klang; *tantôt,* das noch immer – zwar mit einer Prise Untergangsstimmung – ein wenig nach *ortolan, nouvel an* oder *gâteau* schmeckt ...

1940–1947.

Maurice Blanchot

Kampf mit dem Engel

Michel Leiris' Unterfangen, sich selbst und die Wahrheit seiner selbst mit Hilfe eines literarischen Werks, dessen einziger Gegenstand er selbst ist, zu verbinden, ist ein vielleicht verrückter, vielleicht vorbildlicher Versuch. Allein schon unter dem Gesichtspunkt der Gattungsgeschichte ist es bemerkenswert, daß nach so vielen Büchern über die Autobiographie und obgleich die Schriftsteller seit einigen Jahrhunderten offenbar nur damit beschäftigt sind, von sich selbst zu sprechen und zu erzählen, eine neue Möglichkeit aufgetaucht sein soll. Wie kann man von sich selbst sprechen? Von Augustinus zu Montaigne, von Rousseau zu Gide, von Jean Paul zu Goethe, von Stendhal zu Léautaud und von Chateaubriand zu Jouhandeau wohnen wir Versuchen bei, die uns erstaunen, entzücken und uns von ihrem vollkommenen Gelingen, aber keinesfalls von ihrer Wahrhaftigkeit überzeugen, auf der wir im übrigen nicht bestehen. Einen Wert legen wir ihr indes auch bei. Wir sind von dem Bedürfnis nicht unberührt, das so viele bedeutende Männer dazu gebracht hat, niederzuschreiben, wer sie sind, sich selbst durch das Bemühen um Wahrhaftigkeit im Schreiben wiederzufinden.

Wie spricht man aufrichtig von sich? Das Ergebnis zählt auch, aber viel mehr zählt die Absicht und die Strenge, mit der sie verfolgt wird; der verbissene, listige, methodische und begeisterte Kampf, ein endloses und hoffnungsloses Ringen darum, zwischen sich und sich eine Brücke der Wahrhaftigkeit zu schlagen. Deswegen macht Rousseau uns noch betroffen. Er war wenig geschaffen, zu einer richtigen Sicht seiner selbst und zu einer genauen Erzählung seines wenig genauen Lebens zu gelangen. Er lebte innerlich in einer so aufgewühlten, so entstellten Umwelt, in so angsterfüllter Berührung mit so vielen widrigen Schatten und, am Ende, mit dem ganz nahen Wahnsinn, daß man nicht staunen muß, wie viel Verfälschtes, sondern wie wenig Verfälschtes es in dieser gegen ihn selbst und gegen andere gerichteten Verteidigungsanstrengung gegeben hat, in der von Anfang an alles verdreht ist, außer dem dunklen Willen, wahr zu sein oder besser: sich ganz und gar einer Art Wahrheit zu öffnen. *Les Confessions* sind unvollendet geblieben. Es gab einen Zeitpunkt, an dem Jean-Jacques, innerlich verwirrt, erstaunt über das Unglück und am Leiden zweifelnd, in der Wahrheit nicht mehr das rechte Maß fand, welches er gehofft hatte, seinem Leben anlegen zu können; was in ihm selbst an Unbekanntem ist, will unbekannt bleiben. Er verstummt also. Von da an ist in allem, was er noch schreibt, das Schweigen als die große Macht gegenwärtig, die seine Schreie nicht bezwingen konnten. Als treuer Begleiter dieses mißhandelten (und von den am wenigsten um Wahrheit Bemühten stets als Lügner behandelten) Menschen hat Jean Guéhenno richtig gesagt: »Es ist eine der Schönheiten der *Confessions,* daß sie nicht vollendet werden konnten.« Und: »... plötzlich, als er sich endlich so sehen konnte, wie er geworden war, in London im Februar 1766, konnte er nicht mehr sprechen noch schreiben und ließ sein Werk einfach liegen. Es gibt wohl kein größeres Zeichen für seinen Wahrheitswillen. Wir Kritiker und Biographen können leicht alles sagen, alles zurechtrücken. Das kostet uns nichts. Ihm dagegen hatte es die Sprache verschlagen.«

Läge also der Beweis dafür, daß ein autobiographisches Werk das Wahrheitszentrum respektiert, um das herum es aufgebaut wird, in der Tatsache, daß ein solches Zentrum es zum Schweigen hinzieht? Wer bis ans Ende seines Buches gelangt, ist nicht bis zum Ende seiner selbst vorgedrungen. Sonst hätte es ihm »die Sprache verschlagen«. Das Drama – und die Stärke – aller »wahren« Bekenntnisse ist indes, daß man nur mit Blick auf jenen Moment zu sprechen beginnt, in dem man nicht wird fortfahren können: es will etwas gesagt sein, was man nicht sagen kann; es muß nicht unbedingt skandalös sein; es ist vielleicht mehr als banal, eine Lücke, eine Leere, ein Bereich, der kein Licht verträgt, weil es seine Natur ist, nicht erhellt werden zu können: Geheimnis ohne Geheimnis, dessen erbrochenes Siegel das Verstummen selber ist.

*

Vielleicht ist es einer der Vorteile von Michel Leiris, daß er mit sicherer Hand den Augenblick in sich selber erfaßt hat, in dem die Neigung zur Selbstaussage und die Sprachverweigerung sich auf unklare und tiefe Weise verbanden. Er spricht gerade, weil es ihm die Sprache verschlagen hat, und er spricht über sich ausgehend vom Gefühl der Isolierung, die ihn von anderen abschneidet und die in der Trennungsangst doch die Ausdruckskraft findet, sich Gehör zu verschaffen: »Alle meine Freunde wissen es: ich bin ein Spezialist, ja ein Maniak der Konfession: was mich nun aber zu Geständnissen drängt – vor allem den Frauen gegenüber –, das ist die Schüchternheit. Wenn ich mit einem Wesen allein bin, dessen Geschlecht ohnehin genügt, um es so verschieden von mir zu machen, dann wird mein Gefühl der Isolierung und Verelendung derart stark, daß ich daran verzweifle, meiner Gesprächspartnerin irgend etwas sagen zu können, was als Grundlage für ein Gespräch brauchbar wäre, und in meiner Unfähigkeit, ihr, falls ich sie begehre, den Hof zu machen, fange ich mangels eines anderen Themas von mir selbst zu sprechen an; wie meine Sätze hinfließen, steigt die Spannung, und es kommt vor, daß es mir gelingt, zwischen meiner Partnerin und mir einen überraschenden dramatischen Strom zu erzeugen ...« [1]

1 *L'Age d'or* (Gallimard). [A. d. Ü.: Zit. nach der dt. Übersetzung

Da liegt in gewisser Weise der Ausgangspunkt: ein leeres Sprachbedürfnis, das aus dieser Leere geboren und dazu bestimmt ist, sie um jeden Preis zu füllen; und die Leere ist er selber, der zu diesem Bedürfnis und diesem Begehren geworden ist, das wiederum nur Leeres aufwühlt. Etwas wie eine reine Kraft, eine Schneeschmelze, eine trunkene und oft unter dem Deckmantel der Trunkenheit erreichte Bruchstelle, an der das sprechende Wesen einzig noch die unzusammenhängende Behauptung seiner selbst zu sagen findet, ein Ich, Ich, Ich, das nicht eitel noch überheblich, sondern zerrüttet, wenig glücklich, atemlos und doch durch die Kraft seiner Schwäche anziehend ist.

Aus einer solchen Bewegung hätte eines jener »Bekenntnisse à la Dostojewski« entstehen müssen, wo alles mit der leidenschaftlichen Inkohärenz gesagt wird, die letztlich nichts aussagt als diese Verwirrung und diese Unordnung (und das ist schon viel). Wenn Michel Leiris jedoch zu einem ganz entgegengesetzten Ergebnis gelangt, wenn er versucht, sich in einem von kraftvollem Bewußtsein beherrschten, beständig im Hinblick auf Regeln kontrollierten und gemeisterten Werk auszudrükken – von Regeln, die allerdings nur geahnt werden –, dann liegt es daran, daß er jener trunkenen, nachlässigen und formlosen Sprache zunächst gründlich mißtraut. In ihr drückt sich aus, was er bereitwilligst von sich stoßen würde: die Erschlaffung des Seins; das gefährliche Bedürfnis, sich gehenzulassen; eine Schwäche, die nicht einmal eine »wahre« Schwäche ist, weil sie nur wiederaufgerichtet zu werden sucht. Deswegen im dritten Band die ein wenig summarische Verdammung der früheren Bekenntnisse: »... jene Bekenntnisse à la Dostojewski, nach dem Trinken, die ich mir angewöhnt hatte, aber die ich heute hasse wie alles, was in mir die Reaktion eines

von Kurt Leonhardt u. d. T. *Mannesalter,* Frankfurt am Main 1963, S. 159; = Bibliothek Suhrkamp 427.]

gefühlsduseligen Trunkenen ist...« Das bloß überschäumende Sprechen wird also zurückgewiesen; als ein Versuch zwar, die Sperren zu durchbrechen, der aber manchmal auch von dem leichten Knacks profitiert, den die Trunkenheit erlaubt. Ein oberflächliches, vielleicht vorgetäuschtes Sprechen, das nur eine Redeweise ist, während Michel Leiris genau das schreiben will und von einer Schrift (als wirklich »literarischem« Werk) erwartet, was in diesem ganzen Abenteuer unergründlich auf dem Spiele steht: nicht so sehr, sich selbst aufzudecken, als vielmehr der Versuch, sich auf eine Art einzuholen, die ihm selber keine Gewalt antut noch Verrat gegenüber dem ist, was er auf wirre Art und Weise zu sein versucht.

Sich im Dekuvrieren rekonstruieren. Eine sicher zu einfache Formel für das wenig klare und zögernde Vorhaben, das er sich in der Hoffnung auferlegte, er werde es bei der Verwirklichung besser verstehen lernen, als er nach *Mannesalter* das neue Werk mit dem Titel *Die Spielregel* in Angriff nahm, von dem er in fünfzehn Jahren zwei Bände veröffentlicht hat, denen zwei weitere folgen sollten.[2]

*

Nach *Mannesalter* weiterzuschreiben, war eine gefährliche Versuchung. Wenn es scheint, als habe man vollendet, was man wollte; wenn dieser Erfolg außerdem darin bestand, »mit dem Höchstmaß an Klarsichtigkeit und Aufrichtigkeit« von einem selbst zu sprechen, dann ist es sehr gefährlich, nicht aufzuhören. Einerseits, für den Autor nämlich, ist es verlockend: das »Man selbst« ist we-

2 *La règle du jeu:* I. *Biffures*, II. Fourbis (Gallimard). Nach diesem Kommentar ist unter dem Titel *Fibrilles* der dritte Band erschienen, ohne daß der Versuch, das Projekt zu beenden (sei es durch die direkteste Gewalt) uns das Recht hätte geben können, das Gesamt eines Lebens anders denn als postumer, anachronistischer und veralteter Leser zu erfassen; als Leser, der immer zu spät zur von der »Poesie« gegebenen Verabredung kommt, das heißt von der zukünftigen Sprache, in der sein eigenes Ende als Leser eingeschlossen ist.

niger seines Reichtums als seiner unersättlichen Armut wegen unerschöpflich. Dem Leser aber, der mit einem Buch zufrieden ist, dessen große literarische Verdienste er bewundert hat, indem er sich des seltenen Gleichgewichts zwischen der Gewalt des Zu-Sagenden (was das Ich von sich selber sagt, die nackte Sprache in ihm, ist immer Gewalt) und der Form erinnerte, die dem Formfeindlichen einen Zusammenhang zu geben vermochte – dem Leser bleiben diese Ungewißheit und dieses Unbehagen: Warum spricht er wiederum von sich? Hatte er nicht schon alles gesagt? Wird hier nicht aus Mut Selbstgefälligkeit? Anfangs sprach der Autor, getrieben von der nicht zu unterdrückenden, aber zurückgehaltenen und eingedämmten Kraft, die sich Bahn bricht, wenn jemand an jenem Punkt sprechen will, an dem er nichts sagen *kann*; doch spricht er jetzt nicht nur deswegen von sich, weil er nichts zu sagen hat? Und selbstverständlich kann eine Autobiographie so lange fortgesetzt werden, wie die Geschichte noch kein Ende gefunden hat. Aber *Mannesalter* war alles andere als eine Geschichte und stellte ein Tiefenporträt dar, eine Suche nach den empfindlichen Stellen eines Wesens; ein festgewirktes Webstück, in das die Erinnerungs- und Ereignisfäden am Ende jenseits jeder chronologischen Bequemlichkeit eine Figur mit klaren Umrissen und großem Anschein von Wahrheit hineinzeichneten. Wir hatten ein Wesen vor uns, das aus seiner Geschichte auftauchte, ohne von ihr unterschieden zu sein; das vielmehr den Anschein erweckte, als sei es aus dieser Geschichte von jenen Kräften hervorgestoßen worden, die unter der zeitgebundenen Oberfläche am Werk sind: ein Wesen ohne »Charakter«, das doch genau charakterisiert, fast mythisch war und sich im übrigen auf der Suche befand, um sich in einen bestimmten Himmel hineinzuprojizieren, dessen Hauptkonstellationen die Namen Lukrez und Judith bildeten. Und zugestandenermaßen hingen wir an diesem Wesen, wie auch an dem Buch, mit dem wir es gerne in eins setzten. Der mißgünstigste Leser ist von den unabdingbaren Gründen überzeugt, die Michel Leiris gezwungen haben, über sich selbst und das Bild seiner selbst hinauszugehen, das uns derart befriedigt hatte, daß wir gewünscht hätten, es bliebe einzig. Aber schon deswegen konnte er sich wohl nicht daran halten: es war ihm nicht möglich, gleich uns, mit sich zufrieden zu sein. Er sagt oft, daß es beim Schreiben eines seiner Ziele sei, die eigene Statue zu errichten, um dem zerstörerischen Wirken der Zeit zu begegnen: ein Verlangen nach Festigkeit, dem die Strenge einer klassischen Form entspricht. Warum dann aber das Risiko, sein erstes Bildnis zu verderben, das uns so zufriedengestellt hatte und dazu angetan war, ihn zu überdauern? Warum hat er nicht, anstatt ein weiteres Buch zu schreiben, alle Sorgfalt darauf verwendet, sich dem Geschriebenen anzupassen und dahinter zu verschwinden, wie Ducasse eines Tages hinter Lautréamont verschwunden ist? Weil er von einem Wahrheitsbedürfnis befallen ist, das ihm nicht erlaubt, mit seinem eigenen Überdauern glücklich zu sein, wenn es das verfälscht, was er zu sein glaubt. Er wäre gern fähig – sagt er –, das Trugbild zu entwerfen und ein heldisches, bewundernswertes und liebenswertes Ich vorzuführen, aber er müßte sich dann auch selber täuschen und davon überzeugen können, daß er jenes Marmorwesen sei, das er nicht ist. Wozu soll er für immer in einer Form überdauern, die einen anderen als ihn selbst verewigt? Als er selbst, so wie er lebt und sich sieht, in der strikten Wahrheit seines Lebens will er Bildnis, Figur und Buch werden; ein wahres, aber auch literarisch akzeptables Buch, das lesbar ist und sich in jemand anderem entäußern kann. Wäre also *Mannesalter* weder ein getreues noch ein ähnliches Abbild gewesen? Es war notwendigerweise ungetreu, weil es im Abstand zu ihm ähnlich war: als genau jenes Bildnis, dessen starre Wahrhaftigkeit die beständige Ungenauigkeit des lebendigen Wesens nur verraten konnte.

Wie kann man wahrhaftig von sich sprechen, wenn diese Wahrhaftigkeit nicht nur nach hinten, sondern auch nach vorne gelten muß; wenn sie nicht mehr die einer vergangenen Geschichte, sondern einer Zukunft sein muß, die sich nicht als einfache zeitliche Zukunft, sondern als Ideal und als unbekanntes, freies und jederzeit widerrufliches Ideal ankündigt? Denn wenn Michel Leiris mit dem fast getreuen Bild nicht zufrieden war, das ein wahrhaftes Buch von ihm bietet, dann wäre er es um so weniger mit der unpersönlichen Statue, die die Pflicht an die Stelle dessen setzen würde, was er ist: er will genauso wenig der perfekte Schriftsteller, Parteigänger oder Ethnologe wie der perfekte Ehemann oder Libertin sein (der nicht zu sein ihm wohl bewußt ist). Außerdem: Wenn ihn jede Perfektion anzieht, weil sie ihm die Möglichkeit bietet, aus der Zeit hinauszuspringen, so stößt ihn doch jede Vollendung ab. Vollendet sein, heißt gestorben sein, und der Tod ist der Engel, dessen widrige Vertrautheit Michel Leiris zum Schreiben verurteilt, während er ihn zugleich dem ausliefert, was er flieht, und zwar durch die Bemühung selbst, die er unternimmt, um es zu fliehen.

Der erste Unterschied zwischen *Mannesalter* und *Die Spielregel* ist vielleicht, daß das eine um einer gegenwärtigen (so gut wie ewigen) Wahrheit willen geschrieben wurde, während das neue Werk im Schimmer einer stets neu zu erwartenden Wahrheit entsteht, der der Autor sich argwöhnisch, begierig und zweifelnd zuwendet, um darin die im Leben und Schreiben geltenden Regeln zu erlernen und in der schwachen Hoffnung, er werde beizeiten wissen, warum er schreibt und um wessentwillen er leben muß. Ein Vorhaben, das nur abgeschlossen werden kann, wenn es Vorhaben bleibt und das in jedem Stadium seiner Durchsetzung einen rätselhaften Klang erzeugt. Manchmal ist er gespalten und wie durch die Windungen einer endlosen Nachforschung gedrosselt, manchmal schwertönend und von einer Fülle, von der wir dennoch nicht hoffen, daß mit ihr alles vollendet ist.

*

Michel Leiris stellt sich mit *Streichungen* also der gleitenden Wahrheit, die es sich weder gefallen läßt, bloße Feststellung zu sein, noch starre Entscheidung für eine absolute Zukunft, noch die Enge einer Gegenwart, die man zwar erleben, aber nicht als Geschichte niederschreiben kann: einer Wahrheit, die also vielleicht nur die eines Gleitens ist. Und genau das zu sein, war sein Buch ursprünglich versucht: die Erfahrung eines Gleitens. Es ist nicht weniger in der Vergangenheit verankert als *Mannesalter,* ist vielleicht noch tiefer in die ferne Kindheit getaucht, aber es dringt dahin auf der Suche nach jenen Drehscheiben vor, die von bestimmten Lieblingswörtern gebildet werden, und nach den rätselhaften Reihen, denen die Anordnung dieser Wörter folgt (Reihung), sowie auf dem Wege der Entdeckung von scharfen Richtungsänderungen – Gabelungen –, die sie hervorrufen; von Löchern, die sie graben und die der Ansturm der Erinnerungen und mehr noch die Evokationen einer gelenkten und zielgerichteten Träumerei auffüllen. »Unerhörtes Losbrechen, das die Wörter veranlassen«, »Gedankensprung aus Anlaß eines sprachlichen Bruchs«, Erwachen und In-ihn-selbst-Hineinhorchen, so wie er seine Bewegungen und seine Zuckungen hört, wenn er gewisse Punkte berührt, deren verhärtetes Aufglühen – wie kalter und toter Kiesel – dank der Annäherung provozierender Wörter eine Lebensader freilegt, in der das Wirkliche und das Imaginäre, Gegenwart und Vergangenheit, mehr noch, die Gesamtheit des in Bewegung befindlichen Wesens sich, für einen Augenblick, ankündigen und Gestalt gewinnen.

Es ist das erste Kennzeichen einer solchen Erfahrung, daß das größte Bemühen um Wahrheit ihn verpflichtet, den Anteil an Imaginärem sehr zu erweitern: der Autor steht sich selbst gegenüber, horcht auf das von ihm hervorgerufene Echo und weiß nicht mehr, ob er sich erinnert oder ob er erfindet. Aber diese Verwirrung, auf die er genau achtet, ist für die neue Wahrheitsdimension notwendig: er sieht ebensowenig das reale Wesen in sich, wie er seine Psychoanalyse vornimmt; er verfügt längst über die großen Themen, um die herum sich das bildet, ausrichtet und jeweils neu angleicht, was er von sich weiß. Was will er eigentlich? Zuerst jene Sphäre in Bewegung halten, die das Bedürfnis, sie in Büchern auszudrücken, gefährlich erstarren zu lassen droht.[3] Dann aber auch etwas einfangen, und zwar nicht dieses oder jenes verborgene Ereignis oder die großen verschleierten Züge seiner Bestimmung, sondern vielmehr das, was (in jenen Augenblicken, in denen das eigene Wesen Halt verliert und es sich selbst gegenüber frei schwebend überhängen läßt) ihm auch das Eigentliche der Erschütterungen verfügbar machen könnte; nämlich nicht mehr allein das, was er ist oder gewesen ist; weder die Verfügbarkeit noch den Freiraum, sondern das Geheimnis des Werdens; dieses Glück und dieses Atemberauben, dieses Schaudern und Wetterleuchten dort, wo die Freiheit im Lichte jenes Bewußtseins aufglimmt, das sie für einen Moment entdeckt.

Erfahrungen, von denen anscheinend seine Kindheit begünstigt war, die er deswegen in einer vielleicht trügerischen Wiederentdeckungshoffnung unaufhörlich befragt; Erfahrungen einer *Abweichung*, deren Nachahmung einige Zeit lang die poetische Tätigkeit war und die er nun wieder sucht, wo er sich solcher Mittel beraubt sieht – er träumt nicht mehr, schreibt fast keine Gedichte noch Phantasieerzählungen mehr –; und zwar nicht sucht, um sich darin zur Ruhe zu betten, sondern um

3 Deswegen muß der Kommentar die Offenheit des Autors mit einer entsprechenden Zurückhaltung beantworten. Er muß sehr darauf achten, nicht das Porträt eines Porträts zu zeichnen, das noch vereinfachter wäre und Gefahr liefe, sich dem lebenden Modell wie eine Totenmaske aufzuzwingen. Offensichtlich hat der Autor instinktiv gegen die zu abgeschlossene Art seines ersten Buches (das ihm einen in gewisser Weise schon klassischen Michel Leiris auswarf) reagiert, indem er sich in sich selbst versenkte, um darin seine freie Wahrheit zu finden.

seiner Existenz die ungezwungene Freiheit einer großen Bewegung und seinem Buch die Fülle jener kurzen Augenblicke der Übereinstimmung zu verleihen, in denen das Leben wie ein Ganzes und das Ganze wie eine Entfaltung von Leben erstrahlt.

Man könnte glauben, daß Michel Leiris in diesem Bemühen, das Unvorhersehbare – das er nicht weniger fürchtet, als er ihm nachstrebt – in sich zu befreien und zu beherrschen, zur Laune jenes spontanen Sprechens zurückgekehrt sei, das Trunkenheit, Schüchternheit und Surrealismus ihm nacheinander enthüllt haben. Aber nicht allein Zufall leitet ihn. Die Originalität und die Schwierigkeit von *Streichungen* besteht darin, daß es sich um eine Erfahrung handelt, bei der das Entdecken mehr zählt als das zu Entdeckende: der Autor, der sich zu wenig von sich selbst täuschen läßt, der zu wenig geneigt ist, sich der Bewußtlosigkeit zu überlassen und der dazu noch an bestimmte wissenschaftliche Methoden gewöhnt ist, versteht das Wort Experiment im Sinne eines Forschens, bei dem eine bewußte Vorarbeit, ein streng kontrollierender Verstand und eine gewisse Hingabe an die Sprache zusammenarbeiten; eine Hingabe, die als magische »Entdeckungs- und Begeisterungskraft« verstanden wird. Daher arbeitet er mit Zetteln, und diese Archive seiner selbst, in denen die Bruchstücke seiner Geschichte so lange als stummer Staub liegen, wie keiner daran rührt, liefern ihm den Rohstoff für die Gedanken und Tatsachen, welche das Schreiben wie ein Magnet beleben und anziehen soll, damit sie sich ordnen und in der Anordnung irgendeine neue, wahre und begeisternde Figur bilden, in der vielleicht auch ein genaueres Wissen vom Verlauf des Lebens hervortritt.

Für eine solche Arbeit bedarf es offensichtlich des Zusammentreffens sehr verschiedener Gaben: ein wenig Methode, viel geduldige Strenge und, mit größtem Mißtrauen, ein unversehrt gebliebener Sinn für jenes freie Sprechen, das dem Wunder verbunden ist, welches den

Umgang zwischen Lebewesen und Dingen ermöglicht. Ich glaube im übrigen, daß man sich täuschte, wollte man aus dem Autor von *Streichungen* einen Mann machen, der zuviel von sich weiß, einen Archivar und Buchhalter, der sich in Karteikarten einträgt und sortiert, bevor er sich, dem glühenden Naturtrieb der Wörter folgend, neu zusammensetzt. Die Aufzeichnungen, in denen er sich festhält, sind eher Ergebnisse von Verzweiflung als von Wissenschaft; geschrieben, wenn er sich »einer literarischen Arbeit nicht gewachsen« fühlt und er nur noch mit kleinen Projekten und einem ganz schmalen Hoffnungsrest leben kann. In *Streichungen* sind die erzählten Begebenheiten auf ein Minimum reduziert und die Erinnerungen bruchstückhaft von der Bewegung des Denkens zerstückelt, das sie unablässig umrührt, um ihnen ihre Keimfähigkeit und aktive Kraft wiederzugeben. Das Experiment wird dort fast ganz vom Leben der Reflexion getragen, von der Überwachung, die sie ausübt, als extreme Anstrengung und Spannung eines Bewußtseins, das um so stärker alarmiert ist, als es nicht mehr nur Tatsachen prüfen, sondern das Imaginäre abwägen soll. Sogar die Sprache hat sich seit *Mannesalter* gewandelt. Die Sätze sind länger, schwerer, stets von Bedenken, Vorsichtsmaßnahmen, Nuancen, Umwegen und der Weigerung belastet, sofort zur Sache zu kommen, weil dann die »Sache« in Gefahr gerät, verraten zu werden und, einmal mitgeteilt, nur noch der Leere zu weichen; und genau dieser Leere entzieht der Autor sich, kann sich jedoch nicht entziehen, denn er sieht zu klar in sich selbst, um dieser Flucht nachzugeben, die nur eine Finte ist. Eine Qual, die im Schreiben Form gewinnt und die sein Anspruch, sein Leben selbst ist.

*

Leicht gesagt, daß das Ergebnis ein gefesseltes, gewundenes und glückloses Buch ist (ich glaube, es ist ein außergewöhnliches Buch wegen des Wahrheitsanspruchs, der darin beständig ans »Licht« kommt). Aber man muß dann hinzufügen, daß in dem nachfolgenden und unter dem Namen *Fourbis* – einer Umkehrung und ironischen Abschwächung von *»Streichungen«* – veröffentlichten Buch Autor und Leser für diesen schweren Kampf belohnt werden. Es ist, als sei es ihm mit dem vielen Aufrühren seiner selbst, mit dem hartnäckigen Schütteln seiner Tage und Nächte durch ein unsichtbares Sieb gelungen, sich hinreichend zu lockern, um sich nach zwei oder drei großen Bildern formen zu können, in denen die Qual, wahr zu sein, die Hoffnung, frei zu bleiben und der Wunsch, sich für sich selbst und andere lesbar und sichtbar zu machen, miteinander versöhnt werden. Die Episode um Khadidja, das Freudenmädchen von Béni-Ounif, die gegenwärtig das Werk beschließt, ist auch dessen Apotheose. Eine Figur, die der Autor keinesfalls zu idealisieren trachtet, indem er sie niedriger – höllischer – oder großartiger darstellt, als sie es war. Michel Leiris ist nicht Marcel Jouhandeau, der den Lebewesen mit den Machenschaften einer vielleicht ahnungsvollen Phantasie die Wahrheit jener Legende aufzwingt, die er ihnen verleiht. Die Beziehungen zu Khadidja werden uns so beschrieben, daß sie für uns ohne Zweifel so gewesen sind, und mit jenem Streben nach Genauigkeit und Korrektheit, das seltsamerweise Aufrichtigkeit und Zurückhaltung vereint – Delikatesse in der Formulierung sogenannter obszöner Details; nicht, weil diese kunstvoll umgangen, sondern weil sie im Gegenteil ehrlich und nur mit Respekt vor den wahren Gefühlen aufgeschrieben werden, zu denen sie Anlaß gaben. Woher kommt dann die mythische Größe der Episode? die Engelswürde, die er der »Herumtreiberin Khadidja« verleiht, »eine einzigartige Zusammensetzung von Härte und Sanftmut«; ein Engel, dessen dunkle, stumme Rede den Autor endlich dazu bringt, seine Zurückhaltung aufzugeben? Vielleicht kommt das von dem Geschick, mit dem er um zwei oder drei Gesten herum die schwerwiegende Bedeutung seiner

Beziehungen zu den Lebewesen und jene unfaßliche Wahrheit konzentriert, deren einen Augenblick lang aufwühlende Gegenwart diese Wesen ihn mit einem Wort, einer Haltung haben fühlen lassen. So verhält es sich mit der jungen Frau, die mit dem Namen Laure bezeichnet wird und von der jene, die sie nicht gekannt haben, einige ob ihrer Gewalt und Reinheit der Auflehnung unvergeßliche Seiten[4] haben lesen können. Diese junge

4 *Écrits de Laure,* deutsch: Laure, Schriften, herausgegeben und übersetzt von Bernd Mattheus, München 1980. [A. d. Ü.]

5 Woher stammt das Verhältnis, das fast eine Zwangsbeziehung ist, zwischen der Wahrheit und dem Autor von *Die Spielregel?* Warum ist er gezwungen, wahr sein zu wollen und sich wahr auszudrücken? Eine vielleicht naive Frage, die in dieser Form zu stellen er uns aber selber auffordert. Er denkt, daß die Eigenschaften körperlicher Kraft und körperlichen Mutes, die ihm, wie er glaubt, fehlen, einen Mangel geschaffen haben, den er, um nicht das Gleichgewicht zu verlieren, durch ein sorgenvolles Bedürfnis nach Selbsterkenntnis und Selbstbewertung kompensieren mußte. Die Klarsichtigkeit würde dann durch einen Mangel entstehen, sie wäre die Abwesenheit, die sich anleuchtet, und das Leere, das aufscheint. Es braucht eine gewisse Schwäche, um sich des Sehens ganz sicher zu sein; es braucht einen Riß und eine anfängliche Öffnung, damit das Sehen, gegen sich selbst gerichtet, aus dieser Leere die Zukunft – die Illusion – einer neuen Fülle macht, indem es sie anleuchtet und genau ausfüllt. Dort etwa wäre der Autor von *Streichungen* anzusiedeln, zwischen Benjamin Constant und Proust, die alle beide in bezug auf sich selbst zu einer Klarsichtigkeit fähig sind, die im Ursprung von einem unbarmherzigen Gefühl ihrer Schwäche und der nutzbar gemachten Erfahrung ihres Mangels begleitet ist. Aber Michel Leiris weiß sehr wohl, daß jene Leere, derer er sich versichern möchte, indem er sich in Klarheit und in Fähigkeit zu klarem Sehen verwandelt, eine andere Seite der Todesangst ist, in der er lebt und schreibt: »Die Vorahnung des übelerregenden Augenblicks, in dem alles versinkt ... genügt, um aus mir ... den Mittelpunkt einer flaumigen Welt zu machen, in der nur noch vage Formen existieren ... An meine Ohren dringt kein Lied mehr, und seit einer gewissen Zahl von Jahren ist es sogar sehr selten, daß meine Nächte von Träumen belebt wären; es ist, als erschrecke mich alles, was die Grenzen der Ernsthaftigkeit übersteigt ...« Ein »Bankrott«, der es ihm gestattet hat, »als Gegenleistung eine gewisse Fähigkeit zu erwerben, die Dinge auf trockene und positive Art zu sehen«. Wenn autobiographische Literatur derart als ein Versuch erscheinen kann, das Auflösungsbestreben zu beherrschen,

Frau wird nur von sehr ferne erwähnt, von dieser Ferne her, aus der sie durch die Stille von zwei oder drei Bildern wie der Tod selbst auftaucht; aber diese Bilder genügen, um aus ihr mehr noch als aus Khadidja den Engel zu machen, den kraftvollen Schatten, dessen große, beunruhigende Annäherung das ist, was Michel Leiris zum Schreiben zwingt; und zwar zum Schreiben in Übereinstimmung mit der Wahrheit, von der sie ihm allerdings nur den Ruin verheißt.[5]

welches ihn von den Pflichten eines lebenden Menschen abbringt, solange er es nicht mannhaft überwunden hat – besonders von der Pflicht, an der ökonomischen und sozialen Befreiung der Welt zu arbeiten –, dann ist nur die Frage, was an dem Tage geschähe, an dem eine solche Literatur ihr Ziel erreicht hätte und an dem es ihr gelungen wäre, in ihm das leere Sprechen zum Schweigen zu bringen, jenes Sprechen, das nur die Leere ankündigt, gegen die er sich seit den »Bekenntnissen à la Dostojewski« zu verteidigen scheint wie gegen die Todesdrohung, die sie in der Tat enthält. An jenem Tage müßte er nicht nur zu schreiben aufhören, sondern sich wahrscheinlich auch sprachlos machen lassen vom Geist der Ernsthaftigkeit, als einer weiteren Form der Heuchelei, an die er sich nicht gewöhnen könnte. Er kann deswegen weder siegen noch besiegt werden. Daher jener Beistandspakt mit der gegnerischen Macht, von dem er beim Schreiben weiß, daß das Schreiben ihn dazu zwingt, und den er schüchtern so formuliert: »Solange der Tod sich meiner nicht bemächtigt, ist er alles in allem eine Vorstellung, die man nicht beiseite schieben, sondern vielmehr heimisch machen muß.«

Inhalt